Gießener Schriften
zum Strafrecht und zur Kriminologie

mitbegründet von Prof. Dr. Günter Heine (†)

herausgegeben von

Prof. Dr. Britta Bannenberg
Prof. Dr. Dr. h.c. Dr. h.c. Walter Gropp
Prof. Dr. Pierre Hauck
Prof. Dr. Bernd Hecker
Prof. Dr. Bernhard Kretschmer
Prof. Dr. Arthur Kreuzer
Prof. Dr. Thomas Rotsch
Prof. Dr. Gabriele Wolfslast

Band 54

Lisa Sturm

Gefängnisbesuchsprojekte in Deutschland

Eine kriminologische Untersuchung

Nomos

Onlineversion
Nomos eLibrary

Die Deutsche Nationalbibliothek verzeichnet diese Publikation in der Deutschen Nationalbibliografie; detaillierte bibliografische Daten sind im Internet über http://dnb.d-nb.de abrufbar.

Zugl.: Diss., Justus-Liebig-Universität Gießen, Fachbereich Rechtswissenschaft, 2019

ISBN 978-3-8487-6574-4 (Print)

ISBN 978-3-7489-0690-2 (ePDF)

Die Bände 1 – 13 sind erschienen in der Reihe „Nomos Universitätsschriften Recht"

1. Auflage 2020

Vorwort

Mein besonderer Dank gilt Frau Prof. Dr. Bannenberg, der Betreuerin meiner Dissertation, die mir die Erstellung dieser Arbeit ermöglicht hat und mich während dieser Zeit stets unterstützt hat. Durch ihre hilfsbereite und konstruktive Begleitung hat sie wesentlich zum Gelingen der Arbeit beigetragen. Ferner möchte ich mich bei Herrn Prof. Dr. Kretschmer für die rasche Erstellung des Zweitgutachtens bedanken.

Für die kooperative Zusammenarbeit und Unterstützung im Rahmen meiner Erhebung über Gefängnisbesuchsprojekte in Deutschland möchte ich mich ganz herzlich bei allen beteiligten Institutionen und Organisationen bedanken. Ohne die zahlreichen Gespräche über die untersuchten Projekte, das Informationsmaterial sowie die Teilnahmen an entsprechenden Programmen, wäre ein großer Teil dieser Arbeit nicht möglich gewesen.

Der größte Dank gilt jedoch meinen Eltern und meinem Lebensgefährten Tobias Ritzenthaler, die mich nicht nur während der gesamten Zeit dieser Dissertation, sondern auch auf meinem bisherigen Lebensweg in jeglicher Hinsicht vorbehaltlos unterstützt und ermutigt haben und mir Rückhalt und Vertrauen geben. Ihnen widme ich diese Arbeit.

Freiburg, im Januar 2020 *Lisa Sturm*

Inhaltsverzeichnis

Abbildungsverzeichnis

Abkürzungsverzeichnis

Abs.	Absatz
a.d.	an der
AGT	Anti-Gewalt-Training
al.	alteri
Alt.	Alternative
AT	Allgemeiner Teil
AVD	Allgemeiner Vollzugsdienst
BAF e.V.	Verein für Bildungsmaßnahmen im Arbeits- und Freizeitbereich
BIBB	Bundesinstitut für Berufsbildung
BKA	Bundeskriminalamt
BMI	Bundesministerium des Innern
BMJ	Bundesministerium der Justiz
BT-Drs.	Bundestags-Drucksache
BtM	Betäubungsmittel
BtMG	Betäubungsmittelgesetz
bspw.	beispielsweise
bzw.	beziehungsweise
ca.	circa
CJD	Christliches Jugenddorfwerk Deutschlands gemeinnütziger e.V.
dass.	dasselbe
DBH e.V.	Fachverband für Soziale Arbeit, Strafrecht und Kriminalpolitik, ehemals Deutsche Bewährungs-, Gerichts- und Straffälligenhilfe e.V.
ders.	derselbe
DfK	Deutsche Zeitschrift für Kommunalwissenschaften
DFK	Deutsches Forum für Kriminalprävention
d.h.	das heißt
dies.	dieselbe, dieselben
DVD	Digital Video Disc/Digital Versatile Disc
DVJJ	Deutsche Vereinigung für Jugendgerichte und Jugendgerichtshilfen e.V.
e.g.	exempli gratia
EU	Europäische Union
e.V.	eingetragener Verein
EVA	Evangelische Gesellschaft

f.	folgender
FAF	Fragebogen zur Erfassung von Aggressivitätsfaktoren
FEPAA	Fragebogen zur Erfassung von Empathie, Prosozialität, Aggressionsbereitschaft und aggressivem Verhalten
ff.	folgende
Fn.	Fußnote/Fußnoten
FreD	Frühintervention für erstauffällige Drogenkonsumenten
gem.	gemäß
ggf.	gegebenenfalls
GhJ	Gefangene helfen Jugendlichen
GmbH	Gesellschaft mit beschränkter Haftung
grds.	grundsätzlich
HNA	Hessische/Niedersächsische Allgemeine
Hrsg.	Herausgeber/Herausgeberin
hrsg.	herausgegeben
idR	in der Regel
i.e.	id est
INFO	Informationsdienst der Landesgruppe
iSd	im Sinne des/der
iSv	im Sinne von
iVm	in Verbindung mit
JAA	Jugendarrestanstalt
JGG	Jugendgerichtsgesetz
JGGÄndG	Erstes Gesetz zur Änderung des Jugendgerichtsgesetzes
JGH	Jugendgerichtshilfe
Jhd.	Jahrhundert
JJIE	Juvenile Justice Information Exchange
JOLT	Juvenile Offenders Learn Truth
JRCD	Journal of Research in Crime and Delinquency
JSA	Jugendstrafvollzugsanstalt
JuS	Juristische Schulung
JVA	Justizvollzugsanstalt
Kath.	Katholischer
KFN	Kriminologisches Forschungsinstitut Niedersachsen
KIS	Konstanzer Inventar Sanktionsforschung
KJHG	Kinder- und Jugendhilfegesetz (Gesetz zur Neuordnung des Kinder- und Jugendhilferechts)
KrimZ	Kriminologische Zentralstelle e.V.
KUP	Kriminologie und Praxis

LG	Landgericht
LKA	Landeskriminalamt
max.	maximal
NK	Neue Kriminalpolitik
No.	Number (Nummer)
NRW	Nordrhein-Westfalen
NZK	Nationales Zentrum für Kriminalprävention
o.g.	oben genannt
o.J.	ohne Jahresangabe
PKS	Polizeiliche Kriminalstatistik
POP	Prison Outreach Program
PSB	Periodischer Sicherheitsbericht
Rn.	Randnummer/Randnummern
RP	Rheinische Post
S.	Satz/Seite/Seiten
SGB VIII	Sozialgesetzbuch, Achtes Buch, Kinder- und Jugendhilfe
SH	Schleswig-Holstein
SKM	Katholischer Verein für Soziale Dienste e.V. (Schutz bieten – Kraft geben – Mensch sein)
sog.	sogenannte/sogenannten/sogenannter/sogenanntes
SothA	Sozialtherapeutische Anstalt
SothA-G	sozialtherapeutische Abteilung für jugendliche Gewaltstraftäter
SQUIRES	San Quentin Utilization of Inmate Resources Experience and Studies
St.	Saint
StA	Staatsanwaltschaft
StGB	Strafgesetzbuch
StPO	Strafprozessordnung
StVollzG	Strafvollzugsgesetz
TV	Television (Fernsehen)
TVBZ	Tatverdächtigenbelastungszahl
u.a.	unter anderem
U-Haft	Untersuchungshaft
US	United States
USA	United States of America, Vereinigte Staaten von Amerika

v.	vom
v. Chr.	vor Christus
VfB Stuttgart	Verein für Bewegungsspiele Stuttgart 1893 e.V.
vgl.	vergleiche
Vol.	Volume
vs.	versus
WESPE	Wissenschaftliche Erkenntnisse zu Sicherheits- und Präventionsmaßnahmen durch Evaluation
z.B.	zum Beispiel
ZDF	Zweites Deutsches Fernsehen
Ziff.	Ziffer
ZIS	Zeitschrift für Internationale Strafrechtsdogmatik
ZJJ	Zeitschrift für Jugendkriminalrecht und Jugendhilfe
z.T.	zum Teil

Einleitung

Kriminelles Verhalten von Kindern, Jugendlichen und Heranwachsenden – der Altersgruppe mit der höchsten prozentualen Delinquenzbelastung – ist ein viel diskutiertes und auch wissenschaftlich ausgiebig untersuchtes Thema. Dabei stellen sich Fragen nach Ursachen und Sanktionsmöglichkeiten, aber insbesondere auch nach Wegen zur Vorbeugung und Verhinderung von Straftaten. Neben allgemeinen, kriminalitätsunspezifischen Maßnahmen zur positiven Beeinflussung von Gesellschafts- und Sozialisationsbedingungen gibt es zahlreiche spezifische Maßnahmen zur Reduktion von Kriminalität. Eine bereits in den 1960er Jahren in den USA entstandene Idee setzt dabei auf die abschreckende Wirkung von Gefängnisbesuchen. Hierbei soll straffälligen oder gefährdeten Jugendlichen der Strafvollzug als schwerwiegendste Konsequenz delinquenten Verhaltens vermittelt werden. Entsprechende Projekte wurden über Jahre hinweg bis heute in diversen Städten und Gefängnissen angeboten, wieder beendet, neu aufgezogen und weltweit verbreitet, dokumentiert, evaluiert, verfilmt und bis vor einigen Jahren serienmäßig aufgezeichnet – und so dem breiten Publikum dargestellt. Hintergrund der Maßnahmen war und ist neben erzieherischen und aufklärenden Aspekten vor allem *Abschreckung*. Um die Teilnehmer von der Begehung von Straftaten abzuhalten, soll in abschreckender und einschüchternder Weise Wissen darüber vermittelt werden, dass und vor allem wie Rechtsverstöße geahndet werden können.

Die vorliegende Arbeit befasst sich mit diesen sog. Gefängnisbesuchsprojekten[1], einer seit Jahrzehnten präsenten, kriminalpräventiven Maßnahme für junge Menschen[2]. Entsprechende Wirkungsstudien, vorwiegend aus dem US-amerikanischen Raum, liegen lange zurück und fielen zumeist negativ aus. Neuere Studien sind nicht bekannt – dennoch wird weltweit an der populären Präventionsidee der Gefängnisbesuche festgehalten. Insofern stellte sich die Frage, ob entsprechende Projekte, möglicherweise auch entgegen negativer Evaluationsergebnisse, in Deutschland durchgeführt

1 In der vorliegenden Arbeit werden die Begriffe „Gefängnisbesuchsprojekt" und „Gefängnisbesuchsprogramm" synonym verwendet.

2 Zumeist Jugendliche und Heranwachsende. Nach § 1 JGG ist Jugendlicher, wer zur Zeit der Tat vierzehn, aber noch nicht achtzehn, Heranwachsender, wer zur Zeit der Tat achtzehn, aber noch nicht einundzwanzig Jahre alt ist.

werden bzw. wie diese hierzulande ausgestaltet sind. Den Hauptteil der Arbeit bildet die Bestandsaufnahme und Analyse deutscher Programme.

Zunächst werden Grundlagen und Begriffsbestimmungen dargestellt. Um den Rahmen nicht zu sprengen, soll einführend auf die Entwicklung der Jugendkriminalität in Deutschland eingegangen werden. Hier soll die Rolle kriminalpräventiver Maßnahmen innerhalb oder außerhalb jugendstrafrechtlicher Sanktionen kurz angesprochen werden. Ferner wird auch auf die Bedeutung der Wirkungsforschung eingegangen.

Ausgangspunkt der weiteren Untersuchung ist das US-amerikanische Programm „Scared Straight!".[3] Auch dieses Projekt aus den 1970er Jahren basierte auf der Idee, dass die Konfrontation mit der Gefängnisrealität und mit einer Inhaftierung als einer möglichen Folge von kriminellen Handlungen von der Begehung von (weiteren) Straftaten abhalten soll. Die Teilnehmer sollten im Ergebnis durch die gewonnenen Eindrücke vom Gefängnisaufenthalt entsprechend abgeschreckt werden: Die Präventionswirkung bei „Scared Straight!" sollte explizit durch Abschreckung hervorgerufen werden.

Dargestellt werden sodann Forschungsergebnisse über die kriminalpräventive Wirkung von „Scared Straight!" und ähnlichen Projekten.[4] Da es zu den in Deutschland durchgeführten kriminalpräventiven Programmen und Maßnahmen, die einen Gefängnisbesuch beinhalten, bislang nur unzureichende Informationen und Wirkungsforschung gibt, soll diese Arbeit die Situation in Deutschland erfassen. Hierbei wird untersucht, ob und wenn ja, welche konkreten Gefängnisbesuchsprogramme in Deutschland durchgeführt werden. Insbesondere wird darauf eingegangen, wie die Projekte hierzulande organisiert und ausgestaltet sind, wie diese konkret präventiv wirken sollen und ob Evaluationen durchgeführt werden. Wesentliche Grundlage für diese empirische Untersuchung ist eine Befragung der deutschen Justizvollzugsanstalten (JVAen) bzw. Programmanbieter.

Ausgehend von zahlreichen Forschungsergebnissen über die Wirkung entsprechender, zumeist US-amerikanischer, konfrontativer, abschreckender und/oder auch erzieherischer Programme wird schließlich untersucht, ob von einer Vergleichbarkeit der deutschen mit US-amerikanischen „Scared Straight!"-Projekten gesprochen werden kann und Studienergebnisse insofern übertragbar sein können.

---

3 „Zur Redlichkeit und Legalbewährung erschreckt", nach *Petrosino et al.* (2004, 2013).

4 Siehe hierzu ausführlich in Kapitel 4.

In einer Schlussbetrachtung werden Empfehlungen für den weiteren Umgang mit dem Thema *Gefängnisbesuchsprogramme* gegeben.

1. Gefängnisbesuchsprogramme im Kontext der Kriminalitätslage in Deutschland und der Prävention im Jugendstrafrecht

„..."hardened cons" and "lifers" yelling and screaming at "hardcore" delinquent teenagers – threatening them with assault and rape – telling them what would be likely to happen to them, if and when, they came to prison.“[5]

Schonungslos sollten die Teilnehmer amerikanischer „Scared Straight!“-Projekte – Jugendliche und zum Teil noch Kinder – die „Knastrealität“ miterleben und so von der Begehung von Straftaten abgeschreckt werden. Das aggressive Aufzeigen der Folgen kriminellen Handelns sollte die Augen öffnen und „zur Redlichkeit erschrecken“. Zunächst von ausgewählten und entsprechend geschulten Wärtern instruiert und durchsucht, wurden die straffällig gewordenen Teilnehmer bei „Scared Straight!“ gruppenweise durch Hochsicherheitsgefängnisse geführt. Für mehrere Stunden sollten sie den Alltag in Haft erleben. In Gruppensitzungen mit oft lebenslänglich inhaftierten Häftlingen wurde den Jugendlichen in derben Worten der Knastalltag aufgezeigt, geprägt von Gewalt, Fremdbestimmtheit und Perspektivlosigkeit. Die Häftlinge zeigten sich dabei selbst als Negativbeispiel. Sie sollten so auf die Teilnehmer einwirken, damit diese nicht dieselbe kriminelle Laufbahn einschlagen würden.

Die Häftlinge und Bediensteten sollten die harte Realität des Gefängnisses einschüchternd präsentieren und, so die Idee, hierdurch bei den Besuchern ein Umdenken hervorrufen: Straftaten sollten zukünftig vermieden werden, um einer Inhaftierung zu entgehen. Wer das Gefängnis einmal von innen gesehen hätte, würde alles dafür tun, nicht mehr verhaftet zu werden, so die Vorstellung. Die brutalen Darstellungen und Erniedrigungen der Teilnehmer überlagerten jedoch bald den ursprünglichen, erzieherischen Grundgedanken des Projektes.

„Den Knast erleben... Direkt und beeindruckend“[6]

Auch deutsche Projekte basieren auf der Idee, dass die Eindrücke des Gefängnislebens und entsprechende Darstellungen der Häftlinge von der Be-

5 *Finckenauer* (1982), S. XIX.

6 https://www.gefangene-helfen-jugendlichen.de/projekte/.

gehung von Straftaten abhalten sollen. Die jeweilige Umsetzung differiert jedoch:

Das Schloss fällt zu – und es herrscht Stille. Wie es sich anfühlt, in einer Gefängniszelle ausharren zu müssen, fremdbestimmt und ohne Zeitgefühl, ohne Kontakt zur Außenwelt, 23 Stunden am Tag, das sollen die Teilnehmer der Gefängnisbesuchsprogramme für kurze Zeit am eigenen Leib spüren. Nachdem die Teilnehmer zunächst den üblichen Beginn einer Inhaftierung mit anfänglicher Durchsuchung und Abgabe sämtlicher persönlicher Gegenstände durchlaufen, soll neben einem Rundgang durch verschiedene Bereiche der Haftanstalten auch der Einschluss in einer Zelle erfolgen. Im Mittelpunkt der Besuche stehen die die Projekte charakterisierenden Gespräche mit ausgewählten Inhaftierten.[7] Hierbei wird über Haftbedingungen berichtet, es werden gegenseitig Erfahrungen ausgetauscht und begangene Straftaten und Lebenswege reflektiert. Die Häftlinge sollen dabei als negative Beispiele dienen und den Teilnehmern auf Augenhöhe begegnen. Parallelen in den Biographien sollen aufzeigt werden. Gewaltverherrlichende Ausdrücke und Anfeindungen, wie sie bei „Scared Straight!“ zu sehen waren, sind nicht vorgesehen. Ziel ist es letztlich, den Jugendlichen durch eine direkte Konfrontation mit dem Gefängnis, den Biographien der Häftlinge und der Auseinandersetzung mit der eigenen Vita Impulse zu Veränderungen in der eigenen Lebensplanung und -einstellung zu geben. Diese sollen zum Umdenken bewegt werden, um eine (weitere) Straffälligkeit zu vermeiden.[8]

1.1 Kriminalitätslage in Deutschland: Zahlen und Entwicklung

Da Jugendliche und Heranwachsende die Hauptzielgruppe von Gefängnisbesuchsprogrammen bilden, soll nachfolgend zunächst ein Überblick über die statistische Kriminalitätslage dieser Altersgruppe in Deutschland gegeben werden. Teilweise werden in Deutschland zwar auch über-21-Jährige

---

7 Die in Deutschland durchgeführten Projekte laufen idR ähnlich zu dem in diesem Absatz beispielhaft genannten Projekt „Gefangene helfen Jugendlichen“ ab, wobei in manchen Fällen keine Einschlüsse oder Gespräche mit Häftlingen stattfinden, teilweise differieren auch die Intentionen der Programmanbieter; siehe ausführlich unter Ziff. 6.3.1 ff. bzw. 6.4.

8 Eine ausführliche Darstellung sowohl amerikanischer als auch deutscher Gefängnisbesuchsprogramme erfolgt unter Ziff. 2 ff. und 6.3.1 ff.

als Programmteilnehmer zugelassen[9], dies stellt jedoch – u.a. getragen von dem Gedanken, dass jüngere Teilnehmer besser „erreicht" und zum Umdenken angeregt werden können – die Ausnahme dar.[10]

Der Anteil an Fernsehsendungen, die Kriminalfälle thematisieren, sowie die Berichterstattung über spektakuläre Straftaten nahmen in den letzten Jahren erheblich zu.[11] Insbesondere der Konsum von Nachrichten privater Sender hat dabei negative Auswirkungen auf die Einschätzung der Kriminalitätsentwicklung; ein häufiger Konsum verstärkt die Ansicht, dass Kriminalität zunimmt, obwohl dies nicht der Realität entspricht.[12] Die Kriminalitätslage im Hellfeld lässt sich nicht anhand von Überzeugungen in der Bevölkerung messen, sondern bedarf der Überprüfung durch offizielle Zahlen und Statistiken. Zum Umfang, der Entwicklung und der Struktur der Kriminalität in Deutschland sind insbesondere die Polizeiliche Kriminalstatistik (PKS), die Strafverfolgungsstatistik sowie Rückfallstatistiken heranzuziehen.[13]

1.1.1 Polizeiliche Kriminalstatistik

Die Daten der PKS zur Kriminalitätsbelastung in Deutschland weisen für das Jahr 2017 5.761.984 polizeilich registrierte Straftaten aus. Dies stellt eine Reduzierung um 9,6 % zum Vorjahr (6.372.526 Taten), um ca. 8,3 % zum Jahr 2007 (6.284.661) sowie um 12,3 % gegenüber 2003 (6.572.135)

---

9 „Ein Blick – Einblick?" in der JVA Bielefeld-Brackwede. Hier sind laut einem Zeitungsbericht auch Teilnehmer bis zum Alter von 25 Jahren zugelassen (*Bexte*, Westfalen Blatt (28.03.2013)).

10 Liegt bereits eine „kriminelle Karriere" vor und bestehen einschlägige Erfahrungen mit einer Inhaftierung, ist schwer vorstellbar, dass das Erleben des Strafvollzugs noch präventive Auswirkungen haben kann.

11 15,4 Stunden täglich im Jahr 1985; 239,2 Stunden täglich im Jahr 2009. Eine Zunahme ist insbesondere bei privaten Sendern zu verzeichnen, sodass die Medienrealität maßgeblich beeinflusst, wie weite Teile der Bevölkerung Kriminalität wahrnehmen; *Eimermachen/Pfaffenzeller* (2016); *Baier et al.* (2011), S. 125 f.

12 *Baier et al.* (2011), S. 8; die daneben zum Ergebnis kamen, dass der Konsum von Nachrichten öffentlich-rechtlicher Sender oder das Lesen von Niveaupresse derartigen Fehleinschätzungen entgegen wirkt (S. 126).

13 Weitere Aufschlüsse geben auch die Statistik der Staatsanwaltschaften, die Strafvollzugsstatistik oder die Bewährungshilfestatistik.

dar.[14] Die Gesamtaufklärungsquote lag mit 3.290.725 aufgeklärten Fällen im Jahr 2017 bei 57,1% (2016: 56,2 %; 2007: 55,0 %).[15]

Bezüglich „Straftaten insgesamt“ wurden im Jahr 2017 2.112.715 Tatverdächtige erfasst, 10,5 % weniger als im Jahr 2016 (2.360.806 Tatverdächtige. 2015: 2.369.036; 2007: 2.294.883; 2002: 2.355.161).[16] Darunter waren 1.376.450 deutsche Tatverdächtige (2016 noch 1.407.062; 2015: 1.457.172; 2007: 1.804.605; 2002: 1.801.411).[17] Von 736.265 nichtdeutschen[18] Tatverdächtigen im Jahr 2017 waren 300.680 Zuwanderer[19] (im Jahr 2016 waren von 953.744 nichtdeutschen Tatverdächtigen 506.641 Zuwanderer).[20] Der Anteil der Tatverdächtigen ohne deutsche Staatsangehörigkeit reduzierte sich im Vergleich zum Vorjahr von 40,4 % auf 34,8 %. Die Zahl der deutschen Tatverdächtigen ist seit Jahren rückläufig (2007: 1.804.605; 2014: 1.532.112; 2015: 1.457.172; 2016: 1.407.062; 2017: 1.376.450)[21], vgl. Abbildung 1 und Abbildung 2.

Der sprunghafte Anstieg der Fall- und Tatverdächtigenzahlen ab dem Jahr 2015 bzgl. „Straftaten insgesamt“ begründet sich insbesondere durch eine hohe Anzahl ausländerrechtlicher Verstöße[22] im Zusammenhang mit

---

14 *BMI*, PKS (2017), S. 10, 44.

15 *BMI*, PKS (2017), S. 50.

16 *BMI*, PKS (2017), S. 56.

17 *BMI*, PKS (2017), S. 56.

18 Nichtdeutsche Personen sind solche mit ausländischer Staatsangehörigkeit, Staatenlose und Personen, bei denen die Staatsangehörigkeit ungeklärt ist oder keine Angaben zur Staatsangehörigkeit vorliegen. Personen, die sowohl die deutsche als auch eine andere Staatsangehörigkeit besitzen, zählen in der PKS als Deutsche, *BMI*, PKS (2017), S. 102.

19 Zuwanderer sind Personen, die als Angehörige eines Nicht-EU Staates einzeln oder in Gruppen in das Bundesgebiet einreisen, um sich hier vorübergehend oder dauerhaft aufzuhalten, *BMI*, PKS (2017), S. 23. Seit dem Berichtsjahr 2015 werden in der PKS Daten über Zuwanderer erfasst. Ab dem Berichtsjahr 2017 werden in der PKS dabei Personen mit Aufenthaltsanlass „Asylbewerber“, „International/national Schutzberechtigte und Asylberechtigte“, „Duldung“, „Kontingentflüchtling“ und „unerlaubter Aufenthalt“ erfasst. Aufgrund der ab 2017 erweiterten Definition von Zuwanderern ist ein Vergleich der Anzahl der tatverdächtigen Zuwanderer zwischen 2016 und 2017 (Veränderung) nur eingeschränkt möglich, *BMI*, PKS (2017), S. 23.

20 *BMI*, PKS (2017), S. 10.

21 *BKA*, PKS Jahrbuch Band 3 (2017), S. 21.

22 Hierzu gehören insbesondere die „Unerlaubte Einreise“, der „Unerlaubte Aufenthalt“ sowie das „Erschleichen eines Aufenthaltstitels durch unrichtige oder unvollständige Angaben oder Gebrauch eines so beschafften Aufenthaltstitels zur Täuschung im Rechtsverkehr“, *BMI*, PKS (2017), S. 75.

stark zunehmenden Migrationsströmen.[23] Im Jahr 2017 reduzierten sich die Migrationsströme jedoch, sodass sich die Fall- und Tatverdächtigenzahlen insgesamt zuletzt und insbesondere bei nichtdeutschen Tatverdächtigen wieder deutlich verringerten (2007: 490.278 nichtdeutsche Tatverdächtige; 2014: 617.392; 2015: 911.864; 2016: 953.774; 2017: 736.265)[24] (vgl. Abbildung 1 und Abbildung 2).

Abbildung 1: Entwicklung der Tatverdächtigen insgesamt – Straftaten insgesamt[25]

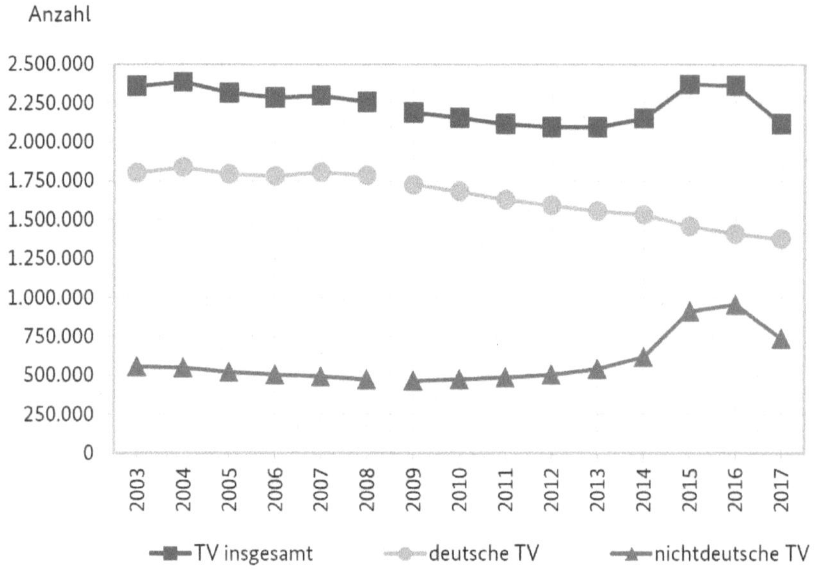

23 *BMI*, PKS (2016), S. 12. Im Jahr 2015 kamen mehr als 890.000 Geflüchtete in die Bundesrepublik Deutschland, im Jahr 2016 etwa 280.000 und im Jahr 2017 knapp 187.000, *BMI*, PKS (2017), S. 20 mit Verweis auf Pressemitteilungen des Bundesministerium des Innern, für Bau und Heimat vom 11.01.2017 und 16.01.2018.

24 *BMI*, PKS (2017), S. 10; *BKA*, PKS Jahrbuch Band 3 (2017), S. 20 f.

25 *BKA*, PKS Jahrbuch Band 3 (2017), S. 20.

Abbildung 2: Entwicklung der Tatverdächtigen insgesamt – Straftaten insgesamt ohne ausländerrechtliche Verstöße[26]

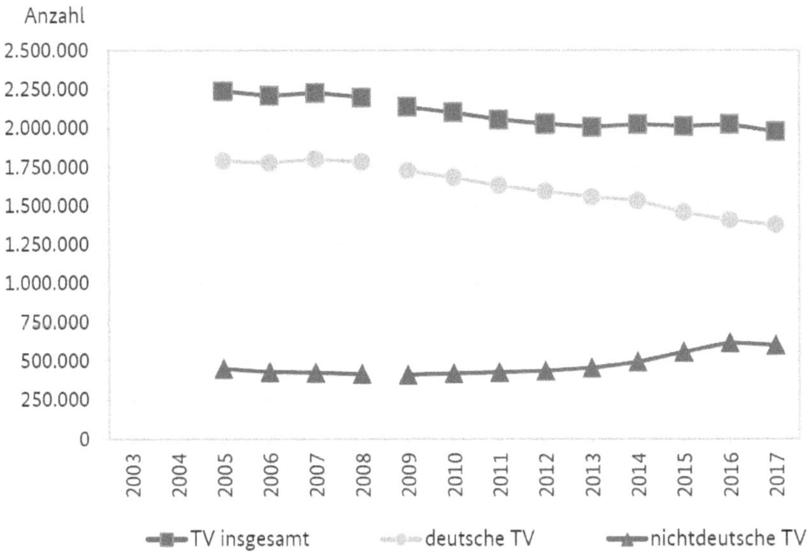

Aufgrund der Einführung der echten Tatverdächtigenzählung auf Bundesebene im Jahr 2009 ist ein Vergleich mit den Vorjahren nicht möglich.
Hinweis: Angaben zu Straftaten ohne ausländerrechtliche Verstöße liegen erst ab dem Berichtsjahr 2005 vor.

Um differenzierte Aussagen zur Kriminalitätsentwicklung zu ermöglichen, werden in der PKS neben den „Straftaten insgesamt" auch Daten zu „Straftaten insgesamt ohne ausländerrechtliche Verstöße" erfasst. Bzgl. letzterem wurden im Jahr 2017 5.582.136 Taten polizeilich registriert, 5,1 % weniger als im Vorjahr (2016: 5.884.815; 2007 noch 6.195.622 Taten).[27] Als tatverdächtig registriert wurden hierbei im Jahr 2017 1.974.805 Personen (darunter 1.375.448 Deutsche), mithin 2,4 % weniger als im Vorjahr (2016: 2.022.414 Tatverdächtige, darunter 1.406.184 Deutsche; 2015: 2.011.898 Tatverdächtige, darunter 1.456.078 Deutsche).[28] Durch den vermehrten Zustrom von Flüchtlingen stieg seit 2014 auch die Zahl der „Straftaten insgesamt ohne ausländerrechtliche Verstöße" durch Personen ohne deutsche

26 *BKA*, PKS Jahrbuch Band 3 (2017), S. 20.
27 *BMI*, PKS (2017), S. 10, 76.
28 *BKA*, PKS Jahrbuch Band 3 (2017), S. 21.

Staatsangehörigkeit: Tatverdächtige insgesamt 2007: 423.288; 2013: 538.449; 2014: 492.610; 2015: 555.820; 2016: 616.230 – darunter 174.438 Zuwanderer; 2017: 599.357 – darunter 167.268 Zuwanderer[29], siehe hierzu Abbildung 1 und Abbildung 2.

Die **Zielgruppe der Gefängnisbesuchsprogramme** – Jugendliche und Heranwachsende – machte im Jahr 2017 einen Anteil von insgesamt ca. 18,3 % an der Gesamtzahl der Tatverdächtigen aus (=385.742 Tatverdächtige, hiervon 259.178 Tatverdächtige mit deutscher Staatsangehörigkeit).[30]

Hierbei sank die Zahl der tatverdächtigen **Jugendlichen** – deutsch und nichtdeutsch – im Jahr 2017 bzgl. „Straftaten insgesamt" um 9,3 % auf 190.294 im Vergleich zum Vorjahr (2016: 209.808; im Vergleich dazu 2015: 218.025; 2007: 277.447 und 2003: 293.907), siehe Abbildung 3.[31] Hinsichtlich der „Straftaten ohne ausländerrechtliche Verstöße" stieg die Zahl um 2,6 % auf 177.913 (2016: 173.406; 2015: 171.216).[32] Die Zahl deutscher jugendlicher Tatverdächtiger bei „Straftaten insgesamt" stieg 2017 im Vergleich zum Vorjahr um 6 % auf 137.916 (2016: 130.152) – in den Jahren zuvor sank die Zahl kontinuierlich (2015: 134.782; im Vergleich 2007: 231.419; 2003: 244.098). Bei nicht-deutschen jugendlichen Tatverdächtigen sank die Zahl von 79.656 (2016) auf 52.378 (2017), nachdem diese seit 2014 – aufgrund der vermehrten Migration – stark angestiegen war (2015: 83.243; 2014: 43.575; 2007: 46.028; 2003: 49.809)[33], siehe Abbildung 3. Dort wird auch ersichtlich, dass die Zahl der jugendlichen Tatverdächtigen insgesamt (wieder) sinkt, die Zahl der deutschen Jugendlichen im letzten Jahr jedoch anstieg. Die Zahl nichtdeutscher Tatverdächtiger erhöhte sich dabei von 2014 zu 2015 um ca. 91,0 %; im Jahr 2017 verringerte sich die Zahl um ca. 34,2 % gegenüber dem Vorjahr.[34]

Hinsichtlich der „Straftaten ohne ausländerrechtliche Verstöße" stieg die Anzahl von 173.406 jugendlichen Tatverdächtigen im Jahr 2016 auf

---

29 *BMI*, PKS (2017), S. 82 f.; *BKA*, PKS Jahrbuch Band 3 (2017), S. 21; darunter am häufigsten Körperverletzung, Betrug, Rauschgiftdelikte (BtMG) sowie Ladendiebstahl; *BKA*, PKS Jahrbuch Band 3 (2017), S. 22.

30 Siehe *BMI*, PKS (2017), S. 55 und *BKA*, PKS Jahrbuch Band 3 (2017), S. 25 ff.; im Jahr 2016 noch 441.890 jugendliche und heranwachsende Tatverdächtige (18,72 %), hiervon 252.984 mit deutscher Staatsangehörigkeit.

31 *BKA*, PKS Jahrbuch Band 3 (2017), S. 31; der Anteil Jugendlicher an allen Tatverdächtigen betrug damit 9,0 % (bzw. 8,6 % ohne Straftaten mit ausländerrechtlichen Bezügen).

32 *BKA*, PKS Jahrbuch Band 3 (2017), S. 27.

33 *BKA*, PKS Jahrbuch Band 3 (2017), S. 31.

34 *BKA*, PKS Jahrbuch Band 3 (2017), S. 31.

177.913 im Jahr 2017 (2015: 171.216).[35] Die Zahlen sowohl deutscher als auch nichtdeutscher Tatverdächtiger schwanken bei diesen Delikten in den letzten Jahren (2017: 137.913 deutsche, 40.000 nichtdeutsche; 2016: 130.149 deutsche, 43.257 nichtdeutsche; 2015: 134.779 deutsche, 36.437 nichtdeutsche Tatverdächtige).[36]

Abbildung 3: Entwicklung tatverdächtiger Jugendlicher (14 bis unter 18 Jahre) – Straftaten insgesamt[37]

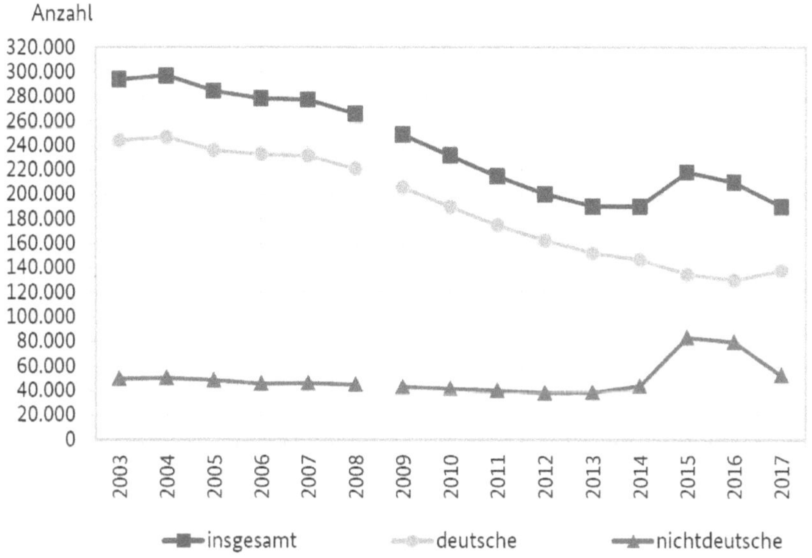

Aufgrund der Einführung der echten Tatverdächtigenzählung auf Bundesebene im Jahr 2009 ist ein Vergleich mit den Vorjahren nicht möglich.

35 *BMI*, PKS (2017), S. 82; vgl. *BKA*, PKS Jahrbuch Band 3 (2016), S. 25.
36 *BKA*, PKS Jahrbuch Band 3 (2017), S. 31; *BKA*, PKS Jahrbuch Band 3 (2016), S. 25.
37 *BKA*, PKS Jahrbuch Band 3 (2017), S. 30.

Der PKS zufolge wurden deutsche Jugendliche im Jahr 2017 hauptsächlich wegen (Deliktsanteil in der Altersgruppe in Prozent)
- Rauschgiftdelikten (21,6 %; 2016: 20,7 %; 2015: 19,3 %)
- Körperverletzung insgesamt (21,2 %; 2016: 22,0 %; 2015: 20,8 %)
- Ladendiebstahl insgesamt (20,9 %; 2016: 19,3 %; 2015: 19,9 %)

registriert.[38]

Nichtdeutsche Jugendliche wurden im Jahr 2017 überwiegend wegen
- Körperverletzung insgesamt (22,8 %; 2016: 16,6 %; 2015: 10,6 %)
- Ladendiebstahl insgesamt (19,8 %; 2016: 13,5 %; 2015: 12,7%)
- Rauschgiftdelikten (8,2 %; 2016: 4,7 %)

erfasst.[39]

Bei der „Gewaltkriminalität"[40] deutscher sowie nichtdeutscher Jugendlicher war 2017 ein Anstieg auf 23.135 Tatverdächtige (2016: 22.646) zu verzeichnen (2015: 20.220 Tatverdächtige; 2014: 21.646).[41]

Die Gesamtzahl **heranwachsender** – deutscher und nichtdeutscher – Tatverdächtiger sank insgesamt im Jahr 2017 um ca. 15,8 % auf 195.448 (2016: 232.082; 2015: 231.426; im Vergleich 2014: 192.289; 2007: 242.878; 2003: 247.456)[42], siehe Abbildung 4. Die Zahl der deutschen Tatverdächtigen sinkt hierbei seit Jahren (2017: 121.262; 2016: 122.832; 2015: 126.897; 2007: 198.778; 2003: 194.350). Die Zahl der nichtdeutschen Tatverdächtigen stieg nach einem sprunghaften Anstieg ab dem Jahr 2014, der – wie bereits dargestellt – mit den Migrationsströmen zu erklären ist und sank 2017 wieder (2017: 74.186; 2016 109.250; 2015: 104.529; 2014: 56.724; 2007: 44.100; 2003: 53.106)[43], siehe Abbildung 4.

---

38 *BKA*, PKS Jahrbuch Band 3 (2017), S. 31; *BKA*, PKS Jahrbuch Band 3 (2016), S. 25; *BKA*, PKS Jahrbuch (2015), S. 77.

39 *BKA*, PKS Jahrbuch Band 3 (2017), S. 31; *BKA*, PKS Jahrbuch Band 3 (2016), S. 25; *BKA*, PKS Jahrbuch (2015), S. 77.

40 Darunter fallen die Tatbestände Mord § 211 StGB; Totschlag und Tötung auf Verlangen §§ 212, 213, 216 StGB; Vergewaltigung und sexuelle Nötigung/Übergriffe §§ 177 Abs. 1 – 4, 6 – 9, 178 StGB; Sonstige sexuelle Nötigung § 177 Abs. 5 – 9 StGB; Raub, räuberische Erpressung und räuberischer Angriff auf Kraftfahrer §§ 249 – 252, 255, 316a StGB; Körperverletzung mit Todesfolge §§ 227, 231 StGB; Gefährliche und schwere Körperverletzung, Verstümmelung weiblicher Genitalien §§ 224, 226, 226a, 231 StGB; Erpresserischer Menschenraub § 239a StGB; Geiselnahme § 239b StGB; Angriff auf den Luft- und Seeverkehr § 316c StGB; siehe *BKA*, PKS Summenschlüssel (2017), S. 3.

41 Vgl. *BMI*, PKS (2017), S. 33; *BMI*, PKS (2016), S. 17; *BMI*, PKS (2015), S. 11.

42 *BKA*, PKS Jahrbuch Band 3 (2017), S. 32.

43 *BKA*, PKS Jahrbuch Band 3 (2017), S. 32; PKS (1987 – 2017), Tabelle 40 und Tabelle 20.

Wie in Abbildung 4 auch ersichtlich ist, sank die Zahl der deutschen heranwachsenden Tatverdächtigen vor dem Jahr 2014 kontinuierlich, während die Gruppe der nichtdeutschen Heranwachsenden leicht zunahm. Die Zahl nichtdeutscher Tatverdächtiger erhöhte sich im Jahr 2015 mit einer Steigerung von 84,3 % gegenüber dem Vorjahr. 2017 sank die Zahl um 32,1 % gegenüber dem Jahr 2016.[44]

Abbildung 4: Eintwicklung tatverdächtiger Heranwachsender (18 bis unter 21 Jahre) – Straftaten insgesamt[45]

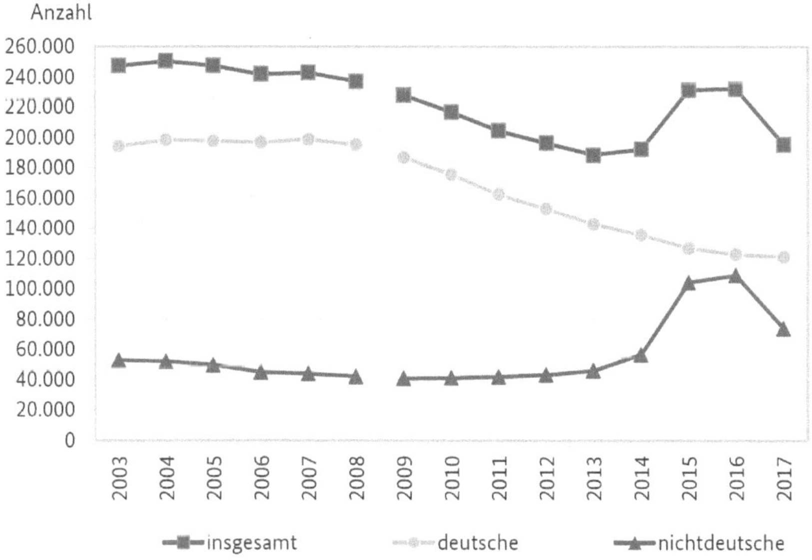

Hinsichtlich der „Straftaten ohne ausländerrechtliche Verstöße" sank die Anzahl von 184.092 heranwachsenden Tatverdächtigen im Jahr 2016 auf 180.661 im Jahr 2017 (2015: 180.254).[46] Sowohl die Zahl deutscher als auch die Zahl nichtdeutscher Tatverdächtigen sank hierbei (2017: 121.242 deutsche, 59.419 nichtdeutsche; 2016: 122.809 deutsche, 61.283 nichtdeutsche; 2015: 126.876 deutsche, 53.378 nichtdeutsche Tatverdächtige).[47]

44 *BKA*, PKS Jahrbuch Band 3 (2017), S. 32.
45 *BKA*, PKS Jahrbuch Band 3 (2017), S. 32.
46 *BMI*, PKS (2017), S. 82; vgl. *BKA*, PKS Jahrbuch Band 3 (2016), S. 27.
47 *BKA*, PKS Jahrbuch Band 3 (2017), S. 33; *BKA*, PKS Jahrbuch Band 3 (2016), S. 27.

Der PKS zufolge wurden deutsche Heranwachsende im Jahr 2017 hauptsächlich wegen (Deliktsanteil in der Altersgruppe in Prozent)
- Rauschgiftdelikten (29,7 %; 2016: 27,6 %; 2015: 19,3 %)
- Körperverletzung insgesamt (23,1 %; 2016: 23,8 %; 2015: 20,8 %)
- Sachbeschädigung (9,6 %; 2016: 9,8 %; 2015: 19,9 %)

registriert.[48]

Nichtdeutsche Heranwachsende wurden im Jahr 2017 überwiegend wegen
- Körperverletzung insgesamt (22,8 %; 2016: 16,6 %; 2015: 10,7 %)
- Rauschgiftdelikten (8,2 %; 2016: 7,5 %)
- Ladendiebstahl insgesamt (19,8 %; 2016: 13,5 %; 2015: 11,9%)

erfasst.[49]

Bei „Gewaltkriminalität“[50] deutscher sowie nichtdeutscher Heranwachsender wurden 2017 23.579 Tatverdächtige erfasst.[51]

Bei Einbeziehung aller Delikte ist damit im Vergleich zum Jahr 2016 sowohl bei Jugendlichen als auch Heranwachsenden insgesamt eine rückläufige Kriminalitätsbelastung zu verzeichnen. Die Tatverdächtigenbelastungszahl (TVBZ)[52] deutscher Jugendlicher stieg im Jahr 2017 hingegen leicht an, nachdem diese in den Vorjahren konstant gesunken war (2017: 4.832; 2016: 4.503; 2015: 4.604; 2006: 6.799). Bei Heranwachsenden sinkt die Zahl seit Jahren (2017: 5.427; 2016: 5.528; 2015: 5.797; 2006: 7.618).[53]

Die Belastungsspitze liegt im Ergebnis für männliche, deutsche Tatverdächtige in der Altersgruppe der 16- bis unter 21-jährigen Jugendlichen und Heranwachsenden und für weibliche, deutsche Tatverdächtige bereits

---

48 Vgl. *BKA*, PKS Jahrbuch Band 3 (2017), S. 33; vgl. *BKA*, PKS Jahrbuch Band 3 (2016), S. 27; vgl. *BKA*, PKS Jahrbuch (2015), S. 79.

49 Vgl. *BKA*, PKS Jahrbuch Band 3 (2017), S. 33; vgl. *BKA*, PKS Jahrbuch Band 3 (2016), S. 27; vgl. *BKA*, PKS Jahrbuch (2015), S. 79.

50 Definition siehe Fn. 40.

51 *BMI*, PKS (2017), S. 33. Ein Vergleich mit den Vorjahren ist nicht möglich, da in den vorangegangenen Statistiken die Anzahl der *heranwachsenden* Tatverdächtigen von Gewaltkriminalität nicht aufgeführt wurde.

52 Die TVBZ ist die Zahl der ermittelten Tatverdächtigen, errechnet auf 100.000 Einwohner des entsprechenden Bevölkerungsanteils (ab 8 Jahren); *BMI*, PKS (2017), S. 101.

53 *BKA*, PKS Jahrbuch Band 3 (2017), S. 12, 99 ff.; zu den tatsächlichen Zahlen deutscher Tatverdächtiger siehe *BKA*, PKS (1987 – 2017), Tabelle 40. Reelle TVBZen können für nichtdeutsche Tatverdächtige nicht errechnet werden, weil in der Einwohnerstatistik die amtlich nicht gemeldeten Ausländer fehlen, die sich erlaubt oder unerlaubt in Deutschland aufhalten, *BKA*, PKS Jahrbuch Band 3 (2017), S. 99, 158.

in der Altersgruppe der 14- bis unter 16-jährigen Jugendlichen.[54] Im Übrigen zeigt sich die wesentlich stärkere Belastung der männlichen Bevölkerung in allen Altersgruppen, besonders ausgeprägt jedoch bei Heranwachsenden und Jungerwachsenen[55], siehe Abbildung 5 und Abbildung 6.

Abbildung 5: Entwicklung der TVBZ der Deutschen – Straftaten insgesamt[56]

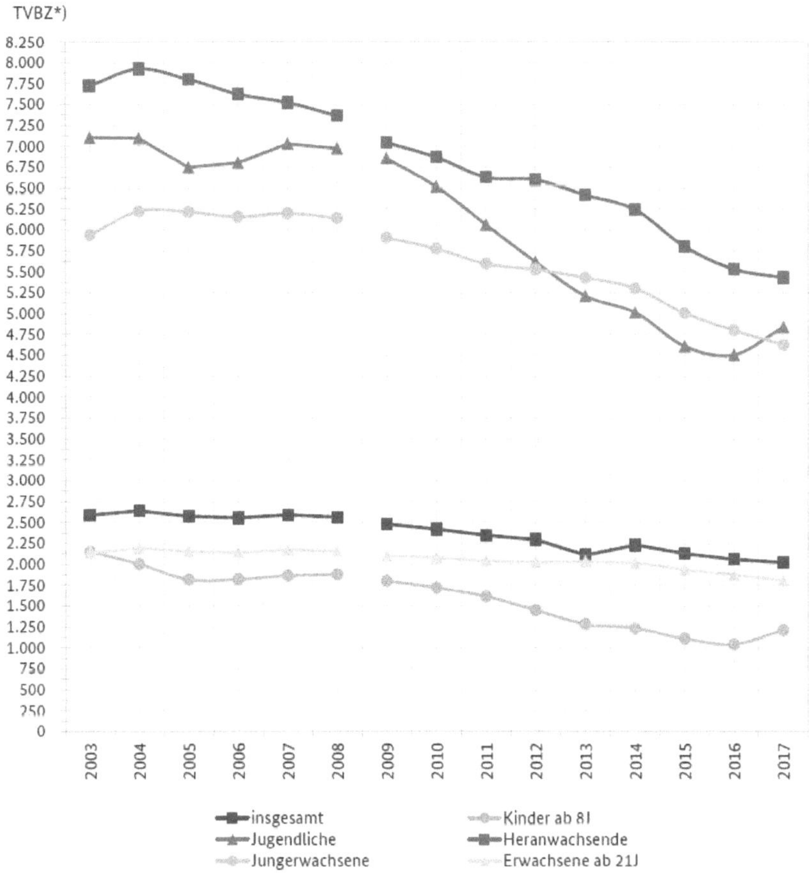

Aufgrund der Einführung der echten Tatverdächtigenzählung auf Bundesebene im Jahr 2009 ist ein Vergleich mit den Vorjahren nicht möglich.

54 *BKA*, PKS Jahrbuch Band 3 (2017), S. 99 f.
55 *BKA*, PKS Jahrbuch Band 3 (2017), S. 100.
56 *BKA*, PKS Jahrbuch Band 3 (2017), S. 103.

Abbildung 6: Tatverdächtigenbelastung der Deutschen bei Straftaten insgesamt nach Geschlecht[57]

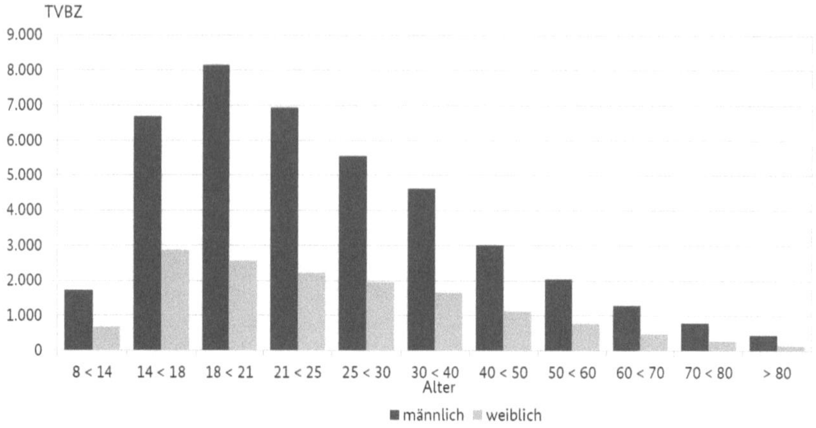

Problematisch bei der Betrachtung der TVBZ ist, dass diese nur deutsche Tatverdächtige berücksichtigt. Da mittlerweile (Berichtsjahr 2017) ca. 27,5 % der jugendlichen Tatverdächtigen und ca. 38,0 % der heranwachsenden Tatverdächtigen nichtdeutsch sind, wird das Lagebild der Jugendkriminalität in Deutschland deutlich verzerrt.[58] Zugleich ist allerdings folgendes zu beachten: Die Vergleichbarkeit der Kriminalitätsbelastung von Deutschen und Nichtdeutschen ist auch aufgrund der unterschiedlichen strukturellen Zusammensetzung (Alters-, Geschlechts- und Sozialstruktur) eingeschränkt: Die sich in Deutschland aufhaltenden nichtdeutschen Personen sind im Vergleich zur deutschen Bevölkerung im Durchschnitt jünger und häufiger männlichen Geschlechts, leben eher in Großstädten, gehören zu einem größeren Anteil unteren Einkommens- und Bildungsschichten an und sind häufiger arbeitslos.[59] Hieraus resultiert ein höheres Risiko, delinquent und damit als Tatverdächtige polizeiauffällig zu werden.[60]

---

57 *BKA*, PKS Jahrbuch Band 3 (2017), S. 100.

58 *BKA*, PKS Jahrbuch Band 3 (2017), S. 31 f. In den Jahren zuvor waren die Unterschiede noch deutlicher: 2016 waren 47,1 % der heranwachsenden Tatverdächtigen nichtdeutsch, 2015: 45,2 %; 2014: 29,5 %. Bei den jugendlichen Tatverdächtigen machten Nichtdeutsche im Jahr 2016 einen Anteil von 38,0 % aus, 2015 noch 38,2 % und 2014 „nur“ 22,9 %; *BKA*, PKS Jahrbuch Band 3 (2017), S. 31 f.

59 *BKA*, PKS Jahrbuch Band 3 (2017), S. 158.

60 *BKA*, PKS Jahrbuch Band 3 (2017), S. 158.

Das Bundeskriminalamt verdeutlicht zudem, dass bei der Interpretation der Zahlen in der PKS „*auch an die für die einzelnen Altersgruppen wohl unterschiedlichen Entdeckungs- bzw. Überführungsmöglichkeiten zu denken*“ ist.[61] Zudem erfasse die PKS alle „*der Polizei bekannt gewordenen strafrechtlichen Sachverhalte unter Beschränkung auf ihre erfassbaren wesentlichen Inhalte. Sie soll damit im Interesse einer wirksamen Kriminalitätsbekämpfung zu einem überschaubaren und möglichst verzerrungsfreien Bild der angezeigten Kriminalität führen.*“[62] Bei einer Zu- oder Abnahme der angezeigten Taten kommen als ursächliche Einflussfaktoren neben der tatsächlichen Änderung des Kriminalitätsgeschehens ein (gesteigertes) Anzeigeverhalten, die tatsächliche polizeiliche Kontrolle, die statistische Erfassung oder eine Änderung des Strafrechts in Betracht. Ein Ansteigen der registrierten Kriminalität muss daher nicht gleichbedeutend mit einem tatsächlichen Anstieg der Kriminalität sein.[63] Die PKS allein kann im Ergebnis somit kein getreues Spiegelbild der Kriminalitätswirklichkeit darstellen.[64]

1.1.2 Strafverfolgungsstatistik

Wie viele Verurteilungen im Vergleich zu den Tatverdächtigenzahlen letztlich tatsächlich ausgesprochen werden, wird in der Strafverfolgungsstatistik dargestellt. Diese bildet die Strukturen der Entscheidungspraxis der Strafgerichte ab und soll Veränderungen sowohl der gerichtlich registrierten Kriminalität als auch deren Bewertung durch die Gerichte aufzeigen.[65] Die Strafverfolgungsstatistik berücksichtigt, dass sich ein Tatverdacht nicht immer beweisen lässt und ferner auch Einstellungen der Strafverfahren erfolgen können. Strafunmündige Tatverdächtigte unter 14 Jahren werden zudem vorab „ausgefiltert“. Auch können Tatvorwürfe rechtlich neu bzw.

61 *BKA*, PKS Jahrbuch Band 3 (2017), S. 100.

62 *BKA*, PKS Richtlinien (2017), S. 4. Die bekannt gewordenen Straftaten werden nach Abschluss der polizeilichen Ermittlungen vor Aktenabgabe an die StA oder das Gericht erfasst; *BKA*, PKS Richtlinien (2014), S. 19.

63 Ursächlich kann auch ein größeres Hellfeld im Vergleich zum Dunkelfeld sein. Das Hellfeld umfasst die offiziell bekannt gewordenen, behördlich registrierten Delikte; vgl. *BMI/BMJ* (Hrsg.), 2. PSB (2006), S. 9 ff. Das Dunkelfeld umfasst die objektiv stattgefundenen Fälle von Kriminalität, die jedoch nicht entdeckt und somit nicht in der PKS als amtlich bekannt registriert werden; vgl. auch *Meier* (2016), § 5 Rn. 52 ff.; *Schwind* (2016), § 2 Rn. 34; siehe auch *Bannenberg* (2009), S. 35.

64 *BMI*, PKS (2017), S. 8, siehe auch *Bannenberg/Rössner* (2005), S. 35.

65 *Destatis* (2017a), S. 6.

anders bewertet werden – bspw. vom Vorwurf des Mordes hin zur Körperverletzung mit Todesfolge.[66]

Im Jahr 2016[67] wurden 97.578 Jugendliche und Heranwachsende – die Zielgruppe von Gefängnisbesuchsprogrammen – nach dem JGG abgeurteilt und hiervon 61.728 (47.598 Deutsche) schließlich verurteilt.[68] Bei 1.805 Abgeurteilten wurde die Entscheidung nach § 27 JGG ausgesetzt, bei 2.930 Personen wurde nach § 45 Abs. 3 JGG von einer Verfolgung abgesehen. Im Übrigen erfolgte größtenteils eine Verfahrenseinstellung (33.811 Abgeurteilte, darunter bei 30.828 Abgeurteilten nach § 47 JGG). 43 Abgeurteilte erhielten selbstständig Maßregeln der Besserung und Sicherung, 16 wurden an den Vormundschaftsrichter überwiesen und 1.980 Abgeurteilte wurden freigesprochen.[69]

Die 61.728 Verurteilten dieser beiden Altersklassen teilten sich auf in 29.620 Jugendliche (hiervon 23.880 männlich) und 32.108 Heranwachsende (27.533 männlich). Gegen insgesamt 10.033 dieser Verurteilten wurde Jugendstrafe verhängt, 7.794 Erziehungsmaßregeln auferlegt und gegen den Großteil von insgesamt 43.901 Jugendlichen und Heranwachsenden Zuchtmittel ausgesprochen.[70] Ein ähnliches Bild ergibt sich auch für die vorgehenden Jahre, vgl. Abbildung 7.[71] Heranwachsende wurden dabei eher nach Jugendstrafrecht sanktioniert als nach allgemeinem Strafrecht.

---

66 *Destatis* (2017a), S. 8; daher unterscheidet sich das Ausmaß der registrierten Kriminalität in der PKS und der Strafverfolgungsstatistik zwingend. Zu beachten ist ferner, dass Straßenverkehrsdelikte in der Strafverfolgungsstatistik – im Vergleich zur PKS – berücksichtigt werden.

67 Daten für die Jahre 2017 und 2018 waren noch nicht verfügbar.

68 Bzgl. Straftaten insgesamt, *Destatis* (2017a), S. 59, 18.

69 Bzgl. Straftaten insgesamt, *Destatis* (2017a), S. 59.

70 *Destatis* (2017a), S. 93.

71 *Destatis* (2018a), S. 320.

Abbildung 7: Verurteilungen von Jugendlichen und Heranwachsenden[72]

11.2 Straftaten und gerichtliche Strafverfolgung

11.2.2 Nach allgemeinem Strafrecht Verurteilte

	Insgesamt	Verurteilt zu									
		Freiheitsstrafe								Strafarrest	Geldstrafe[1]
		zusammen	darunter zur Bewährung ausgesetzt	bis einschl. 9 Monate	mehr als … bis einschließlich …				lebenslange		
					9 Monate – 1 Jahr	1 – 2 Jahre	2 – 5 Jahre	5 – 15 Jahre			
	Anzahl		%	Anzahl							
2014											
Heranwachsende	21 242	823	*85*	530	125	127	32	9	–	–	20 419
Erwachsene	655 446	109 223	*69*	64 565	15 399	19 996	7 729	1 440	94	7	546 216
2015											
Heranwachsende	20 534	790	*85*	512	143	106	26	3	–	–	19 744
Erwachsene	653 611	106 299	*70*	62 379	15 231	19 918	7 250	1 431	90	2	547 310
2016											
Heranwachsende	20 766	934	*72*	635	130	124	39	4	2	–	19 832
Erwachsene	655 379	106 895	*69*	61 352	15 755	20 583	7 633	1 485	87	2	548 482

1 Soweit nicht neben oder in Verbindung mit einer Freiheitsstrafe verhängt.

11.2.3 Nach Jugendstrafrecht Verurteilte

	Insgesamt	Verurteilt zu									
		Jugendstrafe				Zuchtmitteln				Erziehungsmaßregeln	
		zusammen	darunter zur Bewährung ausgesetzt	6 Monate (Mindeststrafe) bis 1 Jahr	mehr als 1 Jahr	zusammen	Jugendarrest	Auferlegung besonderer Pflichten	Verwarnung nach § 14 JGG	zusammen	darunter Erteilung von Weisungen
	Anzahl		%	Anzahl							
2014											
Jugendliche	34 812	3 909	*63*	2 109	1 800	37 665	6 790	20 278	10 597	13 975	13 844
Heranwachsende	37 282	7 863	*60*	3 736	4 127	36 892	5 916	21 369	9 607	12 113	12 045
2015											
Jugendliche	31 341	3 566	*63*	1 904	1 662	33 781	5 951	18 287	9 543	12 842	12 728
Heranwachsende	34 001	6 984	*59*	3 269	3 715	33 970	5 495	19 466	9 009	11 455	11 399
2016											
Jugendliche	29 620	3 163	*62*	1 765	1 398	31 639	5 637	17 161	8 841	12 348	12 224
Heranwachsende	32 108	6 670	*58*	3 166	3 504	31 468	5 139	18 186	8 143	11 131	11 076

Zuchtmittel bzw. Erziehungsmaßregeln können nebeneinander angeordnet sein.
Die Werte können nicht zum „Insgesamt" addiert werden.

72 *Destatis* (2018a), S. 320.

Abbildung 8: Schaubild 1: Entwicklung der Sanktionierungspraxis im Jugendstrafrecht. Anteile, bezogen auf nach JGG (formell oder informell) Sanktionierte. Früheres Bundesgebiet mit Westberlin, seit 1995 mit Gesamtberlin (FG), seit 2007 FG und Deutschland[73]

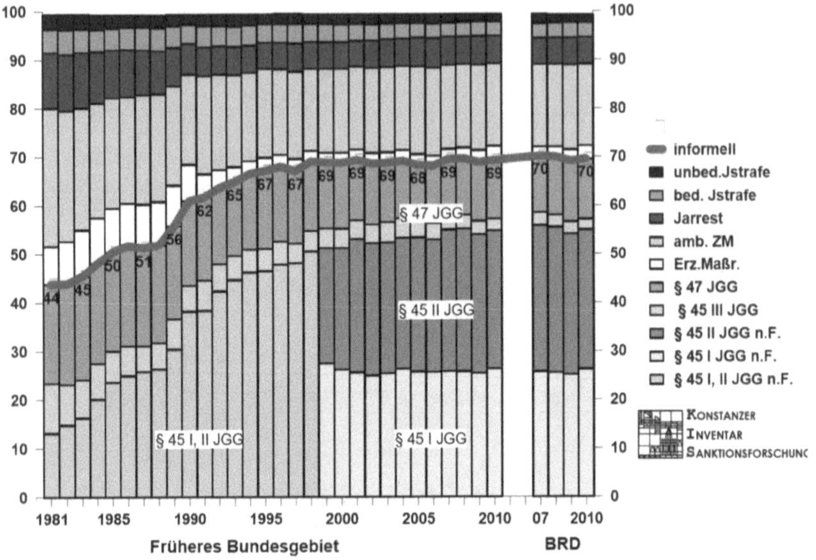

Die in Abbildung 8 dargestellte Entwicklung der Sanktionierungspraxis im Jugendstrafrecht zeigt, dass informelle Beendigungen der Verfahren mittlerweile überwiegen. Seit den 1980er Jahren nahmen Diversionsentscheidungen erheblich zu, wobei Einstellungen des Verfahrens nach § 45 JGG noch vor Anklageerhebung wiederum überwiegen.

Bei einem Vergleich aller Altersklassen zeigt sich ferner, dass Männer und darunter jugendliche und heranwachsende Verurteilte deutlich überrepräsentiert sind: Die Zahl der verurteilten deutschen Jugendlichen und Heranwachsenden pro 100.000 Einwohner sinkt dabei allerdings seit Jahren, wie sich in Abbildung 9 ablesen lässt.

73 *Heinz* (2012), S. 21/70.

Abbildung 9: Verurteilungen pro 100.000 Einwohner[74]

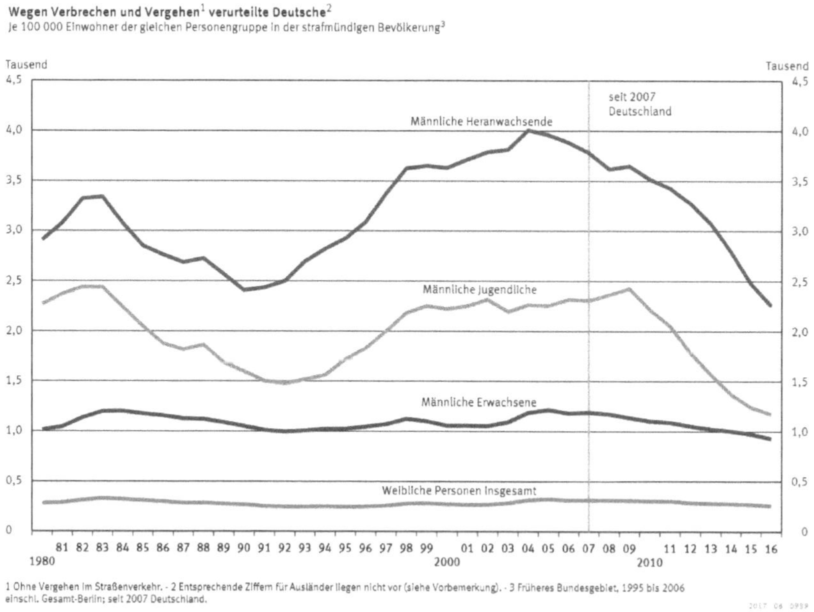

Entsprechend der Daten der PKS werden Jugendliche und Heranwachsende am häufigsten wegen Verbrechen und Vergehen in den Deliktsgruppen Diebstahl und Unterschlagung, Körperverletzung sowie andere Vermögensdelikte verurteilt. Nichtdeutsche werden ebenfalls am häufigsten wegen Diebstahl und Unterschlagung verurteilt, vgl. Abbildung 10.

Fazit:

Festzuhalten ist also, dass die Zahl der Jugendkriminalität insgesamt (für bei der Polizei bekannt gewordene Taten) nach einem Anstieg 2014 bzw. 2015 wieder sinkt.[75] Ebenfalls sinkt die Zahl der verurteilten Straftäter insgesamt in den letzten Jahren kontinuierlich, darunter gerade auch die Zahl der verurteilten Jugendlichen und Heranwachsenden, wie am Beispiel der Körperverletzungsdelikte und Diebstahlsdelikte in Abbildung 11 und Abbildung 12 sichtbar wird. Gleiches gilt auch im Bereich der weiteren Ge-

74 *Destatis* (2017a), S. 12.

75 Bei Heranwachsenden seit 2014; bei Jugendlichen seit 2016 wieder leichter Rückgang, siehe *BKA*, PKS (1987 – 2017), Tabelle 20. Für deutsche Tatverdächtige war auch in den letzten Jahren ein Rückgang zu verzeichnen, siehe *BKA*, PKS (1987 – 2017), Tabelle 40.

waltkriminalität (Straftaten gegen das Leben und Körperverletzungsdelikte).[76]

Abbildung 10: Wegen Verbrechen und Vergehen (ohne Vergehen im Straßenverkehr) Verurteilte nach Deliktsgruppen 2016 in %[77]

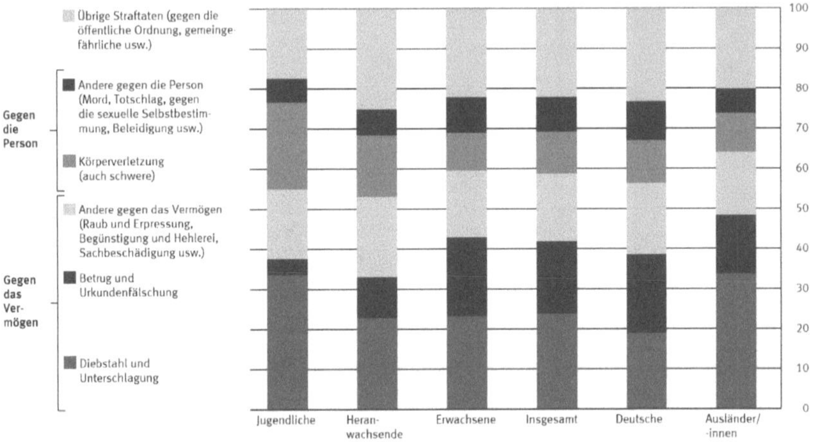

Abbildung 11: Entwicklung Verurteilte wegen Körperverletzungsdelikten (§§ 223-231 StGB) – ohne Straftaten im Straßenverkehr[78]

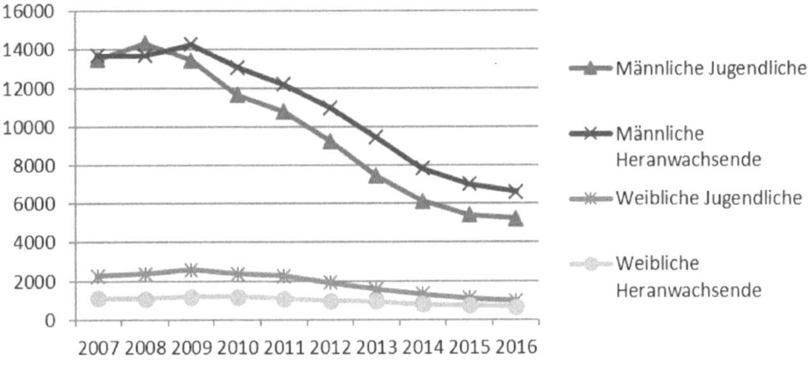

76 *Destatis* (2017a), S. 16; *Destatis* (2016), S. 4.
77 *Destatis* (2017a), S. 12.
78 Datenbezug von *Destatis* (2016), S. 4, *Destatis* (2017a), S. 25 sowie *Destatis* (2017b) S. 25.

Abbildung 12: Entwicklung Verurteilte wegen Diebstahlssdelikten (§§ 242ff. StGB)[79]

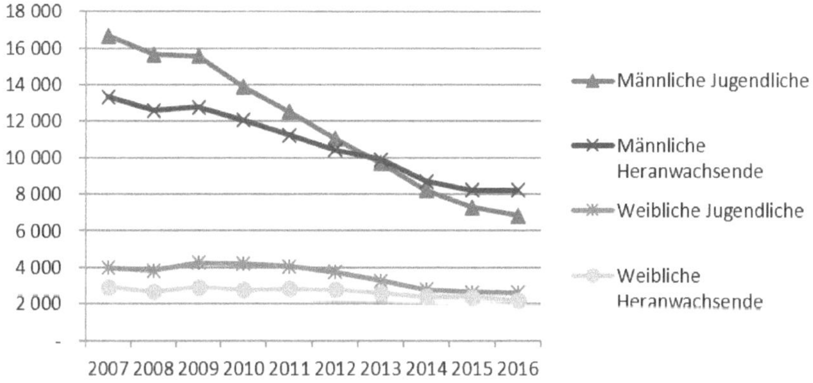

1.1.3 Rückfallstatistiken

Die Verhinderung von Straftaten ist eine der wichtigsten Aufgaben des Strafrechts. Ob Verurteilte erneut straffällig werden oder sich legal bewähren und den verhängten Strafen damit eine spezialpräventive Wirkung zugeschrieben werden kann, lässt sich erfahrungswissenschaftlich überprüfen. Relevant sind hierbei insbesondere die Rückfalluntersuchungen von *Jehle/Albrecht/Hohmann-Fricke/Tetal* (2013, 2016). Die Autoren überprüften alle in einem Bezugsjahr strafrechtlich Sanktionierten oder aus der Haft Entlassenen während festgelegter Risikozeiträume auf eine erneute Straffälligkeit – dies auf Datenbasis der personenbezogenen Eintragungen im Bundeszentral- und Erziehungsregister.[80] Für verschiedene Bezugsjahre konnten so Rückfallraten in Abhängigkeit von Sanktion, Delikt, Vorstrafen, Alter und Geschlecht der Sanktionierten über einen bestenfalls mehrjährigen Beobachtungszeitraum bestimmt werden.

In gebotener Kürze sollen nachfolgend hierbei erlangte wichtige Erkenntnisse zur Rückfälligkeit – insbesondere hinsichtlich der vorliegend relevanten Altersgruppe der Jugendlichen und Heranwachsenden – dargestellt werden:

79 Datenbezug von *Destatis* (2016), S. 5, *Destatis* (2017a), S. 25 sowie *Destatis* (2017b) S. 25.

80 Siehe hierzu ausführlich *Jehle/Albrecht/Hohmann-Fricke/Tetal* (2016), S. 11 ff., 45 ff.

- Innerhalb eines dreijährigen Beobachtungszeitraumes (Bezugsjahr 2010) wurde nur etwa jeder Dritte der strafrechtlich Sanktionierten bzw. aus der Haft Entlassenen aller Altersgruppen erneut straffällig. Hiervon wurde nur ein kleiner Prozentsatz von ca. 4 % (erneut) zu einer Freiheits- oder Jugendstrafe ohne Bewährung verurteilt, der Großteil mithin milder sanktioniert.[81]
- Die Rückfallrate ist stark altersabhängig: In der Gruppe der 14- bis 15-Jährigen lag diese mit 44 % etwas höher als in der Gruppe der 16- bis 17-Jährigen (40 %) bzw. der Heranwachsenden (39 %). In der Altersgruppe der 21- bis 24-Jährigen (42 %) stieg diese erneut und sank in den höheren Altersklassen sodann bis auf ca. 15 % bei den über 60-Jährigen.[82]
- Ferner ist die Rückfallrate von der Vorstrafenbelastung abhängig: Mit der Anzahl und der Sanktionsschwere früherer Verurteilungen nahm die Rückfallrate zu. Mit zunehmender Anzahl an Voreintragungen stieg auch die Wahrscheinlichkeit für eine Folgeentscheidung bei Jugendlichen und Heranwachsenden.[83]
- Auch variiert die Rückfallquote bei den verschiedenen Sanktionsformen. Im Jugendstrafrecht zeigt sich, dass die Rückfallrate nach freiheitsentziehenden Maßnahmen wie Jugendstrafe höher ist als bspw. bei milderen jugendrichterlichen Sanktionen. Die entsprechend Verurteilten weisen jedoch von vornherein ein unterschiedliches Rückfallrisiko auf, sodass der Zusammenhang zwischen Sanktion und Rückfall nicht kausal interpretiert werden darf.[84] Generell weisen jüngere Täter ein höheres Rückfallrisiko auf und freiheitsentziehende Maßnahmen werden zudem bei schwereren Taten und eher bei solchen Tätern verhängt, deren Sozialprognose ohnehin als ungünstiger und deren Rückfallwahrscheinlichkeit als höher prognostiziert wird.[85]

---

81 *Jehle/Albrecht/Hohmann-Fricke/Tetal* (2016), S. 14 f.; 65 % wurden nicht erneut strafrechtlich registriert.

82 *Jehle/Albrecht/Hohmann-Fricke/Tetal* (2016), S. 45.

83 *Jehle/Albrecht/Hohmann-Fricke/Tetal* (2016), S. 86 f.: War die Bezugsentscheidung die erste Sanktion, erhielt der überwiegende Teil (69 %) keine Folgeentscheidung; bei fünf oder mehr Voreintragungen lag die Legalbewährung nur noch bei 28 %.

84 *Jehle/Albrecht/Hohmann-Fricke/Tetal* (2016), S. 15.

85 Vgl. hierzu *Jehle/Albrecht/Hohmann-Fricke/Tetal* (2016), S. 13; *Meier* (2008), S. 58.

- Die höchste Rückfallrate wird nach der Verbüßung von Jugendstrafen ohne Bewährung mit 64 % (Bezugsjahr 2010) registriert.[86] Schwerere Bezugsentscheidungen wie Jugendstrafe (mit und ohne Bewährung) oder Jugendarrest führten ferner eher zu erneuten stationären Folgeentscheidungen, siehe hierzu Abbildung 13 und Abbildung 14 für einen dreijährigen Bezugszeitraum.
- Je länger der Beobachtungszeitraum, desto eher werden Verurteilte wieder rückfällig – nach neun Jahren zeigte sich, dass fast die Hälfte der Betroffenen erneut strafrechtlich belangt wurde.[87]

Abbildung 13: Art der Folgeentscheidung nach Sanktionsart der Bezugsentscheidung (Bezugsjahr 2010)[88]

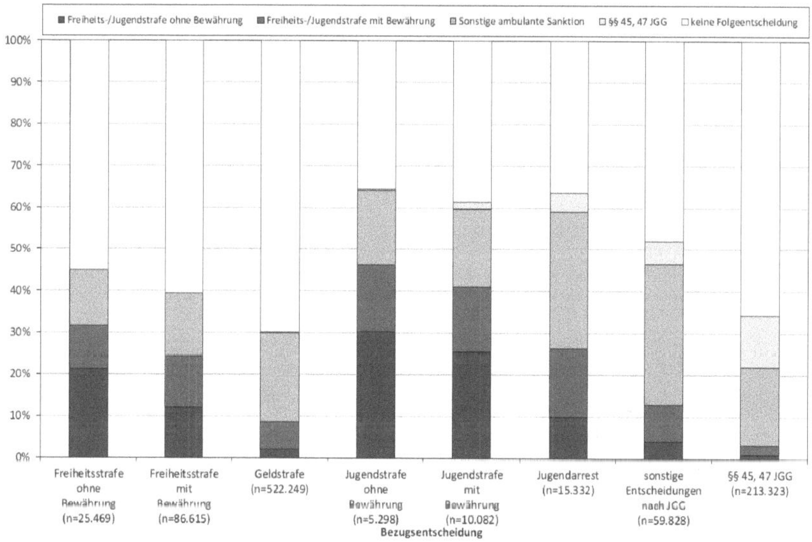

- Betrachtet man die Folgeentscheidungen nach jugendstrafrechtlichen Sanktionen im dreijährigen Bezugszeitraum näher, wird deutlich, dass sich insgesamt ca. 59 % der Sanktionierten bewähren. Die geringste Rückfallrate besteht nach Verfahrenserledigungen nach §§ 45, 47 JGG,

86 *Jehle/Albrecht/Hohmann-Fricke/Tetal* (2016), S. 62. Nur geringfügig besser ist die allgemeine Rückfallrate nach einer ausgesetzten Jugendstrafe, einem Schuldspruch mit ausgesetzter Verhängung der Jugendstrafe sowie Jugendarrest.
87 *Jehle/Albrecht/Hohmann-Fricke/Tetal* (2016), S. 17 sowie S. 231.
88 *Jehle/Albrecht/Hohmann-Fricke/Tetal* (2016), S. 15.

die höchste nach einer Verurteilung zu einer unbedingten Jugendstrafe, siehe Abbildung 14.

Abbildung 14: Art der Folgeentscheidung nach jugendstrafrechtlichen Reaktionen (Bezugszeitraum 2010 – 2013)[89]

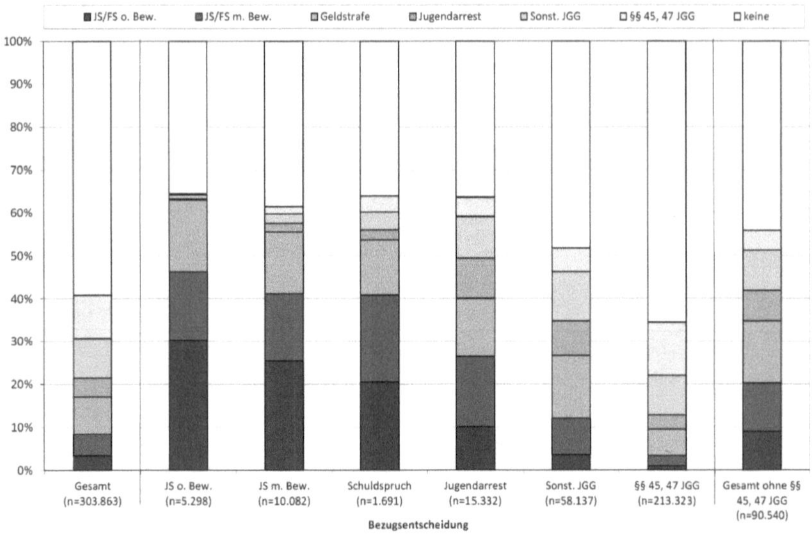

Abbildung 15: Rückfallrate nach Sanktionsart der Bezugsentscheidung 2010 und Folgeentscheidung 2013 (N=935.008)[90]

	Sanktionsart der Bezugsentscheidung							
Altersgruppe	FS o. B.	FS m. B.	JS o. B.	JS m. B.	Geldstrafe	Jugend-arrest	Sonstige Entsch. n. JGG	§§ 45, 47 JGG
Jugendliche	-	-	69%	68%	-	68%	57%	37%
Heranwachsende	41%	41%	64%	59%	41%	59%	46%	28%
Erwachsene	45%	39%	-	-	30%	-	-	-

89 *Jehle/Albrecht/Hohmann-Fricke/Tetal* (2016), S. 62.
90 *Jehle/Albrecht/Hohmann-Fricke/Tetal* (2016), S. 47.

- Die Rückfallrate ist somit abhängig von der Schwere der Bezugsentscheidung, auch zeigen sich altersabhängige Effekte, siehe Abbildung 15.
- Ferner ist die Rückfallrate von Frauen bei sämtlichen Sanktionsarten der Bezugsentscheidungen und altersunabhängig niedriger als die von Männern.[91]
- Bei Betrachtung längerer Bezugszeiträume (drei-, sechs- und neunjähriger Bezugszeitraum zwischen 2004 und 2013) zeigt sich durchgängig, dass je schwerer die Bezugsentscheidung war, desto geringer auch die Legalbewährung ist.[92] Die mit 83 % höchste Rückfallrate ist nach neun Jahren bei der Jugendstrafe ohne Bewährung zu verzeichnen, die niedrigste mit 42 % bei der Geldstrafe. Die höheren Rückfallraten bei jugendstrafrechtlichen Sanktionen im Vergleich zu Sanktionen nach StGB entsprechen dabei der generell höheren Rückfälligkeit junger Jahrgänge.[93] Bei nach JGG Sanktionierten ist zugleich festzustellen, dass im ersten dreijährigen Abschnitt die große Mehrzahl der Rückfälle in den ersten vier Quartalen erfolgt – insbesondere bei freiheitsentziehenden Sanktionen der Jugendstrafe ohne bzw. mit Bewährung sowie Jugendarrest. Deutlich niedriger ist der Verlauf bei der Diversion.[94]

1.2 Theoretisches zum Thema Jugendkriminalität

Das übereinstimmende Ergebnis einer Vielzahl von Untersuchungen zeigt, dass es im statistischen Sinne als „normal“ gilt, wenn Jugendliche in ihrer Entwicklung eine oder mehrere weniger schwerwiegende Straftaten begehen. Das Phänomen des delinquenten Verhaltens bei jungen Menschen ist „ubiquitär“, zieht sich also durch alle gesellschaftlichen Schichten.[95] Normal und ubiquitär ist allerdings nur die Begehung weniger sowie leichter bis mittelschwerer Straftaten, die sich mit oder ohne (strafrechtliche) Sanktion verliert. Dies beruht auf der Übergangsphase zum Erwachsensein, die Normübertretungen im Entwicklungsprozess, aus Übermut oder unter

91 *Jehle/Albrecht/Hohmann-Fricke/Tetal* (2016), S. 51.

92 Siehe hierzu ausführlich *Jehle/Albrecht/Hohmann-Fricke/Tetal* (2016), S. 177.

93 *Jehle/Albrecht/Hohmann-Fricke/Tetal* (2016), S. 179.

94 *Jehle/Albrecht/Hohmann-Fricke/Tetal* (2016), S. 180 mit zahlreichen weiteren Erkenntnissen zur Rückfälligkeit bzw. Folgeverurteilungen.

95 Meier/Bannenberg/Höffler-*Meier* (2019), § 3 Rn. 4; *Spiess*, DVJJ (2015), S. 425 ff.; *Schumann* (2003), S. 10; *Dollinger/Schabdach* (2013), S. 9 f.; *Walter/Neubacher* (2011), Rn. 553; *Kerner* (2001), S. 99 ff.

Gruppeneinfluss Gleichaltriger, typischerweise mit sich bringt.[96] Es ist davon auszugehen, dass etwa 90 % der männlichen Jungerwachsenen im Kindes- und Jugendalter mindestens einmal gegen strafrechtliche Vorschriften verstoßen haben.[97] Jugendliche Delinquenz ist insofern nicht per se Indikator einer dahinterliegenden Störung oder eines Erziehungsdefizits.[98] In aller Regel droht keine „kriminelle Karriere", Jugendkriminalität ist episodenhaft.[99] Nach internationalen Erkenntnissen ist lediglich bei ca. 5 % eines Jahrgangs eine Entwicklung zum Intensiv- oder Mehrfachtäter zu beobachten, die für mehr als die Hälfte der Kriminalität eines Jahrgangs verantwortlich sind.[100] Insgesamt ist Jugendkriminalität meist weniger schadensintensiv als die Kriminalität Erwachsener.[101]

In Rückfallstudien wird – wie bereits unter Ziff. 1.1.3 dargestellt – regelmäßig festgestellt, dass die Mehrheit der nach Jugendstrafrecht sanktionierten Jugendlichen und Heranwachsenden nicht gravierend rückfällig wird, sich mithin mehr als die Hälfte bewährt.[102] Die Rückfallquoten blieben in den letzten Jahren überwiegend konstant bzw. leicht rückläufig[103]: Bei bundesweiten Untersuchungen in den Bezugszeiträumen von 1994 – 1998 lag diese bei ca. 45 %[104], zwischen 2004/2007 und 2010 bei ca. 43 %[105] und zwischen 2010 und 2013 bei ca. 41 %[106].

---

96 *Bannenberg* (2009), S. 23.
97 *BMI/BMJ* (Hrsg.), 2. PSB (2006), S. 357; *Dollinger/Schabdach* (2013), S. 10.
98 *BMI/BMJ* (Hrsg.), 2. PSB (2006), S. 357.
99 *Spiess*, DVJJ (2015), S. 428; *Dollinger/Schabdach* (2013), S. 10.
100 Siehe insbesondere die Philadelphia-Kohortenstudie, *Wolfgang/Figlio/Sellin* (1972) sowie dessen Replikation, *Tracy/Wolfgang/Figlio* (1990). Hierzu auch *Kerner* (1993), der bei der Auswertung der Daten der ersten Philadelphia-Kohortenstudie (1972) einen hohen Belastungsindex bei einer kleinen Gruppe von Kindern und Jugendlichen feststellte, die zugleich zahlreiche Polizeikontakte hatten. Mit Verweis auf weitere internationale Studien *Dölling* (2007), S. 483 ff.; ausführlich auch *Stelly/Thomas* (2001), S. 17 ff. und (2005), S. 18 ff. Siehe auch *Rössner* (2013), S. 458; *Bannenberg* (2009), S. 24; *Bannenberg/Rössner*, forum kriminalprävention (2002), S. 5.
101 *Dollinger/Schabdach* (2013), S. 10.
102 *Dölling* (2007), S. 498; *Jehle/Heinz/Sutterer* (2003), S. 55.
103 Vgl. *Jehle/Albrecht/Hohmann-Fricke/Tetal* (2016), S. 62 und (2013), S. 54; *Jehle/Heinz/Sutterer* (2003), S. 55.
104 *Jehle/Heinz/Sutterer* (2003), S. 55.
105 *Jehle/Albrecht/Hohmann-Fricke/Tetal* (2013), S. 54.
106 *Jehle/Albrecht/Hohmann-Fricke/Tetal* (2016), S. 62.

1.3 Anknüpfungspunkte Kriminalprävention

Neben plakativen Forderungen nach verschärften Sanktionen lautet die zentrale Frage bei der Diskussion um den Anstieg von Jugendkriminalität, wie dieser begegnet werden kann und Straftaten bestenfalls verhindert werden können. Hierzu bedarf es zunächst der Klärung, was unter dem Begriff Kriminalprävention zu verstehen ist und welche Möglichkeiten es hierbei im Jugendstrafrecht gibt.

Der Begriff Kriminalitätsprävention setzt sich zusammen aus dem lateinischen „praevenire" – zuvorkommen sowie „crimen" – Verbrechen.[107] Nach dem Wortsinn soll kriminellem Verhalten durch bestimmte Maßnahmen zuvorgekommen und vorgebeugt werden. Es sollen dabei alle Maßnahmen, die Kriminalität als gesellschaftliches Phänomen oder Straftaten als individuelles Ereignis quantitativ reduzieren, qualitativ mindern oder zumindest die unmittelbaren Folgen der Deliktsbegehung (z.B. das Schadensausmaß) gering halten, umfasst sein[108] – mithin sämtliche privaten und staatlichen Bemühungen, die auf die Verhinderung von Straftaten abzielen.[109] Hierbei sollen Schutzfaktoren aufgebaut oder verstärkt werden (protektive Einflussfaktoren, die negative Auswirkungen von belastenden Faktoren mildern oder aufheben) und Risikofaktoren, die als Ursache für die Entstehung eines Problems gesehen werden können, eingedämmt werden.[110] Eine direkte oder indirekte Beeinflussung von Personen bzw. Situationen soll das Risiko, dass Straftaten begangen und Menschen zu Tätern oder Opfern werden, vermindern.[111]

Wenn Kriminalprävention die Gesamtheit aller staatlichen und privaten Bemühungen zur Verhütung von Straftaten umfassen soll, sind im Ergebnis sowohl repressive als auch rein vorbeugende Maßnahmen umfasst.[112] Dass dies den Ansatzpunkt für Kriminalprävention weit vorverlagert, bedeutet wiederum, dass zahlreiche Institutionen – etwa Justiz-, Innen-, Ju-

---

107 Vgl. *Schwind* (2016), § 1 Rn. 41.

108 *Kube* (2007), S. 834.

109 *Meier* (2016), § 10 Rn. 1; *Neubacher* (2017), 13. Kapitel, Rn. 1; vgl. *Kube* (1986), S. 7 f.; Zur kontroversen Diskussion, ob Kriminalprävention nur eng zur Verbrechensverhütung zu verstehen ist oder daneben auch soziale Aspekte die Gesellschaft nachhaltig mitgestalten sollen, siehe *Kahl* (2016), S. 160 und *Steffen* (2015), S. 66 f.

110 *Eisner/Ribeaud/Locher* (2009), S. 4 f. mit diversen Beispielen für die einzelnen Präventionsziele; siehe auch *Schwind* (2016), § 1 Rn. 41.

111 *BMI/BMJ* (Hrsg.), 2. PSB (2006), S. 667.

112 Vgl. *Cornel*, (2003), S. 35; vgl. *Kube* (1986), S. 7 ff., 10.

gend-, Sozial- und Gesundheitsressort – quer zu den herkömmlichen Zuständigkeitsgrenzen zu beteiligen sind.[113]

Die Kategorisierung verschiedener Ansätze und Methoden zur Kriminalprävention ist vielfältig, was im Folgenden veranschaulicht werden soll. Zur Einteilung von kriminalpräventiven Maßnahmen kann an unterschiedlichste Bezugspunkte angeknüpft werden. Kriminalpräventives Handeln setzt dabei nicht notwendigerweise voraus, dass Straftaten bereits begangen wurden, sondern versucht generell, Straftaten zu verhindern, bevor sie sich ereignet haben.[114] Am Beispiel der untersuchten Gefängnisbesuchsprogramme wird die Vielfalt der Prävention besonders deutlich, wie unter Ziff. 6.3.1 ff. noch näher erläutert wird. Mancherorts werden die Besuchsprogramme als Schulprojekt durchgeführt, daneben gibt es Projekte speziell für gefährdete Jugendliche und ferner Gefängnisbesuche als Maßnahme im Jugendstrafverfahren.

1.3.1 Verschiedene Präventionsebenen

Aufgrund der Komplexität der „Kriminalprävention" bietet sich zunächst eine Systematisierung und Kategorisierung anhand des Strukturmodells von insbesondere *Kube*[115] und *Kaiser*[116] an, die zwischen „primärer", „sekundärer" und „tertiärer" Prävention unterscheiden.[117]

Ganz allgemein lassen sich diese drei Ebenen wie folgt unterscheiden: Primäre Prävention bezieht sich auf Maßnahmen, die vor dem Auftreten einer Störung oder Problematik ansetzen, um diese zu verhindern. Risikofaktoren soll entgegengewirkt werden.[118] Sekundärprävention wird eingeleitet, wenn die eigentliche Störung bzw. Problematik bereits aufgetreten ist und einer Verfestigung vorgebeugt werden soll; konkrete Störungen werden behandelt.[119] Tertiäre Prävention wird initiiert, um einem Wiederauftreten bzw. dem Auftreten weiterer Störungen oder Langzeitproblema-

113 *Jehle* (1996), S. 15; *Cornel* (2003), S. 35.

114 *Steffen* (2015), S. 65; *Welsh/Farrington*, Journal of Criminal Justice (2012), S. 128.

115 *Kube* (1986), S. 9 ff. mit Schaubild; *Kube* (2007), S. 834.

116 *Kaiser* (1996), § 31 Rn. 4 ff.

117 Vgl. *BMI/BMJ* (Hrsg.), 2. PSB (2006), S. 667; *Feltes* (2008), S. 251; *Schwind* (2016), § 1 Rn. 42; *Streng*, ZIS (2010), S. 227; *Meier* (2016), § 10 Rn. 13 ff.; *Kunz/Singelnstein* (2016), Kapitel 4, § 20 Rn. 3.

118 *Stiftung Deutsches Forum für Kriminalprävention* (2013), S. 9.

119 *Stiftung Deutsches Forum für Kriminalprävention* (2013), S. 9.

tiken vorzubeugen.[120] Kriminalpräventive Möglichkeiten lassen sich innerhalb dieser Präventionsebenen nach gesellschaftsbezogenen und strafrechtlichen Ansätzen[121] oder auch Täter-, Opfer- sowie Orts- und Situationsbezügen kategorisieren.[122]

Um der Entstehung von Missverständnissen, etwa der Vorstellung einer Hierarchie bzw. Wertigkeit der einzelnen Präventionsebenen oder dem Fehlschluss, primäre Prävention habe etwas mit dem Alter der Adressaten zu tun, vorzubeugen, bietet sich auch die Unterteilung in „universelle", „selektive" und „indizierte" Prävention an.[123] Durch diese Modifikation der Präventionsebenen soll sich stärker an möglichen Zielgruppen einer Maßnahme oder eines Programms orientiert werden.[124] Ziel ist stets – bezogen auf die Allgemeinheit, gefährdete Personengruppen oder Situationen – das Risiko einer Tatbegehung oder -wiederholung zu reduzieren.[125]

Primäre bzw. universelle Prävention richtet sich dabei vorrangig an die Allgemeinheit – entweder an die Gesamtbevölkerung oder an einzelne Bevölkerungsgruppen. Diese Präventionskategorie soll die Ursachen von Delinquenz und von kriminellen Verhaltensmustern beseitigen, etwa durch den Abbau von Sozialisations- und sozio-strukturellen Defiziten sowie der Stabilisierung des Rechtsbewusstseins der Bevölkerung.[126] Anknüpfend an die Täter, die Tatsituationen sowie die Opfer von Straftaten, sollen die Voraussetzungen, aus denen sich Entstehungsbedingungen von Kriminalität entwickeln können, beeinflusst werden.[127]

Im Rahmen der sekundären bzw. selektiven Prävention sollen potentiell delinquente Personen und kriminogene Situationen beeinflusst sowie An-

---

120 *Stiftung Deutsches Forum für Kriminalprävention* (2013), S. 9.

121 Siehe *BMI/BMJ* (Hrsg.), 2. PSB (2006), S. 670 ff., 684 ff. Ob die Zuweisung der Aufgabe der Verbrechensvorbeugung in die Zuständigkeit des Strafrechts und der Strafrechtspflege fällt oder gänzlich der Polizei und speziellen Einrichtungen der Verbrechensprophylaxe vorbehalten ist, galt seit Beginn der 1980er Jahre als Streitfrage, siehe *Kaiser* (1996), § 31 Rn. 3 f.

122 *Neubacher* (2017), 13. Kapitel, Rn. 5; siehe Schaubilder bei *Armborst* (2018), S. 5, bei *Meier* (2016), § 10 Rn. 17 und bei *BMI/BMJ* (Hrsg.), 2. PSB (2006), S. 667.

123 *Steffen* (2015), S. 65 f.

124 Vgl. *Stiftung Deutsches Forum für Kriminalprävention* (2013), S. 9.

125 *BMI/BMJ* (Hrsg.), 2. PSB (2006), S. 665.

126 *Kube* (2007), S. 834; vgl. Ausführungen von *Kube* (1986), S. 9 ff. am Beispiel der Wirtschaftskriminalität.

127 *BMI/BMJ* (Hrsg.), 2. PSB (2006), S. 667. Die primäre Prävention ist allerdings dem Einwand ausgesetzt, dass Personen einbezogen würden, bei denen ein Eingreifen nicht nötig sei oder dass lediglich Kosten verursacht würden und die Wirksamkeit der Maßnahmen nur schwer zu überprüfen seien, vgl. *Neubacher* (2017), 13. Kapitel, Rn. 5.

gebote für Opfer-Risikogruppen[128] bereitgestellt werden.[129] Durch täterbezogene Maßnahmen sollen aktuell gefährdete oder tatbereite Personen durch eine Veränderung der Tatgelegenheitsstruktur oder durch aktive Stützung normangepassten Verhaltens von der Straftatbegehung abgehalten werden. Die Maßnahmen reichen vom Jugendschutz bis zur technischen Wohnungssicherung gegen Einbruch.[130]

Tertiäre oder indizierte Prävention setzt nach der Begehung von Straftaten ein und betrifft die postdeliktische Verbrechensverhütung.[131] Erneute Straffälligkeit soll verhindert werden.[132] Straftätern soll durch sachgerechte Reaktion von Staat und Gesellschaft geholfen werden, künftig ein Leben in sozialer Verantwortung ohne Straftaten zu führen.[133] Überführte Täter sollen vor Rückfällen bewahrt werden. Relevant ist hierbei die angemessene Sanktionierung, Behandlung und Wiedereingliederung des Täters.[134] Die Maßnahmen reichen von der informellen Erledigung durch abgeschwächte Sanktionierung bis zum Täter-Opfer-Ausgleich oder gar zur Sicherungsverwahrung.[135] Anhand der tertiären bzw. indizierten Präventionsebene zeigt sich, dass die Annahme, dass Strafrecht lediglich mit Repression gleichgesetzt und damit von Prävention unterschieden wird, generell als überholt gelten kann.[136] Die deutsche Strafrechtspflege als mo-

---

128 Bspw. Selbstverteidigungskurse für Bankangestellte, siehe *BMI/BMJ* (Hrsg.), 2. PSB (2006), S. 667 f.

129 *BMI/BMJ* (Hrsg.), 2. PSB (2006), S. 667 f.; *Kaiser* (1996), § 31 Rn. 6.

130 *Kube* (2007), S. 834. An sekundären Präventionsmaßnahmen wird bemängelt, dass diese zwar zielgenauer seien. Aufgrund der größeren Eingriffsintensität als bei primärer Prävention würden die Betroffenen allerdings einer Stigmatisierungsgefahr ausgesetzt, vgl. *Neubacher* (2017), 13. Kapitel, Rn. 5; zu den Vor- und Nachteilen verschiedener Interventionsstrategien siehe auch die Übersicht von *Beelmann/Raabe* (2007), S. 134.

131 *BMI/BMJ* (Hrsg.), 2. PSB (2006), S. 668.

132 *Cornel* (2003), S. 38.

133 *Kube* (2007), S. 852. So auch die Regelung in § 2 StVollzG - Aufgaben des Vollzuges: „Im Vollzug der Freiheitsstrafe soll der Gefangene fähig werden, künftig in sozialer Verantwortung ein Leben ohne Straftaten zu führen (Vollzugsziel). Der Vollzug der Freiheitsstrafe dient auch dem Schutz der Allgemeinheit vor weiteren Straftaten.".

134 *Kube* (2007), S. 834.

135 *Kaiser* (1996), § 31 Rn. 7; *BMI/BMJ* (Hrsg.), 2. PSB (2006), S. 668; *Kube* (2007), S. 834.

136 *BMI/BMJ* (Hrsg.), 2. PSB (2006), S. 684.

dernes Strafrechtssystem[137] vereinigt mittlerweile „Prävention" und „Repression" als Sinn und Zweck der Strafe, die zentraler Bestandteil des Strafrechts ist.[138] Die Erkenntnis, dass Prävention wirkungsvoller sein kann als ein späteres Behandeln oder Bestrafen, hat sich mithin durchgesetzt, zumal bspw. die Androhung höherer Strafen keinen Abschreckungseffekt zur Verhinderung von Straftaten hat.[139] Die dem Strafrecht zugedachten Präventivwirkungen lassen sich danach unterschieden, ob sie sich an die Allgemeinheit oder den Täter richten und ob positive oder negative Zwecke verfolgt werden.[140]

---

137 Der Rechtsgüterschutz durch Prävention ist in der heute herrschenden Vereinigungstheorie vorherrschend, der Schuldausgleich nur noch Grenze der Strafe; vgl. *Bock* (2019), § 1 Rn. 10.

138 Im Schrifttum als „Vereinigungstheorie" bezeichnet (Vgl. *Roxin*, AT, Band 1 (2006), § 3 Rn. 33 ff., 37 ff.; *Jescheck/Weigend*, AT (1996), S. 75 ff.; *Baumann/Weber/Mitsch/Eisele*, AT (2016), S. 19 ff.; *Meier*, JuS (2005), S. 770. Dies war nicht immer so: Vertreter der absoluten Straftheorien iSd klassischen Strafrechts sahen bis ins 19. Jhd. in der Strafe einen ausschließlich repressiven Charakter, siehe hierzu *Neubacher* (2017), 1. Kapitel, Rn. 3 und *Heinz*, INFO (2014), S. 68 f. Die Strafe diente der Vergeltung des geschehenen Unrechts, der Sühne, dem Schuldausgleich und der Übung von Gerechtigkeit, siehe *Meier*, JuS (2005), S. 770; *Streng* (2012), Rn. 10 ff.; *Jescheck/Weigend*, AT (1996), S. 66 ff.). Mit *Beccaria* („Dei Delitti e delle Pene" 1764, *Beccaria* (1766/1966), S. 74, 93 ff., 107 ff., 113, 148 ff.) und *von Liszt* („Marburger Universitätsprogramm 1882", *von Liszt* (1905), S. 126 ff.) wandelte sich dieses Verständnis von der Vergeltungsstrafe und die Überzeugung von einem präventiven Zweck des Strafrechtes kam auf; vgl. *Neubacher* (2017), 1. Kapitel, Rn. 3 und 16 ff. sowie 13. Kapitel, Rn. 1. Nach *Beccaria* (1766/1966), S. 74, könne „der Zweck der Strafen [...] somit kein anderer als der sein, den Schuldigen daran zu hindern, seinen Mitbürgern abermals Schaden zuzufügen, und die anderen davon abzuhalten, das gleiche zu tun".

139 Vgl. *Meier* (2016), § 9 Rn. 89 f. *Cornel* weist darauf hin, dass innerhalb des Strafrechts repressive und präventive Aspekte auch sichtbar werden, wenn die Rechtsfolgen betrachtet werden: Neben der Möglichkeit der Verhängung von Strafen, die sich sowohl auf zukunftsgerichtete Aspekte (Prävention) als auch auf Tatvergeltung (Repression) bezieht, kennt das Strafrecht Maßnahmen der Besserung und Sicherung, die gerade dann verhängt werden können, wenn keine Schuld am vergangenen Unrechtsgeschehen besteht und daher nur die Vermeidung oder Reduzierung einer zukünftigen Gefahr bezweckt wird; *Cornel* (2003), S. 36.

140 *Steffen* (2015), S. 88; *Kunz/Singelnstein* (2016), Kapitel 4, § 20 Rn. 3. Im Rahmen der Generalprävention sollen auf der primären/universellen Ebene das Rechtsbewusstsein und die Rechtstreue der Bevölkerung und das Vertrauen in die Bestands- und Durchsetzungskraft der Rechtsordnung erhalten und gestärkt werden (Positive Generalprävention); potentielle Straftäter sollen durch den Eindruck von Strafandrohung, Strafverfolgung, Bestrafung, Strafvollstreckung und Strafvollzug abgeschreckt werden (negative Generalprävention, sekundäre/

Umfasst von der tertiären Prävention sind sowohl ambulante als auch stationäre strafrechtliche Maßnahmen – Diversion, Strafvollzug, aber auch Bewährungs- und Entlassenenhilfe –, bei denen stets auch soziale Akteure eingebunden sind.[141]

1.3.2 Legalbewährung als Ziel und Erfolgskriterium von Präventionsmaßnahmen

Um die entscheidende Frage nach der Wirksamkeit kriminalpräventiver Programme zu beantworten, bedarf es zunächst der Klärung, wann ein Programm wirksam ist. Entsprechend den mit jugendstrafrechtlichen Sanktionen angestrebten präventiven Zielen wird das Maß erreichter Spezialprävention iSv Rückfallfreiheit als Erfolg erklärt. § 2 Abs. 1 JGG definiert als das vorrangige Ziel der Anwendung des Jugendstrafrechts, erneuten Straftaten eines Jugendlichen oder Heranwachsenden entgegenzuwirken. § 21 JGG spricht in vergleichbarer Weise vom „rechtschaffenen Lebenswandel".[142]

Die Frage nach der Zielsetzung von kriminalpräventiven Maßnahmen stellt sich nicht nur bei strafrechtlichen Sanktionen, sondern generell bei

---

selektive Präventionsebene), *Kube* (2007), S. 835; *Dölling et al.* (2007), S. 633; vgl. auch *BMI/BMJ* (Hrsg.), 2. PSB (2006), S. 684 f.; vgl. *Schwind* (2016), § 1 Rn. 42; *Kaiser* (1996), § 31 Rn. 3 ff.; *Roxin*, AT, Band 1 (2006), § 3 Rn. 21 ff. Gesetzlich umschrieben ist die Generalprävention mittlerweile mit dem Begriff „Verteidigung der Rechtsordnung", bspw. in §§ 47 Abs. 1, 56 Abs. 3, 59 Abs. 1 Nr. 3 StGB. Nach der Rechtsprechung werden dabei sowohl die Abschreckung anderer als auch die „Einhaltung und Stärkung der Rechtsordnung", der Schutz des Vertrauens der Bevölkerung in die Unverbrüchlichkeit des Rechts und der Schutz der Rechtsordnung vor kriminellen Angriffen (positive Generalprävention oder Integrationsprävention) umfasst; BGHSt 24, 40, 44 ff.; 24, 64, 66; ebenso *Fischer* (2018), § 56 Rn. 14.
Die tertiäre/indizierte Präventionsebene soll der Resozialisierung eines Straffälligen bzw. Besserung eines verurteilten Straftäters (positive Spezialprävention) sowie der Abschreckung eines Täters vor der Begehung von Straftaten bzw. vor einem Rückfall dienen (negative Individualprävention); andererseits soll die Gesellschaft vor dem Täter gesichert werden, etwa durch Unterbringung im gesicherten Gewahrsam (negative Spezialprävention); *Kube* (2007), S. 835.

141 Beispiele zu Maßnahmen und Programmen in den verschiedenen Präventionsebenen gibt *Schwind* (2016), § 1 Rn. 43.

142 Bis auf die Jugendstrafe wegen der Schwere der Schuld (§ 17 Abs. 2, 2. Alt. JGG) geht es im Vergleich zum Erwachsenenstrafrecht gerade nicht um die Ahndung einer Tat durch Vergeltung; *Meier*, INFO (2005), S. 77.

kriminalpräventiven Programmen, also auch bei Maßnahmen zugunsten bislang lediglich gefährdeter Jugendlicher, die noch nicht straffällig wurden. Bei einem vollständigen Erfolg der Kriminalprävention müsste jede (erneute) Straftatbegehung verhindert werden, einschließlich der im Dunkelfeld verbliebenen Taten.[143]

Ob die Legalbewährung darüber hinaus nur die Straflosigkeit oder auch andere Bereiche umfassen soll, wird unterschiedlich bewertet. An der Beschränkung des Erfolgsbegriffs auf „Legalbewährung" wird immer wieder Kritik geübt, weil dieses Ziel teils zu streng, teils zu weit gefasst sei.[144] Ebenso ist zu klären, was von „Legalbewährung" bzw. einem Rückfall tatsächlich erfasst sein soll, wie dies gemessen werden kann und welche Zeiträume nach einer bestimmten Maßnahme in die Bewertung fließen sollen.[145]

Richtig ist, dass eine Erfolgskontrolle stattfindet, da sich ansonsten jede Maßnahme rechtfertigen ließe. Ein Rückfall in einschlägige kriminelle Verhaltensweisen fungiert insofern als Misserfolgsindikator.[146] Dies bedeutet jedoch nicht, dass andere Kriterien wie eine Einbindung in ein sozialkonformes Umfeld irrelevant wären.[147] Zu berücksichtigen ist dabei, dass die Wirkung einzelner Maßnahmen von zahlreichen, teilweise kaum kontrollierbaren Variablen abhängt.[148] Hier spielt etwa eine Rolle, inwieweit Konzepte professionell umgesetzt werden.[149]

1.3.3 Prävention im Jugendstrafrecht am Beispiel von Gefängnisbesuchsprogrammen

Die vorliegend untersuchten Gefängnisbesuchsprogramme richten sich, wie im Folgenden unter Ziff. 6.3.1 bzw. 6.4.4 noch erörtert wird, vor-

143 Vgl. *Heinz*, INFO (2014), S. 75.

144 Ausführlich hierzu *Heinz*, INFO (2014), S. 73 f. So soll nach dem soziologischen/materiellen Kriminalitätsbegriff daneben auch jedes sozialschädliche bzw. sozialabweichende Verhalten umfasst sein, vgl. *Schwind* (2016), § 1 Rn. 9. Vertiefend zum Erfolgsbegriff „Legalbewährung" *Böhm* (1998), S. 67 ff.

145 Ausführlich hierzu *Heinz*, INFO (2014), S. 75 ff.

146 *Walsh*, ZJJ (2017), S. 34; vgl. *Jehle* (2007), S. 227.

147 Vgl. *Walsh*, ZJJ (2017), S. 34. *Heinz*, INFO (2014), S. 73, führt bspw. Arbeits- und Sozialbewährung, psychische Stabilität sowie erwünschte (Familiengründung, soziales Engagement) und unerwünschte Nebenfolgen (Alkoholmissbrauch, Selbstmord, physische und psychische Krankheiten) an.

148 *Kury*, INFO (2005), S. 42.

149 Vgl. *Beelmann* (2006), S. 159; vgl. *Eisner/Ribeaud/Locher* (2009), S. 3.

nehmlich an Jugendliche und Heranwachsende – sowohl an Straftäter als auch lediglich Delinquenzgefährdete. Gerade im Jugendstrafrecht steht Prävention von Beginn an im Vordergrund.[150] Da der Strafzweck hier im Unterschied zum Erwachsenenstrafrecht allein spezialpräventive Ziele verfolgt, kann auch im Rahmen der kriminalpräventiven Forschung demnach nur an spezialpräventive Maßnahmen und Folgen angeknüpft werden. Im Hinblick auf die noch nicht abgeschlossene Entwicklung eines Jugendlichen oder Heranwachsenden steht der Erziehungsgedanke bei der individuellen Reaktion im Vergleich zum Erwachsenenstrafrecht im Vordergrund.[151] Die selbstständige Verfolgung generalpräventiver Zwecke im Jugendstrafrecht mittels Sanktionen ist hingegen unzulässig. Aus § 2 Abs. 1 S. 1 JGG ergibt sich, dass erneuten Straftaten „eines" Jugendlichen oder Heranwachsenden entgegengewirkt werden soll und nicht generell Straftaten „von" Jugendlichen oder Heranwachsenden. Insofern dürfen allein die spezialpräventive Eignung und Erforderlichkeit einer jugendstrafrechtlichen Maßnahme Entscheidungsmaßstab sein[152], nicht hingegen eine intendierte Auswirkung auf andere.[153] Generalpräventive Nebeneffekte, etwa iSv Normverdeutlichung, sind daneben allerdings möglich.[154]

Da die Gewährleistung der Sicherheit vor Straftaten letztlich nur in begrenztem Maße möglich ist, werden im Rahmen von Kriminalprävention Strategien entwickelt, um die Kriminalitätsbelastung jedenfalls möglichst niedrig zu halten. Das Risiko einer Tatbegehung oder -wiederholung soll vermieden werden. Dabei sind jedoch nicht allein strafrechtliche Aspekte wie etwa die Verschärfung von Strafen oder die Herabsetzung der Straf-

---

150 *BMI/BMJ* (Hrsg.), 2. PSB (2006), S. 684; das allgemeine Strafrecht ist hingegen spätestens seit der Strafrechtsreform im Jahr 1969 nicht mehr nur dem Schuldausgleich, mithin der Vergeltung des Unrechts, verpflichtet, sondern dient auch dem präventiven Rechtsgüterschutz.

151 Zugleich ergibt sich aus § 2 Abs. 1 S. 2 JGG, dass nicht Erziehung selbst primäres Ziel des Jugendstrafrechts ist, sondern erzieherische Mittel als Leitprinzip vorrangig heranzuziehen sind, um neuen Straftaten entgegenzuwirken, vgl. BT-Drs. 16/6293 v. 04.09.2007, S. 9; BT-Drs. 16/13142 v. 26.05.2009, S. 6.

152 *Heinz*, INFO (2014), S. 69: Ausnahmen bilden demnach die Fälle von § 17 Abs. 2, 2. Alt. JGG, bei denen die Schuld des einzelnen Jugendlichen oder Heranwachsenden Bemessungsmaßstab ist, sowie die der Sicherung dienenden Maßnahmen gem. § 7 JGG.

153 BT-Drs. 16/6293 v. 04.09.2007, S. 10; BT-Drs. 16/13142 v. 26.05.2009, S. 7.

154 BT-Drs. 16/6293 v. 04.09.2007, S. 9.

mündigkeit relevant.[155] Dies auch gerade deshalb, da es hinsichtlich der spezialpräventiven Wirkung von Strafen keinen empirischen Beleg dafür gibt, dass bei vergleichbaren Tat- und Tätergruppen die Rückfallrate nach einer Verurteilung niedriger wäre als nach einer Verfahrenseinstellung (Diversion).[156] Betrachtet man die Sanktionen von Bezugsentscheidungen, zeigen sich in den Rückfallquoten und darüber hinaus in weiteren Folgeentscheidungen erhebliche Unterschiede.[157]

Vor diesem Hintergrund und auch weil Prävention bereits vor der Begehung von Straftaten ansetzen kann und muss, bedarf es nicht allein (jugend-)strafrechtlicher Maßnahmen auf der tertiären Präventionsebene. Bereits im Vorfeld muss gehandelt werden.[158] Zur Vermeidung der Entstehung krimineller Karrieren, zur Verminderung des Risikos, Opfer einer Straftat zu werden, und um die Kriminalitätsbelastung möglichst niedrig zu halten, bedarf es neben repressiven gerade auch rein präventiver Maßnahmen: Die primäre Prävention bezieht sich bei Jugendlichen auf die Erziehung und deren Rahmenbedingungen.[159] Im Rahmen von entwicklungsbezogener Prävention wird gezielt auf Kinder und Jugendliche, ihre Familien, Schulen und Gleichaltrigengruppen oder die Nachbarschaft eingewirkt, um kausale Risikofaktoren für Fehlentwicklungen zu vermindern und Schutzfaktoren zu stärken.[160] Die hier untersuchten Gefängnisbesuchsprojekte werden zunächst auf der primären bzw. universellen Ebene bspw. im Rahmen des Rechtskundeunterrichts angeboten. Sämtliche Schüler einer Klasse werden angesprochen – diejenigen, welche bislang strafrechtlich unauffällig waren und auch zukünftig keine Auffälligkeiten aufweisen werden, genauso wie jene, welche bereits deviantes oder gar delinquentes Verhalten aufzeigten. Sekundäre/selektive Prävention kann Pro-

155 Dies gilt – abgesehen von der Frage nach der Wirksamkeit solcher Schritte – vor dem Hintergrund, dass es im Jugendstrafrecht nicht primär um Bestrafung an sich geht.

156 *Heinz*, NK (2008), S. 55, der ebenso anmerkt, dass – bei vergleichbaren Gruppen – Rückfallraten nach Diversionsmaßnahmen eher niedriger waren.

157 Für den Bezugszeitraum 2010 – 2013 zeigt sich etwa, dass die geringste Rückfallquote (34 %) bei Verfahrenserledigungen nach §§ 45, 47 JGG vorliegt; am höchsten ist die Rückfallrate mit 64 % bei Verurteilungen zu einer unbedingten Jugendstrafe; *Jehle/Albrecht/Hohmann-Fricke/Tetal* (2016), S. 37, 40, 62, 243 ff.; *Jehle/Heinz/Sutterer* (2003), S. 55. Ähnliche Zahlen auch in vorvergangenen Bezugszeiträumen.

158 Ausführlich zu Prävention im Kindes- und Jugendalter, siehe *Fischer/Holthusen/Schmoll/Willems* (2018), S. 333 ff.

159 *Walter/Neubacher* (2011), Rn. 196.

160 *Stiftung Deutsches Forum für Kriminalprävention* (2013), S. 5.

jekte speziell für sozial auffällige und strafgefährdete Jugendliche beinhalten. Im Rahmen der tertiären/indizierten Prävention kommen Gefängnisbesuchsprogramme sodann als jugendstrafrechtliche Sanktion bzw. Diversionsmaßnahme in Betracht. So kann die Weisung eines Jugendrichters nach § 10 JGG zur Teilnahme an einem Gefängnisbesuchsprogramm im Rahmen eines sozialen Trainingskurses als „letzte Chance“ vor der tatsächlich freiheitsentziehenden Maßnahme erteilt werden.[161]

Im Ergebnis ist es insofern denkbar, unterschiedliche Zielgruppen – vor dem Hintergrund, dass die Begehung von Straftaten aus einem Zusammenspiel der unterschiedlichsten Faktoren einhergeht – zu berücksichtigen. Wichtig ist dabei aber stets, Bedingungszusammenhänge zu kennen, aus denen Straftaten entstehen, um daraus die für die Prävention geeigneten Mittel abzuleiten.[162] Hier ist bspw. die besondere Lebenssituation junger Menschen zu beachten. Im Rahmen einer individuellen Betrachtung kommt es auf die Eignung einer Maßnahme im Einzelfall, die Art und Weise des Umgangs mit dem jugendlichen Täter, die Bewertung der Maßnahme bzw. Sanktion durch den Jugendlichen und die Bewältigung der Sanktionierung durch diesen sowie sein Umfeld an.[163]

1.4 Fazit Teil 1

Die vorliegende Arbeit behandelt ein spezielles Präventionsprogramm, dessen Ursprung in den USA verortet werden kann. Der Besuch eines Gefängnisses und Gespräche mit Häftlingen sollen so auf Jugendliche und Heranwachsende wirken, dass diese im Anschluss keine (weiteren) Straftaten mehr begehen. In Deutschland sollen die sog. „Gefängnisbesuchsprogramme“ zum einen auf der Ebene der Kriminalprävention wirken, die noch nicht unmittelbar und zwangsläufig voraussetzt, dass bereits Straftaten begangen wurden, sondern im Vorfeld ansetzt. Zum anderen haben Gefängnisbesuchsprogramme im Zusammenhang mit dem jugendstrafrechtlichen Sanktionensystem Bedeutung erlangt.

---

161 Aus der Zielsetzung und dem Vorrang des Erziehungsgedankens lassen sich die Besonderheiten des Jugendstrafrechts, wie etwa der grundsätzliche Vorrang informeller Erledigung vor förmlicher Sanktionierung oder der Vorrang ambulanter und fördernder vor eher repressiven und freiheitsentziehenden Maßnahmen, ableiten, siehe BT-Drs. 16/6293 v. 04.09.2007, S. 10.

162 Vgl. *Bock* (2019), § 1 Rn. 8.

163 Vgl. *Dölling* (2007), S. 498; *Sherman*, JRCD (1993), S. 456.

Anhand der vorstehend ausgewerteten Daten wird ersichtlich, dass die Altersklassen der Jugendlichen und Heranwachsenden die stärkste Kriminalitätsbelastung aufweisen. Zugleich sinkt die TVBZ der (deutschen) Jugendlichen und Heranwachsenden seit Jahren. Das in der Öffentlichkeit vorherrschende Bild eines Anstiegs der Gesamtkriminalität[164] spiegelt sich im Langzeittrend der PKS nicht wider, gleichwohl war in den Jahren 2014 – 2016 ein Anstieg der registrierten Delikte zu verzeichnen.[165]

Jugendstrafrechtlich relevantes Verhalten – das in einem gewissen Rahmen „normal" und ubiquitär sowie episodenhaft ist – wird größtenteils durch Verfahrenseinstellungen und ambulante Maßnahmen, wozu auch Gefängnisbesuchsprogramme gezählt werden können, beantwortet. Nur ein geringer Prozentsatz jedes Jahrgangs der Tatverdächtigen wird von der StA angeklagt und verbüßt schließlich eine Strafe im Jugendstrafvollzug. Mit steigender Sanktionsschwere ist auch eine steigende Rückfallquote zu verzeichnen.

Auf Basis dieser Erkenntnisse wird nun im folgenden Kapitel zunächst das US-amerikanische Gefängnisbesuchsprogramm „Scared Straight!" dargestellt, bevor auf entsprechende Forschungsergebnisse hierzu eingegangen wird. Wie die in Deutschland angebotenen Gefängnisbesuchsprogramme ausgestaltet und welche Präventionsebenen hierbei betroffen sind, wird sodann in Kapitel 6 vertiefend erläutert.

---

164 Forschungsbericht des KFN, wonach das Ausmaß der Überschätzung jedoch im Verlauf der Jahre 2004, 2006 und 2010 zurückging; *Baier et al.* (2011); siehe auch *Steffen* (2013), S. 97. Zu einem verzerrten Bild über die offizielle Kriminalitätsbelastung siehe auch *Kury*, INFO (2005), S. 31.

165 Die Zahl der registrierten Delikte stieg im Jahr 2016 auf 6.372.526 leicht an (2015: 6.330.649, 2014: 6.082.064; 2007: 6.284.661; 2003: 6.572.135) und nahm 2017 wieder ab auf 5.761.984 Straftaten; *BMI*, PKS (2017), S. 44.

2. US-amerikanische Gefängnisbesuchsprogramme

Bereits in den 1960er Jahren entstanden in den USA sog. „Juvenile Awareness Programs“, die Gefängnisbesuche zu Präventionszwecken beinhalteten.[166] Der Ursprung entsprechender Programme kann daher in den USA verortet werden. Treffend beschreibt *Schumann* solche Präventionsprojekte wie folgt: „Langzeitgefangene in Hochsicherheitsgefängnissen geben Anschauungsunterricht über die Gewalttätigkeit des Knastalltags. Die Jugendlichen werden hautnah einbezogen und terrorisiert, das soll abschrecken.“[167]

Eines der ersten Gefängnisbesuchsprogramme war das „San Quentin Squires Program“ im Hochsicherheitsgefängnis in San Quentin, California, aus dem Jahr 1964.[168] Im Jahr 1967 wurde sodann eine der frühesten Evaluationen über ein weiteres Programm, das Besuchsprogramm des Michigan Departement of Corrections für verurteilte, männliche Jugendliche im Ionia State Reformatory, von der Gefängnisbehörde in Michigan durchgeführt.[169] Das – aufgrund seiner Verfilmung unter dem Namen „Scared Straight!“ – weltweit wohl bekannteste Gefängnisbesuchsprogramm, das „Juvenile Awareness Project“ aus New Jersey, entstand später in den 1970er Jahren.[170] Die US-amerikanische TV-Dokumentation des Präventionsprojekts von Regisseur und Produzent *Arnold Shapiro* aus dem Jahr 1978 wurde ein Jahr später mit dem Academy Award als *bester Dokumentarfilm* ausgezeichnet.[171] Die Idee zur Dokumentation sei durch einen Artikel über das Gefängnisbesuchsprogramm aus dem Januar 1978 entstanden, der über eine angebliche Rückfallquote von nur ca. 6 % der ersten

---

166 Bspw. Gefängnisbesuchsprojekt des Michigan Departement of Corrections aus dem Jahr 1967, vgl. *Petrosino et al.* (2013), S. 20 f.

167 *Schumann* (2006), S. 330.

168 *Lewis*, Criminal Justice and Behavior (1983).

169 *Michigan Department of Corrections*, A six months follow-up of juvenile delinquents visiting the Ionia Reformatory, Research Report No. 4, Lansing, Michigan Department of Corrections, 1967, (internes, unveröffentlichtes Dokument). Inhaltliches hierzu siehe *Finckenauer* (1982), S. 59 f.; vgl. die entsprechenden Untersuchungen von *Petrosino et al.* (2013), S. 20 f.

170 Die deutsche Ausstrahlung des Filmes erfolgte unter dem Titel „Aus Angst straffrei“.

171 http://www.oscars.org/oscars/ceremonies/1979.

3.200 Teilnehmer berichtete, so *Shapiro*.[172] Die dortigen Recherchen hätten sein Interesse geweckt und nach Gesprächen mit den beteiligten Häftlingen sei die Idee einer Dokumentation entstanden.

Im Folgenden soll „Scared Straight!" ausführlich dargestellt und die Ergebnisse zur Wirkungsforschung erläutert werden. Aufgrund der Popularität, die das Projekt durch seine Verfilmung und eine daran anknüpfende Fernsehserie erhielt, kann „Scared Straight!" stellvertretend und beispielhaft für kriminalpräventive Programme mit Gefängnisbesuchen gesehen werden. Nicht nur in den USA, sondern länderübergreifend, wurden zahlreiche weitere, vom Prinzip her ähnliche Gefängnisbesuchsprogramme eingeführt.[173] Im Anschluss an die Ausführungen zu „Scared Straight!" wird sodann auf weitere Projekte und Wirkungsforschungen eingegangen.

2.1 *„Scared Straight!" – „Juvenile Awareness Project", New Jersey*

Das unter dem Namen „Scared Straight!" bekannt gewordene Juvenile Awareness Project[174] wurde von der 1975 gegründeten „Lifers' Group"[175] des East Jersey State Prison[176], einem Hochsicherheitsgefängnis in Rahway, New Jersey, USA, entwickelt und erstmals im Jahr 1976 durchgeführt.[177] Mittlerweile wurde das Projekt eingestellt; es wird derzeit lediglich noch eine „educational tour of the facility" für „college students 18 years of age and older" angeboten.[178]

Die Lifers' Group entwickelte damals die Idee, Kinder und Jugendliche in das Gefängnis zu bringen und diesen „am lebenden Objekt" aufzuzei-

---

172 *Shapiro*, zitiert nach *United States*, Hearing (1979), S. 42 ff.; *Tunley, Roul* – „Don't let them take me back", in: Reader's Digest, January 1978, zitiert nach *United States*, Hearing (1979), S. 49 ff.

173 Interessanterweise distanzieren sich viele weitere Programme von „Scared Straight!", obwohl im Ablauf und der Ausgestaltung Parallelen sichtbar werden. Teilweise differieren Zielgruppen und Ausgestaltung sowie Intention hinsichtlich der Präventionswirkung jedoch auch erheblich, siehe hierzu bspw. unter Ziff. 2.2 und 6.4.6.

174 Im Folgenden nur noch als „Scared Straight!" bezeichnet.

175 Lebenslang inhaftierte Gefängnisinsassen werden als Lifers bezeichnet.

176 Ursprünglich „Rahway State Prison".

177 *Finckenauer* (1982), S. 67, 69.

178 Dies teilte das East Jersey State Prison auf Nachfrage mit. Zur Frage, ob Forschungsergebnisse bzgl. der Wirksamkeit von Gefängnisbesuchsprojekten zur Beendigung des „Scared Straight!"-Programms führten, äußerte man sich jedoch nicht.

gen, was es „wirklich“ bedeute, inhaftiert zu sein.[179] Es sollte ein Projekt zur Prävention von Jugendkriminalität durch abschreckende Konfrontation mit dem Gefängnisalltag entstehen.[180] Der damalige Leiter des Rahway Prison zeigte sich zunächst skeptisch, gestattete die Gefängnisbesuche jedoch, nachdem sich der damalige Polizeichef sowie insbesondere der Jugendrichter *George Nicola* für das Projekt starkmachten.[181] Es wurde argumentiert, dass den sich „kümmernden“ Häftlingen zum Zweck der Kriminalprävention durchaus erlaubt werden könne, entsprechende Programme in „ihren“ Gefängnissen ein- und durchzuführen. Entsprechend wurde im später erschienenen Dokumentarfilm von *Shapiro* proklamiert:

> *„It doesn't cost the taxpayers any money, and it can stop thousands of prisonbound delinquents in their tracks. For that, parents, police, judges, victims and all the rest of us will be very grateful. Prisoners can help in the fight to save today's children from becoming tomorrow's convicts.“*[182]

Die Idee des Programms war Folgende: Durch das Vor-Augen-Halten der Konsequenzen einer Gefängnisstrafe sollten die Teilnehmer von der Begehung von Straftaten abgehalten werden. Das Programm richtete sich an Kinder und Jugendliche im Alter von 11 – 18 Jahren, die bereits straffällig wurden oder gefährdet waren, Straftaten zu begehen. Das Erleben des Gefängnisalltages sollte vor einer zukünftigen Straffälligkeit abschrecken. Initiatoren und Befürworter des Programms gingen davon aus, dass eine Konfrontation mit dem Leben im Gefängnis sowie den Gefängnisinsassen junge Straftäter und Kinder mit hohem delinquentem Risiko so beeinflussen würde, dass diese von der Begehung von Straftaten abgehalten werden. Die Gefängnisinsassen sollten „Negativbeispiele“ darstellen und dadurch gleichzeitig erzieherisch auf die „Besucher“ einwirken. Neben einem intendierten erzieherischen Effekt sollte die erschreckende Aussicht auf ein Leben „hinter Gittern“ die Teilnehmer „(zurück) zur Redlichkeit“ erschrecken.[183] Das Projekt wurde bald so populär, dass deutlich mehr Jugendliche angemeldet wurden als ursprünglich geplant und so nach wenigen Monaten bereits mehrere hundert Jugendliche teilgenommen hatten.

---

179 Vgl. *Finckenauer* (1982), S. 67 ff.

180 *Petrosino et al.* (2013), S. 8.

181 *Finckenauer* (1982), S. 68.

182 So der Sprecher im Film „Scared Straight!“, siehe *United States*, Hearing (1979), S. 227.

183 Vgl. *Petrosino et al.* (2013), S. 8, 23; vgl. *Finckenauer* (1982), S. 67 ff.

In den Anfängen des Projektes sollte dieses noch eher beratend und erzieherisch – wenn auch unter Abschreckung – wirken. Im Laufe der Zeit artete es jedoch zu einer Schock-Therapie aus, da die Häftlinge der Ansicht waren, sie würden die Jugendlichen anders nicht in effektiver Weise erreichen.[184] Die Jugendlichen wurden „unters Gefängnisvolk gemischt“. Im Anschluss berichteten einige Jugendliche, dass erwachsene Gefangene sie sexuell belästigt hätten und versucht hätten, persönliche Sachen zu stehlen.

2.1.1 Ablauf von „Scared Straight!“

Eine unzensierte Einsicht in den Ablauf des Gefängnisbesuchsprogramms Juvenile Awareness Project wurde der breiten Öffentlichkeit durch dessen Verfilmung gewährt.[185] In dem erstmals am 02.11.1978 ausgestrahlten Dokumentarfilm wurden 17 Jugendliche im Alter von 15 – 17 Jahren aus New Jersey, die – zum Teil bereits massiv – mit dem Gesetz in Konflikt geraten waren, bei ihrem Besuch in dem Hochsicherheitsgefängnis begleitet. Zunächst bestanden noch Vorbehalte gegen eine Ausstrahlung aufgrund der brutalen Darstellungen und gewaltverherrlichenden Sprache. Nachdem sich die Uraufführung jedoch als Erfolg darstellte, wurde der Film im Frühjahr 1979 sodann in 200 US-Großstädten ausgestrahlt. Hierdurch erlangte das Projekt mediale Aufmerksamkeit und letztlich großen Zuspruch in der Öffentlichkeit.

Der Film zeigt die anfangs noch albernen, aufmüpfigen und unerschrockenen Jugendlichen, die zu Beginn fast stolz von ihren bisherigen Straftaten berichten. Von Minute zu Minute im Innern des Hochsicherheitstrakts wurden diese jedoch immer kleinlauter und eingeschüchterter. Bei ihrer Ankunft im Gefängnis erhielten die Teilnehmer zunächst Belehrungen durch das Gefängnispersonal und wurden im Folgenden wie Häftlinge bei deren Aufnahme in der Haftanstalt behandelt. Sie wurden angeschrien, sich an der Wand aufzustellen, dies sei kein netter Ausflug, ab jetzt würden die Wärter und Häftlinge das Kommando übernehmen. Sie mussten eine Sicherheitskontrolle mit Durchsuchung über sich ergehen lassen, persönliche Gegenstände waren abzugeben.

---

184 *Finckenauer* (1982), S. 69.

185 Siehe hierzu den Film „Scared Straight!“ und „Scared Straight! 20 Years Later“; *United States*, Hearing (1979), S. 215 ff.

Nachdem die Sicherheitskontrollen passiert waren, wurden die Teilnehmer in einschüchternder Weise auf den „Rundgang" durch das Gefängnis „vorbereitet". Während der Tour durch die Haftanstalt wurden die Teilnehmer sodann mit den Gefängnisinsassen, die sich teilweise rüttelnd und schimpfend an Zellengittern aufbauten, konfrontiert. Die Jugendlichen wurden unter den Blicken und begleitet von einschüchternden und erniedrigenden Beschimpfungen der aggressiven Häftlinge durch einzelne Bereiche der Haftanstalt geführt. Auch sexuelle Beleidigungen blieben nicht aus. Das Gefängnispersonal ließ keinen Zweifel daran, „wer das Sagen hatte" und griff in keiner Weise beschwichtigend ein.

Kennzeichnend für das Präventionsprogramm war die abschreckende Darstellung der Gefängniseinrichtungen für die jugendlichen Besucher durch die „Lifers". In einer ca. zweistündigen „rap session", einer Art Stuhlkreis, berichteten 20 „Lifers" von ihren eigenen, persönlichen Geschichten „hinter den Straftätern" und ihrer kriminellen Karriere – zusammengenommen beliefen sich ihre Strafen auf über 1.000 Jahre Haft. Sie führten zudem in derben Worten die realen Lebensbedingungen in den Haftanstalten, den gewalttätigen Tagesablauf inklusive verbalen und körperlichen Angriffen, Körperverletzungen und Tötungen, homosexuellen Vergewaltigungen, Suiziden, ungenießbarem Essen und der allgemeinen, unpersönliche Atmosphäre aus.[186] Die Darstellungen erfolgten in grober, gewaltsamer Art und Weise. Es wurde im Detail erläutert, was mit „Neulingen" im Gefängnis passierte und ebenso, was passierte, wenn man sich nicht an die gefängnisinternen Regeln hielt. Die Jugendlichen wurden während der gesamten Besuchszeit und insbesondere während der „rap sessions" angeschrien, beleidigt, gedemütigt und auf bedrohliche Art und Weise angegangen. Mit grober Sprache und teils brutaler Darstellung der Folgen einer Inhaftierung wurde den Teilnehmern Angst eingeflößt. Die Situation stellte sich so beängstigend dar, dass einige Teilnehmer zu weinen begannen.

> „[…] *I'm here for murder, kidnappin', robbery, armed robbery, conspiracy, breakin' a dude's jaw and breakin' a fuckin' woman's - both her goddamn arms. But fuck what's happened to me. It's what's happenin' to juveniles that we're concerned about. It's pretty bad what happens to young boys when they come to somebody's prison, ain't it? Ain't it?* (sic)"[187]

---

186 *Finckenauer* (1982), S. 69.

187 Zitat eines Häftlings im Film „Scared Straight!", *United States*, Hearing (1979), S. 223.

> „*I asked you a question. [...] If I ask you again, nigger, I'm gonna come over here and break your fuckin' neck. All right. [...] Let's get one thing straight right from jump street. Ain't nobody up here to entertain you clowns. You gotta problem, man? You come in here laughin' and jokin', you see – look at me mother fucker, when I'm talkin' – now you wanna impress these bitches how tough you are? Well impress 'em with me. I been in this stinken cesspool 10 years, clowns, and I ain't seen nothin' funny. You sit here and you seriously believe you ain't never goin' to jail. In the 10 years I been here I've seen thousands of guys come through this joint, and I ain't met anybody yet that planned to come to prison. That's the trouble with you clowns. [...]* (sic)“[188]

> „*I'll come over there and kick his mother fuckin' ass. Come on. We'll change their mother fuckin' minds. Move the fuck over man, move over* (sic).“[189]

Die Jugendlichen zeigten sich im Film von diesen Darstellungen und „Warnungen“ der Häftlinge erkennbar schockiert. Vorlaute Sprüche wie zu Beginn wurden in den Interviews nicht weiter geäußert. Nach Abschluss des Gefängnisbesuchs schworen die Teilnehmer, nicht erneut straffällig zu werden, um nicht auch inhaftiert zu werden.

Abseits der konfrontativen „rap-sessions“ fanden zudem erzieherische Nachbesprechungen statt – diese waren im Film nicht bzw. nur im follow-up aus dem Jahr 1999 zu sehen. Hierbei sollte es den Jugendlichen ermöglicht werden, unter vier Augen mit den Häftlingen sprechen zu können.[190]

2.1.2 Wirksamkeit?

Die TV-Dokumentation aus dem Jahr 1978 sollte die abschreckende Wirkung des Präventionsprogramms hinsichtlich der Begehung von Straftaten Jugendlicher belegen. Im Film wurde eine Erfolgsrate von 94 % propagiert[191]: 16 der 17 dokumentarisch begleiteten Teilnehmer seien demnach auch drei Monate nach dem Gefängnisbesuch nicht wieder straffällig geworden und auch bis sechs Monate nach der Teilnahme sollten diese 16

---

188 Zitat eines Häftlings im Film „Scared Straight!“, *United States*, Hearing (1979), S. 218.

189 Zitat eines Häftlings im Film „Scared Straight!“, *United States*, Hearing (1979), S. 218.

190 Siehe „Scared Straight! 20 Years Later“.

191 Siehe hierzu *Schembri* (2006), S. 5.

Teilnehmer straffrei geblieben sein. Die Rückfallquote schien, anders als bei sämtlichen traditionellen Maßnahmen, überragend zu sein. Ferner wurde im Film „Scared Straight!" behauptet, dass von den bis dahin angeblich über 8.000 Jugendlichen, die das Programm durchlaufen hatten, 80 – 90 % im Nachhinein nicht wieder strafrechtlich auffällig geworden seien.[192] Entsprechende Zahlen wurden von beteiligten Gemeinden übermittelt bzw. beruhten auf den Angaben von Eltern bzw. Betreuern ehemaliger Teilnehmer sowie einer Trägerorganisation, denen im Anschluss an die Teilnahme ein kurzer Fragebogen zugesandt wurde. Erfragt wurde hierbei jedoch lediglich, ob eine „deutliche" oder „leichte" Veränderung der Jugendlichen nach dem Besuch zu beobachten war bzw. ob ein weiterer Besuch des Programms notwendig erschien.[193] Aus den Antworten wurde sodann die o.g. Rückfallquote interpretiert. Ein wissenschaftlicher Nachweis mit qualifizierten, empirischen Methoden fand jedoch nicht statt.[194]

Die am Projekt beteiligten Häftlinge waren ebenfalls der Ansicht, das Programm wirke kriminalpräventiv. Ein Häftling äußerte sich im Film: *„After you've had one day to see what goes on in one of these joints, the last place in the world you're gonna wanna spend the rest of your life is in somebody's stinkin' prison.* (sic)"[195] Hätte man mit ihnen selbst zuvor in gleicher Weise gesprochen, wären sie nicht im Gefängnis gelandet, so der Tenor der beteiligten Häftlinge.

Darüber hinaus war nicht nur Regisseur und Produzent *Shapiro* der Ansicht, dass die Gefängnisbesuchsprogramme „Sorgenkindern" dabei helfen würden, ihr Leben wieder in den Griff zu bekommen.[196] Auch 14 der 17 von den Kameras begleiteten jungen Teilnehmern äußerten sich in ähnlicher Weise: Die Erfahrung im Gefängnis hätte sie verändert und sie schworen, sich vom Gefängnis und der Gefahr, darin zu enden, fern zu halten.[197] Die teilnehmenden Jugendlichen, darunter auch Mädchen, zeigten sich im Film durch die Teilnahme abgeschreckt und beteuerten, nicht wieder straffällig zu werden, um nicht ebenfalls inhaftiert zu werden:

192 Vgl. *United States*, Hearing (1979), S. 213.

193 Vgl. *United States*, Hearing (1979), S. 213. Fragebogen abgedruckt bei *Finckenauer* (1982), S. 80.

194 Zu Standards und Methoden in der Evaluationsforschung siehe Ziff. 3.3.

195 *United States*, Hearing (1979), S. 226.

196 Siehe *Schill*, JJIE (2011a).

197 Siehe *Schill*, JJIE (2011a).

> *„I don't know, I was just so scared. I don't want to go to one of them things. [...].“ „I think it will change my life. [...].“ „I feel way different. The minute I just stepped through the door, one policeman told me to stand straight, I just said, I know right now this ain't for me. This changed me all around the minute I stepped through that door.“*[198]

Der am Projekt involvierte Jugendrichter *George Nicola* äußerte sich im Film gleichfalls überzeugt:

> *"When you view the program and you review the statistics that have been collected, there is no doubt in my mind, and in the minds of anybody who has seen this program, that the Juvenile Awareness Project at Rahway State Prison perhaps is today, the most effective, inexpensive deterent in the entire correctional process in America* (sic).“[199]

Im Übrigen sollte die prominente Besetzung mit Columbo-Darsteller *Peter Falk* als Moderator des Dokumentarfilms von 1978 die Bedeutsamkeit des Projektes verstärken.

Mitbedingt durch die große Aufmerksamkeit, die das Rahway-Programm bei Justiz, Öffentlichkeit und Medien erregte, kam von Anfang an auch immer wieder die Frage nach der Wirksamkeit der Präventionsidee auf.[200] Auch seitens des Justizministeriums wurde sodann eine externe Evaluation gewünscht. Eine der bekanntesten Wirkungsevaluationen stammte von *Finckenauer*: Ein Besuch bei „Scared Straight!“ weckte zugleich dessen Interesse und erregte Skepsis über das Programm an sich, sodass *Finckenauer* noch vor Ausstrahlung des Dokumentarfilms mit der Planung einer umfassenden Wirkungsevaluation begann. Die zahlreichen Behauptungen zur Wirksamkeit von Gefängnisbesuchsprogrammen griff *Finckenauer* in seiner Evaluation kritisch auf.[201] Im Ergebnis konnte er die Wirksamkeit von „Scared Straight!“ widerlegen und darüber hinaus sogar nachweisen, dass die Wahrscheinlichkeit eines Rückfalls nach der Teilnahme stieg.[202]

Im Laufe der Zeit wurden weitere Wirkungsevaluationen über zahlreiche vergleichbare Programme durchgeführt, die alle zu ähnlichen Ergebnissen kamen.[203] Auch in Reviews wurden abschreckungsorientierte Pro-

---

198 Zitate von Häftlingen im Film "Scared Straight!", *United States*, Hearing (1979), S. 225.

199 *United States*, Hearing (1979), S. 226.

200 Siehe hierzu ausführlich *Finckenauer* (1982).

201 *Finckenauer* (1982), S. 111 f.

202 Siehe hierzu unter Ziff. 4.1.1.

203 Siehe hierzu unter Ziff. 4.1.2 – 4.1.10.

gramme als unwirksam im Rahmen von Kriminalprävention eingestuft.[204] Das ausführlichste Review über Gefängnisbesuchsprogramme wurde von *Petrosino et al.* für die *Campbell Collaboration* durchgeführt, die dabei eigene vorbereitende Untersuchungen aufgriffen.[205]

Keine der Studien konnte die von den Programmorganisatoren und -befürwortern behaupteten Ergebnisse in der Kriminalprävention nachweisen.

2.1.3 Follow-ups des Dokumentarfilms

Auf den Film „Scared Straight!" folgten die Produktionen „Scared Straight! 10 Years Later" (1987) und „Scared Straight! 20 Years Later" (1999). Hierbei wurden die Lebenswege der Jugendlichen, die in der ursprünglichen Dokumentation aus dem Jahr 1978 begleitet wurden, weiterverfolgt. Die Projektverantwortlichen wollten so den langfristigen Effekt des Programms nachweisen. *Shapiro* zufolge konnte die Wirksamkeit gerade aufgrund der langen Verlaufskontrolle bewiesen werden.[206] Anhand der follow-ups nach zehn bzw. 20 Jahren würde die Wirksamkeit des Präventionsprogramms wesentlich besser dokumentiert werden, als etwa mit Studien der *Campbell Collaboration* oder des *Washington State Institute for Public Policy*, so *Shapiro*.[207]

In dem 1999 ausgestrahlten follow-up gaben die meisten ehemaligen Teilnehmer an, dass „Scared Straight!" ihr Leben positiv verändert hätte. Es wurde ferner behauptet, dass lediglich einer der 17 ursprünglich begleiteten Jugendlichen „Berufsverbrecher" geworden sei.[208] Im Übrigen seien zehn von 12 Jugendlichen innerhalb von drei Monaten nach der Teilnahme an dem Projekt gesetzestreu geblieben.[209] Eine Gefängniswärterin proklamierte im Film, dass nur 92 der 500 von ihr in die Anstalt begleiteten Jugendlichen rückfällig geworden seien.[210] Einem Millionenpublikum wurde so der Eindruck eines hochwirksamen Formats vermittelt. Die Medien berichteten vorwiegend positiv, was die Zuschauer an den Erfolg

---

204 Siehe hierzu unter Ziff. 4.2.

205 *Petrosino et al.* (2004, 2013); *Petrosino et al.* (2000); ausführlich unter Ziff. 4.2.3.

206 Vgl. *Schill*, JJIE (2011b).

207 Vgl. *Schill*, JJIE (2011a).

208 *Petrosino et al.*, Crime & Delinquency (2000), S. 357.

209 Siehe *Petrosino et al.* (2013), S. 9.

210 Vgl. *Petrosino et al.*, Crime & Delinquency (2000), S. 357. Entsprechende Nachweise hierzu fehlen jedoch.

glauben ließ und Politiker – unter dem Druck, Kriminalitätsraten zu reduzieren – dazu verleitete, die Programme zu befürworten und zu unterstützen.[211] „Scared Straight!"-Programme erhielten so neuen Aufwind, auch in anderen Staaten.[212]

Kritisch hieran zu sehen ist, dass für die follow-ups nur diejenigen ehemaligen Teilnehmer von „Scared Straight!" interviewt wurden, die nach der Programmteilnahme tatsächlich nicht rückfällig geworden waren. Wie bereits im ursprünglichen Film wurden auch in den späteren Produktionen keine Daten von Kontroll- oder Vergleichsgruppen geliefert.[213] Es wurde nicht dargelegt, welche anderen Gründe es im Lebenslauf der Teilnehmer gegeben haben könnte, die gleichfalls eine Kehrtwende verursacht haben könnten. Verwunderlich blieb zudem, dass – obwohl tausende Jugendliche an dem Projekt teilnahmen – dennoch keine Senkung der Kriminalitätsrate in New Jersey verzeichnet wurde.[214]

2.1.4 Beyond Scared Straight – Die Serie

Inspiriert von „Scared Straight!" und ungeachtet der negativen Ergebnisse der Wirkungsforschung wurden bald in ganz Amerika entsprechende Gefängnisbesuchsprogramme eingeführt. Nach dem Erfolg der Dokumentarfilme produzierte *Shapiro* ab 2009 die Fernsehserie „Beyond Scared Straight" und begleitete in 83 Episoden 331 Teenager bei Gefängnisbesuchen in insgesamt 29 US-Haftanstalten. Die seit 2011 ausgestrahlte, Emmy-nominierte Serie, die mittlerweile aus neun Staffeln besteht, stellt wie im ursprünglichen Film die organisierten, einschüchternden Gefängnisbesuchsprogramme dar.[215] In jeder Folge wurde zunächst der Alltag einer Gruppe Kinder und Jugendlicher dargestellt, bevor diese bei ihrem Gefängnisbesuch begleitet wurden. Sowohl die straffälligen Teilnehmer als auch deren Familien sowie Beamte wurden hierbei portraitiert und stellten ihre Sicht der Dinge, ihre Gefühle und Erwartungen dar. Wie bereits bei „Scared Straight!" mussten die Teilnehmer einen Tag (und teilweise auch eine

---

211 *Petrosino et al.*, Crime & Delinquency (2000), S. 357 f.

212 Vgl. *Petrosino et al.*, Crime & Delinquency (2000), S. 358, bspw. „Victoria's "Day in Prison Program"", *O'Malley/Coventry/Walters*, Australian and New Zealand Journal of Criminology (1993), S. 171 ff.

213 Siehe *Petrosino/Turpin-Petrosino* (2000), S. 1.

214 Vgl. *Cook/Spirrison* (1992), S. 91.

215 In Deutschland unter dem Titel „Vollzug auf Probe – Teenager hinter Gittern" ausgestrahlt, zu sehen bspw. auf Sky.

Nacht) in verschiedenen Gefängnissen für Erwachsene verbringen.[216] Es handele sich nicht um eine Reality Show, so *Shapiro*, sondern um eine reine Dokumentation über verschiedene Gefängnisbesuche.[217] Die letzte Folge der Serie, die laut dem Fernsehsender A&E „einzigartige Programme zur Verbrechensverhütung zeigt", wurde im September 2015 ausgestrahlt.[218] Aufgrund der Beliebtheit der Fernsehshow wurde letztlich auch das Interesse der Bevölkerung an den Gefängnisbesuchsprogrammen an sich neu geweckt.

Das Prinzip der Serie war das gleiche wie bei „Scared Straight!": Den Jugendlichen sollte in mehrstündigen Treffen der Kontakt mit den Gefängnisinsassen ermöglicht und so das Leben hinter Gittern vor Augen geführt werden. Für die Serie wurden Besuchstage in verschiedenen US-amerikanischen Gefängnissen gefilmt und der brutale Umgang mit den Jugendlichen gezeigt. Diese wurden hierbei angeschrien, beleidigt, erniedrigt, provoziert und bedroht, von Insassen ebenso wie von Wärtern. Im Rundgang durch die Gefängnisse erlebten sie bspw. – und so auch die Zuschauer der Serie – wie Häftlinge an den Gitterstäben der Zellen rüttelten oder wie sie mit Tasern von Wärtern überwältigt wurden, wenn sie deren Anweisungen nicht befolgten. Den Jugendlichen sowie den Zuschauern wurde drastisch vor Augen geführt, was passieren würde, wenn sie ihr kriminelles Leben nicht änderten.

Die Serie und die dahinterstehenden Programme wurden damit angepriesen, dass durch die Teilnahme über die Jahre hinweg unzählige Kinder von Drogen, Gewalt und Kriminalität abgehalten und damit vor einer Haftstrafe bewahrt worden seien. Die Verfechter der Programme waren der Auffassung, dass die Teilnehmer durch Konfrontation mit der angeblichen „Realität" des Strafvollzuges und dem bewussten Erleben des „Knastalltags" samt den gewollt sichtbaren brutalen Umgangsweisen zwischen Gefangenen untereinander und gegenüber den Jugendlichen vor der Begehung von Straftaten abgeschreckt würden.[219] Der Schwerpunkt der dokumentierten Projekte lag einerseits auf einer Bestrafung der Jugendlichen für begangene Delikte, andererseits sollte den Jugendlichen verdeutlicht werden, dass der Gefängnisalltag hart und brutal sei, um sie zu einem redlichen Leben zu bekehren. Die Jugendlichen sollten aus ihren Erfahrungen

---

216 http://www.aetv.com/shows/beyond-scared-straight/about.
217 Vgl. *Schill*, JJIE (2011b).
218 http://www.aetv.com/shows/beyond-scared-straight/about.
219 Vgl. *Petrosino/Turpin-Petrosino* (2000), S. 1.

beim Besuch des Gefängnisses und durch Beeinflussung der Inhaftierten für ihre Zukunft lernen.

Schenkt man den zahlreichen Kommentaren zu Videos und Sequenzen der Serie „Beyond Scared Straight“ im Internet sowie den zahlreichen Beiträgen in Internetforen Glauben, erweisen sich die gezeigten Gefängnisprogramme als *das* Mittel, Jugendkriminalität vorzubeugen. Die Begeisterung im Netz ist groß und die kriminalpräventive Wirkung wird nur selten hinterfragt oder gar angezweifelt. Sogar Artikel, die Studien zur Wirkungslosigkeit der Programme zitieren und auf die negativen Effekte hinweisen, werden wie folgt kommentiert:

> maria castillo on October 22, 2012 at 3:02 pm said: „*My brothers and sister need this. I'm tired of my mom struggle with they're behavior. Please help them* (sic).“ [220]
>
> Kat on August 17, 2012 at 10:05 pm said: „*I have a friend who seriously needs this program. I wish this was an option in Canada.*“ [221]
>
> Linda on August 29, 2011 at 12:23 pm said: „*For all you folks that think this show is so bad, you guys should take all these bad ass kids into your homes and raise them and then come back to us parents and tell us that we should not try every tactic we can to get our children on the right track....* “[222]
>
> Colby on September 4, 2011 at 6:43 pm said: „*These programs are the best thing their is for these kids. ... These prison programs have already proven to do more GOOD than Harm from watching the show. 9/10 these kids get the message. I think it is wonderful and I am fully happy to pay for it with my tax dollars. Buerocrats need to realize they don't understand the heart of the problem...those who ahve made the mistakes do, they are the only ones who can truly connect* (sic).“[223]

Wie bereits dargestellt, behauptete *Shapiro* zudem, dass im Gegensatz zu akademischen Studien lediglich follow-ups, wie sie bei „Scared Straight!“ und „Beyond Scared Straight“ durchgeführt wurden, tatsächliche Aussagen über die Wirksamkeit des Projektes treffen könnten. Zudem schrieb er

---

220 Kommentar zu *Schill*, JJIE (2011a): https://jjie.org/2011/01/11/scared-straight-story-2/#comments.

221 Kommentar zu *Schill*, JJIE (2011a), siehe Fn. 220.

222 Kommentar zu *Schill*, JJIE (2011a): http://jjie.org/2011/01/11/scared-straight-story-2/comment-page-3/#comments.

223 Kommentar zu *Schill*, JJIE (2011a), siehe Fn. 222.

sich mit seiner Dokumentation „Scared Straight! 20 Years Later" die längste Verlaufskontrolle zu. Auch spreche für die Wirksamkeit von „Beyond Scared Straight", dass die Teilnehmer von der Jugendberatung, den Lehrern oder Familienmitgliedern ausgewählt wurden. Würde das Programm keine Wirkung zeigen, würden diese keine Jugendlichen mehr auswählen.[224]

2.2 *Entwicklungen und weitere Gefängnisbesuchsprogramme*

Ein Besuchsprogramm als Wundermittel gegen Kriminalität? Ungeachtet wissenschaftlicher Entwicklungen und erbrachter Nachweise über negative Auswirkungen wurde die Idee von „Scared Straight!"-Projekten dennoch weiter propagiert und entsprechende Programme nach und nach in ca. 30 Bundesstaaten der USA übernommen.[225] Diese Entwicklung führte letztlich sogar zu Kongressanhörungen über das Programm und den Film vor dem United States House Committee on Education and Labor, Subcommittee on Human Resources.[226]

Die fortentwickelten Programme sollten das gleiche Ziel der Kriminalprävention letztlich auf ähnliche Art und Weise wie die anfänglichen Projekte verfolgen. Als Entwicklung zeigte sich dabei, dass einige Programme im Vergleich zum Juvenile Awareness Project versuchten, sich bewusst von dem Gedanken der Prävention durch Abschreckung abzugrenzen und zumeist vorgaben, weniger abschreckend und eher erzieherisch ausgestaltet zu sein.[227] Eine Teilnahme an den Folgeprogrammen erfolgte bspw. bei bereits straffällig Gewordenen aufgrund einer gerichtlichen „Anordnung" (delinquents, „officially adjudicated or convicted by a juvenile court") oder

224 Vgl. *Schill*, JJIE (2011b).

225 Vgl. *Petrosino et al.* (2013), S. 8. Bereits 1979 waren in 27 Staaten der USA ähnliche Programme implementiert, in weiteren 11 Staaten waren entsprechende Programme in Planung; nur in 10 Bundesstaaten gab es keine Planung oder entsprechende Projekte wurden abgelehnt, siehe *United States*, Hearing (1979), S. 380.

226 *United States*, Hearing (1979); siehe hierzu *Petrosino et al.* (2013), S. 8.

227 Für Nachfolgeprogramme des Juvenile Awareness Projects siehe hierzu bereits *Petrosino/Turpin-Petrosino* (2000), S. 1; *Petrosino et al.* (2013), S. 8; *Lundman* (1993), S. 166 f. Eine ähnliche Entwicklung bei Programmen in Großbritannien berichtet bspw. *Lloyd* (1995), S. VIII.

bei gefährdeten Jugendlichen auf „freiwilliger" Basis (pre-delinquents, „children in trouble but not officially adjudicated as delinquents").[228]

Auch in zahlreichen weiteren Ländern wie Kanada, Australien, Großbritannien und Norwegen wurden „Scared Straight!"-Programme implementiert.[229] Zu nennen sind hier bspw. die „day visits" in Großbritannien in den Einrichtungen HMP[230] Garth, Risley und Maidstone.[231] Nachdem „Scared Straight!" in Großbritannien im Fernsehen ausgestrahlt worden war, etablierten sich in der Folge – beginnend mit dem ersten Gefängnisbesuchsprogramm 1991 im HMP Garth („Garth Prison Inmate Encounter Scheme" (GPIES)) – bis ins Jahr 1994 Programme in 12 Gefängnissen.[232]

Insbesondere in den USA werden bis heute diverse Gefängnisbesuchsprogramme durchgeführt. Einige werden im Folgenden beispielhaft dargestellt:

Das Programm „*Consider the Consequences*" wurde im März 2016 im Bibb County Law Enforcement Center in Macon, Georgia, eingeführt. Das Gefängnisbesuchsprogramm für „troubled teens" im Alter zwischen 9 und 16 Jahren distanziert sich von „Scared Straight!": „*This is not a scared straight program, but it can be frightening.*"[233] Im Ergebnis scheint der Ablauf jedoch ähnlich. Die oft nur aufgrund von Bagatelldelikten von ihren Eltern angemeldeten Teilnehmer werden bei einem Rundgang durch die Haftanstalt sowohl von Mitarbeitern als insbesondere auch von Häftlingen umringt und dabei angeschrien, beleidigt, verängstigt. Teilnehmer, die sich aus Angst weigern mit erwachsenen, langstrafigen Häftlingen in eine Zelle zu gehen, werden gewaltsam von den Wärtern hineingetragen. Mädchen werden als „Hure" beleidigt und angeschrien und von den Häftlingen genötigt, ohne Handschuhe deren Toiletten zu reinigen. Auch einen Einschluss müssen die Teilnehmer miterleben. Trotz Kenntnis dieser Praktiken sowie der Forschungsergebnisse zu anderen Gefängnisbesuchspro-

---

228 *Petrosino et al.* (2013), S. 6. Dies stellte sich auch bei der Untersuchung der deutschen Programme heraus, siehe Ziff. 6.4.4.

229 *Petrosino et al.* (2013), S. 9 mit Verweis auf weitere Programme wie bspw. „day in prison" oder „day in gaol", Australien, *O'Malley/Coventry/Walters*, Australian and New Zealand Journal of Criminology (1993), S. 171 ff.; „Ullersmo Project" in Norwegen, *Storvall/Hovland* in *Finckenauer* (1999), Kapitel 8 und 9, S. 143 ff. Das Ullersmo-Projekt wurde demnach jedoch nach Veröffentlichung von Evaluationsergebnissen im Jahr 1997 wieder beendet; *Lloyd* (1995).

230 Her Majesty's Prison (Königliches Gefängnis).

231 *Lloyd* (1995), S. VII.

232 *Lloyd* (1995), S. 1 ff.

233 http://bibbsheriff.us/consider-the-consequences-program/.

grammen überwiegen nach Angaben der Organisatoren in der Haftanstalt und der beteiligten Jugendrichterin die positiven Aspekte des Programms, welche einen anderen Lebenswandel der Jugendlichen herbeiführen sollen. Die Abschreckung diene der Kriminalprävention, so der zuständige Sheriff. Eltern würden sich bewusst erkundigen, um ihre Kinder für das Programm anzumelden. Ob das Programm sowie die daran anschließenden „life skill classes" mit den Teilnehmern und ihren Eltern im Ergebnis kriminalpräventiv wirken, wird nicht – jedenfalls nicht extern – überprüft.[234]

Das Tennessee Department of Correction bietet mehrere Gefängnisbesichtigungstouren („prison tours") in neun Haftanstalten für verschiedene Gruppen an, insbesondere Schulgruppen, teilweise auch für Studenten oder auch für Erwachsene.[235] So wird bspw. im West Tennessee State Penitentiary das *„Don't Follow Me"*-Programm durchgeführt, das durch einen Rundgang in der Anstalt sowie Gespräche mit Häftlingen und Gefängnismitarbeitern einen Einblick in das Gefängnisleben geben soll. Das Programm richtet sich eher an Erwachsene und soll helfen, „critical decision making skills" zu erlangen. Im Ergebnis soll den Teilnehmern dabei geholfen werden, für sie richtige Entscheidungen zu treffen, um der Begehung von Straftaten „aus dem Weg zu gehen". Über die Homepage des Tennessee Departement of Corrections wird dem Programm ein großer Erfolg zugeschrieben, ohne dies näher zu erläutern.

Im California State Prison, Solano, wird das *„Prison Outreach Program"* (POP) für Jungen und Mädchen im Alter von 12 bis 17 Jahren angeboten. Den „incorrigible youth" wird hierbei in acht Stunden ein Einblick in das Gefängnisleben erteilt. Die Organisatoren distanzieren sich von „Scared Straight!": *„POP IS NOT SCARED STRAIGHT. POP does not judge, shame, humiliate or force anyone into change. POP is not used as a punitive measure. All parents and youth attending POP do so voluntarily."*[236] Gleichzeitig wird den Besuchern die „harte Realität" des Gefängnislebens verdeutlicht und versucht, durch das Aufzeigen der Konsequenzen anhaltender Straffälligkeit, aber auch durch Betreuungsangebote, Einstellungs- und Verhaltensänderungen zu ermöglichen. Das Programm ist Teil des achtwöchigen „Youth Diversion Program" namens „SHOCK" (self-discipline, honor,

---

234 Siehe hierzu die Dokumentation *Crime Watch Daily* (2016) und *Sigona*, Crime Watch Daily (2016); *Blankenship/Alva* (2016).

235 Siehe hierzu https://www.tn.gov/correction/sp/prison-tours.html.

236 https://sacscip.org/wp-content/uploads/2013/02/YSU-POP-FlyerV1.pdf.

obedience, character, knowledge).[237] Ob und inwiefern sich der Ablauf von POP tatsächlich von „Scared Straight!“ unterscheidet, konnte nicht verifiziert werden.

Das 2001 gegründete *„Juvenile Intervention Program“*, San Bernardino, California, soll „troubled teens“ mit der Realität einer Inhaftierung und den Konsequenzen von kriminellem Verhalten konfrontieren.[238] Diese – so das verantwortliche San Bernardino County Sheriff's Departement – weiche oftmals von den Vorstellungen der Jugendlichen von einem Leben im Gefängnis ab. Seit 2004 nahmen über 4.000 Jugendliche zwischen 13 und 17 Jahren an dem Projekt teil. Angesprochen werden gefährdete Jugendliche, die abweichendes Verhalten zeigten, Alkohol- oder Drogenprobleme haben und/oder gewaltbereit sind, jedoch zuvor noch nicht inhaftiert waren und nicht in ein laufendes Strafverfahren involviert sind. Neben einer Gefängnistour werden die Jugendlichen auch in die Rechtsmedizin geführt, *„to see the realities of death“*. Das Projekt setzt die gleichzeitige Teilnahme der Eltern voraus, die während des Programms Informationen und Erziehungshilfen erhalten.

Das *„U-Turn (your life around) program“* im Hochsicherheitsgefängnis Main Oakland County Jail in Pontiac, Michigan, ist ein Gefängnisbesuchsprogramm für männliche und weibliche Teilnehmer im Alter von 13 bis 17 Jahren.[239] Ein Elternteil oder Erziehungsberechtigter ist ebenfalls zur Teilnahme bzw. Begleitung verpflichtet. Nach dem Vorbild von „Scared Straight!“ gibt es die Möglichkeit, die Gefängnisräumlichkeiten zu besichtigen. Bei „face-to-face“ Begegnungen mit Mitarbeitern und ausgewählten Häftlingen sollen die Jugendlichen mögliche Auswirkungen ihres bisherigen Verhaltens erfahren. Ziel des Programms ist es, Jugendliche und ihre Eltern über die Folgen der Kriminalität und die Realitäten des Gefängnislebens aufzuklären und gleichzeitig die Werte von Schule, Arbeitsleben, (positiven) peer-groups und dem Verzicht auf Alkohol- und Drogenkonsum zu vermitteln, um Jugendliche von weiterer Straffälligkeit zu bewahren.

---

237 Siehe hierzu SCIP – Sheriff's Community Impact Program, Prison Outreach Program, An Outreach Program of the California Department of Corrections & Rehabilitation-Solano: https://sacscip.org/wp-content/uploads/2013/08/SHOCK-Information-PacketV2.pdf.

238 Siehe hierzu http://wp.sbcounty.gov/sheriff/divisions/public-affairs/juvenile-intervention-program/.

239 Siehe hierzu https://www.oakgov.com/sheriff/Pages/community_services/uturn.aspx.

Zahlreiche weitere, ähnliche Programme werden weltweit – vor allem jedoch in den USA – durchgeführt.[240] Studien über die Wirksamkeit dieser Projekte im Sinne einer Reduzierung der Rückfälligkeit konnten hingegen nicht aufgefunden werden.

2.3 *Fazit Teil 2*

Über Jahrzehnte hinweg ließ die Popularität von „Scared Straight!" nicht nach. Unbeirrt wurde an einer Idee festgehalten, ohne dass deren kriminalpräventive Wirksamkeit von Programmbefürwortern tatsächlich angezweifelt wurde. Dies, obwohl zunächst überhaupt keine Evaluationen stattfanden und dann erste wissenschaftliche Ergebnisse veröffentlicht wurden, die den Programmen ihre präventive Wirkung sogar absprachen. Folgeprogramme und mediale Aufbereitungen wurden dennoch bis heute (weiter-)entwickelt und durchgeführt. Von der Wirksamkeit war man auf Seiten der Organisatoren, aber auch der Teilnehmer, überzeugt und ist es bis heute geblieben. Auch die breite Öffentlichkeit zeigte sich fasziniert von den Filmen und der späteren Fernsehserie.

Zudem wurden nachfolgende, teils bis heute in den USA durchgeführte Programme implementiert, die sich nach eigener Aussage vom ursprünglichen Projekt „Scared Straight!" und insbesondere von der abschreckenden Ausgestaltung abgrenzen. Ob sich dies im Einzelfall tatsächlich bewahrheitet, ist zumindest fraglich. Im Ergebnis genügt allein die vermeintliche andere Gestaltung der Programme jedenfalls nicht als Nachweis für einen tatsächlichen kriminalpräventiven Nutzen. Wirkungsevaluationen sind in jedem Fall angezeigt.

Am Beispiel „Scared Straight!" wird deutlich, inwiefern allein der Glaube an eine vermeintliche Wirkung dazu führen kann, dass entsprechende wissenschaftliche Nachweise für nicht mehr notwendig oder gewonnene

---

240 Weitere Programme: z.B. *„Youth Tours"*, Worcester County Sheriff's Office, West Boylston, Massachusetts, http://worcestercountysheriff.com/services/community-outreach/youth-tours/; *„Scared Straight"*, St. Clair County Jail, Belleville, Illinois, http://www.sheriff.co.st-clair.il.us/forms/Documents/SCAREDSTRAIGHTREQUEST.pdf; *„Youth Diversion Program"*, Rancho Cordova Police Department, Rancho Cordova, California, http://rcpdpal.com/programs/youth-diversion-program/; *„Youth Diversion Program"*, Folsom State Prison, Represa, California, http://www.ssdysu.org/Documents/Folsom_YDP.pdf; *„Reality Check"*, u.a. Teil der Serie Beyond Scared Straight, Oklahoma County Jail, Oklahoma City, Oklahoma, https://sheriff.oklahomacounty.org/200/Reality-Check-Program.

wissenschaftliche Erkenntnisse gar für falsch gehalten werden. Dabei liegt es auf der Hand, dass allein der Glaube an die Wirksamkeit einer Maßnahme nicht ausreichen kann. Ebenso wenig führen gute Absichten oder Erfolgsversprechen zu präventiven Effekten.[241]

Die Entwicklungen zu „Scared Straight!“-Projekten und deren Verbreitung forderte die kriminologische Wissenschaft letztlich dazu heraus, methodisch anspruchsvolle Wirkungsevaluationen vorzunehmen. Ungeachtet der dortigen Ergebnisse, die in den folgenden Kapiteln vorgestellt und erörtert werden, werden Nachfolgeprogramme von „Scared Straight!“ bis heute durchgeführt und die an „Scared Straight!“ angelehnte Fernsehserie „Beyond Scared Straight“ bis ins Jahr 2015 produziert.

241 Hierzu auch *Lösel*, ZJJ (2012), S. 14.

3. Evidenzbasierte Kriminalprävention

Evidenzbasierte Kriminalprävention beruht auf dem Grundsatz, dass die Wirksamkeit bzw. Wirkungslosigkeit von Präventionsmaßnahmen durch gute empirische Forschung überprüft werden kann.[242] Bevor auf die Frage der tatsächlichen Wirksamkeit der Gefängnisbesuchsprogramme eingegangen wird, soll zunächst abstrakt das Thema „Wirkungsforschung" näher betrachtet werden. Wie steht es um die Notwendigkeit von Forschung und wie muss diese ausgestaltet sein, um Aussagekraft zu besitzen?

3.1 Notwendigkeit von Evaluation

1. We know our programs work; why evaluate them?
2. We know they are not harming anyone, and see number 1 above.
3. If the program helps a single child, it's worth it. Why evaluate?[243]

Diesen von *Petrosino et al.* zitierten Argumentationsmustern, die den Autoren in ihren zahlreichen Forschungsarbeiten immer wieder auf die Frage geantwortet wurden, weshalb einzelne kriminalpräventive Programme nicht evaluiert werden[244], wurde auch im Rahmen der vorliegenden Untersuchung häufiger begegnet.[245] Programmanbieter sind von ihren Projekten überzeugt, auch wenn die kriminalpräventiven Wirkungen nicht konkret nachgewiesen werden können. Ob eine Maßnahme tatsächlich positive Wirkungen erzielt, lässt sich jedoch nicht aus subjektiven Eindrücken oder gar aus politischen Ideologien ableiten.[246] Um im Ergebnis eine Reduzierung von kriminellem Verhalten zu erreichen, sind notwendigerweise die Erkenntnisse der Grundlagenforschung zu den Ursachen der jeweils relevanten Kriminalitätsbereiche (bspw. Jugendgewalt) sowie der aktuelle Wissenstand zur Wirksamkeit von Präventionsmaßnahmen zu be-

---

242 Vgl. *Eisner/Ribeaud/Locher* (2009), S. 3.

243 *Petrosino et al.*, Crime & Delinquency (2000), S. 355.

244 *Petrosino et al.*, Crime & Delinquency (2000), S. 355.

245 Siehe hierzu die Ergebnisse der Befragungen deutscher JVAen unter Ziff. 6.3.

246 *Eisner/Ribeaud/Locher* (2009), S. 3; im Ergebnis ebenso *Kury*, INFO (2005), S. 32 f.

rücksichtigen.[247] Ansonsten ließen sich zwar alle denkbaren Präventionsmethoden rechtfertigen, die Entscheidung für oder gegen eine Maßnahme erschiene aber willkürlich.[248]

Dies gilt insbesondere vor dem Hintergrund, dass Kriminalität durch eine Vielzahl an individuellen und situativen, ökonomischen und sozialen Faktoren bedingt ist.[249] Aufgrund dieser Komplexität der Ursachen kriminellen Verhaltens führen auf den ersten Blick plausible Konzepte nicht notwendigerweise zum Erfolg, wenn etwaige Effekte bspw. durch andere negative Faktoren wieder aufgehoben werden. „Die genaue Analyse der Folgen von Präventionsmaßnahmen durch Begleitforschung ist deshalb unverzichtbar, um zu klären, in welchem Maße die angestrebten Wirkungen erreicht werden bzw. welche unerwünschten anderen Effekte auftreten."[250]

Eine Beteiligung der Wissenschaft sollte daher sowohl bei der Konzeption als auch bei der Messung ggf. eintretender Effekte und ihrer Bewertung erfolgen.[251] Erkenntnisse über Ursachen von kriminellem Verhalten müssen in präventive Strategien umgesetzt und diese in ihrer Wirkung empirisch überprüft werden.[252] Denn Prävention ist nicht nur deshalb schon und nur gut, weil sie Übles verhindern will, sondern birgt auch „Risiken und Nebenwirkungen".[253] Nicht alles, was in guter Absicht geschieht, hat auch bestenfalls gute oder zumindest keine Wirkungen – es können vielmehr auch nichtintendierte schädliche Wirkungen eintreten.[254] Mithin ist eine Evaluation der verschiedenen vorhandenen Präventionsprogramme auf ihre Wirkung hin unverzichtbar, wenn eine Reduktion der Zahl der Straftaten auf gesicherter Grundlage erreicht und keine unwirksamen Strategien verfolgt werden sollen.[255] Auch kann so sichergestellt werden, dass finanzielle Mittel effektiv eingesetzt werden.

---

247 *Eisner/Ribeaud/Locher* (2009), S. 3; siehe hierzu grundlegend *Sherman et al.* (2002).

248 Vgl. *BMI/BMJ* (Hrsg.), 2. PSB (2006), S. 3.

249 *Heinz* (2005), S. 10.

250 *BMI/BMJ* (Hrsg.), 2. PSB (2006), S. 668.

251 Vgl. *Neubacher* (2017), 13. Kapitel, Rn. 7.

252 Vgl. *Bannenberg* (2009), S. 22.

253 *Steffen* (2015), S. 69.

254 *Neubacher* (2017), 13. Kapitel, Rn. 7; siehe hierzu im Folgenden bspw. die Ergebnisse der Wirkungsforschung, Kapitel 4 und 5.

255 *BMI/BMJ* (Hrsg.), 2. PSB (2006), S. 5.

3.2 Begriffsbestimmung: Evaluationsforschung

Unter dem Begriff der Evaluationsforschung versteht man auch die „systematische Anwendung sozialwissenschaftlicher Forschungsmethoden zur Beurteilung der Konzeption, Ausgestaltung, Umsetzung und des Nutzens sozialer Interventionsprogramme".[256] Der Begriff „Evaluation" setzt sich aus dem lateinischen Wort „valor" (Wert) und der Vorsilbe e/ex (aus) zusammen und bedeutet so viel wie „Bewertung" oder „einen Wert aus etwas ziehen".[257] Im weiteren Sinne wird auch der Prozess der Beurteilung eines Wertes umfasst.[258]

Wissenschaftliche Evaluationen leisten einen wesentlichen Beitrag zur Versachlichung von Diskussionen und zur Verobjektivierung eines Urteilsprozesses, indem durch die wissenschaftliche Fundierung eines Urteils die Bewertungskriterien offengelegt und dadurch die logischen Ableitungen von Bewertungen für Dritte nachvollziehbar werden.[259]

Die sozialwissenschaftliche Evaluationsforschung lässt sich grundsätzlich in drei verschiedene Bewertungsphasen einteilen.[260] Die erste Phase (ex-ante Evaluation) bezieht sich auf die Programmentwicklung.[261] Die zweite Phase (formative Evaluation/Prozessevaluation) betrifft Evaluationen während der Implementierungsphase eines Programms. Diese Begleitforschung hat eine Kontroll- und Beratungsfunktionen inne und soll den Programmverlauf zeitnah bewerten und steuern sowie eventuell auftretende Probleme korrigieren.[262] Es wird untersucht, wie das Programm faktisch durchgeführt wird, ob die Zielgruppen erreicht werden und die praktizierte Maßnahme dem zugrundeliegenden Konzept entspricht.[263] Nur

---

256 *Rossi/Freeman* (1985), S. 19; *Meyer/Höhns* (2002), S. 4; *Coester/Bannenberg/Rössner* (2007), S. 95.

257 Vgl. *Meyer/Höhns* (2002), S. 3; *Coester/Bannenberg/Rössner* (2007), S. 94.

258 Vgl. *Meyer/Höhns* (2002), S. 3; *Coester/Bannenberg/Rössner* (2007), S. 94.

259 *Meyer/Höhns* (2002), S. 4.

260 Vgl. *Stockmann* (2006), S. 17; *Coester/Bannenberg/Rössner* (2007), S. 95; *Meyer/Höhns* (2002), S. 8.

261 Bspw. wird die Erstellung eines Programmdesigns unterstützt und auf negative Effekte, Durchführungsprobleme und Erfolgschancen hin geprüft; vgl. *Stockmann* (2006), S. 16 f.

262 *Stockmann* (2006), S. 18; *Coester/Bannenberg/Rössner* (2007), S. 96; *Meyer/Höhns* (2002), S. 8.

263 *Stiftung Deutsches Forum für Kriminalprävention* (2013), S. 23; *Lösel/Heinrichs*, forum kriminalprävention (2013), S. 24. *Eisner/Ribeaud/Locher*, (2009), S. 5 f., weisen jedoch darauf hin, dass durch eine reine Prozessevaluation (Einschätzungen über die Umsetzung eines Projektes und die Zufriedenheit der Benutzer) nicht

wenn das der Fall ist, sind in der Wirkungsevaluation die angestrebten Effekte zu erwarten.[264] Im Rahmen der Wirkungsevaluation als dritte Phase (summative oder ex-post Evaluation) werden nach Abschluss der Intervention unmittelbare und mittelbare/langfristige Effekte und Wirkungen und damit das Erreichen der Ziele überprüft.[265] Wenn hierbei unter wissenschaftlich anerkannten Methoden festgestellt wurde, ob und inwieweit ein Programm seine Ziele, mithin die Verminderung bzw. Verhinderung von Kriminalität, erreicht, kann es als „evidenzbasiert" gelten.[266] Durch den Zusammenhang der Forschungsergebnisse sollen zuverlässige Kenntnisse darüber gewonnen werden, welche Präventionsmaßnahmen sich in der Forschung als effektiv erwiesen haben und wie diese erfolgreich in die Praxis umgesetzt werden können.[267]

3.3 Standards und Methoden in der Evaluationsforschung

Werden empirisch gesicherte Erkenntnisse gefordert, bedarf es im Rahmen der Evaluationsforschung der expliziten Verwendung und Einhaltung em-

---

wissenschaftlich nachweisbar sei, ob ein Programm tatsächlich positive präventive Wirkungen hat. Hierfür bedürfe es methodisch ausgereifter Evaluationsstudien mit typischerweise experimentellen Studien mit Randomisierung.

264 *Stiftung Deutsches Forum für Kriminalprävention* (2013), S. 23.

265 *Stockmann* (2006), S. 18; *Coester/Bannenberg/Rössner* (2007), S. 96; *Meyer/Höhns* (2002), S. 8.

266 *Stiftung Deutsches Forum für Kriminalprävention* (2013), S. 23; vgl. *Lösel/Heinrichs*, forum kriminalprävention (2013), S. 24 f., die darauf hinweisen, dass der Untersuchungsplan bzw. das Design möglichst bereits vor der Durchführung des Programms festzulegen seien, um methodisch stichhaltig zu sein. *Beelmann*, (2014), S. 357 f., führt ferner kritisch an, dass der Begriff „Evidenzbasierung" bislang nicht hinreichend konkretisiert sei und keine allgemein anerkannten, klar definierten Konzepte existieren. So sei abgesehen von positiven Evaluationsergebnissen bspw. unklar, welche Evidenzen für die Anerkennung als evidenzbasiertes Präventionskonzept konkret vorliegen oder welche und wie viele Untersuchungen mit welchen Ergebnissen hierfür durchgeführt werden müssen. Der Autor weist ferner auf das konzeptionelle Problem hin, dass die Präferenz allgemein zu experimentellen Wirksamkeitsuntersuchungen gehe und damit das Konzept der Evidenzbasierung zumeist auf empirische Untersuchungen zur Wirksamkeit begrenzt werde und andere wissenschaftliche Quellen für die Beurteilung von Präventionsmaßnahmen, etwa bereits bei deren Konstruktion und Entwicklung, vernachlässigt werden.

267 *Eisner/Ribeaud/Locher* (2009), S. IV.

pirischer Forschungsmethoden und wissenschaftlicher Standards.[268] Nicht jede Forschung besitzt dabei dieselbe methodische Qualität.[269] Die angewendeten Methoden stellen jedoch einen wichtigen Indikator für die Überprüfung der Wirksamkeit kriminalpräventiver Programme dar.[270] Eine Bewertung der Qualität von Evaluationsstudien ist mithin unerlässlich, wenn eine rationale und reflektierte Entscheidung über die Einsatzmöglichkeiten von Präventionsprogrammen getroffen werden soll.[271] Es ist nicht nur wichtig, ob und mit welchen Ergebnissen ein Präventionsprogramm evaluiert wurde, sondern auch, mit welcher Forschungsmethodik diese Befunde erzielt wurden.[272]

In der internationalen Evaluationswissenschaft wurden für die Kriminalprävention entsprechende Qualitätsstandards entwickelt.[273] Maßgeblich hierbei ist der Maryland Report bzw. *Sherman Report* mit dem Titel „Preventing Crime: What works, what doesn't, what's promising?".[274] 1998 veröffentlichte eine Forschergruppe der Universität Maryland um *Lawrence W. Sherman* den unabhängigen Evaluationsbericht über die Effektivität der vom U.S. Department of Justice finanziell geförderten örtlichen und bundesstaatlichen Programme zur Kriminalprävention. In dieser vom amerikanischen Kongress beauftragten Meta-Analyse wurden über 600 kriminalpräventive Projekte bzw. deren Evaluationen wissenschaftlich ausgewertet und auf ihre mittel- und langfristigen Effekte hin untersucht.[275] Zur Basis für Aussagen zur Wirksamkeit der Programme wurde hierbei die Bewertung der methodologischen Qualität der Evaluationen und der unterschiedlichen empirischen Herangehensweisen anhand einer fünfstufigen Skala, der „Maryland Scale of Scientific Methods".[276] Primäre Zielsetzung war es, Wissenschaftlern, Politikern und Praktikern „a simple scale measuring internal validity" an die Hand zu geben.[277] Der Begriff der „evidenz-

---

268 *Coester/Bannenberg/Rössner* (2007), S. 95; vgl. *Stockmann* (2006), S. 16.

269 *Schneider* (2007c), S. 864.

270 *Coester, Gossner et al.* (2002), S. 9.

271 *Beelmann/Hercher* (2016), S. 98 mit Hinweis auf die Befunde über den Einfluss der Forschungsmethodik auf die erzielten Ergebnisse von *Wilson, D. B.*, und *Lipsey, M. W.* (2001), The role of method in treatment effectiveness research: Evidence from meta-analysis. In: Psychological Methods, 6, S. 413 – 429.

272 *Beelmann/Hercher* (2016), S. 98.

273 *Neubacher* (2017), 13. Kapitel, Rn. 8.

274 *Sherman et al.* (1997).

275 *Sherman et al.* (1997); vgl. *Coester/Bannenberg/Rössner* (2007), S. 93.

276 *Farrington/Gottfredson/Sherman/Welsh* (2002), S. 13 ff., 16 f.; vgl. *Coester/Bannenberg/Rössner* (2007), S. 98; vgl. *Meier* (2008), S. 57, 59 f.

277 *Farrington/Gottfredson/Sherman/Welsh* (2002), S. 16.

basierten Kriminalprävention“ geht auf die 2002 erschiene Neuauflage des Reports mit dem Titel „Evidence-Based Crime Prevention“ zurück.[278]

Auf der fünften und damit höchsten Stufe – der sog. „gold standard“ bei der Qualität einer Wirkungsevaluation – steht hierbei das echt experimentelle Design mit Randomisierung („random assignment and analysis of comparable units to program and comparison groups“).[279] Hierbei erfolgt eine zufällige Zuweisung der Studienteilnehmer zu Experimental- (Programm-) und Kontrollgruppen, sodass alle individuellen und sozialen Faktoren als auf diese Gruppen näherungsweise gleichverteilt gelten.[280] Da von einer weitgehenden Vergleichbarkeit der Gruppen ausgegangen werden kann, soll ein gemessener Erfolg der getesteten Maßnahme kausal zugeschrieben werden, deren Einfluss theoretisch den einzigen Unterschied zwischen den Gruppen darstellt.[281] Durch die zufällige Zuweisung einer Maßnahme können Manipulationsmöglichkeiten von Evaluationsforschern und Programmmitarbeitern weitgehend ausgeschlossen werden, was eine von inhaltlichen und wirtschaftlichen Interessen an einem bestimmten Evaluationsergebnis möglichst unabhängige Forschung gewährleisten soll.[282]

Auch wenn kein Zufallsexperiment möglich ist, sollte sich nicht gänzlich von den entsprechenden methodischen Anforderungen gelöst, sondern ein quasi-experimentelles Design zur Programmevaluation durchgeführt werden (Stufe 4 der Maryland Scale of Scientific Methods).[283] Solche Studien ohne Zufallszuweisung liegen dann vor, wenn die Versuchsperson nicht nach dem Zufallsprinzip ausgewählt wird, sondern vergleichbare Gruppen gebildet werden („comparison between multiple units with and without the program, controlling for other factors, or a nonequivalent comparison group has only minor differences evident“).[284] Die Teilnehmer der Programm- und Kontrollgruppen sind dabei nach bestimmten Merkmalen ähnlich zusammengestellt oder es werden bspw. äquivalente Jahrgangsgruppen verglichen. Die Teilnehmer sind im statistischen Sinne

278 *„Sherman-Report“*, *Sherman et al.* (2002).

279 *Sherman* (1997), Chapter 2; z.B. Cambridge-Somerville Youth Study (*Powers/Witmer* (1951)), *MacKenzie* (2006), S. 29 f.; vgl. *Coester/Bannenberg/Rössner* (2007), S. 98.

280 *Graebsch* (2018), S. 199; vgl. *Lösel/Heinrichs*, forum kriminalprävention (2013), S. 25; siehe auch *Schneider* (2007a), S. 11.

281 *Graebsch* (2018), S. 199.

282 *Graebsch* (2010), S. 138.

283 Siehe *Farrington/Gottfredson/Sherman/Welsh* (2002), S. 17 ff.

284 *Sherman* (1997), Chapter 2; *Schneider* (2007a), S. 11.

nicht identisch, sodass ein gewisses Maß an Unsicherheit bleibt, ob Unterschiede zwischen beiden Gruppen nach Durchführung der Präventionsmaßnahme tatsächlich auf der Maßnahme selbst oder auf Unterschieden zwischen den Personengruppen beruhen.[285]

Als Mindeststandard gilt das mittlere Qualitätsniveau auf Stufe 3 („a comparison between two or more units of analysis, one with and one without the program“).[286] Um in Metastudien berücksichtigt werden zu können, die ihrerseits die Ergebnisse einer Vielzahl von Evaluationen zusammenführen, muss eine Evaluationsstudie in methodischer Hinsicht mithin zumindest mehrere Messzeitpunkte sowie eine Vergleichsgruppe aufweisen.[287] Studien auf den Stufen 1 („correlation between a crime prevention program and a measure of crime or crime risk factors“) und 2 („temporal sequence between the program and the crime or risk outcome clearly observed, or a comparison group present without demonstrated comparability to the treatment group“) werden als unzureichend abgelehnt.[288] Studien der Stufe 1 weisen nur einen Messzeitpunkt bei Adressaten und Nichtadressaten einer Maßnahme auf, ohne deren Vergleichbarkeit zu gewährleisten. Die Kausalität einer Maßnahme kann nicht bestimmt werden, weitere Einflussfaktoren bleiben unberücksichtigt. Bei Studien der Stufe 2 wird zwar ein Vorher-Nachher-Vergleich durchgeführt, jedoch ohne vergleichbare Kontrollgruppe. Insofern kann die Kausalität einer Maßnahme nur vermutet, nicht jedoch nachgewiesen werden, andere Einflussfaktoren bleiben ebenfalls unberücksichtigt.

Für einen Erkenntniszuwachs im Hinblick auf die Wirkung kriminalpräventiver Maßnahmen bedarf es im Ergebnis methodisch ausgereifter Studien, bestenfalls experimenteller Designs mit Zufallsauswahl.[289] Nur das, was sich in experimentellen Tests an verschiedenen Orten als signifikant und dauerhaft wirksam erwiesen hat, verdiene Nachahmung, so etwa *Schumann*.[290] Entsprechende Projekte müssten allerdings programmgemäß umgesetzt werden und anschließend ebenfalls genauso repliziert werden,

---

285 *Lösel/Heinrichs*, forum kriminalprävention (2013), S. 25, *Graebsch* (2018), S. 199, sog. „selection bias“.

286 *Sherman* (1997), Chapter 2.

287 *Farrington/Gottfredson/Sherman/Welsh* (2002), S. 17; siehe auch *Neubacher* (2017), 13. Kapitel, Rn. 8.

288 *Sherman* (1997), Chapter 2; siehe hierzu *Cook/Campbell* (1979); *Farrington/Gottfredson/Sherman/Welsh* (2002), S. 16 f.

289 Für viele bspw. *Schumann* (2001), S. 437, woran es in Deutschland jedoch bislang noch mangele; *Eisner/Ribeaud/Locher* (2009), S. 6.

290 *Schumann* (2001), S. 437.

wie die Originale angelegt waren – dies wird jedoch wohl in den seltensten Fällen möglich sein. Bei Variationen der Projekte müsste dann jedoch deren Erfolg in Frage gestellt werden.[291] Abgesehen von der Wahl des Forschungsdesigns ist bzgl. der Ergebnisse jeder Evaluationsstudie ferner zu prüfen, ob plausible Alternativerklärungen für den Einfluss des untersuchten Programms in Betracht kommen (interne Validität) und die Ergebnisse der Evaluation auch auf andere Personen (Gruppen), Zeitpunkte, Situationen, Wirkungskriterien und Kontexte verallgemeinert werden können (externe Validität).[292] Eine aussagekräftige Evaluation bedarf darüber hinaus einer guten Dokumentation der Programme, Stichproben, Methoden und Auswertungen (deskriptive Validität).[293] Neben dieser Gültigkeit (Validität) müssen ferner zu jedem Zeitpunkt die grundlegenden Prinzipien wie Zuverlässigkeit (Reliabilität) und Bedeutsamkeit (Relevanz) gewährleistet sein.[294] Zu beachten gilt es, dass methodische Mängel der Untersuchungen zu einer mehr oder weniger eingeschränkten Aussagekraft der gefundenen Resultate führen können.[295]

3.4 *Empirische Wirkungsforschung*

Als eine der weltweit bedeutendsten Evaluationsstudien zur Kriminalprävention gilt bspw. die in den USA durchgeführte Cambridge-Somerville Youth Study, eine Längsschnittstudie, die belegte, dass verschiedene soziale Hilfsangebote keine kriminalitätsreduzierende Wirkung hatten.[296] Für die Beurteilung der Wirksamkeit kriminalpräventiver Maßnahmen ist es jedoch – neben validen Untersuchungsdesigns – ebenso wichtig, nicht allein auf die Gültigkeit *einzelner* Studien, Beobachtungen oder Erfahrungen zu vertrauen, die vielleicht den Erwartungen eher entsprechen als ande-

291 Vgl. *Schumann* (2001), S. 437. Zu beachten ist nach *Holthusen/Lüders*, dass sich soziale Arbeit gerade auch in der Kriminalitätsprävention dadurch auszeichne, dass sie sich dem aktuellen lokalen Bedarf kontinuierlich anpasst. Insofern bliebe die Reichweite von Evaluationen mit experimentellem Design eher beschränkt, *Holthusen/Lüders* (2003), S. 14.

292 *Lösel/Heinrichs*, forum kriminalprävention (2013), S. 25.

293 *Lösel/Heinrichs*, forum kriminalprävention (2013), S. 26; vgl. Göppinger-*Bock* (2008), § 4 Rn. 39.

294 Göppinger-*Bock* (2008), § 4 Rn. 32.

295 *Kury*, INFO (2005), S. 37.

296 *Powers/Witmer* (1951); siehe hierzu auch *Rössner*, (2006), S. 313.

re.[297] Um Wissen über die Wirkungen von Präventionsmaßnahmen zu erlangen, bedarf es mehr als die zahlreichen Einzelstudien, von denen es weltweit tausende gibt.[298] Dies auch gerade deshalb, weil die meisten Untersuchungen die hohen Anforderungen an ein Forschungsdesign („gold standard“) bzw. interne Validität aus unterschiedlichen Gründen nicht oder nur teilweise bieten können.[299]

Im Gegensatz zu Einzelstudien werden bei systematic reviews – systematischen Übersichtsarbeiten – alle zu einem Forschungsfeld auffindbaren Publikationen gesammelt, nach einheitlichen Kriterien zusammengefasst und hinsichtlich ihrer Ergebnisse systematisch dargestellt.[300] Meta-Analysen sind darüber hinaus eine spezielle Form sekundäranalytischer Auswertung von Ergebnissen aus der Primärforschung.[301] Empirische Einzelstudien werden dabei mit dem Ziel, eine möglichst zuverlässige Einschätzung von bisherigen Forschungsergebnissen zu einer bestimmten Hypothese zu erhalten, quantitativ systematisch untersucht.[302] Die Ergebnisse der Studien mit vergleichbarem Forschungsdesign werden zusammengefasst, statistisch analysiert und in Form statistischer Kennzahlen dargestellt.[303] Relevant sind hierbei folgende Erkenntnisse verschiedener Forschungsgemeinschaften:

3.4.1 Sherman Report

Im Rahmen der vorstehend bereits genannten Sekundäranalyse *Sherman Report* der University of Maryland erlangte man die Erkenntnis, dass empirische Wirkungsmessungen möglich sind und kriminalpräventive Maßnahmen als wirksam, unwirksam, vielversprechend oder von unbekannter

297 Vgl. *Meier* (2008), S. 60; vgl. auch *Heinz* (2007), S. 500 mit Verweis auf den *Sherman Report*, *Sherman et al.* (1997).
298 *Eisner/Ribeaud/Locher* (2009), S. 6.
299 Vgl. *Heinz* (2007), S. 499 f., der darauf hinweist, dass die wenigsten Studien auf einem kontrollierten Zufallsexperiment beruhen, sondern auf intern schwächeren Designs.
300 *Eisner/Ribeaud/Locher* (2009), S. 7 mit Hinweis auf die *Cochrane Collaboration*.
301 *Eisenberg/Kölbel* (2017), § 13 Rn. 33.
302 *Dölling et al.* (2007), S. 636 f.
303 *Eisner/Ribeaud/Locher* (2009), S. 7.

Wirksamkeit klassifiziert werden können; im schlimmsten Fall können sogar zur Prävention entgegengesetzte Wirkungen hervorgerufen werden.[304]

Allgemein gesehen sind „What works?"-Programme demnach solche, die Kriminalität vorbeugen bzw. Risikofaktoren für Kriminalität reduzieren und deren Evaluationsergebnisse auch auf andere Settings verallgemeinert werden können.[305] Hierfür bedarf es wenigstens zwei Evaluationen der Stufe 3 der Maryland Scientific Methods Scale über die Wirksamkeit der Maßnahme. Programme werden als „What does not work?" eingestuft, wenn sie Kriminalität nicht verhindern bzw. die Risikofaktoren nicht reduzieren – gemessen anhand der gleichen wissenschaftlichen Kriterien wie bei „What works?"-Programmen. „What is promising"?-Programme, die in mindestens einer Evaluation der Stufe 3 für effektiv befunden wurden, können als „vielversprechend" eingestuft werden, wenn zwar keine verallgemeinerungsfähigen Rückschlüsse hinsichtlich kriminalpräventiver Effekte nachgewiesen werden, gleichwohl die empirische Grundlage besteht, dass weitere Evaluationen entsprechende Schlussfolgerungen zeigen. Die Wissenschaftler kamen jedoch zu dem Schluss, dass die wenigsten kriminalpräventiven Maßnahmen überhaupt wissenschaftlich untersucht worden seien.[306] Gefängnisbesuchsprogramme seien im Ergebnis als *nicht wirksam* einzustufen, siehe unter Ziff. 4.2.2.

3.4.2 Blueprints of Violence Prevention

Maßgeblich sind ferner die *Blueprints of Violence Prevention* des Center for the Study and Prevention of Violence der Universität von Colorado in Boulder, welches seit 1996 Gewaltpräventionsprogramme auf ihre Wirksamkeit hin überprüft.[307] Mittlerweile wurden hierbei über 1.400, teils auch europäische Präventionsprogramme untersucht, von denen weniger als 5 % für die *Blueprints*-Zertifizierung qualifiziert wurden. Lediglich 15 untersuchte Programme werden als „wirksam" eingestuft und als sog. Mo-

304 Siehe Ziff. 3.3; *Sherman et al.* (1998), S. 6 ff.; siehe auch *Bannenberg* (2009), S. 31; *Coester/Bannenberg/Rössner* (2007), S. 93.

305 *Sherman* (1997), Chapter 2; *Sherman et al.* (1998), S. 6; *Farrington/Gottfredson/Sherman/Welsh* (2002), S. 18.

306 Vgl. *Sherman et al.* (1998), S. 12; siehe hierzu auch *Meyer* (2016), S. 5.

307 http://www.colorado.edu/cspv/blueprints.

dellprogramme empfohlen[308], 53 gelten als „vielversprechend".[309] Ziel der *Blueprints* ist es, wirksame Programme nach einem Original zu kopieren, an anderen Orten zu implementieren (Blaupausen) und so die Wirksamkeit sicherzustellen. Der Erfolg der Programme an sich sowie die Möglichkeit einer Replikation seien nur in diesen wenigen Fällen sichergestellt. „Scared Straight!"-Gefängnisbesuchsprogramme konnten im Ergebnis nicht zertifiziert und damit weder als wirksam noch als vielversprechend erachtet werden.

3.4.3 Campbell Collaboration

Wirkungsforschung zu kriminalpräventiven Maßnahmen wird ebenfalls seitens der *Campbell Collaboration* betrieben. Das internationale Forschungsnetzwerk wurde im Jahr 2000 von 85 Wissenschaftlern aus 13 verschiedenen Ländern unter dem Motto „What helps? What harms? Based on what evidence?" nach dem Vorbild der *Cochrane Collaboration* gegründet.[310] Es handelt sich um eine gemeinnützige Organisation, die systematic reviews und Meta-Analysen zu den Auswirkungen sozialer Maßnahmen in fünf verschiedenen, sich koordinierenden Disziplinen erarbeiten. Zu den Themen Kriminalität und Justiz, Bildung/Erziehung, internationale Entwicklungen und Sozialwesen werden für Praxis und Politik Ausarbeitungen des aktuellen Forschungsstandes erstellt. Weltweit soll so Wissen über evidenzbasierte Prävention gesammelt und verbreitet werden. Die systematischen Forschungsarbeiten und deren Ergebnisse sollen über die Effekte der verschiedenen Maßnahmen und Präventionsprogramme informieren und helfen, diese Methoden und Programme zu verbessern.[311] Hinsichtlich der Wirksamkeit von Gefängnisbesuchsprogrammen wurde

308 13 „model"-Programme sowie zwei „model+"-Programme, die den höchsten Forschungsstandard aufweisen, http://www.blueprintsprograms.com/images/standards_of_evidence.jpg.

309 http://www.blueprintsprograms.com/programs.

310 https://campbellcollaboration.org/about-campbell/history.html; http://archive.campbellcollaboration.org/about_us/index.php. Die *Cochrane Collaboration* ist ein internationales Netzwerk von Wissenschaftlern und Ärzten, die systematische Forschungsübersichten zu medizinischen Fragestellungen und Therapieansätzen erstellen, um aktuelle medizinische Informationen und Evidenzen zu therapeutischen Fragen allgemein verfügbar zu machen; http://www.cochrane.org/; http://www.cochranelibrary.com/; http://www.cochrane.de/de.

311 *Petrosino et al.* (2013), S. 3.

hierbei eines der umfangreichsten und relevantesten Reviews erstellt, siehe hierzu unter Ziff. 4.2.3.

3.4.4 Weisburd et al. (2016)

Weisburd et al. (2016) publizierten zuletzt eine umfassende Bestandsaufnahme von systematischen Übersichtsarbeiten zur Wirksamkeit bzw. Unwirksamkeit kriminologischer Interventionen und zur Untersuchung der Ursachen, Aufdeckung und Prävention von Straftaten.[312] Das Review basiert auf über 100 Reviews, die wiederum über 3.000 Primärstudien analysierten. Entgegen der noch in den 1970er und 1980er Jahren vorherrschenden „nothing works"-Philosophie könnten aufgrund der in den letzten Jahren veröffentlichten Forschungsergebnisse, Reviews und Übersichtsarbeiten durchaus Aussagen über wirkungsvolle kriminalpräventive Strategien getroffen werden – genauso jedoch über wirkungslose oder schädliche Programme, so die Autoren.[313] *„Not every logic model or theory will produce positive outcomes in practice and some will cause harm. We must carefully evaluate programs and practices before they become widely established in crime prevention systems. But nonetheless, across all the domains we reviewed crime prevention and rehabilitation programs produce overall encouraging findings of effectiveness."*[314] Im Themenbereich „sentencing and deterrence" wurden „Scared Straight!"-Programme auf ihre kriminalpräventive Wirkung hin untersucht. Im Ergebnis wurde auch hier festgestellt, dass kein Nachweis über einen präventiven Effekt der Gefängnisbesuchsprogramme erbracht werden kann, siehe unter Ziffer 4.2.5.

---

312 *Weisburd et al.* (2016).

313 *Weisburd et al.* (2016), S. 311 f., 316 ff. Der „nothing works"-Ansatz geht u.a. auf den Soziologen *Martinson* zurück, der an einer Sekundär-Analyse („What Works") über US-amerikanische Behandlungsmöglichkeiten von Straftätern beteiligt war, *Lipton/Martinson/Wilks* (1975). Kritisiert wird seitens *Weisburd et al.* (2016) jedoch, dass zu wenig qualitativ hochwertige Primärstudien existierten und viele davon nicht ausreichend detailliert wären sowie kaum Anleitungen und Unterstützung für Praktiker und politische Entscheidungsträger bieten würden, S. 312, 317 f.

314 *Weisburd et al.* (2016), S. 317.

3.4.5 Düsseldorfer Gutachten

Eine Übersicht zu evidenzbasierter Prävention im deutschsprachigen Raum bzw. eine Analyse zu ausländischen kriminalpräventiven Ansätzen und deren mögliche Übertragbarkeit liefert das *Düsseldorfer Gutachten*.[315] Das von der Stadt Düsseldorf im Jahr 2000 in Auftrag gegebene Forschungsvorhaben über die Wirkungen präventiver Maßnahmen des „Arbeitskreises für Vorbeugung und Sicherheit" kann als erste deutschlandweite Metaevaluation[316] bezeichnet werden.[317] Neben einer Auswertung verschiedener Einzelstudien zu kriminalpräventiven Maßnahmen wurden der *Sherman Report* analysiert, Wirkungsforschung zu fremdenfeindlicher und rechtsextremer Gewalt untersucht und kriminalpolitische Konsequenzen erörtert. Diesen gutachterlichen, kriminologischen Stellungnahmen zufolge waren positive Effekte am ehesten bei Maßnahmen der sekundären Prävention nachweisbar. Als besonders erfolgreich erwiesen sich Maßnahmen der familienbezogenen Prävention sowie der schulischen Prävention (die auf klare Verhaltensregeln und ein gutes „Schulklima" abzielen) und ferner verstärkte polizeiliche Kontrollen an Kriminalitätsbrennpunkten. Ausschlaggebend für den Programmerfolg sollten ferner eine klare Programmstruktur und konsequente Regeleinhaltung sein.[318]

Konkrete Ergebnisse der Wirkungsforschung zu „Scared Straight!" oder (deutschen) Gefängnisbesuchsprogrammen wurden im Düsseldorfer Gutachten nicht thematisiert.

3.4.6 Weitere Forschungsergebnisse aus Deutschland

Empirische Wirkungsforschung über kriminalpräventive Maßnahmen ist in Deutschland noch nicht auf einem mit den USA vergleichbaren Stand. Eine ausführliche Übersicht über kriminalpräventive Maßnahmen bietet

---

315 *Düsseldorfer Gutachten* (2002); in weiteren Teilen des Gutachtens wird eine Zusammenfassung des Sherman Reports dargestellt (Teil II), Möglichkeiten der präventiven Einwirkung auf Fremdenfeindlichkeit/Antisemitismus und fremdenfeindliche/antisemitische Gewalt erörtert (Teil III) sowie diskutiert, ob „Broken Windows" und das „New Yorker Modell" Vorbilder für die Kriminalprävention in deutschen Großstädten sein können (Teil IV).

316 Hierbei werden Evaluationen selbst evaluiert, vgl. *Schneider* (2007b), S. 244.

317 Vgl. *Düsseldorfer Gutachten* (2002); vgl. *Coester/Bannenberg/Rössner* (2007), S. 106.

318 Siehe hierzu *Düsseldorfer Gutachten*, Leitlinien (2002); zusammenfassend *Neubacher* (2017), 13. Kapitel, Rn. 8.

dort bspw. das National Institute of Justice des US-Justizministeriums unter „crimesolutions.gov“. Programme und kriminalpräventive Praktiken werden dabei vorgestellt, die nach eigener Aussage standardisierten, strengen Evaluierungen und Meta-Analysen unterzogen und bewertet wurden, um Praktiker und politische Entscheidungsträger darüber zu informieren, „what works, what doesn't, and what's promising“.[319]

Hierzulande ist die Sanktionsforschung gleichwohl seit mehreren Jahrzehnten immer wieder Thema von Forschungsarbeiten. Zahlreiche Untersuchungen zum Jugendstrafvollzug im Allgemeinen oder auch zu jugendstrafrechtlichen Maßnahmen bzw. zur Diversion wurden veröffentlicht.[320] Eher unzureichend etabliert ist wiederum die empirische Wirkungsforschung speziell zu *einzelnen* jugendstrafrechtlichen Maßnahmen. Vorhandene Übersichtsarbeiten geben keine Aufschlüsse über bestimmte Projekte, insbesondere nicht über die vorliegend relevanten Gefängnisbesuchsprogramme. Entsprechende Untersuchungen liegen nicht vor.

Trotz eines Defizites an Evaluationsforschung ist es möglich, die in Deutschland angebotenen Präventionsprogramme nach der Güte ihrer Wirkungsüberprüfung und ihrer Konzeptqualität zu unterscheiden.“[321] Die Datenbank „Grüne Liste Prävention“ des Landes Niedersachsen führt demnach empfohlene Präventionsprogramme anhand verschiedener Kriterien und Erkenntnisse aus der Forschung auf.[322] Um den Stand der Entwicklung der ausgewählten Programmansätze möglichst genau abzubilden, werden die empfohlenen Präventionsprogramme in drei Stufen bezüglich des Nachweises ihrer Wirksamkeit eingeteilt (Stufe 1: „Effektivität theoretisch gut begründet“, Stufe 2 „Effektivität wahrscheinlich“, Stufe 3 „Effektivität nachgewiesen“).[323] In Kooperation mit der „Grünen Liste Prävention“ entstand das Informationsportal „Wegweiser Entwicklungsförderung und Gewaltprävention“ der Stiftung Deutsches Forum für Kriminal-

319 https://www.crimesolutions.gov/PracticeDetails.aspx?ID=4.

320 Siehe hierzu insbesondere die Aufarbeitung der Rechtspflegestatistiken durch *Heinz* bzw. das Konstanzer Inventar Sanktionsforschung (KIS), siehe u.a. *Heinz*, INFO (2014); siehe auch Veröffentlichungen der Kriminologischen Zentralstelle e.V. (KrimZ).

321 http://www.gruene-liste-praevention.de/nano.cms/datenbank/information.

322 Überblick über erfolgreiche oder als erfolgversprechend eingestufte Präventionsprogramme: http://www.gruene-liste-praevention.de/nano.cms/datenbank/information. Gleichzeitig werden Leitlinien für effektive Präventionsprogramme gegeben, http://www.gruene-liste-praevention.de/nano.cms/datenbank/leitlinien. Siehe hierzu *Kopp/Hinze* (2014), S. 318; vgl. *Groeger-Roth* (2014), S. 127 ff.

323 Näheres zu den einzelnen Stufen siehe http://www.gruene-liste-praevention.de/nano.cms/datenbank/information.

prävention (DFK), das Präventionsprogramme aufführt, die auf ihre Wirksamkeit und Praxistauglichkeit hin überprüft sind und daher empfohlen werden.[324]

Die vom Landespräventionsrat Niedersachsen entwickelten „Beccaria-Standards zur Qualitätssicherung kriminalpräventiver Projekte" umfassen Maßnahmen und Anforderungen an die Qualität der Planung, Durchführung und Bewertung präventiver Programme und Projekte. Hierzu werden interaktive Online-Beccaria-Schritte, die sich auf die sieben Hauptarbeitsschritte eines Projektes beziehen, angeboten. Im Ergebnis soll gewährleistet werden, dass sich kriminalpräventive Projekte insgesamt an den in der Wissenschaft und Literatur genannten Qualitätskriterien orientieren und so konzipiert werden, dass sie grundsätzlich evaluierbar sind.[325]

Neben weiteren Institutionen in der Kriminalprävention wie der Kriminologischen Zentralstelle[326] oder der DFK[327] leistet das Anfang 2016 auf Empfehlung der Arbeitsgruppe „Kriminalität und Sicherheit" im Expertendialog der Bundeskanzlerin gegründete Nationale Zentrum Kriminalprävention (NZK) einen weiteren wichtigen Beitrag für eine an wissenschaftlichen Erkenntnissen orientierte Kriminalprävention in Deutschland. Zur Entwicklung stehen dem interdisziplinären Team des NZK ein Fachbeirat und eine Steuerungsgruppe mit Vertretern aus Wissenschaft, Politik und Praxis zur Seite.[328] Das NZK stellt dabei einen wissenschaftlichen Fachdienst für Kriminalpolitik und Kriminalprävention dar, in dem vor allem Evaluationen gefördert und ausgewertet sowie Kriterien entwickelt werden sollen, wie wirksame Präventionsansätze schneller in die Praxis übertragen werden können.[329]

Zuletzt (2018) entstand die umfangreiche Publikation von *Walsh/Pniewski/Kober/Armborst* (Hrsg.) „Evidenzorientierte Kriminalprävention in Deutschland. Ein Leitfaden für Politik und Praxis". Hier wird aus unter-

---

324 www.wegweiser-praevention.de.

325 *Landespräventionsrat Niedersachsen* (2007); http://www.beccaria.de/; siehe auch *Linssen/Meyer* (2007), S. 184 ff.

326 https://www.krimz.de/.

327 https://www.kriminalpraevention.de/wir-ueber-uns.html.

328 https://www.nzkrim.de/#top. Im Übrigen ist das NZK eng mit dem DFK vernetzt. Die vorläufigen Themenschwerpunkte des NZK sind islamistische Radikalisierung, junge Mehrfachtäter, Sexualdelikte und Rechtsextremismus, aber auch linke Gewalt sowie Hooliganismus. Neben Forschungssynthesen über den Stand der Forschung werden auch Primäruntersuchungen durchgeführt bzw. in Auftrag gegeben.

329 https://www.bmi.bund.de/SharedDocs/kurzmeldungen/DE/2015/04/nationales-zentrum-kriminalpraevention.html.

schiedlichen Perspektiven ein umfassender Überblick über den Stand und die Entwicklungen der Präventionsforschung in Deutschland gegeben und diverse Praxisbeispiele näher beleuchtet und diskutiert. Möglichkeiten und Schwierigkeiten evidenzorientierter Prävention werden dargestellt und Handlungsempfehlungen für die Praxis und Politik benannt.

Bis vor wenigen Jahren galt die Evaluation in der Kriminalprävention in Deutschland noch als unzureichend.[330] Im Ergebnis kann aber mittlerweile durchaus auf Informationen zu bestehenden Forschungsergebnissen zurückgegriffen werden. Auch wenn die Kenntnisse über Wirkungen von Präventionsmaßnahmen noch ausbaufähig sind, besteht die Möglichkeit, gewisse Standards einzuhalten.[331] Darüber hinaus bietet es sich vorab bspw. an, eine Problemanalyse, Zielbestimmung, Zielgruppenauswahl, Methodenwahl und Evaluationsplanung durchzuführen.[332]

3.5 Probleme und Schwierigkeiten in der Evaluationsforschung

Die Evaluationsforschung ist – gerade auch im vorliegend relevanten Bereich der Kriminalprävention – jedoch verschiedenen Problemen und Schwierigkeiten ausgesetzt, die dazu führen können, dass Evaluationen letztlich nicht oder nur unzureichend durchgeführt werden.

Ein Verzicht auf eine wissenschaftliche Begleitung eines Präventionsprojektes kann bspw. aus finanziellen Gründen oder auch aus Sorge vor unerwünschten Ergebnissen resultieren.[333] So können umfassende Evaluationsstudien teurer als das Projekt sein, dessen Wirkung untersucht werden soll.[334] Auch können negative Folgen für die betreffende Institution bei einer ungünstigen Bewertung befürchtet werden.[335]

Werden Evaluationen durchgeführt, ist deren Aussagekraft stets zu hinterfragen: Externe Evaluationsforschung[336] kann dadurch Kritik hervorrufen, dass diese als Eingriff in die Arbeit der sozialen Projekte anmuten kann und gleichzeitig „geleitet ist von Sparmaßnahmen der Politik, um

---

330 Siehe bspw. *BMI/BMJ* (Hrsg.), 2. PSB (2006), S. 684.

331 *Kopp/Hinze* (2014), S. 318.

332 *Heinz* (2005), S. 24.

333 *Neubacher* (2017), 13. Kapitel, Rn. 7; vgl. auch *Bannenberg* (2009), S. 32 sowie *Bannenberg/Rössner*, ZJJ (2003), S. 115.

334 *Kopp/Hinze* (2014), S. 317 mit Verweis auf das *Düsseldorfer Gutachten* (2002).

335 *Lösel/Heinrichs*, forum kriminalprävention (2013), S. 24, siehe auch *Rössner* (2013), S. 457.

336 Im Vergleich zu internen Evaluationen durch die Programmanbieter selbst.

kontrollierend die Legitimation der Arbeit in Frage zu stellen."[337] Bei internen Evaluationen können die Eigeninteressen der Programmanbieter dazu führen, dass eher die Vorteile eines Programms hervorgehoben und positive Ergebnisse betont werden, was dem Interesse der Öffentlichkeit an unverzerrten, wirklichkeitsgetreuen Informationen über die Wirksamkeit eines Programms entgegenstehen kann.[338] Es bedarf daher ausreichender Kontrollmechanismen.[339] Dabei zeigt sich in der Tat, dass die Ergebnisse von Eigen- und Fremdevaluationen erheblich divergieren und Eigenevaluationen häufiger die Wirksamkeit eines Präventionsprogramms nachweisen als Fremdevaluationen.[340]

Die Notwendigkeit von methodisch starken Forschungsdesigns wurde bereits dargestellt.[341] Aber auch diese haben Schwächen: Experimentelle Forschungsdesigns mit Kontrollgruppen, deren Teilnehmern eine Maßnahme bewusst vorenthalten wird, sind vor allem bspw. aus Sicht der Jugendhilfe ethisch schwer zu rechtfertigen.[342] Eine möglicherweise hilfreiche Behandlung wird dabei unter Umständen lediglich aufgrund einer Forschungslogik verweigert.[343] Dem wird jedoch entgegengehalten, dass es ebenso unethisch wäre, eine Behandlung zu „verschreiben", deren Wirksamkeit und darüber hinaus Unschädlichkeit gar nicht feststeht.[344] Insbesondere in der Strafjustiz sind experimentelle Forschungsdesigns aber auch deshalb schwer vorstellbar, da Sanktionen nicht nach Zufall, sondern nach den zugrunde liegenden gesetzlichen Regelungen erteilt werden.[345]

Bei quasi-experimentellen Designs wird z.T. als problematisch angesehen, dass im Nachhinein ergänzend zu prüfen ist, welche sog. intervenierenden Variablen in Betracht kommen, die das Ergebnis anstelle des bloßen Einflusses der kriminalpräventiven Maßnahme verzerrt haben könnten.[346] Hinzu kommt in Bezug auf jugendstrafrechtliche Maßnahmen

---

337 *Coester/Bannenberg/Rössner* (2007), S. 96.

338 *Eisner/Ribeaud* (2008), S. 174 f. Insofern werden zu Recht mehr Evaluationen von unabhängigen Forschern gefordert, vgl. *Lösel*, ZJJ (2012), S. 14.

339 *Eisner/Ribeaud* (2008), S. 174.

340 Vgl. *Eisner* (2011), S. 102; vgl. *Eisner/Ribeaud* (2008), S. 174 ff.

341 Siehe unter Ziff. 3.3.

342 *Kopp/Hinze* (2014), S. 316; vgl. *Lösel*, ZJJ (2013), S. 25; kritisch auch unter rechtsstaatlichen Gesichtspunkten *Graebsch* (2007), S. 197 ff.; vgl. *Ziegler*, ZJJ (2012), S. 19 ff.

343 *Graebsch*, Crime & Delinquency (2000), S. 271 ff.; vgl. *Killias/Villettaz* (2007), S. 215.

344 *Killias/Villettaz* (2007), S. 215 f.

345 Vgl. *Meier*, INFO (2005), S. 87.

346 Siehe hierzu *Graebsch* (2018), S. 199.

auch, dass sich die Wirkungen der Arbeit mit straffälligen Jugendlichen erst nach einigen Jahren tatsächlich beurteilen lassen.[347] Bei der Wirkungs- bzw. Erfolgsmessung von präventiven Maßnahmen ist darüber hinaus problematisch, dass nur ein Teil der verübten Straftaten überhaupt entdeckt, angezeigt, polizeilich registriert und aufgeklärt wird.[348] So könnten Maßnahmen ggf. nur deshalb als wirksam eingestuft werden, weil anschließend verübte Taten nicht bekannt werden. Bei Präventionsprogrammen für bereits straffällige Täter gilt entsprechendes; zudem ist unklar, was jeweils als Rückfall gelten soll – jede erneute Straftat oder nur einschlägige Taten – und über welchen Zeitraum diese zu erfassen sind.[349]

Gerade auch aufgrund dieser nicht abschließend genannten Schwierigkeiten ist die Entwicklung einer systematischen Evaluation und empirischen Wirkungsforschung zur Kriminalprävention in Deutschland bis heute als noch nicht ausreichend zu bemängeln.[350]

3.6 *Fazit Teil 3*

> *„[…]es ist falsch, nur irgendetwas zu tun. In einer evidenzbasierten Politik und Praxis muss das umgesetzt werden, was tatsächlich nachgewiesene Effekte hat.“*[351]

Dem ist – insbesondere vor dem Hintergrund durchaus möglicher, negativer Folgen von kriminalpräventiven Maßnahmen – beizupflichten. Differenzierend merkte bspw. *Heinz* zwar an, dass „gegenüber Erwartungen, Effekte kriminalpräventiver Maßnahmen seien eindeutig feststellbar, […] angesichts der Komplexität der Zusammenhänge Skepsis angebracht [ist]. Kriminalpräventive Projekte sollten sich deshalb nicht in die Falle begeben, ihre Berechtigung von dem empirisch belegbaren Nachweis ihrer Wirkung abhängig zu machen; das Strafrecht macht es auch nicht. Andererseits bedeutet dies nicht den Verzicht auf jegliche Programmevaluation, insbesondere nicht auf die Kontrolle von unbeabsichtigten und unerwünschten Nebenfolgen.“[352] Neben rein theoretischen Erkenntnissen

---

347 *Kopp/Hinze* (2014), S. 316 f.

348 *Kury*, INFO (2005), S. 37; *Kury*, Kriminalistik (2001), S. 74, 77 ff.

349 *Kury*, INFO (2005), S. 38.

350 Siehe hierzu exemplarisch *Bannenberg/Rössner* (2009), S. 38 f.

351 *Lösel*, ZJJ (2013), S. 268; vgl. auch *Heinz*, INFO (2014), S. 72 f.

352 *Heinz* (1998), S. 54 f.; zustimmend auch *Coester/Bannenberg/Rössner* (2007), S. 98 f.

muss also Ziel sein, mittels empirischer Forschung zu prüfen, ob und welche Präventionsprogramme – vorliegend Gefängnisbesuchsprogramme – ihren Zweck erfüllen und kriminalpräventiv wirken.[353] Nur dann, wenn Kriminalprävention ihrem wichtigsten Zweck gerecht wird, nämlich kriminelles Verhalten zu reduzieren und bestenfalls zu verhindern, kann diese überhaupt glaubwürdig sein.[354]

Vor diesem Hintergrund der Vielzahl an durchgeführten Präventionsprogrammen und den hierfür aufgewendeten öffentlichen Mitteln kann durchaus kritisiert werden, dass es bis heute nur wenige fundierte Erkenntnisse im Hinblick auf Ergebnisevaluationen gibt.[355] Gerade auch in Deutschland wurde die Kriminalprävention in den letzten Jahrzehnten in vielfältiger Weise ausgebaut und etabliert: Neben Justiz und Polizei traten Schulen, Kinder- und Jugendhilfe oder andere Organisationen als präventive Akteure in Erscheinung.[356] Im internationalen Vergleich gibt es in Deutschland dennoch nur wenige hochwertige Evaluationsstudien, die belegen könnten, welche Strategien in der Kriminalprävention nachweislich wirksam im Hinblick auf die Reduktion von Straftaten sind.[357] Bislang wurde mitunter kritisiert, dass sich hieran in den letzten Jahren wenig geändert hätte[358] und oft nur Projektberichte und theoretische Konzepte oh-

353 Erfahrungswissenschaftliche Aussagen, wie sie in der Kriminologie getroffen werden, müssen sich immer an der Wirklichkeit mittels einer Erfahrungsprobe bewähren. Anders als normative oder dogmatische Theorien sind sie abhängig vom tatsächlichen Geschehen und nicht von allgemeinen ethischen oder rechtlichen Wertungen; vgl. *Bock* (2019), § 2 Rn. 56.

354 *Eisner/Ribeaud/Locher* (2009), S. 3.

355 *Petrosino et al.*, Crime & Delinquency (2000), S. 354 f.; *Rössner* (2013), S. 457; im Ergebnis ebenso *Bannenberg* (2009), S. 31; vgl. *Rössner* (2006), S. 309 ff.; vgl. *BMI/BMJ* (Hrsg.), 2. PSB (2006), S. 665; *Lösel*, ZJJ (2012), S. 11, 14 und (2013), S. 268.

356 *Steffen* (2015), S. 56 f. Bereits 2005 stellte *Walter* fest, dass die Menge der kriminalpräventiven Projekte und deren jeweilige Ansätze und Vorgehensweisen in ihrer Gesamtheit kaum mehr überschaubar seien, *Walter*, INFO (2005), S. 11.

357 Vgl. Landespräventionsrat Niedersachsen: Grüne Liste Prävention, http://www.gruene-liste-praevention.de/nano.cms/datenbank/information. Einen aktuellen, umfassenden Überblick geben *Walsh/Pniewski/Kober/Armborst* (2018). Dass der Stand in der jugendstrafrechtlichen Wirkungsforschung defizitär sei, äußerste zuvor noch *Heinz*, INFO (2014), S. 142 mit weiteren Ausführungen.

358 *Kopp/Hinze* (2014), S. 316; *Ziegler*, ZJJ (2012), S. 17; *Holthusen/Hoops*, ZJJ (2012), S. 27, die auch die Frage nach der Übertragbarkeit von (internationalen) Studienergebnissen aufgrund unterschiedlicher Rahmenbedingungen stellen; *Holthusen/Lüders* (2003), S. 9 f.; siehe auch *Baier/Pfeiffer/Rabold et al.* (2010), S. 11 zur mangelnden Evaluation von Gewaltpräventionsmaßnahmen an Schulen.

ne verlässliche Wirkungsforschung existieren.[359] Erfreulicherweise konnten *Walsh/Pniewski/Kober/Armborst* (2018) zuletzt einen umfassenden Überblick über den aktuellen Stand der evidenzorientierten Kriminalprävention in Deutschland geben. Hier werden insbesondere auch einzelne Maßnahmen in der Kriminalprävention näher erläutert.

Es muss dabei zugleich konstatiert werden, dass in Deutschland gerade zu *einzelnen* jugendstrafrechtlichen Maßnahmen bzw. kriminalpräventiven Maßnahmen für Jugendliche – also spezielle Projekte wie Gefängnisbesuchsprogramme – bislang nur wenig ausreichende und gute Studien durchgeführt wurden. Schlichte Projektberichte oder auch Befragungen zur Zufriedenheit ehemaliger Teilnehmer sind dabei nicht ausreichend. Aufbauend auf Evaluationen in der Entwicklungs- und Durchführungsphase eines Projekts sind insbesondere Wirkungsevaluationen über die Effekte eines Projekts und damit zu der Frage, ob und wie dieses fortgeführt oder weiterentwickelt werden kann, unerlässlich. Solche Evaluationen sind zu Gefängnisbesuchsprogrammen in Deutschland bislang nicht vorhanden.

Dennoch ist insgesamt festzustellen, dass die empirische Kriminologie und andere wissenschaftliche Disziplinen noch nie so viel Wissen wie heute produziert haben.[360] Die bestehende Zahl der systematischen Übersichtsarbeiten sei ermutigend, wenn man bedenke, dass noch vor einem Jahrzehnt lediglich eine Hand voll entsprechender Arbeiten über Kriminalprävention und Resozialisierung vorhanden gewesen sei, so *Weisburd et al.*[361] Auch ist durchaus festzustellen, dass die Bereitschaft der Praxis, bei der Planung von Projekten, ihrer Implementation und ihrer Evaluation auf wissenschaftliche Erkenntnisse und Unterstützung zurückzugreifen, im Vergleich zu den 1990er Anfangsjahren zugenommen hat.[362] Gleich-

359 *Rössner* (2013), S. 457.

360 *Steffen* (2015), S. 59; siehe auch *Meyer* (2016), S. 24. Siehe hierzu u.a. die unter Ziff. 3.4 genannten Forschungsarbeiten.

361 *Weisburd et al.* (2016), S. 319 in Bezug auf die in ihrer Publikation ermittelten systematic reviews. Zudem gebe es in vielen Bereichen noch keine entsprechenden Übersichtsarbeiten, sodass unklar ist, ob und wie viele Studien es dort gebe, S. 319.

362 *Steffen* (2015), S. 128. Fortschritte bzgl. der Qualität von Präventionsprojekten und insbesondere hinsichtlich ihrer Evaluation sind zu verzeichnen, so *Steffen* (2015), S. 130 mit Verweis auf die „Grüne Liste Prävention“. Ausführlich hierzu auch *Meyer*, die darauf hinweist, dass die Notwendigkeit, Projekte und Programme auf ihre Wirkung zu überprüfen, längst akzeptiert wurde und inzwischen ein akkumuliertes Wissen über bewährte Ansätze in der Kriminalprävention vorliege, *Meyer* (2016), S. 24.

wohl wird kritisiert, die Kriminalpolitik scheine oftmals „taub für das theorie- und empiriefundierte Wissen, das von der Kriminologie und anderen wissenschaftlichen Disziplinen längst erarbeitet und der Politik zur Verfügung gestellt worden ist, denn dieses Wissen steht quer zu den Trends der heute praktizierten Kriminalpolitik".[363] Statt laufend neue Projekte zu entwickeln, sollte auf Projekte, deren Wirkung wissenschaftlich nachgewiesen wurde, zurückgegriffen und deren Umsetzung begleitet werden, lauten Forderungen.[364]

Kriminalpräventive Maßnahmen und Projekte sind kein Selbstläufer. Aufgrund der Vielzahl von Präventionsangeboten ist es unerlässlich, dass gerade nur evidenzbasierte Programme gefördert und angewendet und solche ohne empirisch stichhaltige Wirkungsnachweise, welche teilweise ineffektiv oder gar schädlich sind, vermieden werden.[365] Auf die Verhinderung ungünstiger Neben- bzw. Verdrängungseffekte sowie die Nachhaltigkeit der Wirkungen ist bei der Entwicklung geeigneter kriminalpräventiver Instrumente zu achten.[366] Hinsichtlich der Evaluationsforschung ist zu befürworten, dass – sollten keine experimentellen bzw. quasi-experimentellen Forschungsdesigns möglich sein – zumindest geprüft wird, ob deskriptive Befunde vorliegen, die mit der Hypothese der Wirksamkeit eines Programms übereinstimmen.[367] Bei der Replikation von bereits als wirksam evaluierten Programmen ist zu berücksichtigen, dass eine Vergleichbarkeit aufgrund unterschiedlicher situativer und personeller Bedingungen oftmals nur eingeschränkt möglich ist.[368] Zumindest aber sollten bewährte Mechanismen bzw. Prinzipien übernommen werden und auf kontraproduktive Prinzipien verzichtet werden.[369] „Trotz methodischer Schwierigkeiten, die sich mit der Erfolgsbeurteilung stets verbinden, lässt sich auf die empirische Überprüfung rechtspolitischer Interventionen nicht verzichten."[370]

---

363 *Steffen* (2015), S. 59.

364 Vgl. z.B. *Baier/Pfeiffer/Rabold et al.* (2010), S. 11 f.

365 Vgl. *Stiftung Deutsches Forum für Kriminalprävention* (2013), S. 23.

366 Vgl. *BMI/BMJ* (Hrsg.), 2. PSB (2006), S. 666.

367 Vgl. *Heinz* (2007), S. 515.

368 Siehe *Schumann* (2006), S. 324 ff. mit Verweis auf die *Blueprints*. Zu Problemen bei der Replikation von Ergebnissen in der Kriminalprävention: *Lösel/Bender* (2018), S. 269 ff.

369 Vgl. *Schumann* (2006), S. 328 f.

370 *Kaiser* (1996), § 91 Rn. 7; zustimmend *Kury*, INFO (2005), S. 33 ff., mit Verweis auf Fortschritte in den Naturwissenschaften oder der Medizin, die ohne systematische, empirische Erfolgskontrolle nicht möglich gewesen wären. Eine solche fehle in der Kriminologie und Kriminalpolitik bislang noch zu sehr.

4. Gefängnisbesuchsprogramme: Forschungsstand

Auch wenn die Anbieter von Gefängnisbesuchsprogrammen sicherlich nur die „besten“ Intentionen haben – nämlich Kriminalität zu verhindern und Jugendliche zu (re)sozialisieren – und entsprechende Projekte intuitiv ein Gefühl der Effektivität geben mögen, ist eine Wirkungsforschung unerlässlich.

Wie eingangs erläutert, scheinen viele Organisatoren von der kriminalpräventiven Wirkung „ihres“ Präventionsprojektes überzeugt zu sein, ohne jedoch die tatsächliche Wirkungsweise zu kennen.[371] Eine derartige Überzeugung lässt sich insbesondere auch bei den sog. „Gefängnisbesuchsprogrammen“ erkennen. Programmanbietern, Teilnehmern oder deren Angehörigen zufolge stellt diese Art der Präventionsprogramme – wie bereits dargestellt – einen vollen Erfolg dar.[372]

In diesem Kapitel wird auf den aktuellen Forschungsstand hinsichtlich der kriminalpräventiven Wirkung von „Scared Straight!“-basierten Präventionsprogrammen eingegangen. Im Folgenden werden zunächst einige wichtige primäre Einzelstudien dargestellt, um danach auf Sekundäranalysen einzugehen. Im Ergebnis stellten sich die „Scared Straight!“-Programme als nicht derart effektiv und wirkungsvoll heraus, wie sie sich selbst zuschrieben bzw. zuschreiben.

Ob die in Deutschland angebotenen Programme den US-amerikanischen entsprechen und/oder ob es zu diesen Programmen Forschungsergebnisse hinsichtlich der Präventionswirkung gibt, wird sodann in Kapitel 6 erörtert.

4.1 Primäre Einzelstudien

Insgesamt existieren zahlreiche Studien zu verschiedenen Gefängnisbesuchsprogrammen. Deren Aussagekraft hinsichtlich der kriminalpräventiven Wirksamkeit muss jedoch stets vor dem Hintergrund der jeweiligen

371 Vgl. *Petrosino et al.*, Crime & Delinquency (2000), S. 355.
372 Siehe oben unter Ziff. 2.1.3 f.

methodologischen Qualität betrachtet werden.[373] Die vorliegende Darstellung soll einen Überblick verschaffen und hat keinen Anspruch auf Vollständigkeit. Neben der grundlegenden Studie von *Finckenauer* werden wesentliche Einzelstudien aus den Reviews der *Campbell Collaboration*[374] und von *Klenowski et al.* (2010) dargestellt. Es handelt sich dabei um US-amerikanische Studien mit echt experimentellem oder jedenfalls quasi-experimentellem Design. Methodisch entsprechende, deutsche Studien sind nicht vorhanden. Studien aus England[375], Norwegen[376] oder Australien[377] wurden wegen unterschiedlicher methodischer Mängel, wie bspw. fehlender Kontrollgruppen oder fehlender follow-ups nicht berücksichtigt.

4.1.1 Finckenauer (1982) – „Scared Straight!"

Wie bereits dargestellt, war „Scared Straight!", das Juvenile Awareness Project aus New Jersey, nicht das zeitlich erste Gefängnisbesuchsprojekt.[378] Es erlangte jedoch aufgrund seiner medialen Verbreitung und der namensverwandten Fernsehserie weltweit Aufmerksamkeit. Insofern werden Forschungsergebnisse zu diesem Programm vorangestellt, um anschließend auf einige weitere Evaluationsergebnisse zu ähnlichen Programmen einzugehen.

Nachdem „Scared Straight!" etwa ein dreiviertel Jahr lief und ca. 2.000 Jugendliche teilgenommen hatten, konzipierte *Finckenauer*, Professor an der Rutgers School of Criminal Justice, im Jahr 1977 eine externe Evaluation des Programms.[379] Neben der enormen Befürwortung, die das Programm durch die breite öffentliche Aufmerksamkeit erlangte, kamen nach und nach Zweifel an der Wirksamkeit des Juvenile Awareness Project New Jersey auf. Einige, unter ihnen auch *Finckenauer*, stellten sich bald die Fra-

---

373 Vgl. *Petrosino et al.* (2004, 2013), die methodologisch schwache Studien nicht in ihrem Review untersuchten.

374 *Petrosino et al.* (2004, 2013).

375 *Lloyd* (1995).

376 *Storvall, A.E. / Hovland, A.* – Ullersmoprosjecktet: "Scared Straight" I Norge 1992-1996 (The Ullersmo Project: Scared Straight in Norway 1992-1996), Nordisk Tiddskrift for Kriminalvidenskab 1998, 85(2), S. 122 – 135.

377 Department of the Attorney General & of Justice New South Wales Bureau of Crime Statistics and Research – Day-in-Gaol Programme, Research Report No. 8, July 1980; *O'Malley/Coventry/Walters*, Australian and New Zealand Journal of Criminology (1993), S. 171 ff.

378 Siehe oben Kapitel 2.

379 *Finckenauer* (1982), S. 111.

ge, weshalb die registrierte Jugendkriminalität in New Jersey nicht sank, obwohl sehr viele der straffälligen Jugendlichen das Programm durchlaufen hatten („*the majority of the "hardcore" delinquents was scared into the straight world*"). Innerhalb kurzer Zeit sollten über 14.000 delinquente oder auffällige Jugendliche das Präventionsprogramm durchlaufen haben.[380]

Die Ergebnisse, die schließlich die Wirkungslosigkeit des Präventionsprogramms aufzeigten, wurden 1979 veröffentlicht.[381]

In *Finckenauers* Studie wirkten 81 zufällig ausgewählte Probanden zwischen 11 und 18 Jahren mit.[382] Mit der Untersuchung sollten die Auswirkungen einer Teilnahme am Juvenile Awareness Project auf Einstellungen („attitudes") und Verhalten („behaviour") der Jugendlichen festgestellt und dabei geprüft werden, ob das Programm die beabsichtigten abschreckenden Effekte aufweisen konnte.[383] *Finckenauer* ging davon aus, dass sich die abschreckenden Effekte des Gefängnisbesuches lediglich bei „non delinquents" und „hidden delinquents" durch die Wahrnehmung der harten Bestrafung und die entsprechenden Erzählungen der Häftlinge („perception of severity") einstellten. Indem sie mit eigenen Augen die Härte des Strafvollzugs erlebten, sollten die Jugendlichen abgeschreckt werden. Straftäter, insbesondere bereits verurteilte, wüssten hingegen aus eigener Erfahrung um die (nicht) vorhandene Härte des Strafvollzugs und seien daher weniger zugänglich.[384] Für die Studie war ein experimentelles Design mit randomisierter Zuweisung zu einer Experimentalgruppe (straffällige Teilnehmer des „Scared Straight!"-Projektes, N=46) sowie einer Kontrollgruppe (keine Präventionsmaßnahme, N=35) geplant. Trotz einiger,

380 Zum Zeitpunkt der Ausstrahlung des Dokumentarfilm im Fernsehen im Frühjahr 1979; vgl. *Finckenauer* (1982), S. xix.

381 *Finckenauer* (1982), S. 139.

382 *Finckenauer* (1982), S. 111 ff., 122 (46 in der Experimentalgruppe, 35 in der Kontrollgruppe; geplant waren ursprünglich je 50 Teilnehmer); vgl. auch *Petrosino et al.* (2013), S. 23. Die Probanden wurden von neun verschiedenen Stellen (Beratungsstellen, Polizeidienststellen, Schulen, Freizeitorganisationen etc.) vorgeschlagen, *Finckenauer/Storti* (1978), S. 9 f.; *Finckenauer* (1979), S. 5.

383 Laut *Finckenauer/Storti* sollten Einstellungsänderungen nicht notwendigerweise eine Bedingung für Verhaltensänderungen sein. Werden keine Einstellungsänderungen gemessen, sei jedoch zweifelhaft, dass später Verhaltensänderungen auftreten würden, so *Finckenauer/Storti* (1978), S. 8.

384 *Finckenauer* (1979), S. 2 f. Nicht in Betracht käme hingegen eine grds. denkbare Abschreckung durch eine rasche Bestrafung bzw. die Strafwahrscheinlichkeit („perceptions of swiftness and certainty"); bereits straffällig gewordene Teilnehmer würden hierzu bereits eigene Erfahrungen mitbringen. Zudem hingen diese Faktoren von den Strafverfolgungsbehörden ab und könnten nicht durch die Häftlinge beeinflusst und damit auch nicht vermittelt werden, so der Autor.

von den mitwirkenden Behörden versehentlich verursachter, methodischer Mängel bei der Zufallszuweisung resümierte *Finckenauer*, die Studie sei im Ergebnis nicht systematisch verzerrt. Ein jedenfalls quasi-experimentelles Design sei aufgrund der Vergleichbarkeit der Gruppen gegeben.[385]

Noch vor Ausstrahlung des Films „Scared Straight!“ erschien im Dezember 1978 ein erster Evaluationsreport über die untersuchten Einstellungsänderungen.[386] Die Durchführung von Verhaltenstests mit neun untersuchten Verhaltensmustern ergab, dass die Teilnahme am „Scared Straight!“-Programm keinerlei Auswirkungen hatte. Einzige Ausnahme waren „attitudes towards crime“, also die Einstellungen zur Begehung von Straftaten und Kriminalität an sich. Die Teilnehmer der Experimentalgruppe hatten nach *Finckenauer & Storti* tendenziell eine negativere, ablehnendere Haltung bzgl. einer möglichen Straftatbegehung als die der Kontrollgruppe.[387] *„The kids had a greater tendency to see crime as being bad after their visit to the prison“*.[388] Insofern trat der von den Anbietern des Programms erhoffte Effekt ein. Hinsichtlich der weiteren geprüften Einstellungsänderungen zu den Themenkomplexen „law and obeying the law“, „justice“, „self-perception“, „policemen“, „prison“ and „punishment“ wurden keine signifikanten Unterschiede bei den Gruppen festgestellt.[389]

Im Jahr 1979, nachdem der Dokumentationsfilm erschienen war, wurde der zweite Evaluationsreport veröffentlicht, der die untersuchten Verhaltensänderungen vorstellte.[390] *Finckenauer* hatte die Probanden hierzu über einen Zeitraum von sechs Monaten begleitet und ferner die entsprechenden Gerichtsakten hinzugezogen, um das Verhalten der Jugendlichen beurteilen zu können.[391] Im Ergebnis berichtete *Finckenauer*, dass ca. 41 % (N=19) der Kinder und Jugendlichen, die an dem „Scared Straight!“-Programm teilgenommen hatten (Experimentalgruppe), erneut straffällig wurden – weitaus mehr, als im Film propagiert. Dagegen wurden nur ca. 11 % (N=4) der Jugendlichen der Kontrollgruppe in dem untersuchten Zeitraum erneut straffällig; ein statistisch signifikanter Unterschied.[392] Zu-

---

385 *Finckenauer* (1982) S. 139 ff.; siehe hierzu auch *Petrosino et al.* (2013), S. 23, 25.

386 *Finckenauer/Storti* (1978).

387 *Finckenauer/Storti* (1978), S. 17 f., diese Einstellungsänderung hielt demnach über die gesamte Studiendauer an.

388 *Finckenauer* (1979), S. 162.

389 *Finckenauer/Storti* (1978), S. 14 ff.; *Finckenauer* (1982), S. 161 ff.

390 *Finckenauer* (1979).

391 Teilweise wurden die kurzen *follow-ups* von sechs Monaten oder weniger kritisiert, vgl. *Cook/Spirrison* (1992), S. 91.

392 *Finckenauer* (1979), S. 9; *Finckenauer* (1982), S. 135 f.

dem stellte *Finckenauer* fest, dass fast 32 % (N=6) der „Scared Straight!"-Probanden, die vorher strafrechtlich noch nicht auffällig, sondern lediglich gefährdet waren, sodann innerhalb der 6-monatigen follow-up-Periode erstmals straffällig wurden – im Rahmen der Kontrollgruppe war dies nur bei weniger als 5 % der Teilnehmer der Fall (N=1).[393] Hinzukommend verübten die Teilnehmer der Experimentalgruppe im Nachhinein schwerwiegendere Delikte als die der Kontrollgruppe.[394] Hierzu wurden Anzahl und Schwere der innerhalb des sechsmonatigen follow-ups begangenen Delikte verglichen.

Nachdem Unregelmäßigkeiten bei 22 Zufallszuweisungen bekannt wurden, klammerte *Finckenauer* diese Fälle aus, um methodisch korrekte Ergebnisse zu erlangen. Die Ergebnisse blieben allerdings ähnlich: Die Experimentalgruppe war mit ca. 31 % Rückfälligkeit höher belastet als die Kontrollgruppe mit 17 %.[395] Die Ergebnisse seien nicht statistisch signifikant gewesen, so *Finckenauer*, bestätigten jedoch die bisherigen Schlussfolgerungen, dass die Kontrollgruppen besser abschlossen als die Experimentalgruppen.[396]

Insgesamt konnte die Wirksamkeit des Präventionsprogramms somit nicht bestätigt werden. Vielmehr stellte sich dieses sogar eher als schädlich heraus. Die Teilnahme erhöhte demnach die Wahrscheinlichkeit, im Nachhinein straffällig zu werden. Die im Film proklamierte 80 – 90 %ige Erfolgsrate, welche nicht durch Daten von Kontroll- oder Vergleichsgruppen belegt wurden, konnte insofern widerlegt werden.

In der 1982 veröffentlichten, vollständigen Evaluation zu „Scared Straight!" versuchte *Finckenauer* zu erläutern, weshalb trotz entgegenstehender Evaluationsergebnisse Programme wie das Juvenile Awareness Project nicht an Begeisterung verloren.[397] Hintergrund sei das sog. „Panacea-Phänomen"[398]: Bei besonders komplexen sozialen Problemen, wie etwa „Jugendkriminalität", bestünde das Bedürfnis der Gesellschaft nach einer extrem einfachen, immer gültigen sowie billigen Lösung, quasi einem Allheilmittel. Ein solcher Ansatz bliebe jedoch fast immer hinter den Erwartungen zurück – die Suche nach einem neuen Wundermittel beginnt. Übertragen auf „Scared Straight!" war *Finckenauer* der Ansicht, dass –

393 *Finckenauer* (1982), S. 136.
394 *Finckenauer* (1982), S. 138; *Finckenauer* (1979), S. 13.
395 *Finckenauer* (1982), S. 139.
396 *Finckenauer* (1982), S. 139.
397 *Finckenauer* (1982), S. 3 ff.
398 Panacea = Allheilmittel, Wundermittel.

nachdem die anfängliche Euphorie über die kriminalpräventive Wirkung der Ernüchterung gewichen war – die Suche nach einem neuen Panacea begann.[399] Da trotz negativer Evaluationsergebnisse weiterhin mit „Scared Straight!" vergleichbare Gefängnisbesuchsprogramme praktiziert wurden, wurde das ursprüngliche Panacea jedoch nicht durch ein neues abgelöst, sondern das „alte" blieb bestehen und wurde als neue „Wunderwaffe" wieder aufgegriffen.[400]

Finckenauer schlussfolgerte aus seinen Untersuchungsergebnissen: *„Juvenile delinquency is an incredibly complex behavioral phenomenon. There are no panaceas; no cure-alls. There are no simplistic solutions. It is not possible to simply scare kids straight."*[401]

4.1.2 Brodsky (1970) – „Prison Profiles"-Awareness Program

Die zeitlich erste Evaluation eines Gefängnisbesuchsprogramms wird *Brodsky* aus dem Jahr 1970 zugeschrieben.[402] In seiner Studie evaluierte er das „Prison Profiles"-Awareness Program im Illinois State Penitentiary, einem Hochsicherheitsgefängnis in Menard.

An der Studie nahmen 85 männliche und weibliche College-Studenten sowie junge Erwachsene teil, die als „predelinquent" eingestuft waren. Die Teilnahme an den „nonconfrontational speeches by the panel of inmates", also der Gesprächsrunde mit Vorstellung der Häftlinge, Diskussionen und Kleingruppengesprächen, war freiwillig und nicht seitens eines Gerichtes angeordnet. Die Studie benutzte ein pretest-posttest-design ohne Kontrollgruppen. Anhand von Fragebögen vor und nach dem Besuch wurde dabei lediglich untersucht, ob die Gefängnisbesuche und Erzählungen der Häftlinge zu Einstellungsänderungen „toward punishment of criminals or prisons" führten. Im Ergebnis äußerten die meisten der Programmteilnehmer, dass sich ihre Einstellungen zu Häftlingen und Gefängnissen geändert hätten. Konkret seien insbesondere die älteren Teilnehmer *„less retributive toward prisoner and more negative towards prisons"* eingestellt gewesen. Die Häftlinge wurden als menschlich und auf gewisse Art und Weise sympathisch wahrgenommen – und damit weniger negativ als zu Beginn der Teilnahme. Demgegenüber verschlechterte sich die Haltung der Teilneh-

399 *Finckenauer* (1982), S. 3 ff.
400 *Finckenauer/Gavin* (1999), S. 13 ff.; vgl. *Graebsch* (2018), S. 204.
401 *Finckenauer* (1979), S. 17.
402 *Brodsky*, The British Journal of Criminology (1970), S. 280 ff.

mer zur Institution Gefängnis, die zum ersten Mal als „reale Bedrohung" erlebt wurde. Die geringsten Einstellungsänderungen wurden bei der Gruppe der zuvor straffälligen bzw. gefährdeten Jugendlichen verzeichnet. Die Ergebnisse waren letztlich jedoch nicht statistisch signifikant. Sie konnten nicht als Nachweis dafür dienen, dass die Einstellungsänderungen der Teilnehmer tatsächlich aus der Programmteilnahme resultierten.

4.1.3 Greater Egypt Regional Planning and Development Commission[403] (1979) – „Menard Prison Tours"

Im Menard Correctional Center, einem Hochsicherheitsgefängnis in Illinois, wurden seit 1978 die „Menard Prison Tours", an „Scared Straight!" angelehnte Gefängnisbesuchsprogramme, durchgeführt. Die am Projekt beteiligten Häftlinge der „Lifers Group" sollten jedoch eher in einen ehrlichen Dialog mit den Jugendlichen treten, um sie über das Gefängnisleben aufzuklären, als sie abzuschrecken. Es wurde weniger „strutting, yelling and bullying" proklamiert als in „Scared Straight!" dargestellt. Vor den Gesprächen nahmen die Jugendlichen an einem Rundgang in der Anstalt teil.[404] Ziel der Studie der *The Greater Egypt Planning and Development Commission* war es – ebenso wie von Untersuchungen zu anderen abschreckenden Gefängnisbesuchsprogrammen – herauszufinden, welchen Effekt die „idea of scaring, or at least educating youth straight" hatte.[405]

Für die Studie wurden 161 Jugendliche im Alter von 13 – 18 Jahren zufällig zur Experimental- (N=94) oder Kontrollgruppe (N=67) zugeteilt. Unter den Teilnehmern waren sowohl straffällige als auch bislang nur entsprechend gefährdete Jugendliche. Die Probanden wurden für die Untersuchung in sechs verschiedene Gruppen[406] aufgeteilt, die ab Januar 1978 jeweils alle zwei Monate die Gefängnistour besuchten bzw. als Kontrollgruppe zur Verfügung standen. Den Autoren zufolge waren die ersten Gruppengespräche noch konfrontativ und provokativ – obwohl kein Vergleich zu den Praktiken von „Scared Straight!" beabsichtigt war – die letzten dagegen eher ruhiger. Die Häftlinge berichteten über die tägliche Mo-

403 Benannt nach der sog. „Greater Egypt Region" im Süden des US-Bundesstaates Illinois, bestehend auf fünf Counties.

404 *Greater Egypt Regional Planning and Development Commission* (1979), S. 3 f.

405 *Greater Egypt Regional Planning and Development Commission* (1979), S. 1.

406 Die Gruppengröße variierte stark (von drei bis 20 Teilnehmern), *Greater Egypt Regional Planning and Development Commission* (1979), S. 5.

notonie, Traumata und Gefahren des Gefängnislebens sowie über ihre eigene kriminelle Karriere. Die Teilnehmer konnten Fragen stellen. In den letzten Besuchsgruppen wurden diese in Kleingruppen von jeweils ca. vier bis fünf Jugendlichen mit ein oder zwei Häftlingen aufgeteilt, was noch privatere Gespräche ermöglichen sollte.[407]

Sowohl vor als auch maximal zehn Tage nach den Besuchen wurden die Experimental- und Kontrollgruppen anhand zweier Persönlichkeitstests (Piers-Berne and Jesness) verglichen.[408] Hinzukommend wurde die nachträgliche Straffälligkeit der Probanden erfasst sowie Befragungen der Eltern, Lehrer, Häftlinge und der Teilnehmer ausgewertet. Das Projekt erhielt dabei einhellige Unterstützung, insbesondere auch von den beteiligten Häftlingen und Jugendlichen. Erhebliche Verhaltensänderungen der Teilnehmer nach der Programmteilnahme wurden seitens der Eltern und Lehrer allerdings nicht bemerkt.[409]

Zwar räumten die Autoren ein, dass die einzelnen Besuchstouren gewisse Unterschiede aufwiesen und die kriminellen Vorgeschichten der Probanden differierten. Dies würde die Ergebnisse der Studie allerdings nicht abwerten. Die Hypothese, dass die Experimentalgruppe nach einer Teilnahme besser in den Persönlichkeitstests abschneide und daneben ein Rückgang der Kriminalität zu verzeichnen wäre, konnte letztlich jedoch nicht bestätigt werden:[410] Die Ergebnisse der Studie zeigten, dass 17 % der Experimentalgruppe erneut mit der Polizei in Kontakt kam, während dies bei nur 12 % der Kontrollgruppe der Fall war.[411] Nach den Verhaltenstests zeigte sich ebenfalls keine Wirkung des Programms auf die Probanden.

Hingegen äußerten sich die Teilnehmer der Experimentalgruppe selbst sowie deren Eltern und Lehrer ausnahmslos positiv hinsichtlich des Gefängnisbesuchs, obwohl letztlich gerade keine Verhaltensänderungen der Probanden festgestellt werden konnten.[412] Die Autoren kamen daher zu dem Schluss, dass keine signifikanten Unterschiede zwischen der Rückfäl-

---

407 *Greater Egypt Regional Planning and Development Commission* (1979), S. 3 f., 5.

408 *Greater Egypt Regional Planning and Development Commission* (1979), S. 6.

409 *Greater Egypt Regional Planning and Development Commission* (1979), S. 6, 12, 13 ff.

410 *Greater Egypt Regional Planning and Development Commission* (1979), S. 9, 10.

411 *Greater Egypt Regional Planning and Development Commission* (1979), S. 11. Allerdings fand das follow-up im Mai 1979 statt, nach dem der Gefängnisbesuch der ersten Gruppe 15, der letzte nur fünf Monate zurücklag. Es zeigte sich, dass die Teilnehmer der ersten Besuchsgruppen weniger häufig straffällig wurden als die Teilnehmer späterer Gruppen.

412 *Greater Egypt Regional Planning and Development Commission* (1979), S. 12

ligkeit und der Art der verübten Delikte zwischen der Experimental- sowie der Kontrollgruppe bestünden.[413] Die Mehrzahl der späteren Straffälligen hatte bereits vorher „court contact", so die Autoren. Sie hielten es sogar für denkbar, dass diese Gruppe möglicherweise durch den Gefängnisbesuch „angespornt" wurde, weitere Straftaten zu begehen. Ein Verhaltenstest zeigte zudem eine höhere Neigung im Bereich „asocial index".[414] Ferner wurden die späteren Straftaten eher in den ersten Wochen nach dem Gefängnisbesuch verübt.[415]

Die *Greater Egypt Regional Planning and Development Commission* fasste die Ergebnisse so zusammen: „*Based on all available findings one would be ill advised to recommend continuation or expansion of the juvenile-prison tours. All empirical findings indicate little positive outcome, indeed, they may actually indicate negative effects*".[416] Als mögliche Gründe für die negativen Auswirkungen der Begegnungen mit Häftlingen und der Gespräche über das Gefängnisleben führten die Autoren an, dass die delinquenten und sozial unangepassten Jugendlichen möglicherweise von der Häftlingsgemeinschaft fasziniert waren. Dies könnte darauf beruhen, dass sie eine Form von Gemeinschaft vorfanden, die ihnen nicht unsympathisch war und die sie in ihrem eigenen Leben nicht hatten: „*Perhaps some of the more extreme delinquents view a prison as a place where they can have "friends" and a community may lacking in their lives. For some is the world too large and threatening. Four walls and bars may, in someway, offer security and a sense of belonging*".[417] Eine Abschreckungswirkung sei aus diesen Gründen möglicherweise ausgeblieben. Im Ergebnis sollte das Programm nach Auffassung der Autoren nicht (unverändert) weitergeführt werden, da eine kriminalpräventive Wirkung nicht festzustellen sei.[418]

---

413 *Greater Egypt Regional Planning and Development Commission* (1979), S. 11.

414 Hierbei wurde die Bereitschaft der Teilnehmer gemessen, soziale oder persönliche Probleme in sozial unangepasster Weise bzw. unter Missachtung sozialer Normen zu lösen.

415 *Greater Egypt Regional Planning and Development Commission* (1979), S. 12.

416 *Greater Egypt Regional Planning and Development Commission* (1979), S. 19.

417 *Greater Egypt Regional Planning and Development Commission* (1979), S. 19.

418 *Greater Egypt Regional Planning and Development Commission* (1979), S. 19 f.

4.1.4 Yarborough (1979) – „Juvenile Offenders Learn Truth“

Yarborough fertigte im Jahr 1979 eine Evaluation des „Juvenile Offenders Learn Truth“-Programms (JOLT) an.[419] Das Gefängnisbesuchsprogramm wurde im Jackson Prison in Michigan angeboten und sollte ebenso als Abschreckungsmaßnahme für jugendliche Straftäter dienen. Für die Evaluation wurden 227[420] gerichtsbekannte Jugendliche nach dem Zufallsprinzip entweder zur „treatment group“, die anschließend an der fünfstündigen „confrontational session“ teilnahm, oder zur Kontrollgruppe zugewiesen. In follow-ups nach drei und sechs Monaten wurden die Probanden der Experimental- sowie der Kontrollgruppe auf unterschiedliche „recidivism outcome measures“ verglichen. Die entsprechenden Daten wurden von den beteiligten Gerichten bereitgestellt. Unter anderem ergab sich hierbei, dass nach sechs Monaten 31 % der Jugendlichen der Experimentalgruppe und 29 % der Kontrollgruppe erneut strafrechtlich auffällig waren. Dabei lag die durchschnittliche Anzahl an verübten Straftaten bei der Experimentalgruppe bei 0,69, bei der Kontrollgruppe hingegen nur bei 0,47. Im Übrigen stellte *Yarborough* fest, dass die Jugendlichen, die mit beiden Elternteilen aufwuchsen und solche, „who were involved with school or work“, bessere Ergebnisse erzielten als Jugendliche, bei denen diese Voraussetzungen nicht vorlagen – sowohl in der Experimental- als auch der Kontrollgruppe. Lagen diese positiven Lebensumstände in beiden Gruppen vor, schnitt die Experimentalgruppe jedoch nicht besser ab als die Kontrollgruppe. Ferner sank die Wahrscheinlichkeit eines Rückfalls, wenn die Jugendlichen der Experimentalgruppe von einem Elternteil bzw. Erziehungsberechtigten begleitet wurden.[421] Weitere signifikante Ergebnisse wurden nicht erzielt.

Im Ergebnis folgerte *Yarborough*, dass JOLT zwar nicht die negativen Auswirkungen habe, die in anderen Studien festgestellt wurden („*… JOLT does not have the negative impact upon participants that was apparently associated with the Ionia program … or the Rahway program*“). Trotz aller guten Absichten der Programmanbieter ließe sich angesichts der Evaluationsergeb-

419 *Yarborough* (1979).

420 Von den ursprünglich 285 Teilnehmern erschienen 58 den Experimentalgruppen zugewiesene Probanden aus unterschiedlichen Gründen nicht zu den Gefängnisbesuchen, *Yarborough* (1979), S. 5, Anhang Table 1 und 2.

421 *Yarborough* (1979), S. 12.

nisse allerdings auch ein fehlender Abschreckungseffekt des JOLT-Programms kaum mehr bezweifeln.[422]

4.1.5 Orchowsky & Taylor (1981) – „Insiders Program" Virginia

Die Studie von *Orchowsky & Taylor* bezieht sich auf die Wirksamkeit des „Insiders Juvenile Crime Prevention Program"[423], ein weiteres, von Häftlingen des Virginia State Penitentiary durchgeführtes „Scared-Straight-type juvenile awareness program".[424]

Das *Insiders Program* wurde erstmals im Jahr 1978 durchgeführt und konnte nach sieben Monaten bereits knapp 600 Teilnehmer verzeichnen. Die Zielgruppe umfasste Probanden im Alter zwischen 13 und 20 Jahren, die bereits mindestens zweimal wegen der Begehung einer Straftat verurteilt worden waren. Erklärtes Ziel des Programms war es, *„to demonstrate the realities of prison life to hard-core youthful offenders in an effort to deter them from a life of crime and incarceration"*.[425] Insofern ähnelte das Programm dem Juvenile Awareness Project aus New Jersey. Das Gefängnisleben sollte ebenfalls anhand von verbalen Einschüchterungen und derben, drastischen Darstellungen vermittelt werden.[426] Nach den Darstellungen von *Orchowsky & Taylor* (1981) lief ein Besuchstag wie folgt ab: Nach einer anfänglichen Durchsuchung der jeweils ca. 15 Teilnehmer am Eingang der Haftanstalt und Abnahme der persönlichen Gegenstände erfolgte ein kurzer Zelleneinschluss. Den Teilnehmern wurde dabei ein normaler Tagesablauf in Haft erläutert. Bei den anschließenden zweistündigen „shock-confrontation lectures" mussten sich die Teilnehmer auf eine Bank vor die an einer Wand aufgereihten und im ansonsten abgedunkelten Raum angestrahlten Häftlinge – die „Insiders group" – setzen. Diese referierten sodann in einer „very explicit, descriptive and loud street language" über „vulnerability, resignation, loss of identity, loss of freedom, and fear associated with prison life". Den Teilnehmern wurde über Mord, Drogenkonsum, Gefängnisgangs und homosexuelle Vergewaltigungen im Gefängnis berichtet. Dabei wurde den Jugendlichen eingebläut, dass solche Vorkommnisse auch ihnen drohten, wenn sie ihr kriminelles Leben fortführ-

422 *Yarborough* (1979), S. 13.
423 Im Folgenden: Insiders Program.
424 *Orchowsky/Taylor* (1981), S. IV.
425 *Orchowsky/Taylor* (1981), S. 11.
426 Vgl. *Orchowsky/Taylor* (1981), S. 11.

ten. Bei Disziplinlosigkeiten oder Unaufmerksamkeiten der Jugendlichen folgten demütigende Konsequenzen durch die Häftlinge. Diese zwangen die Teilnehmer bspw. ihre Shirts oder Schuhe auszuziehen oder sie wurden an ihren Gürteln hinter einem Häftling hergezogen.[427]

Beweggrund für die Studie waren sowohl die positiven Reaktionen auf die Verfilmung des ähnlich konzipierten, konfrontativen Juvenile Awareness Projects und dessen kolportierter Erfolgsrate von 80 – 90 % als auch die dazu konträren Forschungsergebnisse von *Finckenauer*. *Orchowsky & Taylor* bemängelten an *Finckenauers* Studie jedoch, dass die dort untersuchten Gruppen nur eingeschränkt vergleichbar gewesen seien. Ferner sei die Studie aufgrund methodischer Schwächen insgesamt nicht aussagekräftig. So sei in der Experimentalgruppe die Zahl der vorab bereits straffällig gewordenen Teilnehmer, der Anteil an afroamerikanischen Jugendlichen und das durchschnittliche Alter der Teilnehmer höher gewesen.[428]

Für die Evaluation von *Orchowsky & Taylor* wurden 80 männliche „juvenile delinquents“ im Alter von 13 – 20 Jahren mit mindestens zwei Vorstrafen und ohne psychische Vorerkrankungen nach dem Zufallsprinzip den Gruppen der „participants“ am Insiders Program (39 Probanden) oder der „non-participants“ (41 Probanden) zugewiesen. Die „background variables“ wie Alter, Hautfarbe, „years known to court“, „age at first intake“, Anzahl der bisherigen Gerichtsverfahren sowie ein sog. „delinquency involvement score“[429] unterschieden sich nicht signifikant und waren damit vergleichbar.[430]

---

427 *Orchowsky/Taylor* (1981), S. 11 ff.

428 Während 60 % der Jugendlichen der Experimentalgruppe bereits straffällig geworden waren, traf dies nur bei 41 % der Kontrollgruppe zu. Auch seien die verübten Straftaten bei der Experimentalgruppe schwerwiegender gewesen. In der Experimentalgruppe waren 59 % der Teilnehmer dunkelhäutig, in der Kontrollgruppe nur 43 %. Das Durchschnittsalter betrug in der Experimentalgruppe 15,4 Jahre, in der Kontrollgruppe 14,6 Jahre; *Orchowsky/Taylor* (1981), S. 4 f.

429 Ein von den Autoren anhand der Schwere einzelner Straftaten entwickelter Index. Dieser sollte es ermöglichen, die Probanden neben der reinen Feststellung eines Rückfalls nach Anzahl und Schwere der (bisherigen und im Zeitraum der follow-ups verübten) Taten einzustufen, zu vergleichen und zu prüfen, ob aus der Teilnahme an dem Programm eine Verbesserung hinsichtlich der Schwere der begangenen Taten resultiert. Für die verschiedenen Arten von Delikten wurde eine Skala erarbeitet (status offense or probation violation = 10, other offence = 20, property offence = 40, person offence = 80). Anhand der verübten Delikte wurden die entsprechenden Punkte für jeden Probanden addiert und so der jeweilige „score“ berechnet; *Orchowsky/Taylor* (1980), S. 18.

430 Dies bei allen drei der innerhalb von sieben Monaten durchgeführten Durchgänge.

Die „controlled visits“ der Experimentalgruppe verliefen über einen Zeitraum von sieben Monaten. Die follow-up-Daten beider Gruppen wurden im Anschluss über einen Zeitraum von mindestens sechs Monaten gesammelt. Nach jeweils sechs, neun und 12 Monaten verglichen die Autoren die Experimental- und die Kontrollgruppe danach, ob und wenn ja, wie häufig erneute „court intakes“ zu verzeichnen waren sowie nach dem jeweiligen „delinquency involvement score“ der Probanden. Beim follow-up nach neun Monaten standen noch Daten von insgesamt 47 Teilnehmern zur Verfügung, nach 12 Monaten waren nur noch 36 Teilnehmer an der Studie beteiligt.[431]

Nach sechs Monaten war die Straffälligkeit ebenso wie die Zahl der Gerichtsverfahren der Teilnehmer beider Gruppen im Durchschnitt rückläufig, auch verbesserte sich der „delinquency involvement score“ der Probanden. Auch wenn die Teilnehmer der Experimentalgruppen geringfügig seltener strafrechtlich in Erscheinung traten und der „delinquency involvement score“ abnahm, mithin weniger schwere Taten verübt wurden, konnte kein signifikanter Unterschied mit den Vergleichsgruppen verzeichnet werden. Die Ergebnisse deuteten jedoch in Richtung der von den Programmanbietern und -befürwortern proklamierten Wirkung der Projekte.[432]

Die Ergebnisse nach neun Monaten zeigten hinreichend deutlicher als das follow-up nach sechs Monaten, dass die Teilnehmer am „Insiders Program“ im Anschluss seltener straffällig wurden als Probanden der Kontrollgruppe. Die Ergebnisse waren jedoch nur teilweise statistisch signifikant. Keine statistisch signifikanten Unterschiede zeigten sich bei den „court intakes“: Während von 23 „participants“ 43 % rückfällig (N=10) wurden, waren es von 24 „non-participants“ 67 % (N=16). Die durchschnittliche Anzahl der begangenen Straftaten innerhalb des Neun-Monate-follow-ups reduzierte sich bei beiden Gruppen. Bei den „participants“ war diese jedoch signifikant niedriger (0,48 – vorher 1,52) als bei den „non participants“ (1,04 – vorher 1,33). Auch der „delinquency involvement score“ war bei den „participants“ nach neun Monaten wesentlich niedriger (18,73), die verübten Straftaten also weniger schwerwiegend als zuvor (62,61) und als bei der Kontrollgruppe. Bei dieser lag der score sogar höher (52,05) als vor der Studie (51,25).[433]

431 *Orchowsky/Taylor* (1980), S. 17.
432 *Orchowsky/Taylor* (1980), S. 20 ff.
433 *Orchowsky/Taylor* (1980), S. 26 ff.

Nach 12 Monaten zeigte sich ein ähnliches Bild: Auch wenn sich die Zahl der Rückfälle bei den beiden Vergleichsgruppen nicht wesentlich unterschied – von 17 „participants“ blieben 53 % (N=9) straffrei, bei den 19 „non-participants“ waren es lediglich 32 % (N=6) – gingen die Resultate und Unterschiede bei den Gruppen in die von den Programmanbietern erhoffte Richtung. Signifikant niedriger war dabei die durchschnittliche Anzahl der verübten Straftaten im Vergleich zu einem 12-Monatszeitraum vor „Insiders“: Die Teilnehmer an dem Projekt verübten nach 12 Monaten im Schnitt 0,53 Straftaten (vorher 1,82), die Probanden der Kontrollgruppe 1,27 (vorher 1,79). Die gleiche Tendenz zeigte sich bei der Schwere der Taten („delinquency involvement score“). Beide Gruppen verbesserten sich hierbei, die Experimentalgruppe jedoch deutlicher (vorher: 72,94 – nachher: 24,61) als die Kontrollgruppe (vorher: 71,58 – nachher: 66,40).[434]

Im Vergleich zur Studie von *Finckenauer* (1982) waren die bei *Orchowsky & Taylor* beteiligten Probanden zuvor alle bereits mindestens zweimal straffällig geworden. Insofern konnte kein unmittelbarer Vergleich zur Förderung der Straffälligkeit durch eine Teilnahme erfolgen.[435] Jedoch zeigte sich, dass von den 10 Probanden der Experimentalgruppe, die sechs Monate vor der Studie nicht straffällig wurden, nach dem sechsmonatigen follow-up nur 10 % (N=1) straffällig wurden; bei den 11 Probanden der Kontrollgruppe waren es 36 % (N=4).[436]

Orchowsky & Taylor konnten in ihrer Studie nicht den vollständigen Erfolg des Programms – mithin die völlige Verhinderung von Rückfällen – nachweisen. Allerdings konnten sie den von *Finckenauer* (1982) beschriebenen Effekt einer erhöhten Rückfallwahrscheinlichkeit aufgrund der Teilnahme an dem Gefängnisbesuchsprogramm aufgrund der bei ihrer Studie erhobenen Daten auch nicht bestätigen. Die Autoren sprachen sich jedoch angesichts der Komplexität der Gründe für jugendstrafrechtliches Verhalten dafür aus, dass auch sonstige Verhaltensänderungen zu berücksichtigen seien und insbesondere die Reduzierung der Anzahl und Schwere anschließender Delikte als Erfolg zu werten sei.[437] Einstellungsverbesserungen seien im Übrigen festzustellen gewesen. Die Autoren kamen zu dem Schluss, dass dem Gefängnisbesuchsprogramm eher ein langfristiger Effekt

---

434 *Orchowsky/Taylor* (1980), S. 30 ff.

435 Bei *Finckenauer* (1982) zeigte sich, dass 32 % der zuvor nicht straffälligen Probanden der Experimentalgruppe später delinquent wurden; von den zuvor Nicht-Straffälligen in der Kontrollgruppe lediglich 5 %.

436 *Orchowsky/Taylor* (1980), S. 34 f.

437 Vgl. *Orchowsky/Taylor* (1980), S. 36 ff.

zuzuschreiben sei.[438] Erst nach einigen Monaten würde sich ein positiver Effekt abzeichnen, der die Tendenz der Abnahme der Straffälligkeit von Jugendlichen und Heranwachsenden mit zunehmendem Alter unterstützen könnte. *„It is suggested that attending Insiders may "accelerate" the decline in delinquency which seems to occur in all delinquents as they get older, beginning at about age 16.“*[439] Im Ergebnis stellt die Studie von *Orchowsky & Taylor* eine der wenigen dar, die Gefängnisbesuchsprogrammen positive Ergebnisse und Wirkungen zuschreibt.[440] Allerdings stellten die Autoren eine erhebliche Ausfallrate der Probanden der Sechs- und Neunmonats-follow-ups fest, die bei der Interpretation der Ergebnisse zu beachten sei. Auch sei nicht abschließend geklärt, ob die Auswahl der Probanden, die von lediglich drei Gerichtsbezirken ausgewählt wurden und ein höheres Durchschnittsalter als bei anderen Studien hatten, repräsentativ gewesen sei.[441] Insbesondere sei zudem nicht nachgewiesen, dass die „scare“-Komponente bei „Scared Straight!“ den Unterschied ausmachte und sich positiv oder negativ auf einen kriminalpräventiven Effekt auswirke. Hier sei ebenfalls zu beachten, dass die Programme idR nur wenige Stunden andauerten. Es sei zu vermuten, dass sich ein ggf. vorliegender, positiver Effekt durch eine nachfolgende Aufarbeitung der Programmteilnahme verbessern lasse, so *Orchowsky & Taylor*.[442]

4.1.6 Vreeland (1981) – „Face-to-Face Program“

Ein weiteres „juvenile awareness program“ namens „Face-to-Face“ aus Dallas, Texas, wurde von *Vreeland* untersucht. Dieser analysierte sowohl die offiziell registrierte als auch die selbstberichtete Kriminalität der Probanden

---

438 Die verschiedenen Studien zu diversen Gefängnisbesuchsprogrammen unterscheiden sich auch durch die Länge der follow-ups – diese beträgt bspw. in der Studie von *Finckenauer* (1979) sechs, bei *Yarborough* (1979) nur drei Monate.

439 *Orchowsky/Taylor* (1980), S. 47.

440 Auch die Studie von *Langer* (1980) zum Gefängnisbesuchsprogramm im Rahway State Prison zeigte in einem follow-up nach 22 Monaten eine geringere Delinquenz bei der am Juvenile Awareness Project teilnehmenden Experimentalgruppe. Ein Rückgang der Delinquenz könne jedoch auch auf einen natürlichen Entwicklungsprozess zurückzuführen sein und dürfe nicht fälschlicherweise als positive Auswirkung eines Programms gedeutet werden, so *Langer* (1980), S. 62 ff.; siehe auch zusammenfassend *Orchowsky/Taylor* (1981), S. 40 ff. und *Finckenauer* (1982), S. 196 ff.

441 *Orchowsky/Taylor* (1980), S. 36 ff.

442 *Orchowsky/Taylor* (1980), S. 44 f.

sechs Monate im Anschluss an eine Programmteilnahme.[443] Das Programm umfasste einen 13-stündigen Aufenthalt im Hochsicherheitsgefängnis Huntsville State Penitentiary zur „prison orientation“ mit anschließender Gruppenberatung für die Jugendlichen sowie ihre Eltern („parenting education“). *Vreeland* wählte für seine Studie 160 männliche Jugendliche im Alter zwischen 15 und 17 Jahren aus, die derzeit „on probation“ verurteilt waren und auch bereits zuvor mindestens zwei- oder dreimal verurteilt worden waren. Diese wurden sodann auf vier Studiengruppen aufgeteilt: Gefängnisbesuch und Beratung, ausschließlich Gefängnisbesuch, ausschließlich Beratungsangebot und eine Vergleichsgruppe ohne Maßnahmendurchführung.

Im Ergebnis schnitt die Kontrollgruppe hinsichtlich der offiziell registrierten Kriminalität sechs Monate nach der Programmteilnahme besser ab als die drei weiteren Gruppen (28 % straffällige Jugendliche in der Kontrollgruppe gegenüber 39 % in der Gruppe mit Gefängnisbesuch und Beratungsangebot, 36 % in der Gruppe nur mit Gefängnisbesuch und 39 % der Jugendlichen in der Beratungsgruppe). Die Ergebnisse der selbstberichteten Kriminalität zeigten Entgegengesetztes: Demnach schätzten sich alle drei Teilnehmergruppen besser ein als die Kontrollgruppe. Einige Jugendliche, die offiziell angeklagt wurden, berichteten dies schlicht nicht.

Vreeland kam zu dem Schluss, dass die Ergebnisse zwar nicht statistisch signifikant waren, aber weder eine Teilnahme an dem Besuchsprojekt noch die Beratungsangebote positive Effekte auf die Rückfallquoten der Jugendlichen hatten. Auch einstellungsbezogene Effekte blieben aus.

4.1.7 Lewis (1983) – „SQUIRES Program“

Bei der Untersuchung eines der ältesten Programme der USA, das ab 1964 im Hochsicherheitsgefängnis in San Quentin, California, durchgeführt wurde (San Quentin Utilization of Inmate Resources Experience and Studies (SQUIRES)), wurden 108 Teilnehmer über einen Zeitraum von 12 Monaten begleitet.[444] Die zumeist mehrfach vorbestraften, männlichen Teilnehmer zwischen 14 und 18 Jahren wurden vorab zufällig der Untersuchungs- (N=53) oder der Kontrollgruppe (N=55) zugewiesen. *Lewis* zufolge

443 Unveröffentlichte Doktorarbeit von *Vreeland, Allan David* (1981): „Evaluation of Face-to-Face: A juvenile aversion program.“, University of Texas, Dallas, zitiert nach *Klenowski et al.* (2010), S. 264; *Petrosino et al.* (2013), S. 22.

444 *Lewis*, Criminal Justice and Behavior (1983).

wiesen die Gruppen bis auf das Durchschnittsalter keine signifikanten Unterschiede auf.[445] Im Vergleich zum Juvenile Awareness Project, welches lediglich zwei Stunden andauerte, verbrachten die Teilnehmer drei Samstage im San Quentin Prison, California. Ziel der Studie war es, den Einfluss einer Programmteilnahme auf Einstellungen (Phase 1) und anschließendes kriminelles Verhalten (Phase 2) der Teilnehmer zu ermitteln.[446]

Die Maßnahme selbst umfasste eine ca. dreistündige „confrontive rap session“ sowie „guided tours of the prison combined with personal interaction with prisoners, and a review of pictures of prison violence“.[447] Die Probanden der Experimentalgruppe wurden dabei in Kleingruppen von jeweils ca. 20 Jugendlichen aufgeteilt. Trotz aktiver Konfrontation, sog. „hot seats“, und „rough language“ sollte das Programm grundsätzlich keine „scared tactics“ beinhalten. Die beteiligten Häftlinge verfolgten eher den Ansatz, über den Haftalltag aufzuklären („to educate youth about prison life…“).[448] Die Inhaftierten sollten den Teilnehmern als „big brother“ zur Seite stehen und mit ihnen individuell bedeutsame Themen ansprechen. *Lewis* verglich die Studienteilnehmer bei einem follow-up nach 12 Monaten hinsichtlich sieben verschiedener „crime outcomes“. Bei den Einstellungstests[449] schnitt die Experimentalgruppe dabei tendenziell besser ab als die Kontrollgruppe. Allerdings stellte sich ferner heraus, dass ca. 81 % der Programmteilnehmer innerhalb eines Jahres mindestens einmal erneut straffällig wurden – im Gegensatz zu 67 % der Jugendlichen in der Kontrollgruppe.[450] Hinsichtlich der Schwere der nachfolgenden Delikte ergaben sich keine signifikanten Unterschiede. Allerdings zeigte sich, dass der Zeitraum bis zur nächsten Straffälligkeit bei der Experimentalgruppe etwas größer war.[451]

Lewis kam im Ergebnis zu dem Schluss, dass *„seriously delinquent youth cannot be turned around by short-term programs such as Squires, Rahway, JOLT and the like.“* Die Programme seien für diese Jugendlichen tendenziell eher schädlich, auch wenn möglicherweise ein abschreckender Effekt für einzel-

445 *Lewis*, Criminal Justice and Behavior (1983), S. 213, das Durchschnittsalter in der Experimentalgruppe betrug 16,5 Jahre, das in der Kontrollgruppe 16 Jahre.
446 *Lewis*, Criminal Justice and Behavior (1983), S. 212.
447 *Lewis*, Criminal Justice and Behavior (1983), S. 212.
448 *Lewis*, Criminal Justice and Behavior (1983), S. 212.
449 Einstellungen zur Institution Polizei, Schule, Gefängnis und zur Begehung von Straftaten, *Lewis*, Criminal Justice and Behavior (1983), S. 216 f.
450 *Lewis*, Criminal Justice and Behavior (1983), S. 216 f., 218.
451 *Lewis*, Criminal Justice and Behavior (1983), S. 218 f.; 4,1 Monate bei der Experimentalgruppe und 3,3 Monate bei der Kontrollgruppe.

ne Teilnehmer, insbesondere „moderately delinquent or lower risk youth“, eingetreten sei.[452] Da diese Ergebnisse nicht signifikant waren, konnte *Lewis* anhand seiner Studie einen abschreckenden Effekt des Programms jedenfalls nicht verifizieren.

4.1.8 Buckner & Chesney-Lind (1983) – „Stay Straight Program“ („Ike Na Pa`ahao“[453])

Auch die Studie von *Buckner & Chesney-Lind* (1983) über das im Jahr 1979 eingeführte Programm „Stay Straight“ aus Hawaii ergab ähnliche Ergebnisse.[454] Vom Prinzip her dem Juvenile Awareness Project „Scared Straight!“ aus New Jersey nachgebildet, sollte bei „Stay Straight“ gerade nicht auf Einschüchterung der sowohl männlichen als auch weiblichen Teilnehmer gesetzt werden: *„no scare tactics or intimidation is used“*. Der Ansatz lautete: *„factual storytelling and advice-giving rather than intimidation“*. Je vier bis sechs Inhaftierte sollten den jeweils ca. 15 – 20 Teilnehmern ihre Lebensgeschichte darstellen und Ratschläge aufgrund der eigenen Erlebnisse erteilen. Aufgrund ihrer Erfahrungen sollten die Häftlinge das Motto *„crime does not pay“* besser beurteilen können als jeder andere und so den Teilnehmern nahe bringen.[455] Vom Ablauf her ähnelte das Programm mit einer anfänglichen Durchsuchung der Jugendlichen und der anschließenden zwei- bis dreistündigen „rap session“ jedoch stark den zahlreichen weiteren, zu dieser Zeit durchgeführten Programmen.

Als Probanden der Studie von *Buckner & Chesney-Lind* wurden 300 Jugendliche ausgewählt, die bereits mindestens einmal wegen der Begehung von Straftaten registriert worden waren. Sowohl die Experimental- als auch die Kontrollgruppe beinhalteten jeweils 100 männliche und 50 weibliche Probanden. Anstatt die Experimentalgruppe originär zu bestimmen und sodann bei ihrem Gefängnisbesuch zu begleiten, wählten *Buckner & Chesney-Lind* 150 ehemalige Teilnehmer von „Stay Straight“ anhand der noch vorhandenen Akten aus.[456] Den so ausgewählten Probanden der Experimentalgruppe wurde anhand einer „matching procedure“ vor dem

---

452 *Lewis*, Criminal Justice and Behavior (1983), S. 220, 222.

453 Hawaiianisch für „Experience of Prisoners“, *Buckner/Chesney-Lind* (1983), S. 229.

454 *Buckner/Chesney-Lind* (1983).

455 *Buckner/Chesney-Lind* (1983), S. 230.

456 Voraussetzung war mindestens ein „official arrest“ durch die Polizei in Honolulu und das maximale Alter von 18 Jahren nach Beendigung des follow-ups der Studie nach einem Jahr; *Buckner/Chesney-Lind* (1983), S. 231.

Hintergrund ihrer strafrechtlichen Vorgeschichte ein jeweils vergleichbarer, passender Proband für die Kontrollgruppe zugewiesen. Diese hatten zuvor noch nicht an dem Programm teilgenommen.[457]

Die Autoren untersuchten im Folgenden die im Anschluss an die Programmteilnahme registrierten Straftaten der jeweiligen „matching pairs", also der (ehemaligen) Teilnehmer an „Stay Straight" in der Experimentalgruppe sowie deren Counterparts in der Kontrollgruppe. Der Stichtag zur Messung der Straftaten sollte für die Teilnehmer der Kontrollgruppe der jeweils entsprechende Gefängnisbesuchstag des zugewiesenen Probanden der Experimentalgruppe sein. Für die Messung relevant waren die Anzahl der registrierten Delikte und etwaige anschließende Verfahrenseinstellungen sowie die jeweilige Schwere der Tat iSd sog. „Severity of Offense Scale".[458] Anhand der Skala wurden die vor und nach dem Stichtag des Gefängnisbesuches begangenen Delikte der Teilnehmer beider Studiengruppen eingeordnet und die „matching pairs" miteinander verglichen.

Die Bewertung der Ergebnisse wurde dabei nach Geschlechtern getrennt. Unterschiede hinsichtlich der Anzahl und Schwere der *vor* den Gefängnisbesuchen begangenen Delikte wurden nicht festgestellt.[459]

Hinsichtlich der bloßen Rückfallquote (mindestens eine nachfolgende Straftat) *nach* der Programmteilnahme bzw. dem jeweiligen Stichtag für die Kontrollgruppe zeigten sich zwischen der Experimental- und der Kontrollgruppe, sowohl bei den männlichen als auch bei den weiblichen Probanden, keine signifikanten Unterschiede.[460] Verglich man jedoch die tatsächliche Anzahl der weiteren Straftaten, so zeigte sich, dass weibliche Teilnehmer nach einem Gefängnisbesuch weniger häufig strafrechtlich auffällig waren als männliche. Bei letzteren stieg die Anzahl der registrierten Straftaten in den follow-ups im Vergleich zu den entsprechenden Teilnehmern der Kontrollgruppe. Die Schwere der Straftaten (Severity of Offense Scale) änderte sich bei beiden Geschlechtern vor und nach dem

457 Die jeweils miteinander zu vergleichenden Probanden der Experimental- und Kontrollgruppe sollten von Alter, Geschlecht, Ethnie, Häufigkeit, Schwere der begangenen Straftaten u.a. zueinander passen; *Buckner/Chesney-Lind* (1983), S. 231 f.

458 Die begangenen Delikte wurden hierbei nach ihrer Schwere entsprechend von 1 – 10 gewichtet, vgl. Skala bei *Buckner/Chesney-Lind* (1983), S. 233.

459 *Buckner/Chesney-Lind* (1983), S. 234 ff.

460 41 % (N=41) Rückfallquote bei den männlichen Teilnehmern der Experimentalgruppe gegenüber 37 % (N=37) bei der männlichen Kontrollgruppe und 22 % (N=11) der weiblichen Teilnehmer der Experimentalgruppe gegenüber 32 % (N=16) bei der weiblichen Kontrollgruppe; *Buckner/Chesney-Lind* (1983), S. 236.

Stichtag des Gefängnisbesuches nicht signifikant, war jedoch bei den weiblichen Probanden insgesamt geringer als bei den männlichen.[461]

Trotz interner Validitätsprobleme folgerten die Autoren aus ihren Untersuchungsergebnissen, dass eine Programmteilnahme – gerade auch bei Programmen ohne Einschüchterungstechniken – Jugendliche nicht von der Begehung weiterer Straftaten abhalten könne. 59 % der männlichen und 78 % der weiblichen Teilnehmer der Experimentalgruppe blieben während der einjährigen follow-up-Periode straffrei – bei der Kontrollgruppe waren es jedoch in etwa ebenso viele.[462] Die fehlende Zufallszuweisung zu Experimental- und Kontrollgruppe sei zwar bei der Interpretation der Ergebnisse nicht zu vernachlässigen. Hätte das Projekt jedoch die erhofften positiven Wirkungen, hätten sich diese trotz fehlender Randomisierung zeigen müssen, so *Buckner & Chesney-Lind*.[463] Letztlich konnte eine kriminalpräventive Wirksamkeit des Programms jedenfalls nicht nachgewiesen werden. Statt einer geringeren Rückfallquote der Experimentalgruppe zeigte sich sogar eher ein konträrer Effekt mit häufigeren Folgeverhaftungen bei den männlichen Teilnehmern des Besuchsprogramms.[464] *Buckner & Chesney-Lind* führten als Gründe hierfür etwa die kriminologische Theorie an, dass die Gewissheit einer Bestrafung mehr abschrecke als deren Schwere und die Häftlinge schließlich nur über letzteres berichten und entsprechend aufklären könnten. Die Rückfallquote bei den männlichen Teilnehmern der Experimentalgruppe könnte ferner auch deshalb höher als erwartet ausgefallen sein, da sich bspw. aus der Teilnahme an weiteren Präventionsprojekten negative Wirkungen ergaben, die nicht mit „Stay Straight“ in Verbindung zu bringen seien.[465] Möglicherweise würde das Programm im Ergebnis eher den beteiligten Häftlingen nützen als den jugendlichen Teilnehmern. „*It is unrealistic to expect that any single experience, no matter how profound, would have a significant and long-lasting impact on a problem so complicated and intractable as juvenile delinquency*“, so die Autoren.[466]

461 *Buckner/Chesney-Lind* (1983), S. 234 ff.
462 *Buckner/Chesney-Lind* (1983), S. 244.
463 *Buckner/Chesney-Lind* (1983), S. 245.
464 *Buckner/Chesney-Lind* (1983), S. 245.
465 *Buckner/Chesney-Lind* (1983), S. 244 f.
466 *Buckner/Chesney-Lind* (1983), S. 245.

4.1.9 Locke et al. (1986) – „Kansas Juvenile Education Program"

In ihrer Evaluation des seit 1978 durchgeführten „Juvenile Education Program" im Lansing State Penitentiary untersuchten *Locke et al.* die kriminalpräventive Wirksamkeit des Projekts bzw. die Rückfallquoten ehemaliger Teilnehmer.[467] Hierfür wurden 53 männliche Straftäter „on Probation" im Alter von 14 – 19 Jahren aus drei Kansas Counties zufällig einer Programm- bzw. einer Kontrollgruppe zugeteilt.[468] Von diesen Studienteilnehmern verblieben bis zum Ende der für jeden Teilnehmer mindestens sechsmonatigen follow-up Periode letztlich nur 32 Probanden (jeweils 16 in der Experimental- bzw. Kontrollgruppe).[469]

Das Programm sollte im Vergleich zu „Scared Straight!" „more educational and less confrontative" ausgestaltet sein.[470] Im Vergleich zu anderen Programmen wurden die Jugendlichen dabei insbesondere mit „passenden" Häftlingen, die Ähnlichkeiten in „lifestyle, personality type" und „racial and ethnic background" aufwiesen, zusammengeführt. Man versprach sich hiervon, dass sich die Teilnehmer besser mit den Häftlingen identifizieren und Ermahnungen hinsichtlich der Begehung von kriminellen Handlungen eher ernst nehmen würden.

Locke et al. untersuchten im Anschluss „official arrest data", „juvenile court records", die selbstberichtete Kriminalität der Jugendlichen sowie „value orientation"-Verhaltenstests. Sie verglichen die Ergebnisse mit jenen Informationen, die im anfänglichen „pre-measure assessment" erhoben wurden: Hierbei konnten keine signifikanten Unterschiede im Hinblick auf die gemessenen „crime outcomes" zwischen der Experimental- und der Kontrollgruppe erfasst werden. Zwar stellten die Autoren bei beiden Gruppen im Durchschnitt eine minimale Verbesserung im Sinne einer reduzierten Delinquenz – offiziell registrierte Taten sowie auch selbstberichtete Delinquenz – im Vergleich zu den pretests fest.[471] Häufigkeitszahlen wurden dabei allerdings nicht vorgelegt. Zudem muss die Aus-

467 *Locke et al.*, Evaluation Review (1986).

468 *Locke et al.*, Evaluation Review (1986), S. 285.

469 Von zunächst 36 verbleibenden Probanden wurden weitere vier nachträglich ausgeschlossen, da sie in der follow-up Periode wegen vor der Studie begangener Straftaten inhaftiert wurden. Die übrigen Teilnehmer waren entweder verzogen oder nicht auffindbar oder verweigerten die Teilnahme, *Locke et al.*, Evaluation Review (1986), S. 285.

470 *Locke et al.*, Evaluation Review (1986), S. 284.

471 Im Rahmen der selbstberichteten Delinquenz äußerte sich bei den eher als „low delinquents" eingestuften Teilnehmern eine tendenziell steigende Kriminalität;

sagekraft der Ergebnisse aufgrund der geringen Anzahl bzw. dem Ausfall einiger Studienteilnehmer kritisch betrachtet werden. Im Rahmen verschiedener Verhaltenstests wurden keine Auswirkungen einer Programmteilnahme festgestellt. *Locke et al.* konnten im Ergebnis keine „Abschreckung" im Sinne einer Rückfallverringerung der jugendlichen Straftäter durch die Programmteilnahme nachweisen und führten an, dass ein Rückgang der Delinquenz auch entwicklungsbedingt sein könnte. Die Studienergebnisse deckten sich demnach weitgehend mit den bisher erschienenen Forschungsergebnissen zu ähnlichen Programmen.

4.1.10 Cook & Spirrison (1992) – „Mississippi Departement of Corrections' Project Aware Program"

Nachdem einige Studien über abschreckende Gefängnisbesuchsprogramme veröffentlicht worden waren, evaluierten *Cook & Spirrison* (1992) die Effektivität des „Mississippi Departement of Corrections' Project Aware Program". Dieses sollte *kein* sog. „fear-arousal"-Programm sein, das auf der Annahme beruhte, Angst und Furcht könnten effektiv und dauerhaft sozial unangebrachtes Verhalten ändern. Es sollten keine „high level intimidation tactics and direct confrontation" angewandt werden. Stattdessen wurde hier bewusst ein nicht-konfrontativer Ansatz verfolgt. Das Programm setzte auf ein „educational format without intentional scare tactics, intimidation, or confrontation of juveniles".[472] Zudem sollten bei der Programmevaluation methodische Mängel früherer Studien, wie etwa Fehler bei der Zufallsauswahl oder zu kurze follow-up-Zeiträume, vermieden werden.[473]

Für ihre Studie ließen *Cook & Spirrison* 176 männliche, verurteilte Straftäter im Alter von 12 – 16 Jahren (durchschnittliches Alter von 15 Jahren) von diversen Jugendgerichtsbezirken aus dem gesamten Bundesstaat per Zufall auswählen. Diese wurden sodann ebenfalls zufällig entweder der Experimentalgruppe, die an dem Projekt teilnahm (N=97 Probanden, dar-

bei „high delinquents" zeigte sich eher eine Verbesserung; *Locke et al.*, Evaluation Review (1986), S. 293 ff., 296.

472 *Cook/Spirrison* (1992), S. 91.

473 Vgl. *Cook/Spirrison* (1992), S. 91.

unter 59 „blacks"), oder der Kontrollgruppe (N=79 Probanden, darunter 54 „blacks") zugeteilt.[474]

Der Gefängnisbesuch selbst stellte sich sodann als „five-hour, prisoner-run, non-confrontational juvenile delinquency deterrence program" im Mississippi State Penitentiary dar. Wie die Besuche konkret abliefen, wurde in der Studie von *Cook & Spirrison* nicht weiter erläutert. Ob „scare tactics" tatsächlich vermieden werden konnten, kann daher nicht beurteilt werden. Es ist damit auch nicht geklärt, ob und inwiefern eine Vergleichbarkeit bspw. zu deutschen Projekten besteht.

Bei jeder Zuweisung von Probanden zu einer „treatment group" wurden ebenso viele Teilnehmer einer Kontrollgruppe zugeteilt. So sollten die gesammelten Daten der Probanden der Experimental- bzw. der Kontrollgruppe am Ende des follow-ups verglichen werden. Untersucht wurde hierbei zunächst das Alter bei der Zuteilung in die jeweilige Gruppe sowie die Herkunft der Probanden. Ferner wurden Anzahl und Schwere[475] der begangenen Straftaten sowie das unentschuldigte Fehlen in der Schule und Schulabbrüche[476] jeweils sowohl für einen ersten Beobachtungszeitraum („one year pre-attendance or pre-control designation period") als auch für einen zweiten Beobachtungszeitraum („one year post-attendance or post-control designation period") gegenübergestellt.[477]

Nach Auswertung der zur Verfügung stehenden Daten wurde deutlich, dass sich beide Vergleichsgruppen innerhalb der verschiedenen Zeiträume hinsichtlich der Häufigkeit und Schwere der Delikte nicht signifikant unterschieden; die Kontrollgruppe schnitt nur unwesentlich besser ab. So betrug die durchschnittliche Anzahl der Straftaten im 1. Zeitraum bei den Teilnehmern der Experimentalgruppe 1,32; bei den Teilnehmern der Kontrollgruppe 1,25. Im 2. Beobachtungszeitraum lag der Wert der Experimentalgruppe bei 0,43, bei der Kontrollgruppe bei 0,38. In beiden Vergleichsgruppen konnte eine abnehmende Häufigkeit und Schwere der begangenen Taten für den Beobachtungszeitraum 2 im Vergleich zum 1. Zeitraum verzeichnet werden. Hinsichtlich der unentschuldigten Fehltage

474 Ursprünglich waren beiden Vergleichsgruppen 118 Probanden zugeteilt, die jedoch aufgrund von Fehlern bei der Zufallszuweisung oder Datenverlusten bzw. Kontaktabbrüchen in der einjährigen follow-up-Periode der Studie nicht mehr alle zur Verfügung standen; *Cook/Spirrison* (1992), S. 92.

475 Die Schwere der Delikte wurde anhand eines „Severity of Offense Scale" bewertet. Jede bekannt gewordene Straftat wurde anhand einer Skala von 1 („least severe, e.g. drinking alcohol") bis 10 („most severe, e.g. murder") eingestuft.

476 Hierzu zählte auch „unentschuldigtes Fehlen" ab 25 Fehltagen.

477 *Cook/Spirrison* (1992), S. 93.

in der Schule unterschieden sich die Gruppen weder im ersten noch im zweiten Beobachtungszeitraum wesentlich. Signifikant niedriger war jedoch die Quote der Schulabbrecher in der „treatment group" im Vergleich zur Kontrollgruppe.[478]

Im Ergebnis kamen die Autoren zu dem Schluss, dass die Teilnahme am „Project Aware" keinen signifikanten Effekt auf die Häufigkeit oder Schwere eines Rückfalls bzw. die Rückfallquote haben könne. Lediglich der Zeitablauf schien hierbei eine Rolle zu spielen. Insgesamt zeigte sich keine Auswirkung auf „unentschuldigtes Fehlen in der Schule". Als Haupterkenntnis der Evaluation zeigte sich jedoch, dass die Teilnehmer an dem Besuchsprojekt im Vergleich zu den Probanden der Kontrollgruppe im Anschluss wesentlich seltener die Schule abgebrochen hatten. Allerdings konstatierten die Autoren gleichzeitig, dass es keine schlüssige Erklärung für diesen Effekt gab.

Die Autoren wiesen jedoch darauf hin, dass Jugendkriminalität *„undeniably a complicated and poorly understood accumulation of maladaptive behaviour"* sei. Von einem Programm zu erwarten, dass es auf wundersame Weise jahrelanges deviantes Verhalten innerhalb weniger Stunden beseitige, sei daher unrealistisch. Ein Gefängnisbesuch könne nicht als Allheilmittel, sondern müsse als *„part of a total system of delinquency deterrence measures"* gesehen werden. Insofern könne ein nicht-konfrontatives Programm durchaus einen Beitrag leisten, so *Cook & Spirrison*. Zudem könnten die Programme auch positive Auswirkungen auf die teilnehmenden Häftlinge sowie auf die Beziehung zwischen Jugendlichen und dem „youth court staff", welche die Teilnehmer zu dem Gefängnisprogramm begleiteten, haben. Bei zukünftigen Studien sollten jedoch konfrontative und nicht-konfrontative Programme miteinander verglichen und auch die Auswirkungen auf übriges (strafrechtliches) Verhalten geprüft werden.[479]

4.2 Systematic Reviews und Meta-Analysen

Neben zahlreichen Einzelstudien gibt es sog. systematic reviews sowie Meta-Analysen, die verschiedene primäre Forschungsarbeiten zur selben oder zu ähnlichen Interventionen auf ihre Qualität hin untersuchen, bestehende Forschungsergebnisse zusammenfassen und die Programme sodann

478 *Cook/Spirrison* (1992), S. 94 ff. Von 97 Probanden der treatment group brachen nur vier die Schule ab, von 79 Probanden der control group zehn.

479 *Cook/Spirrison* (1992), S. 97 f.

hinsichtlich ihrer Interventionsstärke bewerten.[480] Bereits vorhandene Forschungsarbeiten werden dabei in nachfolgenden Arbeiten anhand von verschiedenen Kriterien auf ihre Qualität und Aussagekraft hin untersucht, Verzerrungen der Ergebnisse sollen dabei minimiert werden.

In diversen US-amerikanischen Sekundäranalysen wurde der Ertrag der bisherigen, methodisch besten Einzelstudien zu Gefängnisbesuchsprogrammen bestätigt: Programme, die auf spezialpräventive Abschreckung setzen, rufen nicht die erwünschten Effekte hervor, sondern wirken vielmehr häufig kontraproduktiv.[481] Auch hier sind, wie bereits dargestellt, vor allem der *Sherman Report*[482], die Reviews der *Campbell Collaboration Criminal Justice Group*[483] sowie die Meta-Analysen von *Lipsey* vom Center for Evaluation Research and Methodology at the Vanderbilt Institute for Public Policy Studies in Nashville relevant[484]. Diese Forschungsergebnisse sollen neben den Untersuchungen von *Klenowski et al.* (2010) und *Perry* (2016) in der gebotenen Kürze dargestellt werden.

4.2.1 Lipsey (1992a)

Lipsey veröffentlichte 1992 eine Meta-Analyse zum Thema „delinquency treatment" über insgesamt 443 Studien aus den USA und anderen englischsprachigen Ländern ab dem Jahr 1950.[485] Voraussetzung für seine Analyse war, dass die Studien Experimental- und Kontrollgruppen beinhalteten, zu denen zufällig zugewiesen wurde oder die jedenfalls anderweitig vergleichbar waren. Die Zielgruppe der darin untersuchten „juvenile prevention and treatment"-Programme umfasste Teilnehmer zwischen 12 und 20 Jahren. *Lipsey* kam schließlich zu dem Ergebnis, dass es durchaus positive Behandlungseffekte geben kann: In 285 der geprüften Studien (64,3%) wies die Behandlungsgruppe eine geringere Rückfälligkeit auf als die Vergleichsgruppe.[486] Hierbei zeigten strukturierte und zielgerichtete, z.B. „skill-oriented, behavioral, and multi-modal" ausgerichtete Programme positivere Wirkungen im Vergleich zu weniger strukturierten und eher

480 Siehe oben unter Ziff. 3.4; vgl. *Eisner/Ribeaud/Locher* (2009), S. 7; vgl. *Schneider* (2007a), S. 11.
481 *Heinz*, DVJJ (2006), S. 91.
482 *Sherman et al.* (1997).
483 http://www.campbellcollaboration.org/, *Petrosino et al.* (2004, 2013).
484 https://peabody.vanderbilt.edu/research/pri/index.php, *Lipsey* (1992a).
485 *Lipsey* (1992a), S. 83 ff.
486 *Lipsey* (1992a), S. 94.

beratenden Ansätzen.[487] Einige Behandlungsansätze zeigten dagegen negative Auswirkungen; hierunter fielen insbesondere neun untersuchte, abschreckende Programme wie „Scared Straight!".[488]

4.2.2 Sherman et al. (1997, 2002)

Die im *Sherman Report* untersuchten Programme wurden entsprechend einer von den Autoren vorgenommenen Bewertung in vier Kategorien – „What works?", „What does not work?", „What is promising?" sowie „What is unkown?" – eingeteilt.[489] Hinsichtlich „Scared Straight!" und anderen auf Abschreckung abzielenden Programmen kamen die Autoren ebenfalls zu dem Ergebnis, dass eine kriminalitätsreduzierende Wirkung auf straffällige oder „at-risk"-Jugendliche nicht nachgewiesen werden kann.[490] Diese Programme wurden in die Kategorie „What does not work?" eingestuft, mit dem Verweis auf Quellen wie *Lipsey* (1992a), die sogar von einer schädlichen, kriminalitätsfördernden Wirkung ausgehen.[491] Das Ergebnis des Reports lautete:

> *„Studies of these programs have not indicated any differences between those who participated in the programs and comparison groups and in some cases the re-arrest rates were higher for those who participated in the program (Buckner and Chesney-Lind 1983; Lewis 1983). Overall there is no evidence that deterrence programs such as these effectively reduce the future criminal activities of the offender participants".*[492]

Auch *MacKenzie*, die den Report bzgl. der präventiven Wirkung strafrechtlicher Interventionen fortführte, konnte das Ergebnis auf Grundlage der bisherigen Forschungsergebnisse nur bestätigen.[493] Programme wie „Scared Straight!", die auf Bestrafung, Abschreckung oder Überwachung abzielten, statt zugleich „human service and rehabilitation and treatment components" aufzuweisen, verringerten die Rückfallquoten nachweislich nicht. Allgemein seien im Übrigen über Präventionsprogramme, die

487 *Lipsey* (1992a), S. 123; *Lipsey* (1992b), S. 131 ff., 138.
488 *Lipsey* (1992a), S. 124.
489 *Farrington/Gottfredson/Sherman/Welsh* (2002), S. 16 ff.; *Sherman/Gottfredson* (1997), Appendix, S. 4.
490 *MacKenzie* (1997), Chapter 9, S. 15 ff.
491 *MacKenzie* (1997), Chapter 9, S. 15 ff.
492 *MacKenzie* (2002), S. 341.
493 *MacKenzie* (2006), S. 170 f., 333 ff.

gleichzeitig behandelnde Aspekte aufweisen, noch zu wenige Forschungsergebnisse vorhanden.[494] *MacKenzie* stellte in ihren Untersuchungen im Ergebnis fest, dass kognitiv-verhaltenstherapeutische Programme, die auf Verhaltensänderungen abzielen, effektiver in der Kriminalprävention sind als „life skills and work"-Programme.[495]

4.2.3 Campbell Collaboration (2004, 2013)

Ein umfassendes systematisches Review ausschließlich über Präventionsprogramme mit Gefängnisbesuchen wurde von *Petrosino et al.* für die *Campbell Collaboration* angefertigt.[496] Eine solche Forschungsarbeit wurde seitens der Organisation für erforderlich gehalten, da „Scared Straight!"-Programme zwar in früheren Reviews (z.B. *Lipsey* (1992a), *Sherman et al.* (1997)) mituntersucht wurden, jedoch noch kein ausschließliches Review hierüber verfasst wurde.[497] Ausgehend von bereits bestehenden wissenschaftlichen Erkenntnissen sollte so die Frage zur Wirksamkeit in kriminalpräventiver Hinsicht umfassend geprüft werden.[498] Es bestehe ein allgemeines Interesse von Bürgern, politischen Entscheidungsträgern, Medien und schließlich der Forschungsgemeinschaft selbst an der Feststellung, ob die Präventionsprogramme mit Teilnahme an einem Gefängnisbesuch tatsächlich einen positiven Einfluss auf eine spätere Straffälligkeit haben, so die *Campbell Collaboration*.[499]

Beachtung fanden im Review von *Petrosino et al.* nur solche Studien, die bestimmte methodologische Voraussetzungen erfüllten.[500] Aufbauend auf das ursprüngliche Review wurde nach zehn Jahren ein Update veröffentlicht, das u.a. zahlreiche weitere Datenbanken für die Recherchen berücksichtigte. So konnten zwar einzelne Evaluationen neueren Datums ausgemacht werden, aufgrund methodischer Mängel wurden diese von *Petrosino et al.* in der Neuauflage des Reviews jedoch nicht berücksichtigt.[501]

---

494 *MacKenzie* (2006), S. 334.

495 *MacKenzie* (2006), S. 335.

496 *Petrosino et al.* (2004); Update: *Petrosino et al.* (2013).

497 *Petrosino/Turpin-Petrosino* (2000), S. 1 f.

498 *Petrosino et al.* (2013), S. 10, mit der Anmerkung, dass frühere Studien keine Garantie für die Wirksamkeit zukünftiger Maßnahmen sein müssen.

499 *Petrosino et al.* (2013), S. 12.

500 *Petrosino et al.*, Crime & Delinquency (2000), S. 359.

501 *Petrosino et al.* (2013), S. 18.

Im Ergebnis wurden seitens der Autoren von über 500 Studien zu entsprechenden Gefängnisbesuchsprogrammen neun Primärstudien ausgewählt, die Gegenstand des Reviews waren.[502] Die dargestellten Studien wiesen allesamt echte experimentelle Designs mit Zufallszuweisungen zu Experimental- oder Kontrollgruppen oder wenigstens quasi-experimentelle Designs auf. Die veröffentlichten Studien wurden in der vorliegenden Arbeit u.a. unter Ziff. 4.1. dargestellt. Es wurden seitens der Autoren nur Studien über Jugendliche[503] bzw. Jugendliche und junge Erwachsene[504] berücksichtigt. Die Teilnehmer der durch die Studien untersuchten Programme waren bereits straffällig geworden und/oder diesbezüglich gefährdet. Die ausgewählten Studien mussten ferner zumindest ein Messergebnis über das „"post-visit" criminal behaviour“, also das an die Programmteilnahme anschließende, straffällige Verhalten der Teilnehmer enthalten. Gemessen wurden bspw. Festnahmen, Verurteilungen, sonstiger Kontakt mit der Polizei oder selbstberichtete Straftaten. Hierbei wurden sowohl die Prävalenz- sowie Inzidenzrate, die Schwere der begangenen Straftaten sowie der Zeitraum bis zu einem Rückfall nach der Teilnahme an einem entsprechenden Programm verglichen.[505] Kriterien für den Ausschluss von Studien waren bspw. eine fehlende Zufallsauswahl bei der Experimental- und/oder Kontrollgruppe, fehlende Kontrollgruppen oder ungeeignete Ergebnismessungen.[506]

Die neun untersuchten Studien stammten aus den Jahren 1967 – 1992 und betrafen Programme aus acht verschiedenen Staaten der USA, zwei davon aus Michigan. Insgesamt lag das Alter der jugendlichen Teilnehmer im Durchschnitt etwa zwischen 15 und 17 Jahren. Lediglich eine Studie

---

502 *Michigan Department of Corrections* (1967), unveröffentlicht; *The Greater Egypt Planning and Development Commission* (1979), Menard Prison Tours, Illinois, USA; *Yarborough* (1979), Michigan JOLT Study, USA; *Orchowsky/Taylor* (1981), Virginia Insiders Program, USA; *Vreeland* (1981), Texas Face-to-Face Program, USA; *Finckenauer* (1982), New Jersey „Scared Straight!“ Program, USA; *Lewis*, Criminal Justice and Behavior (1983), California SQUIRES Program, USA; *Locke et al.*, Evaluation Review (1986), Kansas Juvenile Education Program, USA; *Cook/Spirrison* (1992), Mississippi Project Aware, USA. Auswahlverfahren siehe *Petrosino et al.* (2013), S. 12 ff.

503 Mit „Jugendlichen“ waren nach *Petrosino et al.* 17-jährige oder jüngere Probanden gemeint.

504 Probanden im Alter von 13 – 21 Jahren.

505 *Petrosino et al.* (2013), S. 26.

506 *Petrosino et al.* (2013), S. 43 f.; die Studie zu „Stay Straight“ von *Chesney-Lind* (1983) wurde z.B. wegen fehlender Zufallsauswahl der Gruppen ausgeschlossen, *Petrosino et al.* (2013), S. 17.

beinhaltete auch weibliche Probanden (*Finckenauer* (1982)). Die Zusammensetzung nach der Herkunft der Teilnehmer war bei den einzelnen Studien sehr unterschiedlich; die Quote „weißer Teilnehmer" differierte zwischen 36 % und 84 %. Insgesamt nahmen 946 Jugendliche oder junge Erwachsene an den neun experimentellen Studien teil.[507] Die meisten Teilnehmer waren zuvor bereits in Kontakt mit dem „juvenile justice system" gekommen. Die neun Programme unterschieden sich jeweils in der Ausgestaltung, wobei die Programme „Scared Straight!" (*Finckenauer* (1982)), „Menard Prison Tour" (*Greater Egypt Regional Planning and Development Commission* (1979)) und das „Mississippi Departement of Corrections' Project Aware" (*Cook/Spirrison* (1992)) durch ihre „rap sessions" – die jedoch in ihrer Intensität und der konfrontativen Art differierten – die meisten Ähnlichkeiten aufwiesen.[508]

Die Meta-Analyse der *Campbell Collaboration* zu den „crime outcome"-Daten[509] beinhaltete letztlich sieben Studien[510] über Gefängnisbesuchsprogramme aus sechs verschiedenen Gerichtszuständigkeiten der USA. Nicht berücksichtigt wurden die Studien von *Locke et al.* (1986) und *Cook & Spirrison* (1992), da diese bei ihren Ergebnissen keine Häufigkeitszahlen der Rückfallquoten im Anschluss an die Gefängnisbesuche angegeben hatten.[511] Zwar stellten die Autoren bei den verbleibenden sieben Studien methodische Qualitätsunterschiede fest: Bspw. wurde an der Studie von *Finckenauer* (1982) bemängelt, dass Probleme bei der Zufallsauswahl der Probanden aufgetreten waren.[512] Hinsichtlich der Studie von *Yarborough* (1979) wurden Bedenken zur Vergleichbarkeit der Gruppen geäußert, weil 58 der ursprünglich 137 „experimental group"-Probanden ausfielen und nicht an den Gefängnisbesuchen teilnahmen.[513] *Petrosino et al.* stellten je-

507 *Petrosino et al.* (2013), S. 20.

508 *Petrosino et al.*, Crime & Delinquency (2000), S. 362.

509 *Petrosino et al.* (2013), S. 26: prevalence rates (i.e. what percentage of each group re-offended or did not?), average incidence rates (i.e. what was the average number of offenses or other incidents per individual in each group?), offense severity rates (i.e. what was the average severity of offenses per individual in each group?), and latency (i.e. how long was the average return to crime or failure delayed per individual in each group?).

510 *Finckenauer* (1982), *The Greater Egypt Planning and Development Commission* (1979), *Lewis*, Criminal Justice and Behavior (1983), *Michigan Department of Corrections* (1967), unveröffentlicht, *Orchowsky/Taylor* (1981), *Vreeland* (1981), *Yarborough* (1979).

511 *Petrosino et al.* (2013), S. 20, 25, 30.

512 *Petrosino et al.* (2013), S. 25.

513 *Petrosino et al.* (2013), S. 25, 28.

doch fest, dass selbst ein Ausschluss der beiden letztgenannten Studien nichts an dem Ergebnis und der statistischen Signifikanz ihrer Meta-Analyse ändern würde.[514] Eine externe Validität der Ergebnisse sei gegeben, so die Autoren.[515]

Im Ergebnis zeigte die Meta-Analyse, dass keine wesentlichen Unterschiede bei den Teilnehmern der Experimental- sowie der Vergleichsgruppen hinsichtlich der „crime outcomes" vorlagen. Eine Präventionswirkung der Projekte sowie Abschreckungswirkung konnte damit nicht nachgewiesen werden. In einigen Fällen waren die Rückfallquoten der Teilnehmer der Experimentalgruppe sogar höher als diejenigen der Vergleichsgruppe.[516] Die Autoren der *Campbell Collaboration* schlussfolgerten, dass die Durchführung von Programmen wie „Scared Straight!" schädlicher sei, also eine Steigerung der Delinquenz zur Folge habe, als wenn überhaupt keine Präventionsmaßnahmen für die Jugendlichen angeboten worden wären.[517] Ungeachtet der unterschiedlichen Ausgestaltung der verschiedenen Programme steige – verglichen mit den Kontrollgruppen – mit der Teilnahme an einem solchen Gefängnisbesuchsprogramm die Wahrscheinlichkeit, später straffällig zu werden.[518]

4.2.4 Klenowski et al. (2010)

Auch *Klenowski et al.* fertigten ein umfassendes Review über Studien, die Juvenile Awareness Programs untersucht hatten, an. Hierbei wurden 12

514 *Petrosino et al.* (2013), S. 27 ff.

515 *Petrosino et al.* (2013), S. 31.

516 Hierbei wird auf die Darstellung unter Ziff. 4.1 verwiesen. Am weitesten klafften die Werte bei der Studie des *Michigan Department of Corrections* (1967, unveröffentlicht) auseinander: Sechs Monate nach dem Besuch der Haftanstalt wurden 43 % der Experimentalgruppe (insgesamt N=30) und nur 17 % der Kontrollgruppe (insgesamt N=28) rückfällig.

517 *Petrosino et al.* (2004), S. 35, (2013), S. 31.

518 *Petrosino et al.* (2013), S. 31.

Studien[519] über zehn Programme anhand der Qualitätsstandards und der Klassifizierung nach dem Maryland Scientific Methods Scale untersucht.[520]

Nach der Darstellung der Ergebnisse der einzelnen Studien kamen die Autoren zu dem Schluss, dass konfrontative Programme wirkungslos seien. Die Programme zeigten nicht den von Verfechtern der Programme behaupteten abschreckenden Effekt.[521] Statt Verbesserungen hinsichtlich „attitudes towards crime“ oder der Neigung zur Begehung von Straftaten zu bewirken, würden die Programme die Wahrscheinlichkeit einer späteren Straffälligkeit eher erhöhen.[522] Als Erklärung wurde auf allgemeine Forschungsergebnisse zum Thema Abschreckung verwiesen. Die Wahrscheinlichkeit einer Bestrafung schrecke mehr vor der Begehung von Straftaten ab als die wahrgenommene Schwere einer Strafe; Häftlinge selbst könnten jedoch nur über letzteres berichten, nicht über die Wahrscheinlichkeit einer Bestrafung.[523] Die Gründe für das Scheitern dieser, über die Jahre in unterschiedlichen Formen immer wieder neu erschienenen Programme, könne ferner an deren konfrontativer Natur liegen: Angst, Vulgarität und Gewaltandrohungen seien nicht sinnvoll und effektiv im Hinblick darauf, Jugendliche von der Begehung von Straftaten abzuhalten. Dass der „fear-arousal educational approach“ keine Auswirkungen auf „at-risk offenders“ hätte, sei Ergebnis zahlreicher Studien, so die Autoren.[524] Im Übrigen könne die mangelhafte Wirkung der Programme auf die Behandlungsdauer der Jugendlichen zurückgeführt werden. Es sei unvernünftig zu glauben, dass ein einzelnes Erlebnis – unabhängig von dessen tiefgreifenden Eindrücken – eine merkliche und langanhaltende Auswirkung auf ein solch komplexes Problem wie die Jugenddelinquenz habe.[525] Auch ein fehlender „re-

---

519 *Brodsky* (1970); *Buckner/Chesney Lind* (1983), Hawaii Stay Straight, USA; *Cook/Spirrison* (1992), Mississippi Project Aware, USA; *Finckenauer* (1979, 1982), *Finckenauer/Storti* (1978), New Jersey „Scared Straight!“ Program, USA; *Lewis*, Criminal Justice and Behavior (1983), California SQUIRES Program, USA; *Locke et al.*, Evaluation Review (1986), Kansas Juvenile Education Program, USA; *Orchowsky/Taylor* (1981), Virginia Insiders Program, USA; *Serpas/Litton/Ashcroft* (1979), Louisiana Juvenile Awareness Program, USA; *Vreeland* (1981), Texas Face-to-Face Program, USA; *Yarborough* (1979), Michigan JOLT Study, USA.

520 *Klenowski et al.* (2010), S. 254, 258 f.

521 *Klenowski et al.* (2010), S. 267.

522 *Klenowski et al.* (2010), S. 267 mit Verweis auf *Buckner/Chesney-Lind* (1983), *Finckenauer* (1979, 1982), *Lewis*, Criminal Justice and Behavior (1983).

523 *Klenowski et al.* (2010), S. 267.

524 *Klenowski et al.* (2010), S. 268.

525 *Klenowski et al.* (2010), S. 268 f.

habilitative component" könne für die fehlende Präventivwirkung angeführt werden, so *Klenowski et al.*: Statt vor künftiger Straffälligkeit durch eine einmalige „shock incarceration" abzuschrecken, könnte sich eine auf rehabilitativen Prinzipien beruhende Verhaltensänderung günstiger auf die Legalprognose auswirken.[526]

Im Ergebnis kamen die Autoren zu dem Schluss, dass „*...nonconfrontational counterparts may show some promise*"[527]: Nichtkonfrontativ ausgerichtete Programme schienen den größten Einfluss auf die Reduzierung von Rückfallquoten Jugendlicher zu haben. Hierauf deuteten die Ergebnisse der Studien über entsprechende Programme hin (*Brodsky* (1970), *Cook/Spirrison* (1992), *Locke et al.* (1986)), auch wenn diese letztlich nicht signifikant waren.[528] Jedoch sollten auch diese Programme nur zusammen mit solchen kriminalpräventiven Strategien angewendet werden, die bei Evaluationen nachweislich als „working" oder „promising" eingestuft wurden, so die Autoren.[529] Nichtkonfrontative Projekte könnten demnach mit Nachsorgeprogrammen kombiniert werden. Zugleich verwiesen die Autoren auf weitere konsequente Evaluationen zur Wirksamkeit von kriminalpräventiven Projekten für Jugendliche.[530]

4.2.5 Perry (2016)

Eines der aktuellsten Reviews über bereits bestehende Übersichtsarbeiten zu strafenden und abschreckenden Präventionsprogrammen wurde von *Perry* (2016) verfasst.[531] Ziel der Untersuchung war es, bisherige Erkenntnisse über Straf- und Abschreckungsstrategien zu überprüfen und hinsichtlich ihrer Wirksamkeit zu bewerten. Aus insgesamt 3.906 Datensätzen wurden letztlich 22 Veröffentlichungen über 16 Reviews extrahiert und untersucht, davon fünf Veröffentlichungen über vier Reviews zu Maßnahmen, die primär auf kriminalpräventive Abschreckung abzielten.[532]

---

526 Siehe *Klenowski et al.* (2010), S. 269 mit Verweis auf *Lipsey* (1992a).

527 *Klenowski et al.* (2010), S. 254, 269.

528 *Klenowski et al.* (2010), S. 269.

529 *Klenowski et al.* (2010), S. 269.

530 *Klenowski et al.* (2010), S. 269.

531 *Perry* (2016), S. 169 ff.

532 „Reviews of deterrence". Die übrigen Studien betrafen „sentencing"-Maßnahmen, die definiert wurden als „any sanction imposed by a judge via legal proceedings", *Perry* (2016), S. 171.

Die Abschreckungsreviews bezogen sich auf die Themen „Abschreckung und Strafmaß" (*von Hirsch et al.* (1999)), Maßnahmen zur Reduzierung von Trunkenheit am Steuer (*Coben & Larkin* (1999)), die Abschreckungswirkung von Hinrichtungen (*Yang & Lester* (2008)) sowie die Auswirkungen von „Scared Straight!"-Programmen für gefährdete Jugendliche (*Petrosino et al.* (2003)).[533] Wie auch bereits andere Reviews kam *Perry* zu dem Ergebnis, dass entsprechende abschreckende Gefängnisbesuchsprogramme zum Großteil in der Kategorie „no evidence of any effect" einzustufen waren.

Das Konzept der Abschreckung setze letztlich voraus, dass der Einzelne subjektiv über Wissen zur Verurteilungspraxis und der jeweils vorgeschlagenen Abschreckungswirkung sowie über Reflexionsvermögen verfüge, so die Autorin. Wenn die erwartete Strafschwere und der Abschreckungseffekt nicht bekannt sind, sei es unwahrscheinlich, dass sie Auswirkungen auf das spätere kriminelle Verhalten haben.[534] Vor Straftaten, die aus dem Affekt heraus oder bspw. von solchen Straftätern begangen werden, die lediglich „Nervenkitzel" suchen und meinen, sie würden nicht erwischt, könnte ferner wohl nicht abgeschreckt werden.[535] Inwiefern bei Straftätern ein Bewusstsein für die tatsächliche Sanktionspraxis bestehe, sei im Übrigen kaum erforscht. Relevant sei dies vor dem Hintergrund, ob Änderungen in der Strafhöhe Auswirkungen auf Abschreckungseffekte mit sich brächten.[536]

Allgemein ließen sich aus bestehenden Veröffentlichungen zwar vorsichtige Schlüsse darüber ableiten, welche Art von Maßnahmen präventiv wirken könne, so *Perry*. Gerade über grundlegende Fragen im Zusammenhang mit der Wirkung von Strafen und Abschreckung bestünden jedoch noch große Wissenslücken. Der Abschreckungshypothese an sich käme der „größte Mangel an Beweisen" im Vergleich zu anderen Maßnahmen zu. Es bedürfe daher zukünftig erheblicher Investitionen in qualitativ hochwertige und gezielte Forschung über die Wirksamkeit strafender und abschreckender Präventionsmaßnahmen.[537]

533 *Perry* (2016), S. 181.
534 *Perry* (2016), S. 170 ff.
535 *Perry* (2016), S. 189.
536 *Perry* (2016), S. 198.
537 *Perry* (2016), S. 190.

4.3 Fazit Teil 4

Zahlreiche Gefängnisbesuchsprogramme wurden seit den 1970er Jahren auf ihre Wirksamkeit hin evaluiert bzw. in Sekundäranalysen untersucht. Einige dieser Programme zielen dabei bewusst auf Abschreckung ab, andere wiederum distanzieren sich hiervon und geben an, (eher) erzieherische Absichten zu verfolgen.

Eine signifikante kriminalpräventive Wirkung konnte in der überwiegenden Anzahl der Studien nicht nachgewiesen werden. Zwar erzielte die Studie von *Orchowsky & Taylor* über das konfrontative „Insiders"-Programm tendenziell positive Ergebnisse in Richtung Rückfallvermeidung. Zu berücksichtigen war bei der Interpretation dieser Wirkungen jedoch die hohe Ausfallrate der Probanden nach sechs bzw. neun Monaten von bis zu 55 % der ursprünglichen Teilnehmer. Das Ergebnis könnte auch durch die Teilnahme von – im Vergleich zu anderen Studien – älteren, bis zu 20-jährigen Probanden positiv verfälscht worden sein. Es ist davon auszugehen, dass Jugenddelinquenz mit steigendem Alter entwicklungsbedingt eher sinkt.

Im Übrigen stellten sich jedoch sowohl abschreckende als auch solche Programme, die bewusst nicht abschreckend wirken sollen, in den verschiedenen Untersuchungen übereinstimmend als nicht rückfallvermeidend heraus. Eine kriminalpräventive Wirkung der „Scared Straight!"-Programme konnte damit im Ergebnis nicht belegt werden. Das einhellige Fazit zahlreicher Forschungsarbeiten lautete, dass „Scared Straight!" und entsprechende Projekte nicht wirksam zur Kriminalitätsprävention beitragen. Als weitere Erkenntnis wurde im Gegenteil sogar nachgewiesen, dass die Präventionsprogramme negative Effekte aufweisen können.[538] Die Rückfall- bzw. die Straffälligenquote im Anschluss an die Teilnahme war höher als bei Kontrollgruppen, die keine oder andere Präventionsmaßnahmen erhielten.[539] Der „Scared Straight!"-Ansatz hat sich daher als wirkungslos erwiesen.

Weniger konfrontative bzw. auf Einschüchterung abzielende Programme konnten ebenfalls nicht die erwarteten kriminalpräventiven Erfolge verzeichnen. Dieses Ergebnis gilt insbesondere aber auch für solche Be-

---

538 Vgl. *Cook/Spirrison* (1992), S. 91; *Buckner/Chesney-Lind* (1983); *Finckenauer* (1982); *Lewis*, Criminal Justice and Behavior (1983); *Locke et al.*, Evaluation Review (1986).

539 Vgl. *MacKenzie* (2002), S. 341; vgl. *Cook/Spirrison* (1992), S. 91; siehe hierzu auch *Heinz*, DVJJ (2006), S. 92 sowie *Heinz*, ZJJ (2008), S. 63.

suchsprogramme, die ausschließlich erzieherisch statt konfrontativ ausgestaltet waren. Auch bei diesen konnten keine Auswirkungen bzw. Verbesserungen hinsichtlich Häufigkeit und Schwere weiterer Straftaten festgestellt werden.[540]

Allerdings waren die Einzelstudien immer wieder diverser Kritik ausgesetzt: Neben Ausfallraten der Probanden, die somit nicht über den gesamten Zeitraum der follow-ups zur Verfügung standen, traten Probleme und Fehler bei der Zufallsauswahl auf. Auch wurden nicht ausschließlich Blindstudien durchgeführt.[541] Dies war im Rahmen der Auswertung der Ergebnisse ebenso zu beachten, wie die unterschiedlich langen follow-up-Perioden der Studien. Bereits deshalb könnte bspw. die Wahrscheinlichkeit von Rückfällen innerhalb der Verlaufskontrolle erhöht sein. Zudem unterschied sich das Durchschnittsalter der Probanden. Dies war vor dem Hintergrund zu berücksichtigen, dass mit steigendem Alter entwicklungsbedingt von einem Rückgang kriminogener Faktoren und damit der Straffälligkeit auszugehen ist. Eine nachträgliche geringere Delinquenz bei älteren Teilnehmern könnte auch hierdurch bedingt sein.

Trotz einzelner methodischer Probleme in den zugrunde gelegten Primärstudien attestierten die Meta-Analysen den Gefängnisbesuchsprojekten letztlich ebenfalls eine fehlende kriminalpräventive Wirkung. Darüber hinaus wurde festgestellt, dass eine Teilnahme an den Programmen unabhängig von deren konkreter Ausgestaltung eher zu einer ansteigenden Delinquenz führte. Da methodisch unzureichende Studien für die Sekundäranalysen ohnehin zuvor aus vielen hundert Einzelstudien herausgefiltert wurden, führten einzelne Unstimmigkeiten nicht zu einer zwingenden anderweitigen Bewertung der Ergebnisse.

Auch aus ökonomischer Sicht können die „Scared Straight!"-Programme nicht als empfehlenswert gelten. Die seit den 1990er Jahren für verschiedenste Projekte, auch im Bereich „Juvenile Justice", durchgeführten Kosten-Nutzen-Analysen des *Washington State Institute for Public Policy* zeigten, dass bei der Durchführung von „Scared Straight!"-Programmen zwar nur wenige Kosten anfallen. Da der Nutzen aber noch geringer ist, fallen

540 Allerdings konnte bspw. beim „Mississippi Project Aware" festgestellt werden, dass die Teilnahme an dem Programm spätere Schulabbrüche reduzierte, siehe *Cook/Spirrison* (1992), S. 97; vgl. auch *Petrosino et al.* (2013), S. 24.

541 Siehe hierzu *Petrosino et al.* (2013), S. 24 f.

die Analysen seit Jahren negativ aus; entsprechende Programme sind mithin auch wirtschaftlich weder effektiv noch effizient.[542]

Ferner wurden immer wieder moralische und ethische Bedenken geäußert, die Jugendlichen – besonders bei konfrontativen Programmen – den Beleidigungen und Anfeindungen der Häftlinge auszusetzen.[543]

Kritik an den Evaluationsergebnissen kam bspw. von *Shapiro*: Trotz Veränderungen in den Programmen – insbesondere sei „Scared Straight!“ im Laufe der Zeit weniger konfrontativ und mehr erzieherisch und beratend ausgestaltet worden – seien keine neuen Studien mehr durchgeführt worden. Mit Bezug auf die *Campbell Collaboration* (*Petrosino et al.* (2004)) kritisierte *Shapiro*, dass die jüngste, dort untersuchte Primärstudie aus dem Jahr 1992 stammte.[544] Zudem seien die von *Petrosino et al.* untersuchten Programme zwischenzeitlich eingestellt worden. Es sei unfair, seine Fernsehshow und die dortigen Gefängnisbesuchsprogramme mit den negativen Studien in Verbindung zu bringen. „*The only accurate studies that are actually being done on 21st-century programs are mine—are my shows*“, wird *Shapiro* zitiert.[545] Dass ähnliche, weniger konfrontative bzw. gewaltsame Programme auch weiterhin existieren, beweise deren kriminalpräventive Wirksamkeit. Andernfalls wären die Projekte längst eingestellt worden:

> „*If none of these programs were working, and were hurting kids, and were producing only negative results, why would judges, and police officers, and teachers, and school counselors, why would they keep sending kids to these programs month after month, and year after year, if they were not seeing positive results? They'd be fools, because it actually costs them money to send kids to these programs because school districts these days are so poor they can't even provide a bus.*“[546]

Empfehlenswert könnte daher eine randomisierte Vergleichsstudie sein, die Probanden entweder zu einem konfrontativen oder einem non-konfrontativen Programm zuweist, bzw. zu sich in anderen Punkten unterscheidenden Programmen. Insofern könnte bestenfalls konkreter bestimmt werden, welche Programmmerkmale – bspw. der Gefängnisaufent-

---

542 *Washington State Institute for Public Policy* (2019), S. 137 ff. Zu ökonomischen Überlegungen siehe ausführlich *Mallender/Tierney* (2016), S. 299 ff.

543 Siehe hierzu *Orchowsky/Taylor* (1981), S. 43 f.

544 *Shapiro*, zitiert nach *Dehnart*, The Daily Beast, 23.02.2011 sowie *Petrosino et al.* (2013), S. 32. Als spätere Primärstudie ist bspw. „A Description of Speaks Outs in Oklahoma Prisons.“ von *Holley/Brewster* (1996) zu nennen.

545 *Dehnart*, The Daily Beast, 23.02.2011.

546 *Shapiro*, zitiert nach *Dehnart*, The Daily Beast, 23.02.2011.

halt an sich, der Kontakt mit Häftlingen, das „Anschreien“ durch die Häftlinge und/oder ein Einschluss – negative statt kriminalpräventive Wirkungen hervorrufen.

5. Was wirkt, was wirkt nicht? Gründe für negative Forschungsergebnisse

Im Zuge der Analyse verschiedener Studien zu diversen, unterschiedlichen Gefängnisbesuchsprogrammen stellt sich die durchgreifende Frage, warum sich diese entgegen den Versprechungen der Programmanbieter in kriminalpräventiver Hinsicht letztlich als wirkungslos herausstellten bzw. Forschungsergebnisse darüber hinaus sogar negativ ausfielen. Warum scheinen Programme wie „Scared Straight!" kriminelles Verhalten eher zu fördern als einzudämmen?

5.1 „Scared Straight!" und die Abschreckungshypothese

Viele, insbesondere US-amerikanische und andere mit „Scared Straight!" vergleichbare Programme setzen auf die kriminalpräventive Wirkung von abschreckender Konfrontation der Teilnehmer mit den Folgen kriminellen Handelns und/oder Einschüchterung. Der grundsätzliche Gedanke, je schärfer die angedrohte, zu erwartende Strafe, desto stärker die abschreckende Wirkung, erscheint zunächst einleuchtend.[547] Die Konfrontation mit dem Gefängnisleben, teils einhergehend mit grober und erniedrigender Behandlung, müsse dazu führen, dass die Teilnehmer von der Begehung weiterer Straftaten abgehalten werden, so die Vorstellung. Die Aussicht auf ein Leben im Gefängnis könne nicht erstrebenswert sein. Nach gesundem Menschenverstand müsse die Abschreckung durch Strafandrohung bzw. der Verdeutlichung der Folgen anhaltender Delinquenz funktionieren. Die teilnehmenden Jugendlichen und Heranwachsenden müssten nach dem Besuchstag eine (erneute) Straffälligkeit unbedingt vermeiden wollen, um einem Leben im Gefängnis zu entgehen. Alltagstheoretisch, so *Meier*, sei die Abschreckungshypothese hochplausibel.[548]

---

547 *Nolting* (2015), S. 285.

548 *Meier* (2015), S. 29, und werde daher in der praktischen Kriminalpolitik und Justizpraxis gerne zur Begründung harter Sanktionen herangezogen.

Zwar ist zuzugeben, dass sich einige Projekte[549], die im Rahmen dieser Arbeit bekannt und untersucht wurden, von einer bewussten Abschreckung durch Einschüchterung und (verbaler) brutaler Schock-Konfrontation der Teilnehmer abgrenzen. Diese Programme seien weniger konfrontativ und bedrohlich ausgestaltet, bewusste Abschreckung solle dort vermieden werden. Hierbei ist indes Folgendes zu berücksichtigen: Die Programme wollen erziehen und insbesondere über die Folgen eines delinquenten Lebensstils aufklären.[550] Insofern werden die Programme wohl berechtigterweise als „awareness projects“ bezeichnet: *„Programs of this type are designed to inform the juveniles about the reality of prison life and, it is hoped, to dissuade them, whether by information or intimidation, from further illegal activity.“*[551] Hintergrund ist damit offenbar die Vorstellung, dass nur die Unkenntnis über eine Haftstrafe bzw. die Folgen von (anhaltender) Kriminalität bewirkt, dass die Teilnehmer (weiterhin) straffällig werden. Zur Beseitigung dieser Unkenntnis sollen Haftanstalten besucht und durch die dortigen Eindrücke den Teilnehmern zu einem rechtschaffenen Lebenswandel verholfen werden. Dies auch durch (mehr oder weniger konfrontative) Gespräche mit Häftlingen; vordergründig wirkt jedoch denknotwendigerweise auch die Örtlichkeit an sich auf die Besucher, neben den Darstellungen der Häftlinge.[552] Dies unterscheidet Programme wie „Scared Straight!“ von anderen Präventionsmöglichkeiten, bei denen bspw. Häftlinge selbst Besuche außerhalb der Anstalt, etwa in Schulen, durchführen. Bei Gefängnisbesuchsprogrammen hingegen soll die Anstalt an sich auf die Besucher wirken. Wie aber, wenn nicht durch ein Beeindrucken der Teilnehmer von der Realität einer Haftanstalt, mit der Verbindung von negativen Gefühlen und damit letztlich (auch) durch Abschreckung, soll dies erfolgen? Auch wenn einige Programme vermeintlich so ausgestaltet sind, dass sie nicht konfrontativ, einschüchternd oder abschreckend wirken sollen,

549 Sowohl US-amerikanische Projekte (siehe hierzu unter Ziff. 2.2 und 4.1) auch einige nachfolgend untersuchte deutsche Projekte (siehe hierzu unter Ziff. 6.3.1).

550 Vgl. *Yarborough* (1979), S. 3, bei „JOLT“ sollte den Teilnehmern aufgezeigt werden, dass sie bei Fortführung ihres delinquenten Lebens früher oder später eine Haftstrafe verbüßen müssten. Ebenso *Greater Egypt Regional Planning and Development Commission* (1979), S. 3: Im Dialog mit den Häftlingen sollten die Teilnehmer über das „prison life“ aufgeklärt werden. So auch *Lewis* (1983), S. 212; *Buckner/Chesney-Lind* (1983), S. 230; *Locke et al.* (1986), S. 281, 284; *Cook/Spirrison* (1992), S. 91.

551 *Locke et al.* (1986), S. 282.

552 So im Ergebnis auch *Graebsch*, NK (2006), S. 51.

scheint es im Ergebnis wohl nicht möglich zu sein, eine solche abschreckende Wirkung gänzlich auszuschließen[553]: Die Inhalte, die im Rahmen von Aufklärung oder Erziehung vermittelt werden, beziehen sich doch gerade auf die folgenschweren Auswirkungen einer Gefängnisstrafe.[554] Sollte nicht auch der direkte Eindruck der hohen Mauern, der Geräusche, Gerüche oder der Enge und des Zusammenlebens mit anderen Straftätern vermittelt werden, könnte ebenso gut außerhalb einer Haftanstalt hierüber berichtet werden. Gerade das Gewinnen eigener Eindrücke soll jedoch ermöglicht werden. Dass neben einem reinen Erkenntnisgewinn unweigerlich auch Emotionen wie Furcht und Angst ausgelöst werden können, ist nachvollziehbar, wobei es in Art und Ausgestaltung deutliche Unterschiede hinsichtlich der Abschreckungsintensität gibt. Gänzlich vermeiden lässt sich eine entsprechende Wirkung auf die Teilnehmer aus den vorstehenden Gründen aber nicht.

5.1.1 Was wirkt nicht?

„Abschreckung", insbesondere Spezialprävention durch abschreckende Sanktionen, kann als tragende Theorie des Strafrechts angesehen werden.[555] Auch in der kriminologischen, strafrechtlichen und ökonomischen Literatur wird teilweise vertreten, dass im Rahmen der negativen Generalprävention durch Strafen, deren Schwere etwaige Vorteile einer Tat übersteigen, potentielle Täter von Straftaten abgehalten werden können.[556] Allerdings ist eine präventive Wirkung von „Abschreckung" gerade nicht belegt, was sich auch in den Forschungsergebnissen zu Gefängnisbesuchsprogrammen widerspiegelt. Grundsätzlich lassen sich empirisch gesicherte und messbare verbrechensmindernde Wirkungen von abschreckenden

553 So auch *Graebsch*, NK (2006), S. 51 f.

554 Siehe hierzu die Intentionen der verschiedenen Projekte unter Ziff. 2.2, 4.1 und 6.3.1.

555 *Schumann* (2006), S. 330.

556 *Beccaria* (1766/1966); *Bentham, Jeremy* – Introduction to the Principles of Morals and Legislation, 1823; *Feuerbach, Johann Anselm* – Revision der Grundsätze und Grundbegriffe des positiven peinlichen Rechts, Band 1, 1799; *Becker, Gary S.* – Crime and Punishment: An Economic Approach, Journal of Political Economy 76, No. 2 (1968), S. 169 ff.; *Ehrlich, Isaac* – Participation in Illegitimate Activities: A Theoretical and Empirical Investigation, Journal of Political Economy, 81 (1973), S. 521 ff. Siehe hierzu Meta-Analyse von *Dölling et al.* (2007), S. 633 f. mit Erläuterungen.

Maßnahmen weder aus der Sanktionspraxis noch aus einer Sanktionsandrohung herleiten.[557] Hierbei ist auf den internationalen Stand der Forschung, insbesondere aus Nordamerika, zu verweisen.[558] Es bleibt allerdings – trotz einer grundsätzlichen Vergleichbarkeit – zu beachten, dass die Rahmenbedingungen in den verschiedenen Nationen durchaus abweichen können und Evaluationsergebnisse und entsprechende Präventionsmaßnahmen daher nicht per se auf andere Kulturen und Institutionen übertragbar sind.[559]

Im Ergebnis zeigt sich jedenfalls, dass ein Abschreckungseffekt nicht generell, sondern nur eingeschränkt besteht.[560] Negative Generalprävention *kann* zwar unter bestimmten Umständen und in gewissem Umfang präventiv wirken, ein entsprechender Zusammenhang ist insgesamt jedoch eher schwach.[561] Durchaus positive Effekte können dagegen sog. *focused deterrence strategies* im Rahmen der Polizeiarbeit bei der Bekämpfung von Bandenkriminalität oder bei Maßnahmen für Intensivtäter hervorrufen, so *Braga & Weisburd*.[562]

Eine größere Bedeutung für eine präventive Wirkung wird eher der Entdeckungswahrscheinlichkeit im Vergleich zur Strafhöhe beigemessen sowie den deliktsspezifisch unterschiedlichen Wirkungen des Strafrechts und

557 Z.B. *Sherman et al.* (1998), S. 9 bzgl. boot camps und „Scared Straight!"-Programmen. Siehe hierzu *Kaiser* (1996), § 31 Rn. 34; vgl. *Schumann et al.* (1987), S. 161 ff.; *Schumann* (2006), S. 330 f.

558 Hier nimmt die empirische Sanktionsforschung einen hohen Stellenwert ein; vgl. bspw. US-amerikanische Studien von *Lipsey* (1992a); *Sherman et al.* (1997, 2002), Reviews der *Campbell Collaboration Criminal Justice Group*, *Blueprints des Center for Study and Prevention of Violence at the University of Colorado*, siehe unter Ziff. 3.4.
Da Jugendkriminalität in vielen Ländern strukturelle Ähnlichkeiten aufweist, können Vergleiche zu anderen Ländern grundsätzlich gezogen werden: Bei der Straffälligkeit Jugendlicher handelt es sich meist um nicht mehr als eine bloße Episode im Prozess des Heranwachsens, kriminelle Karrieren und schwere Kriminalität tritt nur bei einer kleinen Gruppe Jugendlicher auf; *Meier*, INFO (2005), S. 95.

559 *Lösel*, ZJJ (2012), S. 14; *Bannenberg/Rössner*, ZJJ (2003), S. 113, vor dem Hintergrund des *Sherman Reports*; die Autoren weisen jedoch darauf hin, dass einige wichtige Erkenntnisse wie etwa der begrenzte Einfluss der Wissenschaft, global Gültigkeit haben.

560 *Kaiser* (1996), § 31 Rn. 34.

561 *Spirgath* (2013).

562 *Braga/Weisburd* (2012), S. 28. Siehe hierzu auch *Telep/Weisburd* (2016), S. 137 ff. sowie *Gill* (2016), S. 98 ff.

den Interaktionen der Strafvariablen mit anderen Faktoren.[563] So etwa die moralische Verbindlichkeit einer Norm und die informellen Reaktionen im Umfeld des Täters: Je verwerflicher die Tat eingestuft wird und je stärker die von Freunden, Bekannten und Familie erwartete Missbilligung ist, desto größer ist die Wahrscheinlichkeit, dass die Tat nicht begangen wird.[564]

Der Zweite Periodische Sicherheitsbericht kommt abschließend zu folgendem Ergebnis:

> *„Entgegen einer weit verbreiteten Alltagsmeinung erscheinen nach dem gegenwärtigen Stand der kriminologischen Forschung die Abschreckungswirkungen (negative Generalprävention) von Androhung, Verhängung oder Vollzug von Strafen eher gering. Für den Bereich der leichten bis mittelschweren Kriminalität jedenfalls gilt grundsätzlich, dass Höhe und Schwere der Strafe keine messbare Bedeutung haben. Lediglich das wahrgenommene Entdeckungsrisiko ist – allerdings nur bei einer Reihe leichterer Delikte – etwas relevant. Bislang wurden auch keine Anhaltspunkte dafür gefunden, dass eine Verschärfung des Strafrechts das Normbewusstsein positiv beeinflussen würde"*.[565]

Hierzu steht die Studie von *Orchowsky & Taylor* im Widerspruch, die tendenziell positivere Wirkungen feststellen konnte, obwohl das zugrunde liegende Gefängnisbesuchsprogramm den Autoren zufolge gerade eher auf Abschreckung durch das Voraugenhalten der Schwere der Strafe (Haft) durch die Häftlinge im Vergleich zur Wahrscheinlichkeit einer Bestrafung abstellte.[566]

5.1.2 Wissenschaftliche Erkenntnisse

Erklären lässt sich eine grundsätzlich fehlende kriminalpräventive Wirkung anhand folgender Überlegungen: Der Gedanke an die Folgen von (weiteren) Straftaten stammt nicht von (potentiellen) Tätern, sondern von rational denkenden Menschen, die sich von harten Strafen wohl tatsächlich abschrecken ließen, jedoch ohnehin keine Straftaten begehen wür-

---

563 *Dölling et al.*, Soziale Probleme (2006), S. 206.

564 *Dölling et al.*, European Journal on Criminal Policy and Research (2009), S. 201 ff., 216 ff.; *Meier* (2015), S. 28; vgl. *Dölling* (1983), S. 73 ff.

565 *BMI/BMJ* (Hrsg.), 2. PSB (2006), S. 665 f.

566 *Orchowsky/Taylor* (1981), S. 43; vgl. Darstellungen unter Ziff. 4.1.5.

den.[567] Die Abschreckungstheorie geht vom Idealbild des überlegt handelnden Menschen aus, welches vielen Stimmen in der Wissenschaft zufolge häufig nicht der Wirklichkeit entspricht.[568] Straftaten sind oftmals nicht das Ergebnis rationaler Abwägung der Vor- und Nachteile einer Tat vor deren Begehung, sondern Folge emotional geprägter Handlungen, bei denen der Täter nicht an eine spätere Bestrafung denkt.[569] Gerade bei Jugendlichen ist zu beachten, dass eine Verhaltenssteuerung durch Rechtsnormen erfahrungsgemäß von nur geringem Gewicht ist.[570] Junge Menschen handeln typischerweise nicht rational, sondern spontan-situativ, bedenken dabei die strafrechtlichen Folgen ihres Tuns oft nicht, stehen unter dem Einfluss von peer-groups und auch der Konsum von Alkohol spielt eine Rolle.[571] Straftaten werden ferner von Menschen begangen, die im Affekt oder Konflikt handeln, psychopatisch veranlagt keine Angst vor Strafe empfinden, die überzeugt sind, nicht erwischt zu werden und daher nicht die Strafhöhe, sondern die Wahrscheinlichkeit, entdeckt zu werden, im Blick haben.[572] Eine rationale Abwägung findet dann nicht mehr statt, die konkreten Bedingungen in der jeweiligen Tatsituation sind vorrangig. Das Entdeckungsrisiko kann mithin bedeutsamer eingeschätzt werden als die Höhe der Strafe bzw. die subjektiv empfundene Strafschwere.[573] Nach *Spirgath* wirke Abschreckung ferner eher bei Sanktionsschnelligkeit bzw. wenn die Strafwahrscheinlichkeit erhöht werde, wobei jüngere Täter ihr Legalverhalten dennoch weniger stark am Ausmaß der Strafverfolgung ausrichten würden.[574] Bei härteren Strafen nimmt die Abschreckungswirkung nicht nachweisbar zu; ein Beleg für die These „viel hilft viel“ ist damit bislang nicht erbracht.[575] Die Wirkung von Drill und Abschreckung ist zudem, sofern sie überhaupt eintritt, wohl eher von kurzer Dauer.[576]

Im Hinblick auf Gefängnisbesuchsprogramme vermutete *Schembri*, ehemaliger Minister des Florida Department of Juvenile Justice: *„Exposure to*

567 *Nolting* (2015), S. 286.

568 Zusammenfassend *Dölling et al.* (2007), S. 634.

569 *Dölling et al.* (2007), S. 634; *Albrecht* (2010), S. 59.

570 *Kaiser* (1996), § 31 Rn. 34; *Schumann et al.* (1987), S. 12, 161 ff.

571 *Heinz*, NK (2008), S. 55.

572 *Nolting* (2015), S. 286 f.

573 *Nolting* (2015), S. 287; *Meier*, JuS (2005), S. 772; *Meier* (2016), § 9 Rn. 83; *Streng* (2012) Rn. 59, 63 ff.; *Schöch* (1985), S. 1102.

574 *Spirgath* (2013), S. 337 ff., der auch einen Überblick über die bisherige empirische Forschung zur Abschreckungswirkung gibt, vgl. *Spirgath* (2013), S. 30 ff.

575 *Meier*, JuS (2005), S. 772; *Streng* (2012), Rn. 64 f.; siehe hierzu auch *Schöch* (1985), S. 1081 ff.

576 Vgl. *Neubacher* (2017), 13. Kapitel, Rn. 9.

the prison/jail environment as well as to inmates themselves may serve as a desensitizing factor thus making the possibility of incarceration for future offenses less threatening, thereby eliminating any deterrent effect the thought of prison may have served."[577] Ein gegenteiliger Effekt könnte mithin die Folge sein: Eine Inhaftierung wird weniger bedrohlich, wenn die Folgen bekannt sind und nicht mehr ungewiss. Die erhoffte Abschreckung kehrt sich damit ins Gegenteil. Es zeigte sich ferner, dass die Wirkungslosigkeit der Gefängnispräventionsprogramme auch darauf beruht, dass die teilnehmenden Jugendlichen sich die Gefangenen zum Vorbild nehmen und die Teilnahme an einem solchen Programm als Zeichen der Stärke betrachtet wird.[578] *Finckenauer* merkte an: „*The controversial* possibility *also exists that the project actually sets in motion a "delinquency fulfilling prophecy" in which it increases rather than decreases the chances of juvenile delinquency. [...] The project may romanticize the Lifers – and by extension other prison inmates – in young, impressionable minds. Or, the belittling, demeaning, intimidating, and scaring of particular youth may be seen as a challenge; a challenge to go out and prove to themselves, their peers, and others, that they were not scared.*“[579] Ferner sei es unrealistisch zu erwarten, dass ein einmaliges Treffen eine signifikante und langfristige Auswirkung auf ein so komplexes Thema wie Jugendkriminalität habe.[580] Hierbei ist auch zu bemerken, dass grundsätzlich Maßnahmen, die wenig gezielt und unspezifisch erfolgen, eine nur geringe präventive Wirkung zugesprochen wird.[581] Es ist im Übrigen fraglich, ob ein Aufenthalt von wenigen Stunden im Gefängnis überhaupt einen vollständigen und umfassenden Eindruck des Gefängnisalltags bieten kann. Im Zweifel ist zu befürchten, dass – auch weil die Haftanstalt nach einer Weile ohne weitere Konsequenzen wieder verlassen werden kann – das Gefängnisleben nur mäßig schlimm empfunden wird bzw. die Wirkung nur von kurzer Dauer ist.

Auch muss die Aussagekraft von Äußerungen ehemaliger Programmteilnehmer[582] kritisch betrachtet werden. Eigene Einschätzungen über eine etwaige Wirksamkeit der Programme sind zudem vor dem Hintergrund zu würdigen, dass jugendliche und insbesondere weibliche Straftäter ohnehin nicht in eine Haftanstalt für männliche Erwachsene eingewiesen würden.

577 *Schembri* (2006), S. 10.
578 *Finckenauer/Gavin* (1999), S. 120, 197; siehe auch *Graebsch*, INFO 4 (2005), S. 37.
579 *Finckenauer* (1982), S. 169 f.
580 *Klenowski et al.* (2010), S. 268 f.
581 Siehe hierzu bspw. *Rössner* (2013), S. 462.
582 Siehe bspw. Aussagen ehemaliger „Scared Straight!“-Teilnehmer unter Ziff. 2.1.2.

Gerade die Wirkung auf weibliche Jugendliche kann mithin nicht pauschal übertragen werden.

MacKenzie führte ferner als beispielhafte Gründe für die negativen Ergebnisse an, „... *that the programs (1) have poor or no theoretical basis; (2) are poorly implemented; (3) focus on punishment, deterrence, or control instead of providing human service or rehabilitation; and (4) emphasize the formation of ties or bonds without first hanging the individual's thought process.*"[583] Einzelne Erklärungen, weshalb sich diese Programme hinsichtlich der Verringerung von Rückfallquoten nicht als effektiv herausgestellt haben, seien nicht ausreichend, so die Autorin.[584]

Selbst wenn es ferner vereinzelt zu Verbesserungen hinsichtlich der Rückfallquoten kam, müssen diese nicht zwangsläufig auf die Programmteilnahme zurückzuführen sein. Ein Rückgang der Straffälligkeit könnte daher fälschlicherweise als positive Auswirkung der Programme interpretiert werden. Möglich wäre auch, dass ein Rückgang bei den follow-ups auf das steigende Alter der Probanden zurückzuführen ist – mit zunehmenden Alter ist typischerweise mit einem Rückgang der Straftaten zu rechnen.[585] Auch wenn bei einigen Teilnehmern tatsächlich die Androhung der Sanktionierung zur Einhaltung der Legalordnung führt, bleibt offen, ob nicht andere Faktoren aus einer Vielzahl von in Betracht kommenden Bereichen entsprechend wirken würden.[586]

5.2 Was wirkt?

Bei der Frage danach, welche Maßnahmen kriminalpräventiv wirken, ist zusammenfassend zu betonen, dass sich Interventionen, die sich unmittelbar gegen das strafbare Verhalten richten oder auf die Behandlung be-

583 *MacKenzie* (2006), S. 334.

584 *MacKenzie* (2006), S. 333. *Petrosino et al.* resümieren, dass die von ihnen untersuchten Studien zwar einige gute, nachträgliche Analysen zur Frage, weshalb die Programme negative Auswirkungen hervorrufen, geben. Die Auswertungen seien allerdings nicht so strukturiert, um Muster für kausale Zusammenhänge zu geben, die für entsprechende empirische Nachweise in einem systematischen Review notwendig wären, *Petrosino et al.* (2013), S. 32; siehe hierzu auch *Petrosino et al.*, Crime & Delinquency (2000), S. 366 f.

585 *Petrosino et al.*, Crime & Delinquency (2000), S. 370; siehe hierzu auch *Finckenauer* (1982).

586 *Eisenberg* (2005), § 42 Rn. 4, dies sei zu vermuten, so der Autor.

stimmter Auffälligkeiten setzen, als effektiv herausstellten.[587] Die Ausrichtung auf Risikogruppen, die Aktivierung von Schutzfaktoren, der Einsatz von Mehr-Ebenen-Programmen (vernetzten Programmen) sind deutlich erfolgversprechender als Einzelmaßnahmen und damit zu empfehlen.[588] Da kriminelles Handeln von einer Vielzahl an bio-sozialen Umständen beeinflusst wird – eine Rolle spielen etwa Persönlichkeitsmerkmale, Sozialisationseinflüsse, Lernprozesse und der Grad der sozialen Integration wie auch situative Elemente und Gelegenheitsstrukturen – ist anzuraten, dass präventive Maßnahmen nicht nur an einer dieser Einflussebenen, sondern auf mehreren zugleich ansetzen.[589] Delinquenz bei (Kindern und) Jugendlichen bzw. Heranwachsenden ist größtenteils wenig schwerwiegend und lediglich episodenhaft, sodass durch positive Einflüsse in der Entwicklung und der Stabilisierung des sozialen Umfeldes eine straffällige Phase überwunden werden kann.[590] Ferner ist zu beachten, dass die Begehung von Straftaten auch durch Defizite innerer Kontrollmechanismen oder durch äußeren Kontrolldruck begründet sind, sodass es bspw. einer klaren Kommunikation von normativen Vorgaben und Reaktionen auf Strafnormverletzungen bedarf, wodurch Lerneffekte entstehen können.[591] Maßnahmen der positiven Spezialprävention sind zu bevorzugen, wobei verhaltenstherapeutische Konzepte (sog. kognitiv-behaviorale Methoden) psychotherapeutischen überlegen sind.[592] Risikofaktoren sind zu minimieren und

---

587 *Rössner* (2013), S. 463 ff. Siehe hierzu auch ausführlich *Walsh/Pniewski/Kober/Armborst* (2018) mit einzelnen Beiträgen verschiedener Autoren zu kriminalpräventiven Maßnahmen und allgemeinen Erläuerungen.

588 *Bannenberg* (2009), S. 40; siehe auch *Beelmann* (2016), S. 1 ff.

589 *Meier* (2016), S. 10 Rn. 38b.

590 *Stiftung Deutsches Forum für Kriminalprävention* (2013), S. 5.

591 *Meier* (2016), S. 10 Rn. 38c.

592 *Bannenberg* (2009), S. 40; *Izzo* und *Ross* werteten in einer Meta-Analyse 46 Studien aus und gelangten dabei zu dem Ergebnis, dass Programme mit kognitiven Elementen wie Problemlösetechniken, Verhandlungstraining oder der Vermittlung von sozialen Kompetenzen mehr als doppelt so effektiv waren, wie Programme ohne diese Elemente; *Izzo/Ross*, Criminal Justice and Behaviour (1990), S. 134 ff.; Diese Ergebnisse decken sich mit Ergebnissen von Meta-Analysen zu Behandlungsmethoden bei Erwachsenen. Hier zeigte sich ebenfalls, dass verhaltenstherapeutische, am sozialen Lernen orientierte Ansätze zu besseren Erfolgen führen als etwa psychodynamische Ansätze, die bei den Tätern lediglich Erkenntnisprozesse auslösen sollen, siehe *Meier*, INFO (2005), S. 96 mit Verweis auf *Andrews, D.A. / Zinger, Ivan / Hoge, Robert D. / Bonta, James / Gendreau, Paul / Cullen, Francis T.* – Does Correctional Treatment Work? A clinically relevant and psychologically informed meta-analysis. In: Criminology 1990, Volume 28, Number 3, S. 369 – 404.

Schutzfaktoren (Resilienzfaktoren oder auch protektive Faktoren) bestenfalls zu aktivieren, auch wenn noch nicht abschließend geklärt ist, wie diese bewusst und in präventiver Zielrichtung aktiviert werden können.[593] Langfristig effektiver und kostengünstiger stellen sich auch solche kriminalpräventiven Programme dar, die frühzeitig auf der Ebene der Familie und Schule ansetzen.[594] Entscheidend hängt die Kriminalprävention ferner davon ab, wie präventive Maßnahmen in den institutionellen Bereichen Gemeinden, Familien, Schulen, Arbeitsmärkten, Plätzen, Polizei und Strafjustiz auf lokaler Ebene zusammenwirken.[595] Hierbei bedarf es einer zielgruppenorientierten Ausrichtung der kriminalpräventiven Maßnahmen; eine Gleichbehandlung von Mehrfach- und Intensivtätern mit episodenhafter, jugendtypischer Kriminalität ist zu vermeiden.[596] Entwicklungsbedingte Kriminalität ist mithin anders zu behandeln als eine absehbare kontinuierliche Hinentwicklung zur Kriminalität im Rahmen des Lebensstils.[597] Um bei Vorliegen von Risikofaktoren der Entwicklung zur Intensivkriminalität vorzubeugen, bedarf es möglichst frühzeitiger und sozialisationsfördernder Interventionen.[598]

Im Übrigen scheinen Behandlungsansätze, welche die Deliktsart und die hierin zum Ausdruck gelangenden individuellen Fehlentwicklungen als Ausgangspunkt haben, bessere Erfolge zu erzielen als generalisierende Ansätze.[599] Negative Spezialprävention, also bspw. die Vergrößerung des Strafrisikos durch Intensivierung der Strafverfolgung kann ferner als aussichtsreicher gelten als Prävention durch Strafzumessung bzw. Androhungsprävention.[600] *„Getting tough on crime does not pay"* ist in spezialpräventiver Hinsicht gesicherter Forschungsstand: Wo ein Austausch von eingriffsintensiven gegen weniger eingriffsintensive Sanktionen rechtlich möglich

---

593 *Bannenberg* (2009), S. 40.

594 *Kury*, INFO (2010), S. 40; *Kury* (2008), S. 37 ff.; *Bannenberg/Rössner*, ZJJ (2003), S. 116.

595 *Gutsche/Sommerfeld* (2002), S. 199 mit Verweis auf den *Sherman Report*, *Sherman et. al* (1997).

596 Siehe hierzu im Ergebnis *Sherman et al.* (1997), die eine Konzentration kriminalpräventiver Maßnahmen auf die sozialen Nahräume mit der höchsten Kriminalitätsbelastung empfehlen. Auch im *Düsseldorfer Gutachten* (2002) wird das Fazit des *Sherman Reports* hervorgehoben, dass die Zurückdrängung von Kriminalitätsraten nur dann erfolgen könne, wenn gezielte Präventionsmaßnahmen durchgeführt werden (S. 199).

597 *Düsseldorfer Gutachten*, Leitlinien (2002), S. 24.

598 *Düsseldorfer Gutachten*, Leitlinien (2002), S. 24; *Rössner* (2013), S. 459.

599 *Meier*, INFO (2005), S. 96.

600 *Kaiser* (1996), § 31 Rn. 36.

und innerhalb vergleichbarer Tat- und Tätergruppen beobachtbar war, zeigten sich entweder keine Unterschiede in der Legalbewährung oder aber geringere Rückfall- und Wiederverurteilungsraten nach einer weniger eingriffsintensiven Reaktion.[601]

Hinsichtlich Gefängnisbesuchsprogrammen schlagen die Autoren der *Greater Egypt Regional Planning and Development Commission* (1979) bspw. als Verbesserung vor, beratende und therapeutische Ansätze im Anschluss an die Besuchsprogramme anzubieten, evtl. auch für Eltern. Hierbei sollten Missverständnisse über das Gefängnisleben ausgeräumt und Unterstützung im Hinblick auf gesellschaftliches Miteinander gegeben werden. Zusätzlich würden sich Gruppen- oder Einzeltherapien anbieten. Als Teil einer umfassenden Behandlung könne sich ein solcher Gefängnisbesuch durchaus vorteilhaft auswirken, nicht jedoch als einmaliges Ereignis.[602]

Zusammenfassend stellen sich anhand der verschiedenen Evaluationen solche kriminalpräventiven Maßnahmen als wirksam dar, die spezifisch auf Tatgelegenheitsstrukturen sowie zielgruppenorientiert auf gefährdete bzw. bereits straffällig gewordene Personen ausgerichtet sind, sich an Risiko- und Schutzfaktoren orientieren und im Sozialisationsprozess frühzeitig ansetzen.[603] Es gibt durchaus wirksame Programme und Praktiken in den Bereichen der entwicklungsbezogenen Prävention bzw. Interventionen im sozialen Bereich, der Kommunalprävention, der Polizeiarbeit und Strafverfolgung oder des Strafvollzugs.[604] Kritisch zu sehen ist, dass Erwartungen und Vorgehensweisen der Strafjustiz oft im Widerspruch zu dem stehen, was als gesicherter Stand der Forschung hinsichtlich der Wirkungen von kriminalpräventiven Maßnahmen gilt.[605]

5.3 Erklärungsversuche für ein anhaltendes Phänomen in der Kriminalprävention

„Scared Straight!"-Programme geben intuitiv ein gutes Gefühl, das Gefühl wirkungsvoll zu sein, was durch Forschungsergebnisse jedoch nicht bestä-

---

601 *Spiess*, Soziale Probleme (2013), S. 108, 107.

602 *Greater Egypt Regional Planning and Development Commission* (1979), S. 19 f.

603 Siehe hierzu auch *Rössner* (2013), S. 459 ff.; *Bannenberg/Rössner*, ZJJ (2003), S. 111 ff.

604 Siehe ausführlich *Weisburd/Farrington/Gill* (2016).

605 Vgl. hierzu *Steffen* (2015), S. 89.

tigt ist.[606] Obwohl zahlreiche Studien seit mehreren Jahrzehnten die Wirksamkeit der „Scared Straight!"-Programme widerlegen, werden dennoch weiterhin diverse Projekte angeboten und durchgeführt – der Glaube an die Wirksamkeit setzt sich fort.[607]

Trotz negativer Forschungsergebnisse wurden nur wenige Projekte aufgrund der Evaluationen beendet (bspw. „JOLT", Michigan), stattdessen jedoch laufend neue entwickelt. Auch die Fernsehserie „Beyond Scared Straight" wurde bis ins Jahr 2015 ausgestrahlt. *„The fact that these types of programs are still being touted as effective, despite stark evidence to the contrary, is troubling."*[608] *Petrosino et al.* sehen hierbei insbesondere auch die Gerichte in der Verantwortung, zu prüfen, ob sich die von ihnen befürworteten und unterstützten Programme von evaluierten Projekten unterscheiden und durch eine entsprechende Intervention kein Schaden entstehen kann.[609] Positiv zu sehen ist jedoch, dass bspw. von Regierungsvertretern, wie dem Leiter der Obersten US-Gesundheitsbehörde[610] oder anderen Amtsträgern[611], Berichte zur Ineffektivität eines Großteils der Gefängnisbesuchsprogramme und möglicher Gefährdungen hierdurch veröffentlicht wurden. In Florida, USA, wurde die Durchführung von Besuchsprogrammen für Jugendliche in Haftanstalten für erwachsene Straftäter aufgrund der bekannten Ineffektivität und etwaigen Gesetzeskonflikten[612] ab 2014 eingestellt („removed from Florida Statute").[613] Zuvor war etwa im Duval County Jail, Jacksonville, ein Gefängnisbesuchsprogramm für Jugendliche durchgeführt worden.

---

606 So *Tara Andrews*, Deputy Director der Coalition for Juvenile Justice, siehe *Schill*, JJIE (2011a).

607 *Petrosino/Turpin-Petrosino* (2000), S. 1; *Petrosino et al.*, Crime & Delinquency (2000), S. 367.

608 *Robinson/Slowikowski*, Baltimore Sun, 31.01.2011.

609 *Petrosino et al.* (2013), S. 33.

610 *U.S. Department of Health and Human Services* (2001).

611 Bspw. *Anthony J. Schembri*, Secretary Florida Department of Juvenile Justice, *Schembri* (2006); *Laurie O. Robinson*, Assistant Attorney General for the Office of Justice Programs and *Jeff Slowikowski*, Acting Administrator of the Office of Juvenile Justice and Delinquency Prevention, *Robinson/Slowikowski*, Baltimore Sun, 31.01.2011.

612 Siehe *Florida Department of Juvenile Justice* (2014b), S. 26. Durch den Kontakt von jugendlichen Straftätern mit erwachsenen Häftlingen verstießen entsprechende Programme gegen einige Bundesgesetze in den USA (Juvenile Justice and Prevention Act 1974), so das Office of Juvenile Justice and Delinquency Prevention, *Slowikowski* (2011).

613 *Florida Department of Juvenile Justice* (2014a); *Florida Department of Juvenile Justice* (2014b), S. 16, 26.

Es stellt sich gleichwohl die Frage, weshalb die Idee von Gefängnisbesuchen trotz ihrer Wirkungslosigkeit und ihrer darüber hinaus schädlichen Effekte so beliebt ist – bei den Projektorganisatoren, in der Bevölkerung, bei den Gefangenen.[614] Teilnehmende Jugendliche gaben an, dass der Gefängnisbesuch ihre Einstellung und Verhaltensweise verändert hätte; beteiligte oder ehemalige Häftlinge äußerten sich: „*If only someone had put us through shock therapy when we were young, we would most probably have ended up differently*" und rechtfertigten so die Projekte.[615] Die Häftlinge proklamierten damit aufgrund eigener Erfahrungen die Effektivität der „Scared Straight!"-Methoden.

Selbst im Rahmen von Online-Artikeln[616] über „Scared Straight!" oder „Beyond Scared Straight", die über die negativen Forschungsergebnisse berichten, kommentieren Leser paradoxerweise, dass sie sich ein ebensolches Programm bspw. für nahe Angehörige wünschten. Auch Eltern, die an der häuslichen Situation und dem Verhalten ihrer Kinder verzweifeln, wissen sich offenbar teilweise nicht mehr anders zu helfen, als durch eine Teilnahme ihrer Kinder an „Scared Straight!":

> sharlene cowan on November 3, 2012 at 1:44 am said: „*5 years ago i inquired about a program scared straight with the pueblo colorado police dept. and judges for my son. i was told that programs like that do not exist any more. i was extremely disappointed because i felt my son could have profited from that experience. my son ended up spending some time in jail. he is now 20 and still says that jail is a place he does not want to be. i wish that there were programs for him back then. am glad to see this up and running again and hope more kids will get to experience this before going to jail. many praises to the staff and the prisoners for doing this program. God Bless You All, sharlene* (sic)"[617]

> Darryl Harley on December 24, 2011 at 3:17 am said: „*I'm a Soldier stationed in Fort Bragg, NC. I am from Raleigh, NC I have 15yr old cousin that smokes weed, get suspended all the time talks back to his mom and sneaks in and out of the house. I'm trying to find out a way to sign him up for this program. I want to get my hands on him but my aunt protects him from me so I seen this show and thought this would be the best thing for him.*

614 *Petrosino et al.*, Crime & Delinquency (2000), S. 369.
615 *Finckenauer/Gavin* (1999), S. 210.
616 Siehe bspw. *Schill*, JJIE (2011a).
617 http://jjie.org/2011/01/11/scared-straight-story-2/#comments.

So if you can send me the requirements for this I will gladly bring him. Thanks Sergeant First Class D. Harley US Army (sic)"[618]

Finckenauer versuchte anhand des Panacea-Phänomens[619] zu erklären, weshalb trotz der negativen Forschungsergebnisse immer neue Gefängnisbesuchsprogramme entwickelt wurden. Trotz entgegenstehender Intention der Programmanbieter – „scare tactics" wurden heruntergespielt und stattdessen die Erziehung der Teilnehmer betont – waren diese oftmals mit dem Juvenile Awareness Project vergleichbar.[620] Im Übrigen sei die Popularität der „Scared Straight!"-Programme mit der weit verbreiteten Vorstellung zu erklären, dass Kriminalität durch das „Aufziehen härterer Saiten" („by ´getting tough´") vorgebeugt bzw. reduziert werden kann.[621] Außerdem seien die Programme kostengünstig – in Maryland wurden die Kosten auf weniger als $ 1 US pro Teilnehmer geschätzt – und den inhaftierten Sträflingen werde die Möglichkeit geboten, einen produktiven Beitrag zur Gesellschaft zu leisten, indem sie Jugendliche davor bewahren könnten, denselben Weg einzuschlagen.[622] Die sinnvolle Beschäftigung von Häftlingen und die „simplicity" des Programms würden zu seiner Popularität führen.[623]

Nachdem die negativen Ergebnisse des JOLT Programms erschienen waren, wurde behauptet, die Evaluation sei fehlerhaft gewesen.[624] Dadurch, dass die „Leute das Programm liebten", es den Häftlingen helfe und dem Staat keine Kosten entstünden, sei es fortzuführen.[625] Solange es bereits einem Jugendlichen helfe, könne es nicht wirkungslos sein, so der Tenor.[626] Möglicherweise, so wurde vermutet, fühlten sich viele straffällige Jugendliche entfremdet, sodass das Gefängnis insofern „attraktiv" sei, um dort Freunde und eine Gemeinschaft haben zu können, die in ihrem bisherigen Leben fehlte.[627] Auch der „Medienfaktor", der die Zuschauer hautnah an den fesselnden Geschichten teilhaben ließ, trug mit hohen Einschaltquoten zur Fortführung der Programme bei.[628] Dass betroffene El-

---

618 http://jjie.org/2011/01/11/scared-straight-story-2/#comments.
619 Siehe oben unter Ziff. 4.1.1.
620 *Finckenauer/Gavin* (1999), S. 13 ff., 215 ff.
621 *Petrosino et al.* (2013), S. 8.
622 *Petrosino et al.* (2013), S. 8; siehe hierzu *Finckenauer* (1982).
623 Vgl. *Petrosino et al.*, Crime & Delinquency (2000), S. 356.
624 Siehe hierzu *Petrosino et al.*, Crime & Delinquency (2000), S. 367.
625 Vgl. *Petrosino et al.*, Crime & Delinquency (2000), S. 367.
626 Siehe hierzu *Petrosino et al.*, Crime & Delinquency (2000), S. 367.
627 *Greater Egypt Regional Planning and Development Commission* (1979), S. 19.
628 *Petrosino et al.*, Crime & Delinquency (2000), S. 369.

tern Hoffnungen in ein im Fernsehen als wirksam angepriesenes Format setzen, ist letztlich nachvollziehbar.

Zwar sind die wissenschaftlichen Evaluationen zu Gefängnisbesuchsprogrammen, wie bereits dargestellt, im Hinblick auf die Rückfallrate eindeutig. Dennoch werden die Forschungsergebnisse zum Teil schlicht ignoriert, da an das Prinzip als solches geglaubt wird[629]. Der Gedanke an negative Folgen, wie eine Steigerung der Rückfallquote und andere sozial unerwünschte Ergebnisse, tritt damit in den Hintergrund oder wird gar komplett verworfen. Hinzu kämen, so *Petrosino et al*, eine „Trägheit" der Politik bzw. Informationslücken zwischen Wissenschaftlern und Politikern sowie entgegenstehende Interessen mit den Praktikern selbst.[630]

Im Übrigen werde in der Kriminalpolitik – anders als in der Medizin – die Ursache bei Erfolglosigkeit einer Intervention oft nicht bei der Intervention an sich, sondern zunächst bei der jeweils betroffenen Person gesucht.[631] Bei einem Rückfall werde nicht die Unwirksamkeit eines kriminalpräventiven Programms bewiesen, sondern die Schlechtigkeit der Person. Fehler würden daher nicht im System der Strafverfolgung vermutet. Das Unschädlichmachen durch (wiederholtes) Einsperren eines Straffälligen biete einen Ausweg, der der Strafjustiz eine Konfrontation mit der Erfolglosigkeit ihrer Interventionen erspare. Misserfolge seien für die Justiz daher kein Anlass zur Überprüfung der Geeignetheit von Maßnahmen.[632]

5.4 Fazit Teil 5

Trotz Widerlegung der Abschreckungshypothese und negativer Evaluationsergebnisse verlieren Gefängnisbesuchsprogramme nicht an ihrer Popularität. Dass einzelne Täter bzw. gefährdete Jugendliche nicht rückfällig

---

629 Hierzu eingehend auch *Sherman* (2007), S. 8: Studenten der Universität Ohio, denen die negativen Forschungsergebnisse zu „Scared Straight!" mitgeteilt worden waren, gaben demnach bei nachfolgenden Prüfungen wiederholt an, dass eine entsprechende Programmteilnahme Kriminalität *reduzieren* würde. Auf Nachfrage äußerten sie, dass sie bewusst falsch geantwortet hätten, da sie schlicht glaubten, das Programm sei wirksam und entsprechende Studienergebnisse falsch. „The Enlightement of Science will have little chance in a democracy unless it can reach directly into the hearts and minds of people who care about children, and who lead their communities", so *Sherman* weiter.

630 *Petrosino et al.*, Crime & Delinquency (2000), S. 369.

631 *Schumann* (2006), S. 340, insofern sei der Einsatz evaluationsgestützten Wissens begrenzt, so *Schumann*.

632 *Schumann* (2006), S. 340.

bzw. gar nicht erst straffällig werden, da sie aufgrund ihrer Erfahrungen und Erlebnisse im Rahmen der Gefängnisbesuchsprogramme ihren Lebensstil wandeln und Einstellungen verbessern, ist natürlich gleichwohl denkbar. Unabhängig davon, ob und wenn ja, welche Präventionsmaßnahmen durchgeführt werden, sind Erfolge möglich. Ob dies in jedem Fall an der Teilnahme und damit der Maßnahme selbst liegt, kann jedoch nur durch intern valide Studien, bspw. mittels kontrollierter Experimente, nachgewiesen werden. Denn selbst wenn einige Jugendliche nach der Teilnahme an einem Gefängnisbesuch nicht mehr straffällig wurden, kann bei sog. Nachweisen ohne Kontrollgruppe nicht verifiziert werden, ob der Erfolg tatsächlich von der durchgeführten Maßnahme abhängt oder nicht. Hierbei ist zu berücksichtigen, dass unabhängig von spezifischen Sanktionswirkungen eine Vielzahl an Gründen für die Varianz des Legalverhaltens denkbar ist.[633] Es kann auch nicht ausnahmslos und unmittelbar nachvollzogen werden, welche Taten durch präventive Intervention tatsächlich verhindert wurden.[634] Unklar bleibt also, welche Folgen ohne die entsprechenden Maßnahmen eingetreten wären – wären mehr oder weniger Jugendliche rückfällig geworden?

Ungeachtet der Popularität der Gefängnisbesuchsprogramme kann durchaus angezweifelt werden, dass ein einziger Gefängnisbesuch mit einer Dauer von wenigen Stunden die Lebensweise eines Menschen, die von zahlreichen, unterschiedlichen Faktoren abhängt, bis hin zu einem kompletten Lebenswandel verändern soll.

„If one argued that a two hour visit cannot perform the miracle of deterring socially unacceptable behavior (see Cook & Spirrison, 1992), it can also be argued that it was extremely simplistic to assert that a two hour visit can perform the miracle of causing *socially unacceptable behavior*".[635] Derartig pauschale Behauptungen und Erklärungsansätze sind im Rahmen von solch komplexen Problemen wie Jugendkriminalität nicht angezeigt.[636]

633 *Meier*, INFO (2005), S. 82 ff. mit Beispielen und Erläuterungen.

634 Vgl. *Kube* (1986), S. 9; siehe hierzu auch *Dölling*, forum kriminalprävention (2005), S. 21 ff.

635 *Holley/Brewster* (1996), S. 132. Im Vergleich zu „Scared Straight!" umfasste das von den Autoren untersuchte Oklahoma *„Speak Out Program"* (auch) Schulbesuche oder andere öffentliche Auftritte (ehemaliger) Häftlinge.

636 Vgl. *Klenowski et al.* (2010), S. 268 f.

6. Präventionsprogramme mit Gefängnisbesuchen – auch in Deutschland?

Auch in Deutschland gibt es seit einigen Jahren Präventionsprojekte, bei denen Jugendliche Gefängnisse besichtigen und dabei in Kontakt mit Inhaftierten kommen. Umfassende Forschungsergebnisse über deren konkrete Ausgestaltung, die angesprochenen Zielgruppen sowie zur Wirksamkeit in kriminalpräventiver Hinsicht liegen über diese deutschen Programme bislang nicht vor. Lediglich vereinzelte Forschungsarbeiten sind verfügbar.[637]

6.1 Forschungsziel

Das Ziel der vorliegenden Arbeit liegt darin, eine Bestandsaufname und Analyse deutscher Gefängnisbesuchsprojekte vorzunehmen.[638] Bislang liegen in Deutschland kaum Untersuchungsergebnisse zu entsprechenden Programmen vor. Es ist nicht bekannt, wo und welche Art von Projekten hierzulande existieren. Insofern ging es vorliegend nicht um die Evaluationen einzelner Projekte mit Zugang zu Probanden. Vielmehr war es Ziel, herauszufinden, wo Gefängnisbesuchsprogramme angeboten und durchgeführt werden und wie diese konkret ausgestaltet sind. Dabei sollte ein Vergleich zu amerikanischen „Scared-Straight!“-Programmen hinsichtlich der Zielgruppen, Zielsetzungen und Ausgestaltungen gezogen werden. Die Kernfrage war, ob die (negativen) Forschungsergebnisse (siehe Kapitel 4) auf in Deutschland durchgeführte Programme übertragen werden können. Hierbei stellte sich auch die Frage, ob bei der Implementierung von Gefängnisbesuchsprogrammen in Deutschland Kenntnis über die Wirkung von „Scared Straight!“-Projekten bestand und wenn ja, ob und wie sich dies auf die Programmgestaltung auswirkte. Setzten sich die deut-

637 Die Diplomarbeit von *Thimm* (o.J.) befasst sich ausschließlich mit dem Projekt „Gefangene helfen Jugendlichen e.V.“ in Hamburg, ebenso die wissenschaftlichen Arbeiten von *Ehrke* (2012), *Klauck* (2011) und *Wiebcke* (2010) sowie eine Evaluation der Polizei Elmshorn. Diese werden unten unter Ziff. 6.4.9.2 näher thematisiert.

638 Siehe hierzu auch *Sturm* (2018), S. 803 ff.

schen Programme mit den Studien zu US-amerikanischen Programmen auseinander und passten ihre Programme bestenfalls entsprechend an? Wurden Besuchsprogramme aufgrund vorhandener Studien abgelehnt?

6.2 Methodischer Zugang

Zunächst waren Vorüberlegungen zum vorliegend geeigneten, methodischen Vorgehen sowie der Erhebungsmethode bzw. den Datenquellen anzustellen. Welche Erhebungsmethode anzuwenden und jeweils vorzugswürdig ist, richtet sich nach der Fragestellung des jeweiligen Forschungsvorhabens.[639] Im Folgenden wird zunächst der methodische Zugang der Untersuchung zur Ermittlung der relevanten Informationen über Gefängnisbesuchsprogramme in Deutschland erläutert.

Da es sich vorliegend primär um eine Übersichtsarbeit handeln sollte, wurde eine deskriptive, quantitative Erhebung, kombiniert mit einzelnen, qualitativen Fragestellungen gewählt. Eine deskriptive Studie soll einen bestimmten, bisher unbekannten oder nur wenig bekannten Gegenstandsbereich zunächst – möglichst vollständig – beschreiben und auf Grund der so gewonnenen Kenntnisse eine spätere Hypothesenbildung ermöglichen.[640] Hierbei wird ein Problembereich beschrieben, über den bislang noch keine ausreichende Kenntnis vorliegt.[641] Kombinationen von verschiedenen Erhebungstechniken sowie von qualitativen[642] und quantitativen[643] Forschungsmethoden werden in der Forschungspraxis als Triangulation be-

639 Vgl. *Bock* (2019), § 2 Rn. 80 ff.

640 *Eisenberg/Kölbel* (2017), § 13 Rn. 2; vgl. *Friedrichs* (1990), S. 155.

641 *Friedrichs* (1990), S. 107, im Vergleich zu analytischen, Hypothesen prüfenden Untersuchungen. Zu deskriptiven Untersuchungen siehe auch *Kromrey/Roose/Strübing* (2016), S. 96.

642 Qualitative Erhebungsmethoden kennzeichnen hingegen eine offene, nicht standardisierte Erhebung, anhand derer die soziale Wirklichkeit in ihrer Vielfalt erfasst und wahrgenommen werden soll; vgl. Göppinger-*Bock* (2008), § 4 Rn. 19; vgl. *Laatz* (1993), Kapitel 1, S. 11. Ihnen wird ein größerer Vorzug an Lebensnähe, Detailkenntnis und Authentizität zugeschrieben; vgl. *Bock* (2019), § 2 Rn. 75; siehe auch *Eisenberg/Kölbel* (2017), § 13 Rn. 3 ff.

643 Quantitative Forschungsmethoden beinhalten Vorgehensweisen der numerischen Darstellung von empirischen Sachverhalten, insbesondere statistische Verfahrens- und Erkenntnismöglichkeiten; *Bock* (2019), § 2 Rn. 77 f. Für einen späteren Vergleich der gewonnenen Daten ist die Standardisierung der Forschung, bei der vergleichbare und generalisierbare Ergebnisse erzielt werden, notwendige Bedingung; *Bock* (2019), § 2 Rn. 78.

zeichnet.[644] So können Sachverhalte aus unterschiedlichen Perspektiven erfasst und aus einer Fülle an Informationen ein Gesamtbild erstellt werden; die gefundenen Teilinformationen können dabei gegenseitig validiert werden.[645] Mixed-Methods-Studien gehen dabei noch weiter. Hierbei werden ebenfalls verschiedene Methoden kombiniert und bei der Art der benutzten Daten, der Datenerhebung sowie -analyse qualitative und quantitative Zugänge kombiniert.[646]

Vorliegend wurde zur Datenerhebung zunächst ein Fragebogen entworfen, der sowohl offene als auch geschlossene Fragen mit vorgegebenen Antwortmöglichkeiten enthielt (siehe Anhang). Insofern konnte der Vorteil der flexiblen, qualitativen Forschung, auch subjektive Einschätzungen und Erfahrungen wiederzugeben, genutzt und die Ergebnisse der quantitativen, standardisierten Befragung abgerundet werden. Durch die Verknüpfung beider Ansätze konnten Ergebnisse vervollständigt, ergänzt und untermauert werden. Die Daten wurden dabei aus verschiedenen Perspektiven im Rahmen einer schriftlichen Befragung, anschließender problemorientierter qualitativer Interviews (telefonisch oder schriftlich) mit Mitarbeitern der JVAen, Staatsanwaltschaften oder den programmdurchführenden Organisationen sowie durch eigene Teilnahmen an Gefängnisbesuchsprogrammen zusammengetragen. Insofern wurde ein mehrperspektivischer Forschungsansatz gewählt, verschiedene Datenerhebungsinstrumente genutzt und die dabei erlangten, standardisierten und unstandardisierten Daten interpretiert. Die erlangten Daten über die in Deutschland durchgeführten Gefängnisbesuchsprogramme beziehen sich, gewissermaßen als Querschnittsanalyse, auf den Zeitpunkt der Durchführung der Erhebung im Jahr 2016.

6.2.1 Vorgehensweise der Erhebung

Zunächst wurde eine standardisierte schriftliche Befragung mit standardisiertem Fragebogen durchgeführt. Um ein umfassendes Lagebild zu erhalten, war es notwendig, Daten von möglichst allen in Deutschland durchgeführten Programmen, die Gefängnisbesuche beinhalten, zu erlangen. Eini-

644 *Bock* (2019), § 2 Rn. 74. Beispielhaft hierfür ist die von Göppinger durchgeführte Tübinger Jungtäter-Vergleichsuntersuchung, *Göppinger* (1983).
645 *Kromrey/Roose/Strübing* (2016), S. 105 f.
646 *Kromrey/Roose/Strübing* (2016), S. 106 f.

ge Programme[647] waren bspw. durch die Medien bereits bekannt. Im Übrigen war nicht klar, ob die JVAen die Teilnahme an den Programmen selbst anbieten oder ob andere Organisationen oder Behörden wie Jugendhilfevereine oder Bewährungshilfen involviert sind. Schwierig erwies sich überdies, wenn Programme lediglich als einmaliges Projekt durchgeführt wurden.

Da den zu untersuchenden Programmen immanent ist, dass sie – zumindest partiell – in JVAen oder Jugendstrafanstalten durchgeführt werden, bot sich für ein deutschlandweites Bild über Gefängnisbesuchsprogramme zunächst an, sämtliche JVAen der Bundesrepublik zu kontaktieren. Hierbei sollte in Erfahrung gebracht werden, wo „Gefängnisbesuchsprogramme" durchführt werden und wenn ja, ob die JVAen auch selbst Programmorganisatoren bzw. -anbieter waren. Wenn nicht, sollte über die JVAen ein entsprechender Kontakt hergestellt werden.

Daher wurden zu Beginn die Justizministerien der Länder bzw. die Kriminologischen Dienste der einzelnen Bundesländer kontaktiert, um Genehmigungen für die Forschungsanfrage im Justizvollzug zu erhalten.[648] Die Anfragen auf Erteilung der Genehmigungen wurden ab Mitte Januar 2016 gestellt. Nach knapp einem Jahr hatten sich erfreulicherweise nahezu alle Bundesländer an dem Forschungsvorhaben beteiligt und der Befragung der JVAen zugestimmt.

Das Justizministerium von Mecklenburg-Vorpommern lehnte die Durchführung des Forschungsvorhabens im dortigen Justizvollzug ab. Nach Abwägung des Aufwands für die einzelnen Mitarbeiter und des Nutzens für den weiteren Arbeitsprozess kam man dort zu dem Schluss, dass *„der Aufwand in keinem Verhältnis zum weiteren Nutzen"* stehe. Dies war erstaunlich, da eine JVA sicherlich schnell und ohne größeren Aufwand feststellen kann, ob ein justizvollzugsbezogenes Projekt durchgeführt wird oder nicht. Mittelbar wurde ferner argumentiert, dass in Mecklenburg-Vorpommern aus Sicherheitsgründen generell keine Veranstaltungen mit Jugendlichen unter 18 Jahren innerhalb der Vollzugseinrichtungen durchgeführt würden.

Auch in Berlin wurde keine Genehmigung für das Forschungsprojekt erteilt. Das dortige Justizministerium bzw. der Kriminologische Dienst teilte mit, dass die Berliner JVAen selbst keine entsprechenden Gefängnisbesuchsprogramme initiierten und auch entsprechende Anfragen anderer

647 Bspw. „Gefangene helfen Jugendlichen" in Hamburg.

648 Die meisten Justizministerien bzw. Kriminologische Dienste machten eine Genehmigung von der (im Ergebnis positiven) Entscheidung aus Hessen abhängig.

Stellen zur Durchführung von Besuchsprogrammen bislang nicht eingegangen seien. Einen entsprechenden Bedarf schien es dort offenbar nicht zu geben.

Das Bundesland Sachsen-Anhalt konnte bei der Auswertung nicht berücksichtigt werden, da bis zum Abschluss der Erhebungsphase trotz mehrfacher Nachfrage keine Rückmeldung erfolgt ist.

Im nächsten Schritt wurden sodann alle JVAen der Länder befragt. Der entsprechend konzipierte Fragebogen[649] richtete sich an die Anstaltsleitungen bzw. die zuständigen Mitarbeiter der JVAen[650] und wurde nach Erhalt der jeweiligen behördlichen Genehmigung an die Anstalten versendet. Teilweise wurde die Weiterleitung auch unmittelbar von den Kriminologischen Diensten der Länder oder Justizministerien übernommen.[651]

So konnten die Fragebögen bis April 2016 bereits an sämtliche JVAen bzw. die Programmorganisatoren in elf Bundesländern[652] verschickt werden. In Brandenburg und Thüringen, in denen die Genehmigungen erst im Sommer 2016 erteilt wurden, konnten die Fragebögen erst im Anschluss verschickt bzw. vom Kriminologischen Dienst weitergeleitet werden. Aus Bremen wurden die im Fragebogen erfragten Informationen bereits im Sommer 2016 erlangt.

Nach Beendigung der Erhebung konnte aus acht Bundesländern[653] ein vollständiger und aus drei weiteren[654] ein annähernd vollständiger Rück-

---

649 Der Fragebogen wurde durch Verbesserungsvorschläge seitens des Kriminologischen Dienstes NRW angepasst: So wurden einzelne Fragen mit Antwortmöglichkeiten in offene Fragen abgeändert und weitere Fragen ergänzt. Da die Genehmigungen der einzelnen Bundesländer zu unterschiedlichen Zeitpunkten eintrafen, waren die ursprünglichen Fragebögen zwar bereits an einige Bundesländer versandt worden. Fehlende Fragen wurden jedoch bei positiven Rückmeldungen hinsichtlich der Durchführung von Gefängnisbesuchsprogrammen nachgeholt. Der aktuelle Fragebogen ist der Arbeit angehängt.

650 Welche Person die Fragebögen im Einzelnen tatsächlich beantwortete, konnte nicht in jedem Fall nachvollzogen werden.

651 In Brandenburg, Rheinland-Pfalz, Saarland, Schleswig-Holstein, Thüringen.

652 Baden-Württemberg, Bayern, Hessen, Nordrhein-Westfalen, Niedersachsen, Sachsen. In Rheinland-Pfalz, Schleswig-Holstein und dem Saarland wurden die Fragebögen seitens der Justizministerien direkt an die JVAen weitergeleitet. In Hamburg bzw. Bremen wurden die Informationen direkt von den zuständigen Organisationen erlangt. Aus Hessen war bekannt, dass entsprechende Programme in der JVA Butzbach sowie der JVA Schwalmstadt angeboten wurden, sodass die übrigen JVAen nicht befragt wurden.

653 Bremen, Hamburg, Hessen, Niedersachsen, Rheinland-Pfalz, Saarland, Schleswig-Holstein, Thüringen.

654 Baden-Württemberg, Brandenburg, Sachsen.

lauf der Fragebögen verzeichnet werden. Von einzelnen JVAen traf bis zuletzt keine Antwort ein. Andere lehnten eine Kooperation ab: Die JVA Düsseldorf teilte mit, dass *„aufgrund der derzeit extrem angespannten personellen Situation in der hiesigen Justizvollzugsanstalt … gegenwärtig eine Konzentration auf die Kernaufgaben erforderlich"* sei, sodass der Forschungsanfrage nicht entsprochen wurde. Ähnliches teilten die JVAen Bochum-Langendreer und Görlitz mit. Aus Sachsen-Anhalt sowie von einigen JVAen, insbesondere aus Bayern und NRW, gingen trotz wiederholter Nachfragen keine Rückmeldungen ein. Schließlich wurde auf einen weiteren Rücklauf verzichtet und die Erhebung sodann abgeschlossen.

Im Rahmen des konzipierten Fragebogens wurden die JVAen zunächst dazu befragt, ob in der jeweiligen Anstalt überhaupt sog. „Gefängnisbesuchsprogramme" durchgeführt werden. Falls dies nicht der Fall war, wurden die Gründe hierfür erfragt und ferner, ob derartige Programme überhaupt bekannt waren. Falls die Durchführung eines Besuchsprogramms in der jeweiligen Anstalt bejaht wurde, wurde im Übrigen angefragt, wer diese konkret organisiert und ob entsprechende Konzepte vorliegen und zur Verfügung gestellt werden können. Sodann wurden die verfolgten Zielsetzungen, die Ausgestaltung und Abläufe der Programme sowie die Zielgruppen (Alter, Geschlecht, bisherige Delinquenz) und die mitwirkenden Häftlinge ermittelt. Ebenso war wichtig, ob die Programmanbieter bzw. die Anstalt Kenntnis über die Rückfallquote der Teilnehmer sowie über Forschungsergebnisse zu Gefängnisbesuchsprogrammen erhalten bzw. haben.

Die Befragung lief zunächst über die AnstaltsleiterInnen, welche die Bögen entweder selbst ausfüllten oder an beteiligte Mitarbeiter weiterleiteten. Teilweise wurden die Fragen an externe Organisationen, bspw. die JGH oder die Bewährungshilfe, übermittelt und dort beantwortet bzw. der Kontakt über die Vollzugsanstalt hergestellt, sodass die Programmanbieter direkt befragt werden konnten. Schwierigkeiten ergaben sich vereinzelt dadurch, dass beteiligte Behörden oder Organisationen angaben, zu einer Auskunftserteilung nicht befugt oder ermächtigt zu sein, sodass zunächst interne Rückfragen notwendig wurden.[655] Hierdurch kam es teilweise zu Verzögerungen.

655 Beispiel JGH Wriezen: Bei der Erteilung von Auskünften außerhalb des Landkreises müsse zunächst eine Genehmigung erteilt werden, so die JGH. Diese wurde zunächst verweigert, da dem Jugendamt zu dieser Zeit nur eine kommissarische Amtsleitung vorstand. Vor der Befragung der JGH musste daher zunächst die entsprechende Fachdienstleitung zustimmen.

Weitere Informationen über die angebotenen Gefängnisbesuchsprogramme wurden – z.B. bei unklaren Rückmeldungen im Fragebogen oder unvollständigen Angaben – mittels anschließender telefonischer Befragungen oder Rückfragen per E-Mail erlangt. Bei der Begleitung zweier Gefängnisbesuchsprogramme[656] konnten weitere Erkenntnisse anhand teilnehmender offener Beobachtungen gewonnen werden.

6.2.2 Datenquellen

Es wird darauf hingewiesen, dass die Erkenntnisse dieses Forschungsvorhabens aus den im Rahmen der Fragebögen erfolgten Aussagen der jeweiligen JVAen sowie der Programmanbieter und etwaigen Nachfragen, aber auch aus weiteren Quellen, wie etwa der Internetrecherche oder aus Zeitungsberichten, stammen. Dabei divergierten teilweise bereits die Aussagen der teilnehmenden Anstalten mit denen der jeweiligen kooperierenden Programmanbieter; aber auch dritte Quellen äußerten sich zuweilen abweichend zu vorab gewonnenen Erkenntnissen, die über die Anstalten bzw. Programmanbieter erlangt wurden. So gab es bspw. bei einigen Projekten unterschiedliche Aussagen zum Alter der angesprochenen Zielgruppe oder deren bisheriger „strafrechtlicher Karriere". Auch hinsichtlich in der Vergangenheit durchgeführter Projekte gab es teilweise widersprüchliche Aussagen. Fehlende Kenntnisse oder Informationen könnten – so ist zu vermuten – auf Personalwechsel zurückzuführen sein.

Bei der Bewertung der vorliegend dargestellten Ergebnisse sollte dies berücksichtigt werden. Es war aufgrund der Vielzahl der Rückläufe nicht möglich, jede einzelne Antwort zu verifizieren und abzugleichen. Daher wurde zum Großteil auf die Verlässlichkeit der Quellen sowie auf die Genauigkeit der Aussagen vertraut – insbesondere bei Negativantworten oder Fehlanzeigen. Ob sich die Angaben während der Verfassung dieser Arbeit geändert haben oder ein Programm seit der entsprechenden Befragung möglicherweise abgesetzt oder angepasst wurde, entzieht sich der Kenntnis der Verfasserin.

656 „GhJ" in der JVA Hamburg sowie „Knast kommt Krass" in der JVA Stuttgart.

6.3 Ergebnisse der Befragung

Nachfolgend wird schließlich der Stand der Forschung im Hinblick auf die einzelnen Gefängnisbesuchsprogramme in Deutschland dokumentiert.

Von insgesamt 180[657] JVAen in Deutschland gingen im Rahmen der Befragung 149 Rückmeldungen[658] ein.

Dieser Rücklauf ergab, dass 32[659] Gefängnisbesuchsprogramme in ebenso vielen Einrichtungen angeboten und durchgeführt werden. Hierbei werden in einigen Einrichtungen mehrere, unterschiedliche Programme durchgeführt, während einzelne Programme in verschiedenen JVAen angeboten werden.

Im Umkehrschluss werden in 117 von 149 JVAen, von denen eine Rückmeldung einging, keine entsprechenden Programme durchgeführt. In der Mehrzahl der JVAen werden also – unabhängig davon, dass kein vollständiger Rücklauf erzielt werden konnte – keine Gefängnisbesuchsprogramme durchgeführt und es besteht dort häufig auch keine Kenntnis über derartige Programme.

Zu den übrigen – nicht antwortenden – 31 JVAen ist über eine Durchführung von Gefängnisbesuchsprogrammen mangels Rückmeldungen auf die Befragung nichts bekannt. Im Einzelnen: Keine Informationen und Daten konnten mangels Beteiligung an der Befragung in Mecklenburg-Vorpommern (sieben JVAen) sowie in Sachsen-Anhalt (vier JVAen) erlangt werden. Ferner beteiligten sich 13 JVAen in Bayern, eine JVA in Brandenburg, vier JVAen in NRW sowie zwei JVAen in Sachsen nicht an der Befragung. Diese lehnten bspw. aufgrund personeller oder organisatorischer Engpässe die Teilnahme an der Befragung ab, andere reagierten trotz teilweise mehrfacher Nachfrage nicht.

Von den 149 JVAen, über die mithin Informationen eingeholt werden konnten, beteiligten sich wiederum 118 Einrichtungen selbst – idR durch Beantwortung des Fragebogens, in Einzelfällen (auch) telefonisch – an der

657 Nach *Destatis* (2018b), S. 5, insgesamt 180 JVAen, Stand 31.08.2018. Die Gesamtzahl umfasst dort auch Jugendstrafanstalten, Sozialtherapeutische Anstalten und Justizkrankenhäuser sowie z.T. Außenstellen der JVAen. Zieht man die Internetauftritte der Justizministerien der Länder (Stand 2017) heran, ergibt sich eine Gesamtzahl von 179 JVAen bzw. JSAen, da die JVA Gera zwischenzeitlich geschlossen wurde. In NRW werden auch ein Justizvollzugskrankenhaus und eine Sozialtherapeutische Anstalt hinzugerechnet.

658 Hiervon ist auch die Rückmeldung der JVA Gera umfasst.

659 Einige weitere Programme wurden aus unterschiedlichen Gründen, die unter Ziff. 6.3.2.11 dargestellt werden, zwischenzeitlich eingestellt.

Befragung. Die Ergebnisse wurden teilweise gebündelt seitens der Justizministerien oder Kriminologischen Dienste übermittelt. Über die übrigen, verbleibenden 31 JVAen war bereits zuvor bekannt, dass Gefängnisbesuchsprogramme dort nicht durchgeführt werden (JVAen in Hessen und Hamburg) bzw. die Justizministerien oder Kriminologische Dienste teilten die Fehlanzeigen mit (so in Berlin und Rheinland-Pfalz).

6.3.1 Einzelne Gefängnisbesuchsprojekte in Deutschland

Im Folgenden werden zunächst die einzelnen durchgeführten Programme, die den Besuch einer JVA beinhalten, nach Bundesländern geordnet dargestellt und sodann eine Einteilung der Programmtypen in Bezug auf deren Ausgestaltung, Zielgruppen[660] und nach weiteren Merkmalen vorgenommen. Im Anschluss werden einzelne vorhandene Evaluationsergebnisse dargestellt. Da die meisten Projekte jedoch nicht evaluiert werden, liegen hierzu nur wenige Ergebnisse vor, die dargestellt werden können.

Vorangestellt wird dabei das Programm „Gefangene helfen Jugendlichen“, das sich länderübergreifend etabliert hat. Die weiteren Programme werden fast ausnahmslos[661] in jeweils nur einer JVA durchgeführt.

6.3.1.1 „Gefangene helfen Jugendlichen e.V.“[662]

Die Gefängnisbesuchsprojekte des Vereins „Gefangene helfen Jugendlichen e.V.“ werden mittlerweile in mehreren JVAen durchgeführt. Seine Anfänge hatte das Projekt für straffällige oder gefährdete Jugendliche und Heranwachsende, die vor einer kriminellen Karriere bewahrt werden sollen, in der JVA Hamburg-Fuhlsbüttel; das dortige Projekt soll hier im Folgenden näher beleuchtet werden. Dieses wurde – im Vergleich zu anderen

660 Wenn im Folgenden von Teilnehmern/Jugendlichen/Schülern etc. die Rede ist, ist stets die weibliche sowie die männliche Form gemeint. Sollte ein Projekt ausschließlich für entweder weibliche oder männliche Teilnehmer konzipiert sein, so wird dies explizit hervorgehoben.

661 Der „Konfrontative Soziale Trainingskurs“ der Brücke e.V. Augsburg wird sowohl in der JVA Landsberg am Lech als auch in der JVA Neuburg-Herrenwörth angeboten.

662 Die Informationen wurden über den Verein „GhJ e.V. Hamburg“ und dessen Konzept erlangt sowie durch Gespräche mit Mitarbeitern und der Teilnahme an einem Besuchstag.

Programmen – von ehemaligen Häftlingen ins Leben gerufen, die bis heute die Besuchstage organisieren und begleiten.

6.3.1.1.1 JVA Hamburg-Fuhlsbüttel[663]

Das Gefängnisbesuchsprojekt „Gefangene helfen Jugendlichen"[664], im Folgenden „GhJ", entstand 1996 auf Initiative dreier Inhaftierter der JVA Hamburg-Fuhlsbüttel.[665] Es richtet sich sowohl an (potentielle) Straftäter, um Gewalt und allgemein Straftaten vorzubeugen, als auch an die Gefangenen der JVA: *„Der Grundgedanke war, gefährdete Jugendliche aller Nationalitäten durch Konfrontation mit dem Knastalltag und mit den Biografien der Gefangenen von einer kriminellen Laufbahn abzubringen. Betroffene Jugendliche sollten vor den gravierenden und folgenschweren Konsequenzen von Kriminalität (Isolation, Einsamkeit, Fremdbestimmtheit, emotionale Verarmung, Gewalt, Abschiebung) bewahrt werden."*[666] *„Ziel der Maßnahme ist es, die Jugendlichen für die Folgen von Gewalt und Kriminalität zu sensibilisieren, das Bewusstsein für ihr eigenes Verhalten und die Einsicht in die Notwendigkeit einer Steuerung und Beherrschung des eigenen Verhaltens zu wecken. Sie sollen die schwerwiegenden Konsequenzen und die Perspektivlosigkeit von Kriminalität erfahren und ihnen soll eine intensivere Auseinandersetzung mit ihrem eigenen (möglicherweise delinquenten) Verhalten nahegelegt werden."*[667] Mit dem Besuch sollen Gedanken und Lebensplanungen der Jugendlichen erreicht werden. Klischees über Kriminalität, Gefängnis und Gewalt sollen abgebaut und Denkanstöße gegeben werden – *„Denken und Handeln müssen die Jugendlichen selbst"*.[668] Die Motivation der beteiligten Häftlinge besteht demnach darin, andere vor einem ähnlichen Schicksal zu bewahren, die ei-

663 In den weiteren fünf JVAen in Hamburg werden keine Gefängnisbesuchsprogramme durchgeführt.

664 Neben anderen Projekten werden die JVA-Besuche als Kern des Vereins „Gefangene helfen Jugendlichen e.V." durchgeführt, sodass das Gefängnisbesuchsprojekt in der vorliegenden Arbeit stellvertretend mit „Gefangene helfen Jugendlichen" bezeichnet werden; vgl. *Gefangene helfen Jugendlichen e.V.*, Gesamtkonzept, S. 2. Seit 2005 ist der Verein als Träger der freien Jugendhilfe anerkannt.

665 Der jetzige Geschäftsführer des Vereins, Volkert Ruhe, verbüßte eine Haftstrafe von 13 Jahren wegen Drogenschmuggels.

666 *Gefangene helfen Jugendlichen e.V.*, Gesamtkonzept, S. 2.

667 *Gefangene helfen Jugendlichen e.V.*, Gesamtkonzept, S. 3.

668 *Gefangene helfen Jugendlichen e.V.*, Gesamtkonzept, S. 2.

gene Vergangenheit zu reflektieren und gleichzeitig eine Art Wiedergutmachung für die begangenen Straftaten zu leisten.[669]

6.3.1.1.1.1 Hintergrund

Das Projekt sollte nach zehn Jahren Durchführung im Jahr 2009 eingestellt werden, da – initiiert durch eine Senatsanfrage zur Wirksamkeit von „GhJ" – eine Förderung seitens des Hamburger Senats eingestellt wurde. Man kam vor dem Hintergrund der Ergebnisse einer Diplomarbeit von *Thimm* (o.J.) sowie der Forschungsergebnisse zu „Scared Straight!" zu dem Schluss, dass eine langfristige kriminalpräventive Wirkung des Projektes nicht erzielt werde.[670] Das Programm, ebenso wie andere Projekte des Vereins, wurde jedoch mit Unterstützung der beteiligten JVAen fortgesetzt und wird mittlerweile hauptsächlich durch Spenden finanziert.[671]

6.3.1.1.1.2 Zielgruppen und theoretischer Ablauf

Die Teilnahme an dem Projekt erfolgt nach Angaben der Verantwortlichen von „GhJ" zum einen freiwillig in Kooperation mit unterschiedlichen Jugendhilfeeinrichtungen, Beratungsstellen oder Schulen, zum anderen auf richterliche Weisungen – dies jedoch hauptsächlich für Jugendliche aus Schleswig-Holstein und Nordniedersachsen.[672] Zielgruppen sind idR mit Gewalt- oder BtM-Delikten strafrechtlich auffällige Jugendliche und Heranwachsende, die über andere Maßnahmen nicht mehr erreichbar sind. Eingestuft werden kann das Projekt somit auf der sekundären sowie tertiären Präventionsebene.

---

669 *Gefangene helfen Jugendlichen e.V.*, Gesamtkonzept, S. 2; siehe auch Konzeption „Gefangene helfen Jugendlichen SH", Förderverein gegen Jugendgewalt e.V., S. 3.

670 Siehe Schriftliche Kleine Anfrage des Abgeordneten Dr. Andreas Dressel (SPD) vom 20.01.09 und Antwort des Senats, *Bürgerschaft der Freien und Hansestadt Hamburg* (2009); http://www.welt.de/welt_print/article3123350/Nach-zehn-Jahren-Aus-fuer-Gefangene-helfen-Jugendlichen.html; *Thimm* (o.J.).

671 Siehe *Gefangene helfen Jugendlichen e.V.*, Jahresbericht 2018, S. 34 und Jahres- und Wirkungsbericht 2015, S. 34.

672 In Hamburg erfolge eine Weisung nicht an ein bestimmtes Projekt; eine Zuteilung zu „GhJ" sei deshalb selten, so die Verantwortlichen des „GhJ e.V.".

Die Besuche finden idR ein- bis zweimal im Monat statt und dauern ca. zweieinhalb bis drei Stunden. Vor- und nachbereitet werden die Besuche in den Räumlichkeiten des „GhJ e.V." Vorab werden der Ablauf erläutert und Verhaltensregeln erklärt. Ferner wird von den Mitarbeitern des Vereins ein Verhaltenstest der Teilnehmer mittels eines anonymen Fragebogens zur Erfassung von Empathie, Prosozialität, Aggressionsbereitschaft und aggressivem Verhalten (FEPAA)[673] durchgeführt. Dieser Test wird zur Verlaufskontrolle bei der Nachbereitung ca. eine Woche nach dem Besuch wiederholt.

6.3.1.1.1.3 Besuchstag am 19.05.2016

Der Ablauf eines Gefängnisbesuchstages wird im Folgenden anhand der bei der Begleitung einer Gruppe Jugendlicher[674] erlangten Erkenntnisse der Verfasserin sowie zusätzlicher Informationen seitens der Verantwortlichen des „GhJ e.V." dargestellt.[675] Der Besuchstag wird regelmäßig nach demselben Ablauf gestaltet.

Trotz des nachteiligen Effekts, dass der teilnehmende Beobachter solcher offenen Beobachtungen als störend empfunden werden kann und so das eigentlich interessierende Geschehen verfälscht, bietet sich als aktiver Bestandteil des Geschehens dennoch ein Einblick, der einem Außenstehenden verwehrt bleiben würde.[676]

---

673 Siehe hierzu *Lukesch, Helmut* – FEPAA - Fragebogen zur Erfassung von Empathie, Prosozialität, Aggressionsbereitschaft und aggressivem Verhalten, Hogrefe, Göttingen, 2005.

674 Es handelte sich um eine Gruppe von sechs Jugendlichen im Alter von 15 – 17 Jahren, die an dem Projekt als therapeutische Maßnahme während einer stationären Drogenentzugstherapie teilnahm und von zwei Betreuern begleitet wurde. Die Jugendlichen waren zuvor jeweils diverse Male strafrechtlich in Erscheinung getreten, mitunter wegen versuchten Totschlags.

675 Zitate der Mitarbeiter des „GhJ e.V." bzw. der JVA oder der teilnehmenden Jugendlichen sowie Häftlinge werden in Anführungszeichen gekennzeichnet.

676 Da das Beobachtete – wie auch hier – erst im Nachhinein schriftlich fixiert werden kann, kann dies dazu führen, dass Einzelheiten vergessen oder falsch wiedergegeben werden, vgl. *Döring/Bortz* (2016), S. 323 ff., 331 ff.

Die teilnehmenden Jugendlichen und Heranwachsenden[677] erschienen um 7:30 Uhr in Begleitung ihrer Betreuer[678] zum Treffpunkt mit einem Mitarbeiter des „GhJ e.V." vor der JVA Hamburg-Fuhlsbüttel. Nach einer Routinekontrolle am Eingang der JVA sowie der Abgabe persönlicher Gegenstände und einer körperlichen Durchsuchung beginnt der Rundgang über das Gefängnisareal. Zunächst wurden die Jugendlichen jeweils einzeln für ca. zehn Minuten in ehemaligen Zellen eines inzwischen stillgelegten Gefängnistrakts eingeschlossen. Die Verabschiedung hierzu mit den Worten „*Genießt es!*" und „*Viel Spaß da drin!*" unterstrich die erstaunlicherweise eher lockere, verharmlosende Stimmung und den scherzhaften Tonfall. Der Eindruck entstand, die Jugendlichen seien „normale Besucher". Nach Beendigung des Einschlusses wurde deutlich, dass es den Jugendlichen schwerfiel, sich vorzustellen, für ein Jahr oder länger, 23 Stunden am Tag, inhaftiert zu sein. Mehr schien die Jugendlichen jedoch zu beschäftigen, dass elektronische Geräte anfangs nicht und im Laufe der Zeit nur nach entsprechender Antragstellung und Genehmigung mit in die Zellen gebracht werden dürfen; allerdings keine Handys und nur unter der Prämisse, dass die Jugendlichen vorab ausreichend Geld verdient haben.

Sodann wurden die Teilnehmer über den Hof in die Gefängniskirche geführt, die mittlerweile als Besuchs- und Veranstaltungsraum genutzt wird. Von hier ist der Blick in den angebauten Mitteltrakt möglich, von dem sternförmig die einzelnen Gänge mit den Hafträumen abgehen. Vormittags sind diese wie „leergefegt", da die Häftlinge ihrer Arbeit in den gefängniseigenen Betrieben nachgehen. Die Anstaltsführung durch den Vollzugsdienst wirkte realistisch, nicht geschönt, aber auch nicht übertrieben. Der Haftalltag wurde weder abschreckend oder konfrontativ noch negativ dargestellt; gleichzeitig jedoch auch nicht so, als wäre alles nur „Spaß". Seitens des „GhJ e.V." soll nach eigenen Angaben verdeutlicht werden, dass alles in Haft fremdbestimmt ist, „*man kann nichts selber entscheiden; es wird von morgens bis abends vorgeschrieben, was zu tun ist*", man müsse das jedoch sowohl negativ als auch positiv sehen. Die Äußerung eines Teilnehmers unterstrich den entstandenen Eindruck während des Besuchs, dass die Jugendlichen sich über ihre eigenen Betroffenheit und Gefährdung nicht be-

677 In der Regel sechs ausschließlich männliche Teilnehmer im Alter von 14 – 21 Jahren. Weibliche Teilnehmer konnten bisher in der JVA Hahnöfersand bzw. JVA Neumünster teilnehmen.

678 Bspw. Therapeuten im Rahmen einer stationären Unterbringung, JGH, Jugendbewährungshilfe, Weißer Ring, Schulen, Jugendbeauftragte der Polizei (z.B. Beauftragte für Intensivstraftäter).

wusst zu sein schienen: „*Ja, es sind ja auch Verbrecher hier, die nicht berechenbar sind; Kontrolle ist sozusagen gut*".

Im Anschluss führte der Rundgang unmittelbar in das jetzige Verwaltungsgebäude der JVA, die „Alte Werkhalle", sodass die tatsächliche Größe der Haftanstalt letztlich etwas im Hintergrund blieb. Hier wurde ein in der JVA Fuhlsbüttel gedrehter Kurzfilm zur Dokumentation des Haftalltags angesehen, der den Teilnehmern die „*verlorene Zeit*" im Gefängnis aufzeigen und verdeutlichen soll, wie man dort „*am Leben vorbeilebt*". In der anschließenden Gesprächsrunde wurden im Stuhlkreis – die Jugendlichen saßen abwechselnd zwischen Häftlingen[679] und Betreuern – die einzelnen Lebensläufe und strafrechtlichen Karrieren der Häftlinge sowie der Jugendlichen[680] besprochen. Die Häftlinge erläuterten, dass sie durch ihre Teilnahme an dem Projekt weder Vor- noch Nachteile hätten – früher jedoch fiel man für die Dauer des Besuchs bei der Arbeit aus und hatte daher finanzielle Verluste, heute würde man freigestellt werden.

Die beteiligten, langstrafigen Häftlinge durchlaufen vorab ein Bewerbungsverfahren zur Feststellung der Geeignetheit für die Programmteilnahme. Sie werden ferner fortlaufend geschult und erhalten Supervisionen. Erwartet wird die Übernahme von Verantwortung für die eigenen Taten und eine ehrliche Motivation, die letztliche Entscheidung der Aufnahme liegt beim „GhJ e.V.". Je nach biographischem, ethnischem sowie deliktischem Hintergrund der Teilnehmer werden die Häftlinge für die einzelnen Besuche ausgewählt, um „*eine größtmögliche Ähnlichkeit zu erreichen, die ihre Glaub- und Vertrauenswürdigkeit positiv beeinflussen soll.*"[681]

In den beobachteten Gesprächen beeindruckte insbesondere ein beteiligter Häftling des geschlossenen Vollzugs, der darstellte, dass die Jugendlichen noch alle Möglichkeiten hätten und ihnen damit die Welt offenstände: „*Es ist kein Zuckerschlecken hier, verdammt nochmal. Ihr kommt hier unter die Räder. Hier entscheiden andere über dein Leben. Die Frage ist, was ihr aus eurem Leben machen wollt. Ihr könnt die Welt nicht verändern, aber sie verändert euch. Geht nicht den Weg des geringsten Widerstandes, der ist nur kurzfris-*

679 Zwei Häftlinge aus dem offenen Vollzug, die auch bereits an dem Rundgang teilgenommen hatten sowie ein weiterer Häftling aus dem geschlossenen Vollzug, der eine 11-jährige Haftstrafe wegen Drogenhandels absaß. Die anderen verbüßten ebenfalls langjährige Haftstrafen wegen Beschaffungskriminalität sowie wegen Mordes.

680 Hierbei wird den Jugendlichen zugesichert, dass nichts, was an diesem Besuchstag erzählt werde, negativ ausgelegt werden könne, auch wenn deren Betreuer anwesend seien.

681 *Gefangene helfen Jugendlichen e.V.*, Gesamtkonzept, S. 4.

tig erfolgreich, man kriegt nichts geschenkt im Leben. Wahre Freunde halten einen ab von Drogen, und Straftaten." Ohne zu übertreiben, wurde versucht, die Jugendlichen emotional zu erreichen.

„*Erweitert eure Horizonte*" lautete sodann die Botschaft des Mitarbeiters des „GhJ e.V.", der selbst eine 19-jährige Haftstrafe wegen Mordes verbüßt hatte, an die Jugendlichen. Man sollte sein Denken und Handeln überdenken und auch Verständnis und Interesse für andere aufbringen, sich mit seinem Gegenüber auseinander setzen, statt unvermittelt „*draufzuschlagen*". Ebenso wurde den Jugendlichen klargemacht: „*Jeder ist für sich selbst verantwortlich*". Den Jugendlichen, alle vor dem Hintergrund einer Drogenproblematik, wurde erläutert, dass diese alt genug seien, zu entscheiden, ob sie Drogen nehmen wollen.

Auch lautete der Vorwurf: „*Ihr habt die falschen Freunde*". Es wurde verdeutlicht, dass es sich nicht um eine Therapiesitzung handeln sollte, „*hier werden nur die Konsequenzen deutlich gemacht*". Den Therapeuten sollte nicht „*nach dem Mund geredet werden*", wurde den Jugendlichen aufgetragen, sie müssten sich selbst klar werden, wie es mit ihnen weiter gehen sollte und was sie in ihrem Leben ändern wollten. Dabei wurde versucht, den Jugendlichen „ins Gewissen zu reden", sie sollten auch an ihre Eltern denken, wenn sie Straftaten begehen, dass diese auch ihre Opfer seien, denen sie schadeten. Insgesamt erhielt man bei den Gesprächen eine Ahnung davon, inwiefern in der Haftanstalt „pariert" werden muss und ein eigener Wille kaum durchsetzbar ist.

Nach dem Gruppengespräch wurde gemeinsam das Mittagessen eingenommen. Im Anschluss konnten die Jugendlichen (Einzel-)Gespräche mit den Häftlingen ohne Anwesenheit der Betreuer führen, um so Fragen stellen zu können, die sie möglicherweise in Anwesenheit der Betreuer nicht stellen würden.

Der Tenor zum Abschluss eines Besuchstages sei sowohl seitens der Teilnehmer als auch der Häftlinge regelmäßig durchweg positiv, so die Verantwortlichen des „GhJ e.V.". Keiner der Teilnehmer wolle „*hier landen*". Der Gefängnisbesuch solle als „*Sensibilisierung*" wirken, vergleichbar mit Gruppensitzungen eines sozialen Trainingskurses. Den Jugendlichen werde dabei „*ein Spiegel vorgehalten*"; dies solle nicht abschreckend sein, sondern in „*angenehmer Atmosphäre*" geschehen, äußert man sich beim „GhJ e.V.". Die Teilnehmer sollen dabei alle Informationen dazu erhalten, was sie bei weiterer Straffälligkeit im Gefängnis erwarten würde, alle Informationen, die für eine Entscheidung – sei diese positiv iSv Legalbewährung oder negativ iSv erneuter Straffälligkeit – vonnöten seien. Zu nennen seien hierbei der Verlust von Freunden und Familie und/oder negative (berufliche) Zukunftsaussichten. Die Informationen über die Konsequenzen und Perspektivlosigkeit von kriminellem Verhalten und eines Haftaufenthaltes sollten zur Auseinandersetzung mit dem eigenen Verhalten führen. Eine psychosoziale Intervention solle zu langfristigen, positiven Verhaltensänderungen beitragen.[682]

Den Verantwortlichen des „GhJ e.V." zufolge habe das direkte Erleben eines halben Tages im Gefängnis, das *„kalte Zuschnappen des Zellenschlosses"*, nachweislich mehr Einfluss auf die individuelle Lebensplanung gefährdeter Jugendlicher als andere Maßnahmen. Seitens der Behörde für Schule und Berufsbildung betont man, dass ein Knasttourismus vermieden werden soll. Es gehe ferner nicht um Abschreckung, sondern um einen *„Realitätsabgleich"*. Die Jugendlichen sollten sich demnach im Vorfeld überlegen, welche Vorstellungen sie von der Haft haben und diese nach dem Besuch in der JVA mit dem gewonnenen Eindruck von der Realität des Haftalltages abgleichen.

6.3.1.1.1.4 Fazit des Besuchstages

Insgesamt ist im Rahmen des Gefängnisbesuches positiv zu werten, dass Gespräche mit „Gleichgesinnten" statt mit Therapeuten[683] stattfinden. Die Gefangenen vermitteln, dass sie den Jugendlichen „aus dem Herzen" sprechen und sich in deren Situationen hineinfühlen könnten, da sie nach eigenen Aussagen im gleichen Alter in derselben Lage waren und mittlerweile *„einen Schritt weiter"* in ihren Erkenntnissen seien. Ebenfalls positiv zu betrachten ist, dass auch Gespräche mit den Häftlingen ohne Betreuer möglich sind. Dies bietet den Teilnehmern die Gelegenheit, offen und ohne etwaige Hemmungen Fragen zu stellen, die ansonsten, etwa aus Angst vor weiteren Konsequenzen, möglicherweise nicht gestellt würden. Die Jugendlichen schienen beim Besuchstag durchaus beeindruckt zu sein – ob diese Erfahrungen aus dem Gefängnis *nachhaltig positiv* wirken, bleibt allerdings offen.

Obwohl man sich seitens des „GhJ e.V." deutlich von Programmen wie „Scared Straight!" distanziert, erzeugen die Erzählungen vom Haftalltag, den Hierarchien zwischen den Häftlingen, einer eigenen Gesetzmäßigkeit mit Prügeleien und Schlimmerem, auch wenn sie durchaus real sein mö-

682 *Gefangene helfen Jugendlichen e.V.*, Gesamtkonzept, S. 7.
683 Die am von der Verfasserin begleiteten Besuchstag teilnehmenden Jugendlichen befanden sich in stationärer Drogentherapie.

gen, dennoch offensichtlich eine abschreckende Wirkung. Den teils schmächtigen, in sich zusammengesunkenen Jugendlichen wird berichtet, dass sie *„hier im Knast auf der untersten Stufe“* stünden und sich nicht wehren könnten. Von voreingenommenen Beamten und Willkür ist die Rede. Ob den Jugendlichen damit bewusst Angst eingeflößt werden soll oder schlicht Tatsachen berichtet werden, kann nicht bewertet werden. Jedenfalls scheint es er- bzw. abschreckend gemeint zu sein bzw. zu wirken. Dabei darf man zwar die strafrechtliche Vergangenheit der Teilnehmer nicht außer Betracht lassen, handelt es sich doch offensichtlich nicht um „zartbesaitete“ Jugendliche. Allerdings ist dies insbesondere vor dem Hintergrund fragwürdig, dass die Jugendlichen jedenfalls in ihrem jetzigen Alter mangels entsprechender Zuständigkeit ohnehin nicht in die JVA Hamburg-Fuhlsbüttel eingewiesen würden. Ferner sind auch einige Aussagen gegenüber den Jugendlichen – bspw. zur vermeintlich eigenen Verantwortung zum Konsum von Drogen – vor dem Hintergrund, dass die Jugendlichen (erst) 15 – 17 Jahre alt sind, bedenklich.

Problematisch ist auch, dass in einigen Situationen die Ernsthaftigkeit des Alltags in einer Haftanstalt durch unpassende Scherze oder Ähnliches verharmlost wird. So äußerte ein mitwirkender Bediensteter der JVA zu dem begleitenden Mitarbeiter des „GhJ e.V.“: *„Wenn du den hier*[684] *schlägst, hab ich das nicht gesehen. Der ist doch die Treppe runtergefallen?“*. Auch beim Passieren des Hofes wurde zwischen den beteiligten Häftlingen sowie den Justizvollzugsbeamten und anderen Häftlingen gescherzt, was eher zur Verharmlosung der an sich beklemmenden Situation beitrug, als den Ernst der Lage zu verdeutlichen. Die Atmosphäre wirkte teilweise eher kumpelhaft. Die Geschichten der Häftlinge und des Mitarbeiters des „GhJ e.V.“ klangen oft „cool“ und spannend. Beinahe erschien es so, als ob mit den Lebensgeschichten geprahlt werden sollte. Wenn erzählt wurde, dass man selbst früher *„ein schlimmer Junge war“*, verfestigte sich der Eindruck, dass teilweise Stolz auf die begangenen Taten mitschwang.

Vor diesem Hintergrund ist auch kritisch zu sehen, dass die Organisatoren selbst keine pädagogische oder psychologische Ausbildung erfahren haben. Teilweise wirkte die Gesprächsrunde improvisiert und unstrukturiert. Es ist daher fraglich, ob eine nachhaltige und präventive Wirkung bei den teilnehmenden Jugendlichen und Heranwachsenden hervorgerufen werden kann.

Zu beachten ist ferner, dass die Darstellung des Haftalltags und die eigene Vorstellung der Häftlinge aufgrund anderer Lebensphasen möglicher-

684 Gemeint war einer der teilnehmenden Jugendlichen.

weise nicht nachvollziehbar für die Jugendlichen sein können. Die Häftlinge in „Santa Fu" sitzen alle eine mindestens fünfjährige Haftstrafe ab. Fraglich ist, ob ein mitwirkender 64-jähriger Häftling, der insgesamt über 45 Jahre seines Lebens inhaftiert war, auf die Jugendlichen präventiv einwirken kann. Hier könnte eher der Eindruck entstehen, die Haft sei „gar nicht so schlimm" – anders sind mehrfache Rückfälle schwer zu erklären. Eine Identifikation mit den Häftlingen, bereits aufgrund des Alters, erscheint schwierig. Gleichzeitig ist die Annahme einer positiven Vorbildfunktion der Häftlinge paradox. Es ist nicht abzuschätzen, wie Erzählungen auf den einzelnen Jugendlichen wirken mögen, unabhängig davon, was Außenstehende oder ehemalige Häftlinge davon halten. Die Lebenssituationen scheinen in jeglicher Hinsicht zu differieren.

Zu den vereinzelten Evaluationen des Projektes „GhJ" siehe unter Ziff. 6.4.9.2.

6.3.1.1.2 JVAen Neumünster, Hannover, Bremen sowie in NRW

Das Projekt „GhJ" wird auch für Mädchen-Gruppen angeboten, die zu Anfangszeiten des Projekts den Frauenvollzug der JVA in Hahnöfersand besuchten. Der Anteil der weiblichen Teilnehmer betrage ca. 15 %, so der „GhJ e.V.". Da in Hahnöfersand JVA-bedingt nur kurze Besuche von ca. zwei Stunden und nur knappe Gespräche mit den Häftlingen möglich gewesen seien, werde seit ca. ein bis zwei Jahren die Justizvollzugsschule in der JVA Neumünster[685] besichtigt, wo auch gemischte Gruppen bzw. reine Mädchengruppen möglich sind, so die Auskunft des „GhJ e.V.". Die Mädchen seien am meisten von den Mutter-Kind-Zellen beeindruckt. Hier leben Mütter mit Kindern im Alter von bis zu drei Jahren, anschließend kommen die Kinder, *„bevor sie anfangen zu verstehen, wo sie sind"* und mangels gleichaltriger Kinder, in ein Jugendheim. Es werde darauf geachtet, dass weibliche Teilnehmer auch ins Gespräch mit weiblichen Häftlingen kämen. Dabei werden eher solche Themen angesprochen, die die weiblichen Teilnehmer betreffen. Die Teilnehmerinnen fühlten sich hiervon eher angesprochen als vom Besuch in einer Haftanstalt für Männer, so der „GhJ e.V.". Ansonsten sei der Ablauf, insbesondere die Vor- und Nachbereitungen in den Räumlichkeiten des „GhJ e.V." in Hamburg, ähnlich.

685 Von 2008 – 2014 wurden bereits andere Besuchsprojekte in der JVA Neumünster durchgeführt, http://www.abendblatt.de/region/norderstedt/article127884636/Hier-bekommen-straffaellige-Jugendliche-eine-Schocktherapie.html.

Auch in Hannover wurde das Projekt „GhJ“ in der dortigen JVA umgesetzt.[686] Hier sollten, so die Verantwortlichen, bspw. Schüler einer berufsbildenden Schule einen halben Tag lang das Leben hinter Gittern kennenlernen. Sie sehen sich Gefängniszellen an und kommen ins Gespräch mit Häftlingen.

"GhJ“ wird als Anschlussprojekt der JVA Hamburg-Fuhlsbüttel ebenfalls in der JVA Bremen angeboten.[687] Jugendliche, die zwar bereits Kontakt mit der Polizei hatten, allerdings noch nie inhaftiert waren, sollen hier mit den Konsequenzen ihres Verhaltens konfrontiert werden.

Auch allgemein auf NRW sowie die JVA Bremervörde in Niedersachen sollen die Gefängnisbesuche laut Internetauftritt des Vereins ausgeweitet werden. Näheres ist hierzu jedoch nicht bekannt.

6.3.1.2 Baden-Württemberg

In Baden-Württemberg gibt es 17 verschiedene JVAen mit 19 Außenstellen. Bis auf die (selbstständigen) JVAen in Konstanz und Waldshut-Tiengen meldeten sich alle auf die Befragung zurück. Lediglich in Ravensburg und Stuttgart finden Gefängnisbesuche statt.

6.3.1.2.1 JVA Ravensburg[688]

In der JVA Ravensburg wird seit 2005 der soziale Trainingskurs „arbeiten & mehr“ durchgeführt.

Nach Auskunft der JVA sowie des Jugendhilfevereins ist der Besuch der JVA eines von zehn Modulen des Trainingskurses, dessen Teilnahme Folge einer richterlichen Weisung gem. § 10 JGG ist. Die Teilnahme ist mithin unmittelbare Konsequenz eines strafrechtlich relevanten Verhaltens. Zielgruppe sind Jugendliche und Heranwachsende, die überwiegend männlich sind. Die ca. zweistündigen Besuche finden alle drei Monate statt. Die Vor- und Nachbereitung dauert insgesamt eine weitere Stunde.

Organisator ist der Ravensburger Jugendhilfeverein, ein Freier Träger der Jugendhilfe. Ein schriftliches Konzept liegt nicht vor. An einem Be-

---

686 Siehe ausführlich unter Ziff. 6.3.1.7.1.1.

687 Siehe ausführlich unter Ziff. 6.3.1.5.

688 Die Informationen wurden von der JVA sowie dem Ravensburger Jugendhilfeverein erteilt.

such nehmen jeweils ca. sechs bis zehn Jugendliche teil, die von einem Mitarbeiter des Projektes „arbeiten & mehr“ begleitet werden. Ein Mitarbeiter der JVA führt den Besuch durch.

Der Ablauf gestaltet sich nach Angaben der JVA und des Jugendhilfevereins wie folgt: Die Jugendlichen treffen sich zunächst mit dem Begleiter des Projekts „arbeiten & mehr“ und gehen sodann gemeinsam zur JVA; dabei wird der Besuch vorbereitet. „*In der JVA wird die Gruppe in Empfang genommen und bekommt eine kurze Führung inkl. 5 Minuten Einschluss in eine Zelle*“, so die Information der JVA. Im Anschluss findet sodann ein Gruppengespräch statt, bei dem ein Inhaftierter von seinen Erfahrungen berichtet. Die Teilnehmer können hierbei Fragen sowohl an den Mitarbeiter der JVA als auch an den Häftling stellen. „*Der JVA Mitarbeiter befragt auch reihum die Jugendlichen nach ihrer "Geschichte" und verknüpft die Antworten mit seinen Erfahrungen in der JVA*“, teilt man ferner mit. Schließlich geht die Gruppe gemeinsam zurück zu ihrem Treffpunkt und „*hat die Chance das erlebte zu reflektieren* (sic)“.

Das Modul des Gefängnisbesuches diene der Abschreckung sowie der Aufklärung, wobei letztere im Vordergrund stehe, so der Jugendhilfeverein. Die Ziele des Gesamtkonzepts seien im Übrigen die Vermeidung von Jugendarrest und weiterer Straftaten sowie die Gewährung sozialer Hilfen. Die Jugendlichen sehen einen eigenen Erfolg im Informationsgewinn und der emotionalen Auseinandersetzung mit der eigenen Situation nach dem Motto: „*Wenn ich so weiter mache, könnte ich auch hier landen.*“

Eine Evaluation des Projekts finde nicht statt, so die Auskunft, auch werden keine Erhebungen zu Rückfallquoten vorgenommen. Die Forschungsergebnisse zu „Scared Straight!“-Programmen sind in der JVA und dem Jugendhilfeverein nicht bekannt.

6.3.1.2.2 JVA Stuttgart-Stammheim

In der JVA Stuttgart werden zwei Gefängnisbesuchsprogramme durchgeführt. Es handelt es sich dabei um einen sozialen Trainingskurs sowie um das Projekt „Knast kommt Krass“.

6.3.1.2.2.1 Sozialer Trainingskurs[689]

Zunächst werden Gefängnisbesuche als Teil eines sozialen Trainingskurses nach richterlicher Weisung gem. § 10 JGG und Vermittlung durch die JGH durchgeführt. Organisiert werden die Besuche von dem freien Träger der Jugendhilfe „Paulinenpflege Winnenden e.V.". Seit Ende April 2016 finden diese in der JVA Stuttgart statt, zuvor wurden die Besuche in der JVA Rottweil bzw. im Justizvollzugskrankenhaus Hohenasperg durchgeführt, so die Auskunft der JVA. Ein schriftliches Konzept liegt weder seitens der JVA noch der Paulinenpflege vor.

Der ca. zweistündige Besuch findet zweimal jährlich statt. Die jeweils ca. fünf bis 12 jugendlichen und heranwachsenden, überwiegend männlichen Teilnehmer werden dabei von einem zuständigen Sozialpädagogen, dem Anstaltsleiter sowie einem Mitarbeiter des uniformierten Dienstes begleitet. Es erfolgt eine Führung durch die JVA (U-Haftbereich), wobei Zellen besichtigt und Gespräche mit Untersuchungshäftlingen geführt werden. Eine Nachbesprechung erfolgt dann außerhalb der JVA.

Nach Auskunft der Paulinenpflege gehe es im Rahmen des sozialen Trainingskurses darum, begangene Straftaten aufzuarbeiten, sich in Opfer hineinzuversetzen, die Themen Gewalt und Zukunft zu erörtern und weitere Straftaten zu vermeiden. Hierzu diene schließlich auch das „*Instrument Gefängnisbesuch, um den "Worten auch Bilder folgen zu lassen"*". Es solle eine reale Einschätzung zum Thema Gefängnis sowie ein eigenes Erleben und Fühlen im Gefängnis ermöglicht werden, zugleich solle ein Austausch mit Betroffenen und „*Infos aus "1. Hand"*" stattfinden. Die Teilnehmer sollen hierbei nach Auskunft der JVA sowie der Paulinenpflege sowohl abgeschreckt als auch aufgeklärt werden.

Da in der JVA Stuttgart größtenteils Untersuchungshäftlinge untergebracht sind, sind diese an den Gefängnisbesuchen beteiligt. Dem Anstaltsleiter zufolge gebe es zu Strafgefangenen „*hinsichtlich des "Erfahrungshorizontes" keinen Unterschied*"; ferner gebe es seinerseits „*keine Vorgabe ob Straf- oder U-Haft an den Gesprächen teilnimmt*". Die beteiligten Inhaftierten werden vom Leiter der JVA ausgewählt und sollen demnach eine stabile Persönlichkeit aufweisen, freiwillig teilnehmen, deutsche Sprachkenntnisse besitzen, möglichst „*"Erfahrung" in der Jugend-Strafhaft*" aufweisen sowie im ähnlichen Alter, „*tendenziell eher ein klein wenig älter*", als die Teilnehmer sein. Ebenso sei wichtig, dass im Rahmen des Besuchs kein Kontakt

689 Die Informationen wurden von der JVA sowie der „Paulinenpflege Winnenden e.V." erteilt.

zu Mittätern, Bekannten oder der Familie des Inhaftierten hergestellt werde und die Häftlinge eine ähnliche Sozialisation wie die meisten der „*Klienten*“ erfahren haben, also im ähnlichen Alter sind und sich gut verständigen können, so die Paulinenpflege.

Kenntnis von Forschungsergebnissen besteht weder seitens der JVA noch der Paulinenpflege. Eine Evaluation werde nicht durchgeführt, da – so die Paulinenpflege – der Besuch im Rahmen des sozialen Trainingskurses stattfinde und nach Beendigung des Kurses idR kein Kontakt mehr zu den Klienten bestehe. Aus datenschutzrechtlichen Gründen finde auch keine Mitteilung seitens der JGH statt. Einige Klienten würden sich freiwillig nach Beendigung des Kurses rückmelden, eine Kenntnis über Rückfallquoten bestehe allerdings nicht.

Nach Auskunft der Paulinenpflege sehen die Teilnehmer den Erfolg in dem Besuch darin, „*endlich* [eine] *reale Einschätzung vom Gefängnis* [zu] *bekommen*“, sich „*über eigene Anteile an strafrechtlichem Handeln*“ klarzuwerden und die Lage des eigenen Lebens zu erkennen. Ebenso ist man dort der Auffassung: „*Viele Teilnehmer können aus dem "Schock" des Gefängnisbesuchs für sich ihr Leben neu überdenken und positives eigenes Handeln erwirken*“.

6.3.1.2.2.2 „Knast kommt Krass“[690]

Auch im Rahmen des Projekts „Knast kommt Krass“ werden in der JVA Stuttgart Gefängnisbesuche durchgeführt. Der Besuch ist dabei ein Teil des neuntägigen Projektes. Weitere Module von „Knast kommt krass“ sind etwa der Besuch eines Amtsgerichts, eines Anti-Gewalt-Trainings oder der Besuch des VfB Stuttgart.

Ein schriftliches Konzept bzw. eine Programmbeschreibung existiert nicht. Das Projekt entstand im Jahr 2003, wurde dann jedoch unterbrochen, nachdem einige Jugendliche bei einem gemeinsamen Zelleneinschluss, der damals noch ein Programmteil war, in der Zelle „*randaliert*“ und diese „*auseinander genommen*“ hatten, so der Anstaltsleiter. Seit dem Jahr 2016 wird das Projekt fortgesetzt. Verantwortlich sind die Evangelische Gesellschaft (EVA) sowie das Haus des Jugendrechts als Freie Träger

---

690 Die dargestellten Informationen zum Ablauf des Programms wurden durch die Teilnahme der Verfasserin an der (neuen) Antrittsveranstaltung am 10. Juni 2016 sowie den Auskünften des Anstaltsleiters und der Projektleitung gewonnen.

der Jugendhilfe. Beteiligt ist mittlerweile auch das Seehaus Leonberg, „Projekt Chance". Seit 2004 seien vier bis fünf JVA-Besuche durchgeführt worden.

Zielgruppe des Projektes seien vorbestrafte, männliche Jugendliche und Heranwachsende, die *„kurz vor einer Inhaftierung stehen oder auf Bewährung draußen sind"*, teilt die verantwortliche Projektkoordinatorin der Mobilen Jugendarbeit mit. Durch die Teilnahme sollten weitere Straffälligkeiten und Gefängnisaufenthalte verhindert, ferner *„der Knast entmystifiziert und entzaubert"* und *„Alternativen für Zukunftsgestaltung"* aufgezeigt werden, so die Projektkoordinatorin. Die pro Besuch ca. sechs bis zehn Teilnehmer werden von Sozialarbeitern und uniformierten Beamten des Haus des Jugendrechtes begleitet, den Besuch selbst führt die Anstaltsleitung durch.

Beim ersten Besuch nach Wiedereinführung des Projektes nahmen neun Jugendliche und Heranwachsende im Alter zwischen 16 und 19 Jahren teil, (nahezu) alle mit sichtbarem Migrationshintergrund, begleitet von Betreuern der EVA bzw. des Haus des Jugendrechts sowie Polizeibeamten des Haus des Jugendrechts und der Verfasserin als teilnehmende Beobachterin. Der Besuchstag am 10. Juni 2016 selbst begann um ca. 13:30 Uhr und endete bereits nach einer Stunde. Nach einer Routinekontrolle mit Durchsuchung am Eingang wurde ein „Tag eines neuankommenden Untersuchungshäftlings" nachgestellt. Hierbei erfolgte ein Rundgang durch das Gebäude der Untersuchungshaft. Als zunächst der Gefängnishof passiert wurde, versuchten die Jungen „Kontakt" zu Inhaftierten, die sich in ihren Zellen befanden, aufzunehmen. Obwohl dies vorher von Betreuern und Anstaltsleitung untersagt worden war, riefen sie in verschiedenen Sprachen und pfiffen den Häftlingen zu. Die Inhaftierten gingen hierauf ein und antworten entsprechend über die zum Gefängnishof gelegenen Fenster ihrer Zellen. Offensichtlich sahen die Teilnehmer die ganze Situation eher als Spaß an. Es entstand der Eindruck, dass der Ernst der Lage nicht wahrgenommen wurde. Trotz Zurechtweisung zeigte sich wenig Einsicht bei den Teilnehmern. Für die Verfasserin rief diese Situation eher ein Unbehagen bzw. ein beklemmendes Gefühl hervor und war jedenfalls unpassend. Es schien, als hätten die Projektverantwortlichen die Situation nicht mehr unter Kontrolle.

Im Anschluss wurden die ärztlichen Untersuchungsräume, die Kleiderkammer sowie verschiedene Zellen und Räumlichkeiten der Anstalt besichtigt. *„Nie im Leben"* lautete die Reaktion eines Jugendlichen auf die darstellende Beschreibung des Ablaufs von Ganzkörperkontrollen und erneut entstand der Eindruck, dass keiner der Teilnehmer ernsthaft damit rechnete, tatsächlich einmal in diese Situation geraten zu können. Überhebliche Sprüche wie „*Sind die blöd, die sowas machen, dass sie hier reinkommen*“ wechselten sich mit romantisierenden Vorstellungen des Gefängnislebens und „coolem“ Gehabe ab. Dass alle Teilnehmer selbst kurz vor einer Inhaftierung standen, schien offenbar nicht bewusst zu sein.

Da in der JVA Stuttgart im Gegensatz zur JVA Hamburg-Fuhlsbüttel die wenigsten Häftlinge einer Arbeit nachgehen, halten sich diese bis auf den Hofgang den gesamten Tag in ihren Zellen oder eingeschränkt auf den Gängen auf. Bei der weiteren Besichtigung durch verschiedene Gänge der Anstalt führte der Weg immer wieder vorbei an Häftlingen, die sich auf vergitterten Gängen aufhielten, sich dort unterhielten oder bspw. Tischtennis spielten. Der Eindruck einer „Zurschaustellung“ kam auf. Die Teilnehmer machten hierüber Scherze, fanden die gesamte Situation „cool“ bzw. nahmen die Häftlinge offenbar nicht ernst.

Bei der Besichtigung einer Viererzelle traten vermehrt Fragen der Teilnehmer auf, ob alles hier tatsächlich so ablaufen würde, wie man es aus dem Fernsehen oder durch die Informationen von anderen kenne: „*Essen die Häftlinge Rasierklingen? Bauen sie Drogen an?*“. Über die Häftlinge wurde so gesprochen, als seien diese ein völlig „anderer Schlag“ Menschen, erneut wurde deutlich, dass die Jugendlichen und Heranwachsenden sich nicht wirklich mit diesen vergleichen bzw. identifizieren. „*Wir würden ja nicht hierher kommen, aber es liegt nicht an uns*“, sagte ein Junge. Eine Einsichtsfähigkeit oder ein Wille, das eigene Leben zu ändern, war nicht erkennbar.

In den Räumlichkeiten der JVA Stuttgart erfolgen keine Gespräche mit Häftlingen. Stattdessen finden im Anschluss an den Besuch Gespräche mit jungen Inhaftierten im „Projekt Chance“, einem „Jugendstrafvollzug in freien Formen“[691] statt. Hier soll nochmals die Konsequenz weiterer Straffälligkeit aufgezeigt werden. Es geht auch um die Erarbeitung von Lebensperspektiven außerhalb der Kriminalität.[692]

Von der Sozialarbeit wird eine Nachbetreuung „*zur Aufarbeitung des Erlebten und Steigerung der Nachhaltigkeit*“ durchgeführt.[693] Dabei soll besprochen werden, ob und wie ein Leben abseits von Kriminalität geführt werden kann und welche Ziele die Teilnehmer in ihrem Leben haben, so die Projektkoordinatorin. Hierbei werde erarbeitet, „*ob der Knast in Zukunft*

691 https://www.projekt-chance.de/?jugendprojekt-chance,43.

692 Siehe „Projekte“ unter http://www.haus-des-jugendrechts-stuttgart.de/pb/,Lde/Startseite/Praevention.

693 Siehe „Projekte“ unter http://www.haus-des-jugendrechts-stuttgart.de/pb/,Lde/Startseite/Praevention.

eine Rolle spielt bzw. spielen soll und wenn nicht, was man tun kann, um es zu vermeiden." „*Es wird geschaut, wen man als Anlaufstelle oder sozialen Anker hat*", so die Auskunft.

Evaluationen des Projekts finden nicht statt. Nach Auskunft der Projektkoordinatorin, die eine subjektive Einschätzung äußerte, wurde bei einem teilnehmenden Jahrgang festgestellt, dass 50 % der Teilnehmer nicht mehr rückfällig wurden. Details und Hintergründe, konkrete Zahlen oder Zeiträume dieser Behauptung sind nicht bekannt.

Wie vorstehend beschrieben, zeigte sich für die Verfasserin bei der teilnehmenden Beobachtung die Auffälligkeit, dass – im Unterschied zu „GhJ" in Hamburg – die gesamte Besuchssituation oftmals ihren Ernst vermissen ließ, obgleich auch in Hamburg bereits eine „lockere" Atmosphäre herrschte. Trotz der Pflicht zur Abgabe sämtlicher persönlicher Gegenstände am Eingang der Haftanstalt wurde dies von Einzelnen nicht umgesetzt, aber anschließend auch nicht geahndet; Käppis mussten nicht abgenommen werden. Es erfolgte keine Zurechtweisung, wenn Scherze gemacht, Sprüche gerissen oder den Häftlingen über den Hof hinweg in deren Zellen in verschiedenen Sprachen zugerufen wurde, obwohl dies vorab untersagt wurde. Eine Strenge der Projektverantwortlichen und des Gefängnispersonals wie bei „GhJ" in Hamburg war nicht vorhanden. Die Gruppe kannte sich, erschien als „Clique" und war zudem größer als in Hamburg. Auch das Durchschnittsalter der Teilnehmer war in Stuttgart höher. Das Auftreten der Jugendlichen und Heranwachsenden zeugte eher von Desinteresse, es erschien, als „prallte alles an ihnen ab". Gleichwohl teilte die begleitende Sozialarbeiterin im Nachhinein mit, dass die Teilnehmer sich am Ende bei den JVA-Mitarbeitern „artig" für den Besuch bedankt hätten und auf der Rückfahrt noch „extrem angespannt" waren. Erst als sie im Haus des Jugendrechts angekommen seien, als klar gewesen sei, dass ihnen jetzt nichts mehr passiere, hätte sich die Anspannung gelegt. Nach außen seien die Jungs cool, innerlich jedoch beeindruckt gewesen. Jedenfalls bei vier bis fünf Jungs hätte der Besuch Eindruck gemacht, ist sich die Sozialarbeiterin sicher, bei den anderen sei es unklar. Entsprechende Beobachtungen und Feststellungen konnte die Verfasserin jedoch nicht erlangen. Vielmehr lassen die gewonnenen Eindrücke den Zweifel daran offen, dass der Besuch die Teilnehmer tatsächlich nachhaltig positiv beeindruckte und zu Verhaltensänderungen bewegen konnte.

Insgesamt scheint das Projekt – möglicherweise aufgrund seiner Unterbrechung – unstrukturiert. Nach bisheriger Kenntnis soll es fortgesetzt werden. Evaluationen liegen nicht vor und sind nach bisheriger Kenntnis nicht geplant.

6.3.1.3 Bayern

In Bayern gibt es 36 JVAen, bei denen es sich um 21 selbständige und 15 angegliederte Anstalten handelt. Rückmeldungen zum Fragebogen gingen lediglich von 23 Anstalten ein, die übrigen Einrichtungen[694] meldeten sich auch auf mehrfache Rückfrage nicht zurück. In den folgenden Anstalten werden Besuchsprogramme durchgeführt:

6.3.1.3.1 JVA Hof[695]

In der JVA Hof finden Informationsveranstaltungen für Schulkassen ohne Beteiligung von Gefangenen statt. Die Besuche im Rahmen des Rechtskundeunterrichts dauern etwa anderthalb bis zwei Stunden und geben einen Kurzüberblick zum Thema Strafvollzug in Bayern sowie zur JVA Hof. Ob die Bildungsträger mit dem Projekt auch Präventionsarbeit verfolgen, ist in der JVA nicht bekannt. Die Initiative ginge nicht von der JVA selbst aus, so die dortige Auskunft. Andere entsprechende Programme sind in der JVA nicht bekannt.

6.3.1.3.2 JVA Kaisheim[696]

In der JVA Kaisheim wird ein von der JAA München für deren Arrestanten angebotenes Besuchsprogramm durchgeführt. Der Besuchstag ist dabei Teil eines fünftägigen sozialen Trainings der JAA.[697] Zeitlicher Ablauf und Zielsetzung des Besuches sind in der „Kurzkonzeption für das Soziale Training“ festgehalten, die der Verfasserin zur Verfügung gestellt wurde. Die Arrestanten besuchen die JVA freiwillig aus eigener Motivation.

Die Besuche finden sechs- bis achtmal jährlich für jeweils sechs bis sieben, überwiegend männliche Jugendliche und Heranwachsende statt und dauern ca. vier Stunden. Hiervon umfasst sind ein gemeinsames Mittagessen mit Häftlingen, die Besichtigung eines Haftraumes sowie ein ca. zwei-

694 JVAen in Bamberg, Bayreuth, Erding, Erlangen, Kronach, Landshut, Memmingen, Mühldorf, München, Niederschönenfeld, Passau, Schweinfurt, Straubing.

695 Die Informationen wurden von der JVA erteilt.

696 Die Informationen wurden durch die JVA und die JAA München (Fragebogen) sowie der Kurzkonzeption erlangt.

697 Ferner gibt es die Möglichkeit, dass Insassen der Sozialtherapeutischen Abteilung Gewalt der JVA München die Arrestanten der JAA München „besuchen“.

bis dreistündiges Gespräch mit den beteiligten Gefangenen. Nach einer Vorstellungsrunde können den Strafgefangenen Fragen gestellt werden. Einzelne Arrestanten stellen sich anhand im sozialen Training vorbereiteter Diagramme über positive und negative Eckpunkte ihres Lebens sowie der begangenen Straftaten vor. Es sollen sodann eine Diskussion und ein Austausch stattfinden. Der Besuch wird im Rahmen des sozialen Trainings in der JAA München vor- und nachbereitet. Begleitet werden die Teilnehmer von einem Sozialpädagogen sowie einem Mitarbeiter des AVD.

Zielsetzung des Projektes ist nach Auskunft der JVA sowie der JAA bestenfalls einer erneuten Straffälligkeit der Teilnehmer vorzubeugen. Im Übrigen beträfen die Ziele nach der Kurzkonzeption vornehmlich eine „*Auseinandersetzung mit der eigenen (strafrechtlichen) Vergangenheit und den Konsequenzen für die eigene Person und das Umfeld*", das „*Hinterfragen der gegenwärtigen Lebensweise*", das „*Entwickeln realistischer Ziele für die Zukunft (kurz-, mittel- und langfristig)* [sowie] *realistischer Handlungsalternativen und Erkennen und Annehmen von Hilfsangeboten*", die Herstellung von „*Einsicht und Änderungsbereitschaft*" sowie eine „*Sensibilisierung für die Folgen weiterer Straftaten*". Ferner soll über den „*Strafvollzug im Gegensatz zum Arrest*" aufgeklärt werden.

Die mitwirkenden Häftlinge werden nach Kommunikationsfähigkeit, Einfühlungsvermögen, der Bereitschaft, sich mit der eigenen Delinquenz auseinanderzusetzen sowie einer Veränderungsbereitschaft ausgewählt.

Informationen zur Rückfallquote oder dem weiteren Arrestverlauf wurden weder von der JVA noch der JAA erlangt. Forschungsergebnisse zu Gefängnisbesuchsprogrammen im Allgemeinen seien nach deren Auskunft hingegen bekannt. Ausgewirkt habe sich dies insofern, als dass das „*Ziel des Besuches [...] nicht reine Abschreckung*" sei. Wie dies konkret umgesetzt wird, ist jedoch nicht bekannt. Evaluationen des Programmes finden nicht statt.

6.3.1.3.3 JVA Landsberg am Lech und JVA Neuburg-Herrenwörth[698]

Sowohl in der JVA Landsberg am Lech als auch der JVA Neuburg-Herrenwörth[699] werden seit einer Anfrage der Brücke e.V. Augsburg im Jahr 2012

698 Die Informationen wurden von den JVAen sowie der Brücke e.V. Augsburg erlangt.

699 Die JVA Neuburg-Herrenwörth ist für die Vollstreckung von Jugendstrafen für männliche Jugendliche und Heranwachsende zuständig.

Gefängnisbesuche als Teil eines dort angebotenen sozialen Trainingskurses („Konfrontativer Sozialer Trainingskurs") durchgeführt. Der Kurs beinhaltet insgesamt 18 Einheiten mit wöchentlichen Treffen. Je nach Anzahl der zu Stande kommenden Kurse werden die Gefängnisbesuche etwa ein- bis zweimal pro Jahr – abhängig vom Alter der jeweiligen Teilnehmer – entweder in der JVA Landsberg oder in der JVA Neuburg-Herrenwörth durchgeführt. Der Ablauf eines „Infoabends" in den Haftanstalten ist in einem knappen, stichwortartigen Ablaufplan festgehalten.

Eine Teilnahme am sozialen Trainingskurs und damit auch an einem Gefängnisbesuch erfolgt aufgrund entsprechender jugendrichterlicher Weisungen. Begleitet werden die Besuche der Haftanstalten von den TrainerInnen des sozialen Trainingskurses, einem Fachdienst der jeweiligen Anstalt, einem Mitarbeiter des AVD sowie zwei Häftlingen.

Nach den Auswahlkriterien der JVA Landsberg sind die beteiligten Häftlinge Teilnehmer des anstaltsinternen sozialen Trainingskurses sowie der anstaltsinternen Gesprächsgruppe, welche *„sich positiv hervorheben und noch eine gewisse Zielgruppennähe durch ihr Alter ausweisen"*.

Der JVA Neuburg-Herrenwörth zufolge dürfen die teilnehmenden Gefangenen aus Gründen der Anonymität nicht aus der Stadt Augsburg stammen. Ausgewählt werden demnach solche jugendlichen und heranwachsenden Häftlinge, die bereits seit längerer Zeit das Programm der sozialtherapeutischen Abteilung für jugendliche Gewaltstraftäter (SothA-G) absolvieren und sich intensiv mit sich selbst und ihrer (strafrechtlichen) Biographie auseinandergesetzt haben, so die Auskunft der JVA. Im Übrigen müssen diese eine gewisse Souveränität im Umgang mit Gruppen aufweisen. Die JVA teilt mit, dass die Teilnahme am Informationsabend freiwillig, bei den Gefangenen allerdings sehr begehrt sei. Den Gefangenen werde dabei die Möglichkeit gegeben, konkret an der Prävention weiterer Straftaten mitzuwirken. *„Dies wird als kleiner Baustein im Rahmen einer (gesellschaftlichen) "Wiedergutmachung" gesehen"*, so die JVA Neuburg-Herrenwörth.

Bei beiden von der Brücke e.V. organisierten Besuchen nehmen ca. sechs bis zehn (in der JVA Neuburg-Herrenwörth maximal neun) Teilnehmer an den zweistündigen Besuchsabenden ab ca. 17:45 Uhr teil. Zielgruppe sind ausschließlich männliche Jugendliche und Heranwachsende ab 16 Jahren, die insbesondere durch mehrfache und/oder gravierende Straftaten *„im Gewaltbereich"* auffällig waren, so die Auskunft der Brücke e.V. sowie der JVA Neuburg-Herrenwörth. Die JVA Neuburg-Herrenwörth teilt mit, dass durch den Gefängnisbesuch die Gefangenenperspektive des Erwachsenenvollzugs in den sozialen Trainingskurs eingebracht werden solle. Es solle über die Folgen einer Inhaftierung informiert, Einblick in die „Realität“ des Strafvollzugs gegeben und durch den Austausch mit ausgewählten jugendlichen bzw. heranwachsenden Strafgefangenen die Möglichkeit gegeben werden, an deren persönlichen Erfahrungen teilzuhaben. „*Wichtig ist, die bei den Jugendlichen noch zur Verfügung stehenden Wahlmöglichkeiten und die damit verbundene Verantwortung zu betonen*“, so die JVA Neuburg-Herrenwörth. Es könnten in diesem Alter noch die „richtigen Entscheidungen getroffen werden“. Schwerpunkte seien unter anderem auch die Konsequenzen einer Inhaftierung und Einschränkungen durch die Haft, auch für die Familien der Häftlinge. Seitens der JVA Neuburg-Herrenwörth teilt man ausdrücklich mit, dass „*"Abschreckung" wie in der Einleitung dieses Fragebogens erwähnt [...] ausdrücklich nicht erfolgen*“ solle. Gleichzeitig teilt ein zuständiger Mitarbeiter der Brücke e.V. mit, dass ein Besuch des *alten* Gebäudes der JVA Landsberg eine zusätzliche abschreckende Wirkung mit sich brächte, dies jedoch aufgrund der hohen Sicherheitsvorkehrungen der JVA nicht möglich sei.

Beim Besuch selbst findet zunächst eine Routinekontrolle der Teilnehmer statt, persönliche Gegenstände müssen abgegeben und Gefangenenkleidung angezogen werden. Der „Zugang“ und ein Haftraum werden besichtigt. Im Anschluss findet eine Vorstellungsrunde statt; zum Thema „Haft“ vorbereitete Fragen werden den Mitarbeitern der Anstalten sowie den Häftlingen gestellt. In der JVA Neuburg-Herrenwörth soll insbesondere ein Austausch zwischen den Jugendlichen – Häftlinge und Teilnehmer – stattfinden. Insgesamt sollten weniger formale oder organisatorische Dinge, sondern eher persönliche Erfahrungen wie der Verlust von Freiheiten im Vordergrund stehen, so die JVA Neuburg-Herrenwörth und die Brücke e.V.; Informationen bzw. ein Austausch hierüber sollen stattfinden. Durch Fotos und „Haftgegenstände“ sollen Einblicke in die Haft ermöglicht werden. Mittels sog. „Ampel-Karten“ in rot, orange und grün sollen die Teilnehmer die Glaubwürdigkeit der Rückmeldungen einschätzen. Eine Vor- und Nachbereitung des Besuches findet in den Sitzungen des Trainingskurses statt.

Konkrete Evaluationen finden, abgesehen von den jährlichen Statistiken der gesamten Projekte der Brücke e.V., bspw. zur Teilnehmerzahl, der Herkunft der Teilnehmer oder der begangenen Delikte[700], nicht statt. Am Ende des jeweiligen Besuchsabends findet eine mündliche Auswertung statt, in einem weiteren Treffen im sozialen Trainingskurs im Übrigen eine ausführliche Reflexion. Nach Auskunft der Brücke e.V. sind die Teilnehmer

700 Siehe bspw. *Brücke e.V. Augsburg*, Jahresbericht 2017.

idR beeindruckt von den Schilderungen der Häftlinge, die wenig mit den üblichen *„Knast-Mythen"* zu tun hätten.

Eine Kenntnis über Rückfallquoten ehemaliger Teilnehmer besteht nicht. Seitens der JVA Landsberg teilt man mit, dass ein kriminalpräventiver Nutzen des Projektes aufgrund der Kenntnis der bisherigen Forschungsliteratur wohl eher gering sei. *„Kriminalpräventive Effekte von „Scared Straight!"-Programmen sind generell umstritten"*; wenn der *„Besuch in der JVA aber in einen sozialen Trainingskurs eingebettet ist, ist es zumindest einen Versuch wert"*, teilt man seitens der JVA Landsberg mit. Dabei stelle sich allerdings die Frage, ob der personelle Aufwand durch einen kriminalpräventiven Nutzen aufgewogen werde. Seitens der JVA Neuburg-Herrenwörth besteht keine Kenntnis von Forschungsergebnissen über Gefängnisbesuchsprogramme.

6.3.1.3.4 JVA Laufen-Lebenau[701]

In der JVA Laufen-Lebenau[702] werden ca. drei- bis viermal im Jahr Gefängnisbesuche durchgeführt. Diese finden zum einen im Rahmen der von der Jonathan Jugendhilfe angebotenen sozialen Trainingskurse nach Weisungen des Jugendgerichts sowie zum anderen im Rahmen der von der Caritas Fachambulanz für Suchtkranke angebotenen „FreD-Kurse" (Frühintervention für erstauffällige Drogenkonsumenten) statt.

Die Zielgruppe umfasst Jugendliche, Heranwachsende und junge Erwachsene, die entweder bereits straffällig wurden oder abweichendes Verhalten zeigten (FreD-Kurs).

Jeweils ca. acht bis zehn, überwiegend männliche Besucher nehmen sodann an dem ca. drei- bis vierstündigen Besuchstag teil, das von einem Häftling sowie einem Sozialpädagogen der Anstalt begleitet wird. Vor- und nachbereitet werden die Besuche entweder von der Jonathan Jugendhilfe oder der Caritas. Bei dem Besuch selbst findet zunächst eine Anstaltsführung durch die Arbeitsbetriebe statt. Es werden Einzelhafträume sowie Sicherheits- und Kamerazellen für Suizidgefährdete besichtigt und vorab von den Jugendlichen ausgearbeitete Fragen beantwortet. Zudem erfolge eine *„kurze Einführung in das soziale System JVA* [samt] *Erläuterung der Subkultur"*, so die JVA. Im Anschluss an die Führung findet eine Gesprächs-

701 Die Informationen wurden von der JVA erteilt.

702 Die JVA Laufen-Lebenau ist zuständig für den Vollzug von Untersuchungshaft und Jugendstrafe an männlichen Jugendlichen und Heranwachsenden.

runde mit einem ausgewählten Gefangenen statt. Nach Auskunft der JVA soll der Gefangene „*überdurchschnittlich zur Mitarbeit bereit sein, einigermaßen redegewandt und wenn möglich stark von der Haft beeindruckt*". Um die Anonymität zu wahren, sollte er, wenn möglich, nicht aus dem Landkreis Berchtesgadener Land kommen.

Auf die Frage nach der Zielsetzung teilt man seitens der JVA mit, dass „*Jugendliche durch "Abschreckung" vor Straffälligkeit*" abgehalten werden sollen. Auch die Frage nach der konkreten kriminalpräventiven Wirkung wird ausdrücklich mit Abschreckung beantwortet.

Kenntnisse über Rückfallquoten liegen, ebenso wie über Forschungsergebnisse zu Gefängnisbesuchsprojekten, nicht vor. Seitens der JVA teilt man ferner mit, dass eine Einschätzung über den Erfolg schwer gegeben werden könne, da die Besuche nur einen Teil des sozialen Trainingskurses bzw. des FreD-Kurses ausmachten. „*Die Rückmeldungen, die von diesen allerdings kommen, sind durchwegs sehr positiv, teilweise wird der Besuch in der JVA als wichtigstes Erlebnis der Jugendlichen beschrieben.*"

6.3.1.4 Brandenburg – JVA Wriezen[703]

In Brandenburg wurden die Rückmeldungen der JVAen über das Ministerium der Justiz mitgeteilt. Von insgesamt fünf JVAen erteilte lediglich die JVA Luckau-Duben keine Auskunft.

Ein Besuchsprogramm wird derzeit ausschließlich in der JVA Wriezen[704] durchgeführt. Die JGH Bad Freienwalde (Oder), Amt für Jugend und Soziales des Landkreises Märkisch-Oderland, organisiert das Besuchsprojekt „Ich und Gewalt" seit 1997. Die Idee hierzu stammte von einer ehemaligen Mitarbeiterin der JGH Straußberg.

Die Teilnahme am Projekt erfolgt teilweise freiwillig und rein präventiv, bspw. im Rahmen von Jugendweihestunden, idR jedoch nach Weisung bzw. Auflage des Gerichts oder der StA im Rahmen von Diversionsverfahren oder nach Verurteilung. Als Sanktionierung eines deliktischen Verhaltens sei es wünschenswert, dass die Maßnahme möglichst zeitnah, innerhalb von vier Wochen, nach Begehung der Straftat erfolge und somit noch erzieherisch wirken könne, so die JGH. Möglich sei auch die Teilnahme

703 Die Informationen wurden der Verfasserin von der JVA Wriezen bzw. der JGH schriftlich sowie im telefonischen Gespräch mitgeteilt.

704 Die JVA Wriezen im Oderbruch ist zentrale Justizvollzugsanstalt für Jugendliche in Brandenburg.

vor einer Verhandlung mit der häufigen Folge, dass ein entsprechendes Verfahren eingestellt werde. „Ich und Gewalt“ sei eine erzieherische Maßnahme zur Sanktionierung von einfachen Gewaltdelikten und damit eine Alternative zur Verhängung von Arbeitsstunden. Letztere seien teilweise nicht deliktsbezogen und würden daher nicht die gleichen Erfolge erzielen wie das Gefängnisbesuchsprogramm, so die JGH. Es handele sich bei den Gefängnisbesuchen um eine soziale Gruppenarbeit, die dem Erziehungsgedanken des SGB VIII bzw. des JGG entspreche. Eine Strafe stehe nicht im Vordergrund, das Projekt diene der Erziehung der Teilnehmer, so die JGH. Bei Erscheinen zum Termin und erfolgreicher Teilnahme erhalten die Jugendlichen und Heranwachsenden eine Bestätigung der JGH.

Die Besuchstage finden einmal monatlich für eine bis maximal zwei Stunden statt. Es nehmen dabei bis zu fünf Jugendliche bzw. Heranwachsende im Alter zwischen 14 und 20 Jahren, in Einzelfällen auch junge Erwachsene, teil, die jeweils von einem Elternteil, von Heimerziehern, älteren Geschwistern oder einem Vormund begleitet werden. Ferner nehmen jeweils zwei Jugendstrafgefangene teil. Begleitet wird der Besuch von einem Bediensteten und einem Sozialarbeiter der JVA sowie einem Mitarbeiter der JGH. Auch bei Volljährigen nehmen zwingend auch Erzieher oder Eltern teil. Hierauf werde besonderer Wert gelegt, so die JGH, da diese die Sicht der Eltern bzw. Angehörigen von inhaftierten Jugendlichen und Heranwachsenden besser verstehen und reflektieren könnten. Dabei geht die JGH davon aus, dass nach dem Ende der sozialen Gruppenarbeit das Thema zu Hause oder in der jeweiligen Einrichtung weiter besprochen werde. Gerade bei den Eltern sei eine höhere Hemmschwelle vorhanden als bei ihren Kindern; teilweise schämten sich diese, überhaupt in eine JVA gehen zu müssen, so die JGH. Auch könnten Elternhäuser über eine Teilnahme an ihre eigene Verantwortung als Elternteil erinnert werden.

Überwiegend handele es sich bei den Besuchen um männliche Teilnehmer, die noch keine Gerichtserfahrung hatten und bislang lediglich Bagatelldelikte, wie „*Kloppereien in der Schule*“ verübt haben, so die JGH, „*bei Intensivtätern bringt es nichts mehr*“.

Durch den Gefängnisbesuch soll den Jugendlichen und Heranwachsenden vermittelt werden, dass sich Straftaten im Allgemeinen nicht lohnen. Die inhaftierten Jugendlichen und Heranwachsenden, die sich freiwillig beteiligen, sollen als „*Fachmänner*“ über die Einschränkung ihrer persönlichen Freiheiten aufklären und ihre Erfahrungen authentisch vermitteln. Die JGH äußert sich dahingehend, dass den „Gästen“ durch die Schilderungen des Haftalltags sehr schnell klar werde, dass die Verbüßung einer Haftstrafe nichts mit einem „*Sanatoriumsaufenthalt*“ zu tun habe.

Die Teilnehmer sind idR neugierig und teils der Ansicht, dass es *„in der JVA nicht so schlimm sei"*. Manche wollen jedoch nur ihre Auflagen oder Weisungen erfüllen. Die Begleitpersonen hoffen auf schnelle Lösungen für das jeweilige abweichende Verhalten. Oft sei der Anspruch allerdings höher als das, was in kurzer Zeit erreichbar sei, so die Auskunft der JVA. Einige Eltern würden manchmal denken, dass sie nach einer Stunde ein neues Kind hätten, *„was selbstverständlich nicht so ist"*, so die JGH. Man arbeite mit der Verantwortung der Teilnehmer sowie vor allem der Eltern, die angehalten seien, Verantwortung zu übernehmen und auf ihre Kinder zu achten.

Für die inhaftierten Jugendlichen bzw. Heranwachsenden besteht durch die Gesprächsrunde eine Möglichkeit, ihre eigenen Straftaten und ihren gegenwärtigen Aufenthalt in der JVA zu reflektieren bzw. aufzuarbeiten. Die beteiligten Häftlinge sind im geschlossenen Vollzug untergebracht, Untersuchungsgefangene nehmen nicht an der Maßnahme teil. Die Häftlinge müssen bereits seit mindestens sechs Monaten inhaftiert, in den letzten drei Monaten suchtmittel- und gewaltfrei gewesen und nicht an Subkulturen in der JVA beteiligt sein, so die JGH. Ferner müssen diese an Behandlungsprogrammen teilnehmen, gruppenfähig sein und Straftateinsicht zeigen.

Zu Beginn des Gefängnisbesuchs passieren die Teilnehmer und deren Begleitpersonen die Metallschleuse am Einlass und werden von einem Mitarbeiter der JVA mit einer Handsonde kontrolliert und durchsucht. Alle persönlichen Gegenstände werden in Schließfächern aufbewahrt. Die Durchsuchung beim Einlass sei den meisten unangenehm, Nachdenklichkeit trete ein, so die JGH. Die Maßnahme selbst findet im Besucherzentrum statt, nicht im Hafthaus. Dies geschehe aus Gründen der Anonymität: Die Hafträume sind mit den Namen der Insassen beschriftet. Ein Rundgang in der JVA finde nicht statt, es solle *„keine Zooveranstaltung"* sein, so die JVA. Die zwei beteiligten Jugendstrafgefangenen werden, nachdem sie von Stationsbediensteten durchsucht wurden, von der Sozialarbeiterin ins Besucherzentrum begleitet; sie tragen Anstaltskleidung. Den Teilnehmern wird die Hausordnung der JVA ausgehändigt. Zunächst erfolgt eine Vorstellungsrunde, wobei es sowohl den Teilnehmern als auch den Jugendstrafgefangenem freisteht, die begangenen Delikte zu benennen. Im Anschluss berichten die Jugendstrafgefangenen von ihrem Haftalltag und beantworten die Fragen der Teilnehmer.

Einer Cliquenbildung werde dadurch vorgebeugt, dass die Jugendlichen im Kreis getrennt voneinander sitzen. Die JGH betont, dass gewisse Regeln einzuhalten seien, z.B. dürften keine Springerstiefel getragen werden und die Teilnehmer dürften nicht alkoholisiert erscheinen.

Die Mitarbeiterin der JGH führt sowohl Vor- als auch Nachbesprechungen mit den Besuchern durch. Sie erklärt, dass die Vorbesprechung bei Strafsachen jeweils einzeln im Rahmen der Ladung zum Programm erfolge. Dabei werde nicht das Programm an sich vorbesprochen, sondern generell über das Jugendstrafrecht aufgeklärt. Eine Nachbesprechung finde nach dem Termin in der JVA mit der gesamten Gruppe statt. Hierbei können Fragen geklärt werden, einen gesonderten Termin zur Nachbesprechung gebe es nicht. Hinzukommend werden die Eltern bzw. Erzieher gebeten, den Besuch zuhause oder in der Schule mit den Teilnehmern zu erörtern.

Das Projekt werde von den Eltern oder Erziehern sehr positiv bewertet; die Jugendlichen bzw. Heranwachsenden würden nachdenklich werden. Die zuständige Mitarbeiterin der JGH teilt mit, dass ihr nur in etwa 1 % der Fälle Rückfalle von ehemaligen Teilnehmern bekannt wurden. Auf diese Zahl gelangte man durch Berechnung der bis dato ca. 912 Teilnehmer der letzten 19 Jahre und den bei der JGH bekannten Wiederholungstätern. Diese würden zwangsläufig wieder im Zuständigkeitsbereich der JGH „*landen*", sodass man hierdurch auf die Rückfallquote schließen könne, so die JGH.

Im Rahmen des Fragebogens teilte man zunächst mit, dass Forschungsergebnisse zu Gefängnisbesuchsprogrammen bekannt seien, allerdings keine Auswirkungen auf die Programmdurchführung nach sich gezogen hätten. Nach Rücksprache verneint die JGH allerdings, dass eine tatsächliche Kenntnis vorliege. Auswertungen von Projekten aus den USA seien nicht bekannt.

6.3.1.5 Bremen – JVA Bremen

Auch in der JVA Bremen wird ein Gefängnisbesuchsprogramm „Gefangene helfen Jugendlichen" („GhJ") angeboten. Im Rahmen dieses Projekts, das dem Hamburger Verein[705] angeschlossen ist, findet in der JVA Bremen ca. zweimal pro Monat ein Treffen von fünf bis zehn, hauptsächlich männlichen, Jugendlichen und Heranwachsenden sowie etwaiger Betreuer statt. Die Besuche sind idR Teil eines von verschiedenen freien Trägern der Jugendhilfe aus Bremen, Bremerhaven, Oldenburg, Cuxhaven, Rotenburg,

705 Siehe oben unter Ziff. 6.3.1.1.1.

Wilhelmshafen u.a. organisierten sozialen Trainingskurses, der auf richterliche Weisung hin zu absolvieren ist. Ferner werden Gefängnisbesuche für Jugendliche und Heranwachsende, die abweichendes Verhalten zeigten, gefährdet zur Begehung von Straftaten sind oder bereits straffällig wurden, von verschiedenen Schulen aus Bremen, Bremerhaven und Umgebung oder dem Kommunalen Sozialen Dienst organisiert.[706]

Im Gespräch mit der Verfasserin wurde seitens der JVA eine deutliche Distanzierung zum Verein „GhJ e.V." aus Hamburg geäußert, eine Zusammenarbeit war zu diesem Zeitpunkt von Bremer Seite demnach nicht gewünscht.

Die Teilnehmer sind nach Auskunft der JVA zwischen 14 und 20 Jahre alt, die Gruppengröße umfasst fünf bis zehn Teilnehmer. Die Besucher werden zunächst an der Pforte der JVA Bremen abgeholt und auf *„verbotene Gegenstände"* durchsucht. Sodann findet in einem Klassenraum im Schulgebäude ein ca. anderthalbstündiges Gespräch mit zwei beteiligten Gefangenen statt. Falls keine vollzuglichen Gegebenheiten, wie etwa Alarmsituationen, dagegensprechen, wird die Gruppe anschließend in den Jugendvollzug geführt und erhält dort eine Einführung in den Tagesablauf. Schließlich werden Hafträume und – falls dies in der konkreten Situation möglich ist – besonders gesicherte Hafträume besichtigt. Aufkommende Fragen werden beantwortet. Eine Vor- und Nachbereitung findet außerhalb der JVA durch Lehrer oder Betreuer der Jugendlichen statt.

Die Intention des Projektes sei nach Auskunft der JVA ausdrücklich nicht Abschreckung und Konfrontation, sondern sachliche Aufklärung der Teilnehmer über ein Leben im Gefängnis und die schwerwiegenden Auswirkungen einer Inhaftierung auf den persönlichen, beruflichen, finanziellen und sozialen Lebensbereich. Diese Aufklärung erfolge durch Gespräche mit *„geeigneten"* Häftlingen, die in gleicher Weise *„betroffen"* sind. Die-

---

706 Bereits in früheren Jahren wurde in der JVA Bremen das Projekt „Knast ist nicht cool" durchgeführt, das nun unter gleichem Namen vom „GhJ e.V." sowie u.a. von „ReBUZ" (Regionale Beratungs- und Unterstützungszentren) weitergeführt wird. Als Vorbild dienten damals bereits neben den zahlreichen US-amerikanischen Programmen vor allem das Projekt „GhJ" in Hamburg, *Graebsch*, INFO 4 (2005), S. 33. Der Fokus hinsichtlich der Teilnehmer ist dabei jedoch mittlerweile von Schülern auf strafrechtlich gefährdete bzw. auffällige Jugendliche gerückt. Siehe hierzu u.a. https://www.gefangene-helfen-jugendlichen.de/gefangene-helfen-jugendlichen-bremen/; *Fueller*, Weser Report, 16.11.2017; *Freie Hansestadt Bremen* (2006), S. 26 f.; *Kölling*, Die Norddeutsche (2017); Anfrage der Abgeordneten Köhler und Linnert und der Fraktion Bündnis 90/Die Grünen und Antwort des Bremer Senats, *Bremische Bürgerschaft* (Landtag) (2006); *Graebsch*, INFO 4 (2005), S. 33 ff.

se sollen die Bedeutung einer Inhaftierung verdeutlichen und von ihrer Lebensgeschichte erzählen. Hierbei solle das Bewusstsein der Jugendlichen für ihr eigenes Verhalten und dessen Konsequenzen geweckt werden, insbesondere wenn Gespräche oder Ermahnungen von Eltern und Lehrern erfolglos geblieben seien. Kriminalpräventiv solle die Auseinandersetzung der Jugendlichen mit ihrem eigenen Verhalten und der Sensibilisierung für die Folgen von Kriminalität für das eigene Leben wirken. Klischees vom schnellen Geld oder anderen Statussymbolen sollen entwertet werden. Das eigene „falsche" Verhalten und eigentliche „Lebensnotwendigkeiten" wie Schule oder Ausbildung sollen ins Bewusstsein gerufen werden. Denkanstöße sollen gegeben werden, um eine Änderung des eigenen Tuns zu bewirken.

Die Häftlinge können sich für eine Teilnahme bewerben oder werden gezielt angesprochen. Seitens der JVA wird Wert daraufgelegt, dass die Insassen ihre Taten bereuen und eine deutliche Motivation zeigen, sich mit den delinquenten Jugendlichen auseinanderzusetzen. Ferner dürfen keine Sicherheitsaspekte dagegensprechen. Die Teilnahme ist freiwillig und wird nicht vergütet. Häufig verzichten die Insassen auf Freizeitveranstaltungen, um an dem Projekt mitwirken zu können. Die Reaktion der teilnehmenden Häftlinge ist überwiegend positiv.

Eine Kenntnis der Rückfallquoten besteht seitens der JVA nicht. Von den begleitenden Betreuern oder sozialen Trainer der Teilnehmer werden allgemeine – idR positive – Rückmeldungen an die JVA übermittelt; auch die Jugendlichen äußerten sich idR positiv. Über Forschungsergebnisse zu Gefängnisbesuchsprogrammen besteht in der JVA keine Kenntnis. Allerdings sei bekannt, dass zu „GhJ" Hamburg wissenschaftliche Erkenntnisse im Rahmen einer Diplomarbeit (*Thimm* (o.J.)) erlangt wurden, so die JVA. Konkretes ist jedoch nicht bekannt bzw. wirkte sich auf das Programm nicht aus.

6.3.1.6 Hessen

In Hessen wurde seitens des Justizministeriums der Kontakt zu den beiden JVAen in Butzbach und Schwalmstadt hergestellt. Die übrigen 14 JVAen in Hessen bieten keine entsprechenden Programme an.

6.3.1.6.1 JVA Butzbach[707]

Der sog. „Präventionstag", organisiert von der Bewährungshilfe, findet in der JVA Butzbach seit mehr als sieben Jahren regelmäßig drei- bis viermal jährlich im Rahmen richterlicher Weisungen (§ 10 JGG) statt. Momentan pausiert der Präventionstag als *„alternative Sanktionsmöglichkeit"* – nach Aussage der Bewährungshilfe jedoch nur vorübergehend.[708]

Das Programm richte sich demnach an bereits straffällig gewordene Jugendliche und Heranwachsende und orientiere sich am Projekt „GhJ" aus Hamburg. Ein schriftliches Konzept liegt nicht vor. Nach Darstellung der Bewährungshilfe sei Ziel des Projektes, *„eine begonnene Entwicklung strafrechtlich relevanten Verhalten zu verdeutlichen und zu unterbrechen. Es soll mit dem Präventionstag erreicht werden, das der betreffende Jugendliche die Möglichkeit erhält sich den „ Erwachsenenvollzug „ mit all seinen negativen Folgen anzuschauen, ein Gefühl dafür zu bekommen, wohin der eingeschlagene Weg möglicherweise führen kann und welcher „ Preis dafür zu zahlen" ist. Dies wird in den Gesprächen mit den Langstrafengefangenen sehr deutlich vermittelt. (Verlust der sozialen Bezüge, Verlust der Familie, keine Ausbildung , keinen sozialen Stand,Schulden etc.) Zielsetzung ist auch den „Stallgeruch" , des Jugendvollzugs – der Identifikation mit bereits inhaftierten Bekannten/Freunden im Sinne einer Zugehörigkeit, „einer Adelung" -wenn möglich zu vermeiden.* (sic)"

Nach Auskunft der JVA sowie der Bewährungshilfe nahmen bislang je zwischen drei und fünf, ausschließlich männliche Teilnehmer an dem Besuchstag (8:00 Uhr – ca. 16:00 Uhr) teil und sollten hierbei den kompletten Tagesablauf erleben – ähnlich einer Aufnahme zum *„echten Strafantritt"*. Nach Abgabe der persönlichen Gegenstände, wurden die Teilnehmer vom AVD mit Anstaltskleidung eingekleidet. Anschließend hielten sie sich für ca. drei bis vier Stunden in einem Haftraum auf und bereiteten u.a. Fragen an einen Häftling vor. Ferner nahmen die Jugendlichen/Heranwachsenden am Mittagessen sowie dem Hofgang teil. In Einzelgesprächen mit einem ausgewählten Gefangenen, der eine ähnliche Biographie aufwies, begleitet von der Bewährungshilfe, sollte ein realistischer Eindruck des Haftalltags, den Einschränkungen und Entbehrungen, Verlusten von sozialen Bezügen und anderen negativen Folgen vermittelt werden. *„Häufig erkennen sich die Gefangenen in den Biographien der Jugendlichen und um-*

---

707 Die Informationen stammen von der JVA und der beteiligten Bewährungshilfe.

708 Die Gründe hierfür werden unten, nach der Darstellung des Programms, erläutert.

gekehrt wieder“, berichtete die Bewährungshilfe. Diese führte ferner sowohl eine Vor- als auch eine Nachbereitung mit den Teilnehmern durch.

Die beteiligten Inhaftierten sollten nach Auskunft der JVA grundsätzlich eine *„spürbare Distanz zu eigenem strafrechtlich relevantem Verhalten* (sic)“ zeigen. Zudem sollten verschiedene Kulturkreise und Nationalitäten vertreten sein. Dies war auch der Bewährungshilfe wichtig, *„da dann etwaige kulturelle Besonderheiten besser aufgeriffen, verstanden und oder auch schneller enttarnt werden können* (sic)“. Die idR bereits mehrjährig Inhaftierten mussten konstruktiv an den eigenen Vollzugszielen mitwirken, bspw. in therapeutischer Behandlung gewesen sein und/oder kurz vor Lockerungsmaßnahmen oder der Entlassung stehen. Die eigene Situation musste reflektiert werden können. Eine Vor- und Nachbereitung der Besuchstermine fand auch für die Inhaftierten zusammen mit dem Sozialdienst, den Psychologen der JVA und der Bewährungshilfe statt.

Dass das Programm einen Aspekt der Abschreckung beinhaltete, ist der Bewährungshilfe nach eigener Aussage bewusst – beeindrucken sollte vor allem der sternförmige Bau. Insbesondere sei jedoch wichtig, dass den Teilnehmern durch das Projekt auch eine *„weitere Entscheidungsmöglichkeit*“ aufgezeigt und eröffnet wurde, nach dem Motto *„die Jugendlichen können hinterher nicht sagen, sie hätten nicht gewusst, was passiert und was auf sie zukommt.*“ *„Zusätzlich soll das intensive Gespräch mit "erfahrenen" Personen (=Verurteilten) zur Selbsterhellung der Jugendlichen/Heranwachsenden beitragen*“, teilte man seitens der JVA mit. *„Die Jugendlichen sollen über den Gefängnisaufenthalt samt Auswirkungen aufgeklärt werden.*“

Nach Auskunft der Bewährungshilfe waren nach einer Teilnahme *„die allermeisten sehr motiviert ihr Verhalten, ihre Einstellungen zu verändern, manchmal auch den Freundeskreis zu wechseln, oder Therapie zu beginnen. Sie sind eher bereit mit dem Bewährungshelfer/Betreuer zusammen zu arbeiten, um an den selbstformulierten Zielen der Veränderung des Verhaltens/der Lebenssituation zu arbeiten* (sic)“. Ferner würde das Projekt seitens der StA und der Gerichte als *„sehr gute Ergänzung zu den bereits bestehenden erzieherischen Maßnahmen des JGG*“ gelten. Diese *„halten den Präventionstag im Erwachsenenvollzug als "Entscheidungshilfe" als "Stoppschild" für sehr sinnvoll* (sic)“. Insgesamt ist man bei der Bewährungshilfe vom Konzept „Präventionstag“ überzeugt.

Seitens der JVA teilte man hingegen mit, dass teilweise angezweifelt werde, ob *„ein wirklicher Nutzen/Ergebnis im Positiven besteht*“ bzw. ein solcher jedenfalls *„nicht eruierbar war/ist*“. Ausgewirkt hat sich dies aber nicht auf die Programmdurchführung. Forschungsergebnisse zu Gefängnisbesuchsprogrammen sind dort ansonsten unbekannt. Insgesamt fanden keine Evaluation und damit keine Überprüfung der Wirksamkeit im Sinne einer Rückfallvermeidung statt.

Dass das Programm zwischenzeitlich eingestellt wurde, ist nach Auskunft der Bewährungshilfe darauf zurückzuführen, dass beim letzten geplanten Besuchstag zwar einige Jugendliche angemeldet waren, am Tag selbst jedoch kein einziger erschienen sei. Es handele sich bei dem Programm nicht um eine Pflichtaufgabe der Bewährungshilfe. Solche Vorkommnisse seien daher aufgrund des ohnehin großen Aufwandes nicht verkraftbar. Auch zuvor habe es immer wieder Pausen gegeben, da seitens der JVA der Aufwand zu groß wurde. Anfängliche positive Reaktionen durch die JVA seien abgeflacht. Der Aufwand liege laut Auskunft der zuständigen Bewährungshilfe in dem großen Sicherheitsapparat der JVA Butzbach. Als Gefängnis für die Verbüßung von langen Haftstrafen gelte dort die höchste Sicherheitsstufe. Der Aufwand lohne sich nur, wenn genügend Jugendliche angemeldet werden können, die dann tatsächlich auch zum konkreten Besuchstag erscheinen. Es sei zwar bereits in der Vergangenheit vorgekommen, dass Jugendliche direkt vor die Tore der Haftanstalt zum Besuchsantritt gebracht wurden. Damit die Maßnahme allerdings tatsächlich Wirkung zeige, werde eine eigenständige Anreise befürwortet. Die Jugendlichen sollen wissen, dass es *„ihre Maßnahme"* ist. Genügend *„passende"* Jugendliche zu finden, denen die Teilnahme seitens der Jugendgerichte auferlegt werden könne, stelle ebenso eine Schwierigkeit dar.

Am Konzept selbst solle nach Auskunft der Bewährungshilfe festgehalten werden, da dieses überzeuge. Der pädagogische Nutzen werde weiterhin als groß erachtet. Das Projekt solle daher nicht aufgegeben werden. Es stelle eine *„win-win-Situation"* dar – sowohl für Häftlinge, die ihre Erfahrungen weitergeben können, als auch für die Jugendlichen, die nach eigenen Aussagen beeindruckende Erlebnisse erfahren. In Betracht werde daher auch gezogen, als Kooperationspartner eine andere JVA mit geringerer Sicherheitsstufe *„ins Boot zu holen"*. Ebenfalls werde befürwortet, eine Evaluation des Projektes durchzuführen, um die Wirksamkeit zu bestätigen. Diese werde laut Bewährungshilfe nicht unbedingt im kurzfristigen Erfolg gesehen. Es wird betont, dass es seitens der Teilnehmer auch immer wieder zu Rückfällen komme – dies sei jedoch auch dann der Fall, wenn keine Teilnahme am „Präventionstag" erfolge. Diesem werde eher ein langfristiger Erfolg zugerechnet, da die Erlebnisse in den eigenen Erfahrungsschatz der Teilnehmer aufgenommen würden.

Für einen eher langfristigeren Erfolg der Maßnahme sprächen auch allgemeine Erkenntnisse des Jugendstrafrechts über die entwicklungsbedingte Abnahme der Delinquenz mit zunehmendem Alter.[709]

6.3.1.6.2 JVA Schwalmstadt[710]

Das Programm „Lernen durch Erfahrung" in der JVA Schwalmstadt wird nach Auskunft der JVA sowie der JGH seit ca. fünf Jahren etwa zwei- bis dreimal im Jahr für jeweils ca. 12 – 15 Teilnehmer angeboten. Zumeist erfolgt die Teilnahme aufgrund einer Verurteilung durch das zuständige Gericht auf Vorschlag der JGH, die das Projekt organisiert und koordiniert. Die Zielgruppe umfasst ausschließlich männliche, straffällig gewordene Jugendliche, Heranwachsende und junge Erwachsene[711]. Geeignet seien etwa Personen, die innerhalb von zwei bis drei Monaten mehrmals strafrechtlich auffällig wurden, sich vor dem Jugendgericht verantworten mussten und allgemein Hemmschwellen überschritten haben, so die JGH. Dies seien Fälle, bei denen eine Ermahnung nicht mehr ausreiche, sondern ein sofortiges, deutliches Zeichen gesetzt werden müsse. Es gebe jedoch auch Fälle, bei denen eine einmalige Straftat wie ein Einbruchsdiebstahl oder ein *„Überfall"* genüge, dass „Lernen durch Erfahrung" direkt vorgeschlagen werde. Ein schriftliches Konzept liegt nicht vor.

Ein Programmtag beginnt regelmäßig um ca. 8:00 Uhr mit einer Vorbesprechung. Danach werden die Teilnehmer – wie dies auch Strafgefangene bei einer Inhaftierung erleben – einzeln durch die *„Schleuse"* geführt. Sodann sollen die Teilnehmer einen üblichen Tag in der JVA kennenlernen und miterleben, inklusive Einkleiden mit Haftkleidung. „Am eigenen Leib sollen die jungen Straftäter erfahren, wie es sich anfühlt, im Gefängnis zu sitzen."[712] Sie treffen dabei zweimal auf Häftlinge und kommen mit diesen ins Gespräch, sollen aber auch von ihrem eigenen Leben berichten. Der Vollzugsdienst teilt mit, dass die Teilnehmer dabei bspw. mit den Worten: *„Stell dir vor heute wäre dein Geburtstag oder Weihnachten"* konfrontiert würden. Hierüber nachzudenken, beeindrucke und berühre die Jugendlichen

709 Vgl. auch *Orchowsky/Taylor* (1981), S. 41 ff., die positive Effekte (auch) einem höheren Durchschnittsalter der Probanden zuschrieben.

710 Die Informationen wurden von der JVA und der JGH mittels des Fragebogens sowie mehrerer Telefonate erteilt.

711 Junge Erwachsene nur dann, wenn die Tat im Alter von unter 21 Jahren verübt wurde.

712 *Schittelkopp*, Hessische/Niedersächsische Allgemeine (2013).

und Heranwachsenden sehr. Gegen 17:00 Uhr endet ein Besuchstag für die Teilnehmer mit einer unmittelbaren Nachbesprechung durch den Vollzugsdienst zusammen mit der JGH.

Ziel der JVA sei nach deren Auskunft, dass den „*Jugendlichen ein Stop-Signal zu Beginn der kriminellen Karriere* (sic)" gesetzt werde, um weitere Straftaten zu verhindern. Die „*Erfahrungen des Haftalltags in Echtzeit*" sollen dargestellt werden. Die Situation solle intensiv erlebt werden, nicht lediglich als „*Fernsehdokumentation*". Gleichzeitig sei jedoch „*Abschreckung und das Aufzeigen der zu erwartenden Maßnahmen bei Inhaftierung*" gewollt.

Die JVA verdeutlicht, dass Prävention sowohl durch Aufklärung als auch durch kritisches Überdenken des eigenen Handelns und des Freundeskreises erfolgen solle. Den Teilnehmern solle demnach verdeutlicht werden, dass „*jeder eine eigene Wahl bezüglich der Straftaten hat*". Die Teilnehmer seien im Anschluss beeindruckt von der Schilderung des Tages-, Wochen- und Jahresablaufs und dem „*intensiven Erleben der Realität*". Diese hätten meist eine andere Vorstellung vom Haftalltag („*Knast-Romantik*"). Beeindrucken würde außerdem der hierbei erläuterte Unterschied zwischen Jugendstrafrecht und allgemeinem Strafrecht. Auch der Vollzugsdienst berichtet, dass die Jugendlichen anschließend eine ernste, sachliche Seite zeigten und berührt seien. Nach Aussage der JGH seien diese oft nicht wiederzuerkennen.

Die teilnehmenden Häftlinge aus der Sicherungsverwahrung (§ 66 StGB) werden vom Sozialdienst in Absprache mit dem AVD ausgewählt. Sie müssen nach Darstellung der JVA vom Persönlichkeitsprofil und Gefahrenpotenzial her geeignet sein. Die Inhaftierten sollen demnach eine „*ordentliche Gefängniskarriere*" gemacht haben, „*sie sollen abschrecken*", „*sie müssen sich artikulieren können, dürfen keine Selbstdarsteller sein und sollen sachlich erläutern, was sich im Gefängnis zuträgt und welche Nachteile entstehen*".

Nach Angabe der JVA sowie der JGH fänden mittlerweile alle zwei Jahre Eigenevaluationen des Projektes statt. Auslöser hierfür seien kritische Anfragen des Justizministeriums Hessen als Aufsichtsbehörde nach einer wissenschaftlichen Fundierung des Programms gewesen, die auf kritischen Stimmen in der Literatur gegen entsprechende Gefängnisbesuchsprojekte beruhten. Die JVA sollte demnach das Projekt rechtfertigen. Seitens der im Zuständigkeitsgebiet liegenden Jugendgerichte und Jugendstaatsanwaltschaften wurde daraufhin ausdrücklich dafür plädiert, das Projekt als wichtigen Bestandteil der möglichen zu verhängenden Sanktionen weiterführen zu können. Die Jugendlichen und Heranwachsenden könnten besser erreicht werden, wenn frühzeitig derartig beeindruckende Erfahrungen bei einem Kennenlernen des Haftalltags in „*Echtzeit*“ gemacht würden, so deren Aussage in einer schriftlichen Stellungnahme.

Auch die JGH spricht sich für das Projekt aus. Anfang 2016 fand dort eine erste Auswertung der „Rückfallquote“ für die 79 Teilnehmer (hiervon 42 Jugendliche und 37 Heranwachsende) statt, die in den Jahren 2013 – 2015[713] an dem Projekt teilgenommen hatten. Nach Auskunft der JGH sei dabei eine Rückfallquote der Teilnehmer von 31,65 % (N=25) festgestellt worden – im Umkehrschluss seien damit 68,35 % der Teilnehmer (N=54) nicht rückfällig geworden. Bei Jugendlichen lag die Rückfallquote bei 33,33 % (N=14), bei Heranwachsenden bei 29,73 % (N=11). Für die bei der JGH intern berechneten Quoten wurde der Zeitraum ab dem Stichtag des jeweiligen Besuchstages eines Teilnehmers bis zur Auswertung Anfang des Jahres 2016 berücksichtigt. Eine Aufschlüsselung der einzelnen Jahre fand nicht statt. Als „Rückfall“ wurde jede weitere strafrechtliche Auffälligkeit gewertet, die polizeilich registriert wurde und/oder z.B. von den zuständigen Staatsanwaltschaften oder Gerichten bearbeitet wurde. Berücksichtigt als Rückfall wurden auch solche Delikte, die zunächst registriert, aber später wieder eingestellt wurden, gleich aus welchem Grund.

Ob tatsächlich keine erneute Straffälligkeit vorlag oder lediglich keine entsprechende Erfassung[714], ist damit jedoch nicht nachgewiesen. Auch ist durch die Auswertung nicht geklärt, welche Rolle die Teilnahme an dem Besuchstag für eine spätere Straffreiheit bzw. Straffälligkeit spielte. Eine Vergleichskontrolle fand im Rahmen der Evaluation nicht statt. Die Ergebnisse der Evaluation wurden der JVA zur Verfügung gestellt. Zwischen JVA bzw. JGH und StA/Gericht sollen zudem ein Austausch und Rückmeldungen über das Projekt und etwaige Evaluationsergebnisse stattfinden.

Eine inhaltliche Änderung des Programms fand nach Aufkommen der kritischen Stimmen nicht statt. In der JVA bestehe nach dortiger Auskunft ein eher geringes Interesse an konkreten Zahlen zur Rückfallquote. Studien zu „Scared Straight!“ seien teilweise bekannt, man habe sich davon jedoch „*nicht beeindrucken lassen*“, so auch die JGH. Das vorliegende Programm würde „*nicht so krass aufgezogen*“ werden, auch wenn die Hafträume und der Sonderhaftraum gezeigt würden und „*kurze, minimale Einschlusserfahrung*“ stattfänden. Laut JGH finde ein „*wertschätzenderer Umgang*“ statt, weniger konfrontativ, jedoch mit „*klaren Ansagen*“ und passen-

713 Derzeit werden die Daten zur „Rückfallquote“ für die Teilnehmer des Programms ab dem Jahr 2016 gesammelt.

714 Bspw. verursacht durch einen Wegzug aus dem Zuständigkeitsgebiet.

den Entgegnungen des zuständigen Vollzugsdienstes auf *„patzige, motzige"* Aussagen.

6.3.1.7 Niedersachsen

In Niedersachen beteiligten sich alle 13 Anstalten an der Befragung. In drei Anstalten werden insgesamt vier Besuchsprogramme angeboten.

6.3.1.7.1 JVA Hannover

In der JVA Hannover werden zwei verschiedene Gefängnisbesuchsprogramme durchgeführt.

6.3.1.7.1.1 „Gefangene helfen Jugendlichen"[715]

Zum einen kooperiert die JVA Hannover mit dem Hamburger Verein „Gefangene helfen Jugendlichen e.V.". Das Programm solle auch in Hannover entsprechend implementiert werden, so die JVA.[716] Derzeit handelt es sich (noch) um ein reines Präventionsprojekt für Schüler, dessen Konzept gemeinsam mit Berufsbildenden Schulen, Polizei und Rotary Club entwickelt wurde. Programmanbieter ist primär die JVA. Eine zukünftige Kooperation mit Gerichten oder der StA ist seitens der Programmanbieter gewünscht.

Das Projekt findet regelmäßig alle sechs bis acht Wochen statt, die Besuche dauern etwa fünf Stunden. Jeweils sechs bis zehn Inhaftierte und ebenso viele männliche Schüler – Jugendliche, Heranwachsende oder junge Erwachsene – nehmen teil. *„Die Kriterien, nach denen die Lehrer ihre Teilnehmer auswählen, sind unterschiedlich. Primär sind Jugendliche vorgesehen, die mit dem Gesetz oder massiven Grenzüberschreitungen in Konflikt geraten sind. Dabei bewegen wir uns im Bereich zwischen Schulabsentismus und versuchter Vergewaltigung/versuchtem Todschlag* (sic)", so die JVA. Für die Inhaftierten stellt das Projekt gleichzeitig ein Behandlungsprogramm zur Resozialisie-

---

715 Die Informationen stammen von der JVA.

716 Siehe hierzu auch die ZDF Reportage über „GhJ e.V." in Hannover: https://www.zdf.de/dokumentation/zdf-reportage/unser-buergermeister-kriegt-hartz-iv-100.html.

rung dar. Im Rahmen der Straftataufarbeitung und durch Vor- und Nachgespräche werden diese auf die Durchführung des Projekts vorbereitet.

Das primäre Ziel bei den Teilnehmern sei die Vermeidung weiterer Straftaten, so die JVA. Dies solle durch Einstellungsveränderungen und Reflexion des bisherigen Lebenswegs, durch eine Stärkung der Bereitschaft, Hilfsangebote zu suchen und anzunehmen sowie eine kritische Auseinandersetzung mit dem Thema „*Freundschaften und Lebensziele*" erreicht werden. Die Teilnehmer sollen hierbei dazu motiviert werden, sich mit den Inhaftierten, ihrer Vita und möglichen Parallelen auseinanderzusetzen, wodurch eine Veränderungsbereitschaft aktiviert werden soll, heißt es weiter. „*Wir distanzieren uns ausdrücklich von amerikanischen Programmen, unser Ziel ist nicht, eine Abschreckung der Jugendlichen zu erreichen sondern diese zu sensibilisieren. Die teilnehmenden Gefangenen werden entsprechend geschult und vorbereitet* (sic)", so die JVA. In Zusammenarbeit mit den betreuenden Lehrern oder Sozialarbeitern der teilnehmenden Schulen sollen mit den Teilnehmern ferner alternative Optionen für deren weiteren Lebensweg erarbeitet werden. Die JVA schätzt die Realisierung der Projektziele als positiv ein, fügt jedoch hinzu, dass dies noch in einer Evaluation überprüft werden solle. Bislang fand eine solche nicht statt.

Die teilnehmenden Schüler werden von ihren Lehrern auf das Thema eingestimmt. „*Um die ersten Berührungsängste abzubauen werden 1-3 der Inhaftierten (mit Vollzugslockerungen) zu einem Vortermin in die Schule geladen, um dort auf die Teilnahme vorzubereiten und Bedenken auszuräumen*", so die JVA.

Beim Besuch selbst werden die Schüler nach ihrer Ankunft im Besuchsraum der JVA in ein Hafthaus bzw. das „*Durchsuchzentrum*" geführt, anschließend erfolgt die Besichtigung eines Haftraums und ggf. ein Einschluss. Den Teilnehmern sollen so die Fragen, „*Was passiert, wenn ich inhaftiert werde?*" und „*Wie wirkt ein Haftraum auf mich?*", beantwortet werden, so die JVA. Sodann treffen die Teilnehmer mit den Gefangenen im Rahmen einer Gesprächsgruppe im Stuhlkreis zusammen. Nach einem gemeinsamen Mittagessen werden abschließend Einzelgespräche zwischen Inhaftierten und Jugendlichen geführt. Begleitet werden die Besuche idR von den betreuenden Lehrern oder Sozialarbeitern der Schüler sowie mindestens zwei Bediensteten der JVA, einer Sozialarbeiterin und einer Psychologin.

Einige Tage später erfolgt ein Nachtermin, bei dem die Teilnehmer erneut in der Schule von einem der Häftlinge besucht werden. Thema hierbei sind die Wirkungen des Besuchs auf die Schüler, Fragen werden beantwortet und in Zusammenarbeit mit Lehrern und Sozialarbeitern weitere Hilfen und Möglichkeiten für die Schüler benannt und erarbeitet.

Sowohl mit den Jugendlichen als auch mit den Gefangenen finden Vor- und Nachbesprechungen statt.

Innerhalb der JVA richte sich die freiwillige Gruppenmaßnahme nach Angaben der JVA an erwachsene, männliche Strafgefangene, bei denen eine Aufarbeitung der eigenen Straftat(en) sinnvoll erscheine und eine grundsätzliche Bereitschaft hierzu bestehe. Kriterien wie Eigeninitiative, erkennbare Verantwortungsübernahme, Reue, Wiedergutmachungsgedanken, eine ausreichend verbleibende Haftzeit, gute Deutschkenntnisse und eine gute Ausdrucksweise müssen vorliegen. Als Ausschlusskriterien kommen Sexualdelikte (nach Absprache ggf. Ausnahmen möglich), eine akute Suchtmittelproblematik/Drogenkonsum ebenso wie mangelndes Verständnis der deutschen Sprache, akute Selbst- und/oder Fremdgefährdung sowie fehlende Motivation, Introspektionsfähigkeit, Teamfähigkeit, Zuverlässigkeit, Verantwortungsübernahme und/oder Ehrlichkeit in Betracht.

Die Rückmeldungen der Schüler seien im Anschluss überwiegend positiv, so die JVA. Diese seien in den meisten Fällen offen, äußern jedoch auch oft Bedenken hinsichtlich der Konfrontation mit den Inhaftierten. Insbesondere fallen die Bewertungen der teilnehmenden Betreuer (Lehrer und Sozialarbeiter) positiv aus. Auch noch ein halbes Jahr nach der Maßnahme werden Veränderungen bei den Jugendlichen wahrgenommen, die sich insbesondere darauf beziehen, dass bei Konflikten und Problemen eher Hilfe und Gespräche gesucht werden. Mit schwer erreichbaren Schülern sei nun eher in Kontakt zu treten und auch kritische Lebensbereiche könnten thematisiert werden.

Diese positiven Einflüsse gelte es zu fördern, so die JVA. „*Im Fall eines für das Projekt negativ ausfallenden Evaluation würden wir daher voraussichtlich weiter am Projekt festhalten und nach möglichen Problemen und Optimierungspunkten suchen* (sic)“, heißt es seitens des psychologischen Dienstes der JVA. Es wird jedoch auch auf mögliche andere Entscheidungen der Anstaltsleitung und Kooperationspartner verwiesen. Momentan werden im Rahmen einer Masterarbeit Einstellungsveränderungen der Teilnehmer (FEPAA) geprüft.[717] Seitens der JVA ist eine weitergehende Evaluation „*gewünscht und in den Anfängen geplant, wird jedoch erst dann durchgeführt werden, wenn das hiesige Konzept soweit steht und umgesetzt werden kann, dafür fehlt z. B. noch eine standardisierte Konzeptionierung zur Vor- und Nachberei-*

---

717 Siehe „GhJ e.V.“, Hamburg.

tung. Wenn es organisatorisch zu bewältigen ist, sollen entsprechende Rückfallzahlen der Jugendlichen dabei mit erhoben und ausgewertet werden."

Die JVA stellt klar, dass dort großen Wert darauf gelegt werde, „*dass der Umgang mit den Jugendlichen "auf Augenhöhe" passiert. Die Inhaftierten werden dahingehend geschult, darauf zu achten, wie sie Zugang zu den Jugendlichen bekommen, und wann sich diese verschließen.*" Dabei würden sich die Gefangenen streng daran halten, die eigenen Straftaten nicht zu glorifizieren, sondern „*bilanzierend deren Auswirkungen in den Vordergrund zu stellen*". „*Im Mittelpunkt des Dialogs stehen die Folgen der Haft, Nebenstrafe und Resozialisierung, Freundschaften und Kontakte sowie alternative Lebenswege und Hilfestellungen.*"

6.3.1.7.1.2 Sozialer Trainingskurs/Anti-Gewalt-Training[718]

Ein weiteres Besuchsprojekt wird seit ca. vier Jahren in der JVA Hannover als „*Modul im Rahmen der Ausgestaltung einer jugendrichterlichen Weisung gem. § 10 JGG*"[719] angeboten, so die Auskunft der JVA. Hierbei handele es sich bspw. um soziale Trainingskurse oder Anti-Gewalt-Training, die von Trägern der Jugendhilfe („BAF e.V. Hannover (Verein für Bildungsmaßnahmen im Arbeits- und Freizeitbereich)" und „Die Gruppe/Jugendhilfe e.V." Neustadt) über einen Zeitraum von sechs Monaten durchgeführt werden. Einmal monatlich wird dabei für max. 15 TeilnehmerInnen sowie fünf Betreuer eine Informationsveranstaltung angeboten, bei der vier „*Klienten*" der Sozialtherapeutischen Anstalt einbezogen sind. Zwei Bedienstete des AVD begleiten den ca. zwei bis drei Stunden dauernden Besuch. Zielgruppe seien bereits straffällig gewordene, überwiegend männliche Jugendliche, Heranwachsende und – nach Auskunft der JVA – auch junge Erwachsene[720], manche Teilnehmer haben bereits Erfahrungen mit Untersuchungshaft oder Jugendarrest. Die Teilnehmer untereinander kennen sich aus der jeweiligen jugendstrafrechtlichen Gruppenmaßnahme.

---

718 Die Informationen stammen von der JVA sowie dem Jugendhilfeträger „Die Gruppe/Jugendhilfe e.V." Neustadt und der „Anlassregelung" als Kurzkonzept des Projekts.

719 In der „Anlassregelung" wird die Rechtsgrundlage auf § 10 Abs. 1 Nr. 6 JGG konkretisiert.

720 Wenn es sich bei dem Projekt um ein Modul von jugendstrafrechtlichen Maßnahmen handelt, müssen die Teilnehmer jedenfalls zum Tatzeitpunkt jünger als 21 Jahre alt gewesen sein.

Der formelle Ablauf des Besuchstages sei in einer „Anlassregelung“ festgehalten, der inhaltliche Ablauf richte sich nach den Vorgaben/Absprachen der Jugendhilfeträger, so die JVA. Ein weiteres schriftliches Konzept gebe es nicht, lediglich ein „Leistungsangebot an die Geldgeber“, äußert man sich seitens eines beteiligten Jugendhilfeträgers. Die Module des Trainingskurses werden dabei nicht konkreter beschrieben.

Am Besuchstag selbst werden die Teilnehmer in Begleitung ihrer Betreuer nach ihrer Ankunft in der JVA zunächst durchsucht, geben *„verbotene Gegenstände“* wie z.B. Mobilfunkgeräte ab und werden anschließend über die Gefangenenzuführung in die JVA eingelassen. Vom Durchsuchungszentrum erfolgt der Gang in ein Hafthaus, um dort einen Haftraum – ohne namentliche Kennzeichnung – zu besichtigen. Anschließend gehen die Teilnehmer auf den Sporthof, wo sodann die eigentliche Maßnahme mit den Häftlingen der Sozialtherapeutischen Anstalt stattfindet. Dabei werden Gespräche mit den Inhaftierten über die jeweilige strafrechtliche Vergangenheit der Teilnehmer, aber auch der Gefangenen, geführt. Hierbei konfrontierten die Häftlinge die Besucher nach dem Motto: *„Draußen bist du vielleicht ne dicke Nummer, hier drinnen bist du nichts“*, so „Die Gruppe/Jugendhilfe e.V.“.

Auf die Frage nach der Zielsetzung des Projektes gab die JVA an, dass das *„Gesprächsangebot“* die ambulanten Maßnahmen und Möglichkeiten des Jugendstrafrechts unterstützen solle. Man verstehe sich als *„Impulsgeber für junge Menschen, die bereits straffällig geworden sind - die Unterstützung bei ihrer persönlichen Entwicklung benötigen“*. *„Das Ziel des Kontaktes mit langstraftigen Gefangenen/Untergebrachten ist der Versuch, die Bereitschaft zu fördern, diese ambulante Hilfestellung anzunehmen* (sic).“ Hierbei wird auf die allgemeinen Ziele des Jugendstrafrechts verwiesen, welches sich schwerpunktmäßig an der Zukunftsgestaltung der Jugendlichen und Heranwachsenden orientiert. Es solle ein *„Lernraum für sozial angemessenes Verhalten“* gegeben werden und die *„Übernahme von Verantwortung für das eigene Handeln“* gefördert werden. *„Während dieses Trainings sollen die Teilnehmer in die Lage versetzt werden, ihr eigenes Verhalten zu reflektieren und zu verstehen, um Konflikt- und Kommunikationsmuster nachhaltig zu verändern.“* Es solle erarbeitet werden, was der Besuch der JVA mit den Teilnehmern mache. Hierbei werde deutlich, so der Mitarbeiter eines beteiligten Jugendhilfeträgers, dass die meisten Teilnehmer die Institution JVA *„von sich weg schieben“*, nach dem Motto *„das sind ja Loser, die die hier drin sind“*. Gleichzeitig werden *„die größten Macker, die vorher im Bus voller Testosteron waren,* [...] *mucksmäuschenstill“*.

Die beteiligten Insassen der Sozialtherapeutischen Abteilung der JVA Hannover werden vorab *„vom zuständigen Behandlungsteam als geeignet für die Arbeit mit Jugendlichen eingestuft“*. *„Die am Projekt mitwirkenden Klienten konnten vom sozialtherapeutischen Behandlungsprogramm profitieren und möchten ihre Erkenntnisse jugendlichen Straftätern vermitteln“*, so die JVA. Der Jugendhilfeträger betont, dass es sich bei den Häftlingen um solche handele, die Freiheitsstrafen von zehn bis 20 Jahren wegen Raub, Mord, Totschlag etc. verbüßten, teilweise sei Sicherungsverwahrung angeordnet worden. Diese Insassen seien am *„glaubwürdigsten und könnten ihre Geschichten erzählen“*. Die Häftlinge hätten selbst Anti-Gewalt-Trainings oder soziale Trainingskurse absolviert. Wenn ein Häftling *„nur drei Jahre wegen Drogendelikten hat“*, könne dieser *„gar nicht richtig berichten“*, möglicherweise seien Taten noch *„gar nicht verarbeitet“*.

Das Projekt wird weder evaluiert noch von den Teilnehmern bewertet.

Vor- und Nachbesprechungen finden sowohl mit den involvierten Insassen als auch mit den Mitarbeitern der freien Träger der Jugendhilfe statt. Die Teilnehmer werden hierbei im Rahmen des sozialen Trainingskurses auf den Besuch vorbereitet, überlegen sich Fragen an die Häftlinge und erhalten Informationen über das Jugendgerichtsgesetz. Im Anschluss an den Besuch sollen gewonnene Eindrücke geschildert werden. Regelmäßig wird im Zuge der Nachbesprechung die ProSieben Sendung „Schulz in the Box“ in der JVA Hannover[721] angesehen und erörtert, ob das Leben in Haft dort realistisch dargestellt wird.

Die Jugendhilfeträger betrachten das Projekt grundsätzlich als sehr sinnvoll. Die meisten Teilnehmer kämen ins Nachdenken, fänden es *„beeindruckend“*, ihnen werden Informationen und Impulse aus erster Hand durch Gespräche mit Gefangenen gegeben. Problematisch sei jedoch, dass sich das *„Klientel gewandelt habe“*. Heute gebe es bei den Teilnehmern oft multiple Problemlagen mit Gewalt, Drogen und anderem kriminellen Verhalten. Das Projekt sei jedoch nur bis zu einem gewissen Rahmen sinnvoll, irgendwann seien spezielle Therapien nötig, da *„manche Aspiranten hier nicht abgefangen werden können“*. Problematisch wird auch die abnehmende Bereitstellung von finanziellen Mitteln gesehen.

Seitens der JVA liegt nach eigenen Angaben, im Gegensatz zum Jugendhilfeträger, Kenntnis über Forschungsergebnisse zu Gefängnisbesuchsprogrammen vor. Dies habe sich insofern auf die Durchführung der Besuche ausgewirkt, als dass gerade eine Zusammenarbeit mit freien Trägern statt-

---

721 https://www.prosieben.de/tv/schulz-in-the-box/video/14-staffel-1-episode-4-olli-im-knast-ganze-folge.

finde, „*...weil wir einmalige Veranstaltungen und die Idee von „Prävention durch Abschreckung" nicht teilen*", so die JVA. Näheres wurde nicht ausgeführt. Erkenntnisse über Rückfallquoten der Programmteilnehmer liegen nicht vor.

6.3.1.7.2 JVA Lingen[722]

Seit über 20 Jahren werden in der JVA Lingen zwei verschiedene Gefängnisbesuchsprojekte angeboten. Beiden ist gemein, dass lediglich ein Rundgang durch die JVA erfolgt, dabei jedoch keine Gespräche mit Häftlingen stattfinden. Nach Aussage der JVA liege dies zum einen an negativen Reaktionen sowohl seitens der zu Beginn noch beteiligten Häftlinge als auch der Beschäftigten in der JVA. Inhaftierte seien in der Regel nicht mit den Besuchen einverstanden gewesen und bemängelten einen sog. „Zooeffekt". „*Obwohl die Führungen [...] so geplant werden, dass kein Kontakt zu den Gefangenen entstehen soll, ereignen sich trotzdem immer wieder Begegnungen zwischen den Gefangenen und den Besuchern. Zurecht beschweren sich die Gefangenen über diese Situation. Die Bediensteten müssen in der Folge die Wogen glätten* (sic)", erklärt man seitens der JVA. Zum anderen würden sich bei jedem Besuch erhebliche organisatorische Erfordernisse, die in diverse Arbeitsbereiche und deren Abläufe eingreifen, sowie Sicherheitsgefahren ergeben. Unter bestimmten Voraussetzungen würden in Ausnahmefällen allerdings Interviews mit einem Gefangenen organisiert.

6.3.1.7.2.1 Sozialer Trainingskurs

Zunächst werden in der JVA Lingen ca. zweistündige Führungen im Rahmen eines sozialen Trainingskurses der Ambulanten Sozialpädagogischen Jugendhilfe des SKM (Kath. Verein für Soziale Dienste e.V. Lingen) nach Weisungen gem. § 10 JGG angeboten. Diese werden ca. alle sechs Monate für jeweils ca. sechs bis 14, überwiegend männliche Jugendliche und Heranwachsende durchgeführt. Ein schriftliches Konzept existiert nicht. Die Anstaltsbesichtigung solle nach Auskunft der JVA die Jugendlichen zu der „*Einsicht [...] verhelfen, dass eine Lebensplanung, die einen Gefängnisaufenthalt beinhaltet, nicht erstrebenswert ist*". Die ambulanten Maßnahmen sollen

---

722 Die Informationen stammen von der JVA.

dabei auf ein künftig straffreies Leben der teilnehmenden Jugendlichen und Heranwachsenden hinwirken.

6.3.1.7.2.2 Schulprojekt

Zudem wird in der JVA Lingen ein von Schulen organisiertes Präventionsprojekt durchgeführt. Etwa zweimal wöchentlich besuchen ganze Schulklassen für ca. zwei Stunden die Anstalt und erhalten einen Rundgang mit Vorstellung der Aufgaben der einzelnen Abteilungen. Insbesondere durch die baulichen Sicherheitsvorkehrungen, aber auch durch die Darstellung der begrenzten Handlungsmöglichkeiten eines Gefangenen solle dabei ein realistisches Bild rund um eine Inhaftierung gezeichnet werden. Ob die Besucher vorher bereits straffällig wurden, ist in der JVA nicht bekannt und spielt dort lediglich eine untergeordnete Rolle. Eine *„verstärkte Ausrichtung in Bezug auf eine präventiv wirkende Abschreckung"* werde nicht vorgenommen, so die JVA, *„vielmehr steht eine objektive Aufklärung unserer Arbeit im Vordergrund"*.

Beiden Projekten ist gemein, dass Vor- und Nachbesprechungen nicht von der JVA, sondern allenfalls über die Schulen[723] bzw. das SKM[724] durchgeführt werden. Forschungsergebnisse über Gefängnisbesuchsprogramme seien in der JVA bekannt, so die dortige Auskunft, hätten allerdings keine Auswirkungen auf die Programmgestaltung. Es wird mitgeteilt, dass es kein primäres Ziel sei, *„Jugendliche unter Bezugnahme der neuesten wissenschaftlichen Ergebnisse auf den Weg eines straffreien Lebens zu führen."* Vielmehr wolle man *„die Bevölkerung über unsere Arbeit aufklären. Quasi als Nebeneffekt unserer Führungen nutzt das SKM für die Erreichung ihrer Ziele, die abschreckende Wirkung unserer Einrichtung und unseren in diesem Sinne geführten Erklärungen rund um die Inhaftierung* (sic)." Dabei werde auch in Kauf genommen, dass der Besuch möglicherweise auf den einen oder anderen Schüler abschreckend wirke, teilt man mit.

723 Bspw. „Freiheitsentzug" als Unterrichtseinheit oder Projektwochen zum Thema „Straffälligkeit". Schulklassen beenden den Rundgang meist mit einem kurzen „Abschlussblitzlicht".

724 Es erfolgt insbesondere eine Nachbetreuung durch Sozialarbeiter/-pädagogen des SKM. Ggf. findet eine Rückmeldung an beteiligte Behörden statt.

6.3.1.7.3 JVA für Frauen Vechta[725]

Seitens der JVA für Frauen Vechta teilt man mit, dass es *„ganz sporadisch"* Anfragen von Jugendhilfeträgern oder Schulen gebe, ein Besuchsprogramm durchzuführen. Es gebe immer wieder Gruppen, die sich für den Frauenvollzug sowie den weiblichen Jugendvollzug interessierten. Organisierte Programme wie „Scared Straight!" würden in der JVA für Frauen Vechta nicht angeboten, entsprechende Anfragen würden abgelehnt. Kenntnis von anderen Programmen liegt nicht vor.

Bei den auf Anfragen durchgeführten, etwa zweistündigen Besuchen sind etwa sechs bis acht Inhaftierte und ca. acht bis zehn jugendliche bzw. heranwachsende, sowohl männliche als auch weibliche Teilnehmer sowie Vollzugsbedienstete und Sozialarbeiter anwesend. Die Teilnehmer sind idR delinquenzgefährdet oder wurden bereits straffällig. Welche Delikte jeweils verübt wurden, ist der JVA nicht bekannt. Auch rein präventive Besuche für noch nicht konkret gefährdete Jugendliche werden durchgeführt. Die Inhaftierten würden nach Mitwirkungsbereitschaft ausgewählt, wobei die Beteiligung freiwillig erfolge.

Der Besuch beinhalte zunächst eine Führung durch die Einrichtung, so die JVA. Informationen über Straffälligkeit und Jugendstrafe sollen vermittelt werden. *„Anschließend findet eine Begegnung mit den Inhaftierten statt, die aus ihrer Lebenswelt und dem Alltag berichten. Ein Gedankenaustausch und Austausch von Fragen erfolgt."*

Wie es für die Teilnehmer im Anschluss weitergehe, ist in der JVA nicht bekannt. Rückmeldungen erfolgen nicht. Auch besteht keine Kenntnis über Rückfallquoten oder zu Forschungsergebnissen. Die *„begleitenden Bediensteten* [sind] *selbstverständlich auch nach dem Besuch im Gespräch mit den Gefangenen"*; es finden bspw. entsprechende Nachbesprechungen statt.

6.3.1.8 Nordrhein-Westfalen

In NRW meldeten sich 32 von 36 JVAen auf den Fragebogen zurück, 30 davon nahmen auch an der Befragung selbst teil. Die übrigen Anstalten meldeten sich auch auf mehrfache Rückfrage nicht zurück.[726] Die folgenden Besuchsprogramme werden in NRW angeboten:

---

725 Die Informationen wurden über die JVA erlangt.

726 JVAen in Hagen, Kleve und Wuppertal-Ronsdorf sowie die SothA Gelsenkirchen.

6.3.1.8.1 JVA Aachen[727]

Die JVA Aachen bzw. der dortige Sozialdienst und die Seelsorge bieten das Projekt „Ausfahrt Knast" als kriminalpräventiven Gefängnisbesuch an. Die Teilnahme ist auf freiwilliger Basis möglich oder erfolgt nach richterlicher Weisung bzw. Verurteilung. Beteiligt sind die Bewährungshilfen oder die JGH. Das Projekt findet zwei- bis viermal im Jahr, etwa alle drei bis vier Monate für jeweils acht, ausschließlich männliche Teilnehmer (Jugendliche und Heranwachsende) sowie acht Häftlinge statt.

Ein Besuch dauert ca. vier Stunden. Die präventive Wirkung solle dadurch erreicht werden, dass die Jugendlichen *„persönlich und ganz direkt erreicht werden, sie werden auf ihre Familie und ihr Umfeld angesprochen, auf das sie sehr sensibel reagieren"*. *„Sie werden da sensibiliesiert, wo es ihnen weh tut* (sic)", so die JVA. Authentische und realistische Beiträge und Erfahrungen der Inhaftierten sollen zum Nachdenken anregen. Gleichzeitig sollen die Teilnehmer *„merken, dass sich jemand um sie sorgt und kümmert. Sie werden ernst genommen."*

Dem schriftlichen Konzept der JVA zufolge findet nach der üblichen Einlasskontrolle in der Mehrzweckhalle der JVA zunächst eine Vorstellungsrunde der Inhaftierten und der Jugendlichen statt. Begleitet werden diese von den Gruppenleitern der Häftlinge sowie den JugendgerichtshelferInnen. Vollzugsbeamte sind nicht anwesend. Allgemeine Informationen zum *„Knastalltag"* werden mitgeteilt, es findet ein Erfahrungsaustausch statt. Die in gemischter Reihenfolge sitzenden Teilnehmer – Häftlinge und Besucher – berichten über ihre Lebenssituation: Die Besucher erzählen von ihrem bisherigen delinquenten Verhalten, die Inhaftierten offenbaren ihre Lebensgeschichten, einschließlich der begangenen Straftaten. *„Gemeinsam wird nach Parallelen in den beschriebenen Biographien gesucht. Es soll damit erreicht werden, die Jugendlichen zu sensibilisieren von weiteren Straftaten abzusehen und ihnen ihre prekäre Situation vor Augen zu führen* (sic)." *„Die Sensibilität für die eigene Gefährdung, soll anhand von möglichen Lebenswegparallelen hergestellt werden* (sic)." Dabei solle eine *„Prävention durch Realität (Abschreckung)"* erfolgen, teilt man seitens der JVA mit. Es ist beabsichtigt, dass die Teilnehmer die Haftsituation und die damit verbundenen Konsequenzen erfahren und erleben, um so die Gefühle der Gefangenen nachzuempfinden oder zumindest zu erahnen. Das Leben in einer JVA soll authentisch wiedergegeben werden. Ferner sollen Entscheidungshilfen, Auswege aus der Kriminalität sowie unterstützende Hilfen

727 Die Informationen stammen von der JVA und deren schriftlichem Konzept.

für den zukünftigen Lebensweg der Jugendlichen ohne Straftaten aufgezeigt werden.

Dem Konzept ist ferner zu entnehmen, dass als Zielgruppe solche Teilnehmer gelten, „*die stark gefährdet sind straffällig zu werden oder denen Sozialstunden, freiheitsentziehende Maßnahmen, Bewährungswiderrufe oder Jugendstrafen drohen* (sic). *Jugendliche, die mit den üblichen Mahnungen und Unterstützungsangeboten nicht mehr erreicht werden können. Minderjährige Jugendliche, die freiwillig an diesem Projekt teilnehmen möchten, bringen eine Einverständniserklärung der/des Erziehungsberechtigten mit, die bestätigen, dass sie mit der Teilnahme ihres Kindes an dem Projekt einverstanden sind. Die anderen jungen Erwachsenen nehmen aufgrund einer richterlichen Auflage an dem Projekt teil.*"

Das Projekt soll im Übrigen auch den Häftlingen nützen: Durch die freiwillige Teilnahme könne die eigene Lebens-(Geschichte) aufgearbeitet werden und es finde eine Auseinandersetzung mit ihrer Tat statt. Die Teilnehmer sollen so bestenfalls vor den gleichen Fehlern bewahrt werden. „*Aus den Fehlern anderer lernen, ist die Intention. Sie verstehen ihren Einsatz als "Wiedergutmachung" an die Opfer und an die Gesellschaft* (sic)", so die Konzeption des Projekts. Zugleich lernen die Häftlinge, in einer Gruppe zu arbeiten, andere Meinungen zu akzeptieren und respektieren, sich gegenseitig zuzuhören und aussprechen zu lassen. „*Sie werden für die Sorgen und Probleme anderer sensibilisiert.*" Die Inhaftierten – männliche Untersuchungs- und Strafgefangene mit einer Untersuchungs- oder Haftzeit von mindestens 12 Monaten – nehmen im Rahmen einer Behandlungsgruppe teil; ihnen wird für ihre Teilnahme eine Bescheinigung ausgestellt, was die Ernsthaftigkeit bei der Mitarbeit in der Gruppe zusätzlich erhöhen soll. Die teilnehmenden Häftlinge werden nach Kriterien wie Motivation, Vollzugsverhalten, begangene Taten, Sprachkenntnisse, Auftreten oder äußeres Erscheinungsbild ausgewählt.

Eine Vor- und Nachbereitung findet für die Häftlinge JVA-intern statt. Die jugendlichen und heranwachsenden Besucher sollen auf Empfehlung der JVA mit ihren externen Betreuern den Termin vor- und nachbesprechen; Näheres hierzu ist in der JVA nicht bekannt.

Evaluationen erfolgen lediglich im Rahmen von Teilnehmerfragebögen der JVA zu den Erwartungen der Besucher. Diese lauten bspw. „*nicht mehr straffällig zu werden, etwas zu lernen, die Straftat der Inhaftierten und deren Lebensgeschichte zu erfahren*". Insgesamt gebe es positives Feedback der Teilnehmer, so die JVA. Kenntnisse zu Forschungsergebnissen über Gefängnisbesuchsprogramme liegen dagegen nicht vor. Rückfallquoten seien nicht direkt bekannt. Eine Rückfrage an die Sozialarbeiter finde „*eher informell und unkompliziert statt*", so die Auskunft der JVA. Da die externen Betreuer meistens die Gleichen seien, könnten sich diese „*gut merken, wer doch noch in den Arrest musste, oder von wem er nichts mehr gehört hat*".

6.3.1.8.2 JVA Bielefeld-Brackwede[728]

In der JVA Bielefeld-Brackwede wird seit 2006 das Projekt „Ein Blick - Einblick?" als freiwilliges Präventionsprojekt für Häftlinge und gefährdete Jugendliche und Heranwachsende durchgeführt. Vereinzelt erfolgt eine Teilnahme als Bewährungsauflage. Ein schriftliches Konzept sei nach Auskunft der JVA in Arbeit.

Die Besuche finden zweimal monatlich für zwei Stunden statt, dabei nehmen jeweils ca. sechs bis sieben, männliche und weibliche Häftlinge auf freiwilliger Basis teil. Vorausgesetzt wird, dass diese sich offen für das Projekt zeigen, hinreichendes sprachliches Ausdrucksvermögen sowie die Fähigkeit zur Interaktion in einer Gruppe mitbringen und keine Sicherheitsbedenken bestehen, so die JVA.

Das Projekt ist explizit auch als Präventionsmaßnahme für Häftlinge ausgeschrieben, um in den Gesprächen ihre Vergangenheit aufarbeiten zu können. Die Häftlinge gestalten die Anstaltsführungen weitgehend selbstverantwortlich, in Gesprächen werde zudem fortlaufend nach Verbesserungsmöglichkeiten gesucht. Sie werden entsprechend ausgebildet und bereiten die Gespräche vor und nach.[729] Den Gefangenen ist dabei bewusst, dass sie keine Vergünstigungen durch ihre Mitarbeit oder Folgelockerungen erhalten.[730] Die Gruppe der beteiligten Häftlinge entscheide, ob ein weiterer Gefangener an dem Programm teilnehmen kann – zunächst geschehe dies auf Probe, heißt es weiter seitens der JVA.

Eine Teilnahme erfolgt bspw. auf Initiative von Schulen oder der Ambulanten Sozialen Dienste der Justiz, der Bewährungshilfe oder in Kooperationen mit verschiedenen freien Trägern der Straffälligenhilfe im gesamten ostwestfälischen Bereich (z.B. Bildungsträger CJD in Olpe). Die sowohl weiblichen als auch männlichen Teilnehmer – Jugendliche, Heranwachsende und vereinzelt auch junge Erwachsene – wurden teilweise bereits zuvor straffällig, manche sind auch lediglich gefährdet oder zeigten abweichendes Verhalten. Die Teilnehmer werden von ihren Betreuern begleitet

728 Die Informationen wurden seitens der JVA erteilt.
729 So auch der Erfahrungsbericht über das Projekt von *Schüler/Bruns* (2015), S. 1.
730 *Schüler/Bruns* (2015), S. 2.

und bereiten den Besuch extern vor und nach. Auch die Häftlinge reflektieren den Besuch im Anschluss.

Ziel sei es, auf die Teilnehmer einzuwirken, jedoch ausdrücklich nicht durch Abschreckung. Durch eine Konfrontation mit den Insassen solle hingegen verdeutlicht werden, welche gravierenden Konsequenzen die Fortsetzung des jetzigen Lebens hätte: „*Wir zeigen ihnen das nicht "menetekelhaft" auf. Aber wir wollen zeigen, was Freiheitsentzug heißt, was heißt es für die Familie, für die Stigmatisierung nach der Haft*“, so die JVA.

Bei einem Rundgang durch die JVA wird den Teilnehmern ein Einblick in die Hafträume und sonstige Räumlichkeiten gegeben. Es besteht zudem die Möglichkeit des freiwilligen Einschlusses für ca. 15 Minuten und die Möglichkeit, Haftkleidung anzuziehen. Auch wird die persönliche Zelle eines teilnehmenden Häftlings besichtigt. Ferner gibt es Gruppengespräche mit den Häftlingen. Die etwa zweistündigen Besuche finden werktags zwischen 13:30 und 16:00 Uhr statt.[731]

Kenntnis über Rückfallquoten besteht seitens der JVA nicht. Jedoch würden die Teilnehmer und auch deren Betreuer positive Rückmeldungen geben. Die Jugendlichen seien beeindruckt, es könne sich keiner vorstellen „*da rein zu kommen*“. „*Wenn nur eins der Kids sauber bleibt, dann lohnt sich das schon*“, äußert sich eine mitwirkende Insassin.[732]

Forschungsergebnisse zu Gefängnisbesuchsprogrammen sind seitens der JVA nicht bekannt.

6.3.1.8.3 JVA Bochum[733]

In der JVA Bochum sollen durch das noch in der Umsetzungsphase befindliche Projekt „"Exit Crime" – frühe Hilfe, statt späte Härte“ kurz vor einer Inhaftierung stehende, mehrfach vorbestrafte und/oder schwer erziehbare, männliche Jugendliche und Heranwachsende bis 21 Jahre angesprochen werden[734]: „*Wir möchten den Jugendlichen einen* echten *Einblick hinter den Mauern geben, damit dieses als Abschreckung dient. Durch die Medien herrscht bedauerlicherweise ein falsches teilweise verharmlosendes Bild über den vermeintlich lässigen Vollzugsalltag* (sic)“, heißt es in einem kurzen,

731 *Schüler/Bruns* (2015), S. 3.

732 *Bexte*, Westfalen-Blatt, 28.03.2013.

733 Die Informationen wurden von der JVA übermittelt.

734 Da Rückfragen der Verfasserin unbeantwortet blieben, ist unklar, ob das Programm bereits angelaufen ist.

schriftlichen Konzept des Projekts. Erklärtes Ziel ist Kriminalprävention; Jugendkriminalität und Gewaltbereitschaft sollen vorgebeugt und bekämpft werden. Eine Teilnahme wird in Zusammenarbeit und durch Vernetzung mit Jugendamt, JGH, Jugendrichter, Streetworker, Sozialhilfe sowie Bewährungshilfe organisiert und vermittelt.

Die Anstaltsführung mit den Projektteilnehmern, dem Sozialdienst und den Inhaftierten umfasst zunächst die Besichtigung eines Haftraumes, um einen realistischen Einblick in den Haftalltag zu ermöglichen. Anschließend erfolgt ein ausführliches und aufklärendes Gespräch mit den Jugendlichen über den Haftalltag. Die beteiligten Häftlinge berichten in der Gesprächsrunde von eigenen Erfahrungen, um so einen Zugang zu den Jugendlichen zu bekommen. Es soll über den Gefängnisalltag sowie die langfristigen Folgen von Kriminalität wie bspw. *„soziale Abschottung, hohe Verschuldung, Abbau bzw. Verlust der sozialen Kontakte, Isolation, Drogenkonsum, emotionale Verwahrlosung, Perspektivlosigkeit, ein fremdbestimmtes Leben durch Abhängigkeit zum System, Hang zu Gewalt"* aufgeklärt werden, so das Konzept.

Mit dem Gefängnisbesuch werde beabsichtigt, schwer erreichbare Jugendliche und Heranwachsende anzusprechen, so die JVA. Es solle eine Aufklärung stattfinden und Denkanstöße gegeben werden. Bestenfalls könnten durch ernsthafte Auseinandersetzungen der Jugendlichen bzw. Heranwachsenden mit ihrem delinquenten Verhalten künftige Inhaftierungen vermieden werden. Dabei solle reflektiert werden, *„wie groß das Ausmaß"* der jeweiligen kriminellen Handlungen ist und die eigene Straffälligkeit hinterfragt werden, teilt die JVA mit.

Seitens der JVA äußert man sich, dass Forschungsergebnisse zu Gefängnisbesuchsprogrammen bekannt seien. Auswirkung auf das Programm hätten diese jedoch nur insofern, als dass *„keine Abschreckung, sondern Aufklärung"* *„über Einsicht"* erreicht werden soll. Widersprüchlich hierzu wird im schriftlichen Konzept jedoch dargestellt, dass ein echter Einblick hinter die Mauern gegeben werden solle, der als *Abschreckung* diene.

6.3.1.8.4 JVA Detmold[735]

Seit 2004 führt der Ambulante Soziale Dienst, Fachbereich Bewährungshilfe, in der JVA Detmold das Projekt „Prävention statt Strafe" in Kooperati-

735 Die Informationen stammen von der JVA sowie einem zur Verfügung gestellten schriftlichen Arbeitsbericht.

on mit der Jugendsiedlung *Heidehaus*[736] in Augustdorf durch. Träger des Projektes ist der Verein „Brücke e.V.“, ein Verein zur Förderung der Bewährungs- und Straffälligenhilfe in Detmold. Das Projekt basiert auf dem ursprünglich von Inhaftierten und Ehrenamtlichen ins Leben gerufenen Projekt „Arbeit mit straffällig gewordenen Jugendlichen“.[737] Mittlerweile wurde das Projekt von der Bewährungshilfe übernommen. Der Gefängnisbesuch stellt einen von sechs Einheiten eines sozialen Trainingskurses im Rahmen von richterlichen Weisungen für bis zu acht (überwiegend) männliche Jugendliche und Heranwachsende im Alter zwischen 14 und max. 18 Jahren dar. Auch bei Auffälligkeiten im *Heidehaus* oder während einer zur Bewährung ausgesetzten Strafe könne eine Teilnahme veranlasst werden, so die JVA. Ein Gefängnisbesuch dauert ca. zwei Stunden und findet etwa einmal im Jahr nach Bedarf statt.

Die Zielgruppe des Projekts setzt sich aus solchen Jugendlichen zusammen, die strafrechtlich auffällig sind und denen daher freiheitsentziehende Maßnahmen, bspw. ein Bewährungswiderruf oder Jugendstrafe drohen, so der schriftliche Arbeitsbericht zum Start des Projektes. Das Ziel hierbei ist insbesondere die Auseinandersetzung der Teilnehmer mit dem Thema Straffälligkeit und mögliche Sanktionierungen sowie die Haftvermeidung. Die Jugendlichen *„sollen im direkten Erleben und im Kontakt mit den Gefangenen deren Gefühle nachempfinden oder zumindest erahnen.“* Laut Auskunft der JVA handele es sich bei dem Projekt um eine *„spürbare Konfrontation mit der JVA und den Gefangenen“* und um eine entsprechende *„kleine Schocktherapie“*.

Vermittelt oder organisiert wird das Projekt von verschiedenen Institutionen in Detmold, wie etwa StA, Amtsgericht, Polizeidienststelle, Ambulanter Sozialer Dienst, *Heidehaus* und Bewährungshilfe. Gerade Polizei und StA sollen als mögliche *„Feindbilder“* mit in das Projekt einbezogen werden, um Negativansichten bestenfalls zu revidieren und Informationen zu gewinnen. Die Sichtweisen der verschiedenen Beteiligten sollen erfasst werden.

Der JVA-Besuch als *„Knast auf Probe“* wird von Mitarbeitern des *Heidehauses* und der Bewährungshilfe begleitet. An der Gefängnispforte finden eine bei Besuchen übliche Überprüfung der Personalien und eine Körperkontrolle statt. Sodann werden die Teilnehmer mit einer Gruppe zuvor ausgewählter, erwachsener Häftlinge zur Gesprächsrunde zusammenge-

736 Jugendsiedlung Heidehaus e.V. als Einrichtung der Jugendhilfe nach dem SGB VIII.

737 Sog. Puschmann Gruppe, 1988, siehe schriftliches Konzept der JVA Detmold.

bracht. Die beteiligten Häftlinge sollen eine strafrechtliche Vorgeschichte mit delinquentem Verhalten bereits in der Jugend aufweisen und müssen sich mit ihrem eigenen Fehlverhalten bereits kritisch auseinandergesetzt haben. Es sollen Parallelen in den Biographien der Häftlinge und der Teilnehmer hergestellt werden. Es soll *„verdeutlicht werden, in welche Richtung ihr eigenes Leben verlaufen könnte. Dies soll ihnen bei der Entscheidung zu Veränderungen helfen.“* Bei der Gesprächsrunde sitzen die Teilnehmer jeweils zwischen Häftlingen. Zwei besonders gefährdete Teilnehmer werden darüber hinaus spontan ausgewählt, Haftkleidung zu tragen, um sodann für ca. 20 Minuten in Hafträumen eingeschlossen zu werden; etwaige Zustimmungen der Eltern/Erziehungsberechtigten wurden zuvor eingeholt.[738] Es findet sodann eine abschließende Diskussion und Reflexion mit allen Beteiligten statt.

Vor- und Nachbereitungen des Besuches erfolgen außerhalb der JVA im Rahmen des sozialen Trainings bspw. mit der Bewährungshilfe. Nach erfolgreicher Teilnahme an dem Kurs erhalten die Jugendlichen und Heranwachsenden ein entsprechendes Zertifikat.

Seitens der JVA äußerte man sich, dass man nicht wisse, *„ob es fruchtet“*, aber der Ansatz werde als gut empfunden. Nach Meinung der Verantwortlichen sei viel gewonnen, *„wenn nur einer der Gruppe nicht mehr staffällig wird* (sic)“. Kenntnis über Rückfallquoten besteht allerdings nicht. Entsprechend einem Projektbericht aus dem Jahr 2004 befanden sich alle Teilnehmer auch ein halbes Jahr nach dem ersten Gefängnisbesuch noch in der Jugendhilfe; die bisher nicht verurteilten Teilnehmer wurden demnach nicht wieder straffällig und ein unter Bewährungsaufsicht stehender Jugendlicher soll ebenfalls nicht erneut strafrechtlich in Erscheinung getreten sein. Konkrete Zahlen werden jedoch nicht vorgelegt. Forschungsergebnisse über Gefängnisbesuchsprogramme sind nach Angabe der JVA bekannt, wirkten sich jedoch nicht auf das Programm aus: Nach Auskunft des Sozialdienstes der JVA war eine Evaluation des Projektes gewünscht, sei jedoch daran gescheitert, dass seitens des Heidehauses negative Presse befürchtet wurde. Näheres hierzu wurde nicht mitgeteilt.

Nachteilig werde seitens der JVA gesehen, dass es sich bei der JVA Detmold um eine Einrichtung des Erwachsenenvollzugs handelt, die letztlich für die teilnehmenden Jugendlichen und Heranwachsenden, insbesondere Frauen, nicht zuständig wäre. Für die Verfasserin stellt sich hierbei außerdem die Frage, ob die teilnehmenden Jugendlichen und Heranwachsen-

738 Siehe auch *Hostert* (o.J.), „20 Minuten in der Einzelzelle“.

den mit der notwendigen Ernsthaftigkeit beteiligt sind, wenn diese sich aus dem *Heidehaus* kennen und ggf. in einer „Clique“ sind.

6.3.1.8.5 JVA Geldern[739]

In der JVA Geldern wurde die sog. *„Puschmann-Gruppe“*, bestehend aus mehreren Häftlingen und geleitet von Pastoralreferenten, ins Leben gerufen, die Jugendliche bei einer „Tour durch den Gefängnisalltag“ begleitet. Die Gefängnisbesuche werden in Zusammenarbeit mit weiteren Projekten – etwa dem Projekt „Knast auf Probe“ der Pädagogischen Dienste in Rheine oder dem „Geldern Projekt“ der Bewährungshilfe Duisburg – angeboten.[740]

Bei einem Besuch der Haftanstalt soll eine konkrete Auseinandersetzung mit den möglichen Folgen der eigenen Straffälligkeit ermöglicht werden. Neben einem Einblick in den Haftalltag, der Konfrontation mit Gefangenen und der Reflexion des eigenen Verhaltens, sollen Entscheidungshilfen für den weiteren Lebensweg erarbeitet werden. Die eigene Gefährdungslage soll verdeutlicht werden.[741]

Die Zielgruppe sind jeweils ca. acht 13- bzw. 14- bis 25-jährige,[742] männliche, straffällige oder gefährdete Klienten, ggf. aus der Bewährungs- und Jugendgerichtshilfe, die noch keine freiheitsentziehenden Maßnahmen erfahren haben und von Verbüßung einer Jugend/-Freiheitsstrafe bedroht sind. Die Besuche werden mit den externen Organisatoren sowohl vor- als auch nachbereitet und laufen im Übrigen ähnlich ab wie andere Programme: Neben einem Rundgang und Einschluss eines Teilnehmers findet ein kommunikativer Austausch zwischen den Teilnehmern und Strafgefangenen ohne Anwesenheit des Vollzugspersonals mit dem Ziel der Prävention statt. Die Häftlinge wollen einen *„Realitätscheck“* des Gefängnisses geben und zeigen: *„Wir sind dein Spiegelbild.“*[743]

---

739 Die Informationen wurden mangels Auskunft der JVA lediglich aus dritten Quellen erlangt, siehe Fn. 740 – 743.

740 Siehe hierzu *Mokwa*, RP Online, 08.05.2013; http://www.bwh-online.de/projekte/geldern-projekt/index.html; http://www.paedagogischedienste.de/leistungen/spezifische-leistungen/knast-auf-probe/.

741 http://www.bwh-online.de/projekte/geldern-projekt/index.html; siehe auch http://www.paedagogischedienste.de/leistungen/spezifische-leistungen/knast-auf-probe/.

742 Die in Fn. 741 genannten Quellen verweisen auf unterschiedliche Mindestalter.

743 *Mokwa*, RP Online, 08.05.2013.

Leider konnten auf Nachfrage keine weiteren Informationen über das Projekt „Knast auf Probe“, wie etwa das schriftliche Konzept, erlangt werden. Aus *„personellen und organisatorischen Gründen“* konnte auch eine weitere Anfrage an die JVA nur knapp beantwortet werden: Demnach wird die sog. Puschmann-Gruppe als *„Freizeit- und Behandlungsmaßnahme“* noch durchgeführt, allerdings kommt es dabei nicht zu regelmäßigen Besuchskontakten mit externen Einrichtungen. Die Besuche seien eher die Ausnahme und erfolgen nur im Einzelfall. Weitere Details wurden nicht übermittelt.

6.3.1.8.6 JVA Gelsenkirchen[744]

In der JVA Gelsenkirchen wird das Schulprojekt „Cool or Fool?!“ durchgeführt. Bei dem Gefängnisbesuch nehmen jeweils ca. acht bis zehn Schüler teil, bspw. Förderklassen oder, da die Teilnehmerzahl seitens der JVA begrenzt ist, ausgewählte, auffällige Schüler größerer Klassen. Die Besuche finden ca. ein- bis zweimal jährlich von 9:30 – 14:00 Uhr statt.

Es handele es sich bei dem Projekt um ein *„Angebot an Schulklassen, welches über das Leben während einer Inhaftierung informiert“*, so die JVA. Ziel sei es, gefährdeten Jugendlichen *„durch Primärerfahrungen nachhaltige Eindrücke“* zu vermitteln, sodass diese *„erkennen, dass der Alltag in Haft nicht "cool" sondern "fool" ist.“* „[N]*eben der Förderung fachlicher, sozialer und methodischer Kompetenzen*“ wolle man ferner erreichen, dass sich die Gefangenen *„intensiv mit ihrer momentanen Situation“* auseinandersetzen. *„Der Perspektivwechsel und die nötige Empathie setzen eigene Fehler und die Gründe für die Inhaftierung in den Fokus. Er wirkt sich nachhaltig auf den Prozess des Umdenkens aus und fördert die Persönlichkeitsentwicklung.“* Durch die Arbeit über mehrere Wochen und eventuelle Rückschläge soll ferner das *„Durchhaltevermögen und die Bereitschaft Konflikte zu lösen* (sic)“, geschult werden.

Die Initiative zu dem Projekttag ging von Häftlingen aus, die in der JVA am Unterricht in der Erwachsenenbildung teilnahmen.[745] Geleitet wird das Projekt von zwei Lehrerinnen der JVA. Eine Gruppe von ca. neun Häftlingen, die am Unterricht in der JVA teilnehmen, plant und führt den Besuchstag durch. Aufgrund der *„hohen Fluktuation“* wird die Häftlingsgruppe jedes Mal neu zusammengestellt. Voraussetzung ist, dass die Häftlinge über eine *„ausreichende Reflexions- und Empathiefähigkeit“* verfügen. In

---

744 Die Informationen wurden seitens der JVA erteilt.

745 *Ansahl*, Der Westen, 21.10.2011.

Einzelgesprächen werden diese über das Projekt und dessen Zielsetzung informiert und entscheiden sodann selbst, ob sie teilnehmen möchten. Unterschiedliche Schulen, Internate und andere Förderprogramme aus der näheren Umgebung sind an dem Projekt beteiligt; der Kontakt entstehe dabei durch einzelne engagierte Pädagogen, so die JVA.

Die zwischen 13 und 16 Jahre alten, überwiegend männlichen Besucherschüler erscheinen zum Projekttag in Begleitung ihrer KlassenlehrerInnen. Einige wurden bereits strafrechtlich auffällig, andere sind lediglich gefährdet oder zeigten abweichendes Verhalten. Der Projektablauf ist in einem kurzen Konzept festgehalten: Nach der Begrüßung durch die inhaftierten Schüler durchläuft ein ausgewählter Besucherschüler den Prozess des Zugangs eines Häftlings inklusive Zugangsgespräch. Die Erfahrungen werden dann mit der Gruppe besprochen. Sodann folgt eine Führung durch die Anstalt mit Besichtigung von Hafträumen, Arrestzellen, einem besonders gesicherten Haftraum und dem Freistundenhof. Nach dem gemeinsamen Mittagessen aus der Gefängnisküche folgen ein Vortrag bzw. eine Präsentation eines typischen Tages- und Wochenablaufes in Haft und eine offene Fragerunde. In Kleingruppen (sog. *„Patensystem“*) berichten die Häftlinge jeweils ein bis zwei Besuchern über verschiedene Themen im Vollzug, bspw. Arbeit, Freizeit, Besuch von außerhalb und Disziplinarmaßnahmen. Abschließend wird ein Feedback ausgetauscht.

Sowohl die Häftlinge als auch die Besucherschüler bereiten den Besuchstag etwa zwei bis drei Monate lang vor. Im Anschluss an den Besuch arbeiten beiden Schülergruppen den Projekttag auf und tauschen die Ergebnisse aus, so die JVA.

Die Gefangenen erhoffen sich durch das Projekt, *„die Besucherschüler zu erreichen und zu einem Umdenken anzuregen.“* *„Den Besucherschülern fällt es in der Regel schwer klare Erwartungen zu formulieren* (sic)“, so die JVA. Die Rückmeldungen der Besucher – noch am Projekttag oder nach der Aufarbeitung im Unterricht – zeigten, dass ein Großteil der Schüler zumindest kurzfristig zum Umdenken angeregt werde. *„Und wenn wir nur eine einzige Straftat verhindern, hat sich das Projekt gelohnt.“*[746] Konkrete Zahlen oder weitere Evaluationen wurden jedoch nicht vorgelegt. Kenntnisse zu den jeweiligen Rückfallquoten oder zur anschließenden Strafbarkeit sind nicht vorhanden, Forschungsergebnisse zu Gefängnisbesuchsprogrammen nicht bekannt.

746 So *Ralf Bothge*, ehemaliger stellvertretender Leiter der JVA Gelsenkirchen, zitiert nach *Ansahl*, Der Westen, 21.10.2011.

6.3.1.8.7 JVA Iserlohn[747]

In der JVA Iserlohn, einer Einrichtung des Jugendvollzugs, werden seit 2009 sog. „Warnschusstage“ im Rahmen verschiedener Präventionsmaßnahmen durchgeführt. Dies erfolge im Rahmen einer „*Ordnungspartnerschaft*“, der bspw. die Jugendämter im Märkischen Kreis, die JGH, die StA Hagen, die zuständigen Jugendrichter, die Kreispolizeibehörde Märkischer Kreis und die JVA angehören, so die Auskunft der JVA.

Etwa vier bis fünf „Warnschusstage“ werden pro Jahr für jeweils etwa acht bis zwölf, ausschließlich männliche Jugendliche durchgeführt. Die Initiative gehe idR von der Polizei aus, so die JVA: „*Die Teilnahme eines Jugendlichen wird vorab von der Polizei (durch sog. "Jugendcops") vorgeschlagen oder auch durch einen Jugendrichter als Weisung ausgesprochen. Manchmal sind auch die am Projekt beteiligten Schulen die "Auftraggeber".*“ Freiwillige Teilnahmen auf Vorschlag der Polizei sind mit schriftlicher Zustimmung der Erziehungsberechtigten möglich. Vor- und Nachbereitung bzw. Anschlussbetreuungen erfolgen durch das Jugendamt bzw. die JGH.

Dem schriftlichen Konzept des Projekts der Ordnungspartnerschaft Märkischer Kreis zufolge sind Zielgruppe des „Warnschusstages“ vorrangig sog. „Schwellentäter“, also „*Personen, die eine Gewaltstraftat oder drei sonstige Straftaten innerhalb eines Jahres begangen haben oder nach Individualprognose als gefährdet anzusehen und noch nicht als Intensivtäter erfasst sind, ferner Jugendliche, die in Fallkonferenzen mit den Jugendämtern und der Jugendgerichtshilfe benannt werden*“.

Der „Warnschusstag“ soll den Jugendlichen vor Augen führen, was auf sie zukommt, wenn sie zu einer Verhaltensänderung nicht bereit sind. Das Projekt ist daher erzieherisch begründet. Insbesondere bei zur Bewährung ausgesetzten Jugendstrafen, die eher als „*Freispruch zweiter Klasse*“ aufgefasst würden, sei den Jugendlichen mangels spürbarer Sanktionen der Ernst ihrer Lage nicht bewusst. Den Jugendlichen soll daher das „*Thema Knast*“ als etwas nicht Erstrebenswertes vermittelt und dabei aufgezeigt werden, was Freiheitsentziehung und Fremdbestimmtheit bedeutet. Die Teilnehmer sollen mit den negativen Konsequenzen und der Perspektivlosigkeit von Gewalt und Kriminalität konfrontiert werden. „*Die Maßnahme soll ein Denkanstoß für die Jugendlichen sein und die Gedanken und Lebensplanungen der Jugendlichen erreichen. Ferner sollen Irritationen in die Klischees und Stereotype der Jugendlichen von Kriminalität, Gefängnis und Gewalt ge-*

747 Die Informationen wurden über die JVA sowie dem schriftlichen Konzept der Ordnungspartnerschaft Märkischer Kreis über das Projekt erlangt.

bracht werden“, ist im schriftlichen Konzept festgehalten. Kriminelle Karrieren sollen verhindert werden.

Die Teilnahme eines Jugendlichen werde ggf. der StA Hagen mitgeteilt und könne sich bspw. positiv in einem laufenden Ermittlungsverfahren auswirken. Andererseits könne es, wenn ein *„Schwellentäter nach der Teilnahme am "Warnschusstag" nochmals straffällig…* [werde],… *als strafverschärfender Aspekt gewertet werden*“, heißt es im Konzept.

Ein Besuchstag dauere etwa drei bis dreieinhalb Stunden und werde von *„geeigneten und erfahrenen*“ Bediensteten begleitet, so die JVA. Dem schriftlichen Konzept zufolge soll der zuständige Sozialdienstbetreuer der JVA, der die Jugendlichen in Empfang nimmt, eine Rolle einnehmen, *„die eher an einen Drill – oder Staff - Sergeant der US-Army* (sic)“ erinnere. Nach den üblichen Routinekontrollen (*„z.B. Körperkontrollen, Türschleusungen bei der Aufnahme, Übernahme Häftlingskleidung*“) werden Hafträume einschließlich des *„"Bunkers" (Ruhigstellungszelle) besichtigt sowie der Eindruck vermittelt, in welcher Atmosphäre (Geräusche, Stimmen) die Inhaftierten einen Großteil ihrer Zeit verbringen*“. Der Haftalltag solle aufgezeigt und damit einhergehende Einschränkungen (*„z.B. Essen müssen, was es gibt*“) vermittelt werden. Bilder, wie *„der letzte Blick aus der Schleuse*“, sollen sich dabei *„einbrennen*“, so die JVA. Nachdem zusammen ein „Podknast“-Film[748] angesehen wurde, finden als Schwerpunkt des Besuches Gespräche mit *„ausgewählten, verantwortungsvollen Insassen, die ihre Taten bereuen*“, statt. Geschildert werden der persönliche Werdegang, die Vergehen, die derzeitige Situation in der JVA und die jetzige Sicht auf ihre Vergangenheit. *„Die örtliche Herkunft, die familiären Verhältnisse und die Ansichten über Jugend und Zukunftsperspektive der Inhaftierten und der Schwellentäter stehen im Mittelpunkt der Diskussion. Schwellentäter, die sich cool und gleichgültig zeigen, wird nachhaltig deutlich gemacht, dass die Gefangenen früher selbst mit der festen Überzeugung aufgetreten sind, sie seien schlauer als andere und würden nicht erwischt, oder der Meinung waren, zwei, drei Jahre Knast seien schon nicht so schlimm* (sic)“, heißt es im Konzept.

Auch die beteiligten Gefangenen sollen von dem Projekt durch eine Stärkung ihrer Verantwortungsbereitschaft für die Gesellschaft profitieren. *„Die erneute Reflexion der Straftaten und der Entstehungsgeschichte verfestigt die Abkehr von einem Leben mit Straftaten. Die erlebte Aufmerksamkeit der Ju-*

---

748 „Podknast“ ist ein Projekt des Justizvollzuges des Landes NRW, an dem verschiedene JVAen beteiligt sind (www.podknast.de/). Durch Audio- und Video-Podcasts, die die Gefangenen selbst produzieren, sollen Einblicke in das Leben Inhaftierter gegeben werden.

gendlichen und die damit empfundene Aufwertung der eigenen Persönlichkeit dienen dem Aufbau eines gesunden Selbstbewusstseins. Zudem wird eine Perspektive geboten, dass auch ohne die Begehung von Straftaten gesellschaftliche Anerkennung möglich ist", so das Konzept.

Kenntnis von Forschungsergebnissen zu Gefängnisbesuchsprogrammen liegt seitens der JVA nicht vor. Im schriftlichen Konzept ist dagegen dargestellt, dass „*diese "Konfrontationspädagogik"* [...] *in der Fachliteratur umstritten*" ist. Hierbei wird bspw. auf *Finckenauer* verwiesen. Um dem zu begegnen und „*die Nachhaltigkeit der Erfahrungen zu gewährleisten, haben die Jugendbeamten den Auftrag, das von den Schwellentätern in der JVA Erlebte im Rahmen der Präventionsgespräche in den Folgemonaten zu reflektieren und zu vertiefen. Darüber hinaus erfolgt eine Nachbetreuung durch die Mitarbeiter der Jugendämter und der Jugendgerichtshilfe*", so das Konzept.

Konkrete Rückfallquoten der Teilnehmer sind, jedenfalls seitens der JVA, nicht bekannt. Allerdings sind demnach „*die Erfahrungen mit diesen Veranstaltungen* [...] *durchweg positiv; dies bestätigen auch die Rückmeldungen der beteiligten Projektpartner*". Evaluationen finden in der JVA nicht statt.

Dem Konzept der Ordnungspartnerschaft Märkischer Kreis zufolge seien Wirkungsanalysen der durchgeführten Präventionsmaßnahmen wie dem „Warnschusstag" vorzunehmen. Insofern sei die Zentralstelle Evaluation des LKA NRW ersucht worden, das Gesamtkonzept zu evaluieren. „*Aufgrund fehlender personeller und finanzieller Ressourcen konnte die angestrebte Evaluierung bisher nicht realisiert werden*", ergibt sich jedoch aus dem Konzept. Allerdings hätten im Rahmen von Eigenerhebungen zahlreiche Rückmeldungen der beteiligten Schwellentäter, deren Eltern sowie der teilnehmenden Jugendbeamten bestätigt, dass „*insbesondere der Warnschusstag einen nachhaltigen Eindruck hinterlassen*" hätte. „*62 Schwellentäter konnten auf diesem Wege bisher die JVA Iserlohn besuchen und dort den Gefängnisalltag kennenlernen. [...]* [Nach dem] *Besuch der JVA Iserlohn* [sind] *bislang erst 5 Schwellentäter erneut kriminalpolizeilich in Erscheinung getreten. Das entspricht in diesem Bereich einer Rückfallquote von 9,68 %.*" Zur konkreten Datenerfassung ist jedoch nichts bekannt bzw. sind keine weitergehenden Angaben gemacht worden.

In ihrem Konzept stellt die Ordnungspartnerschaft fest, dass „*[...] gerade die Gesamtheit der präventiven Maßnahmen, insbesondere die Teilnahme am Warnschusstag mit anschließender Reflektion im Rahmen der Gefährderansprachen mit den Jugendbeamten sowie die Anschlussbetreuung durch die Mitarbeiter der Jugendamtes bzw. der Jugendgerichtshilfe, nachhaltig Wirkung erzeugen. Wünschenswert wäre es, dieses Konzept längerfristig im Rahmen einer wissenschaftlichen Untersuchung, beispielsweise durch ein kriminologisches Forschungs-*

institut, zu evaluieren. Leider ließ sich dies, aufgrund fehlender Ressourcen, bisher nicht realisieren. (sic)“

Auffallend ist, dass das schriftliche Konzept der Ordnungspartnerschaft Märkischer Kreis teils wortgleich mit dem Konzept des Projektes „GhJ“, Hamburg ist. Ungeklärt ist, ob das Konzept übernommen wurde oder eine Zusammenarbeit der Anbieter besteht. Letzteres ist nicht bekannt bzw. es wurde nichts dergleichen seitens der JVA Iserlohn geäußert.

6.3.1.8.8 JVA Remscheid[749]

Seit über 10 Jahren wird das Projekt „S.O.S – Sekt oder Selters“ in der JVA Remscheid durchgeführt. Die Teilnahme erfolgt auf Weisungen, Auflagen oder Verurteilungen des Jugendgerichts bzw. der Jugendstaatsanwaltschaft. Es besteht eine Kooperation mit der Bewährungshilfe, auf deren Anfrage das Projekt in die Wege geleitet wurde, und dem Ambulanten Sozialen Dienst des Landgerichtsbezirks Wuppertal. Der JVA zufolge stelle das Projekt ein geeignetes Mittel dar, um auf Jugendliche und Heranwachsende einzuwirken und biete eine Alternative zu Maßnahmen wie dem „Warnschussarrest“ oder der Auferlegung von Sozialstunden. Das Projekt wird je nach Zuweisungen ca. viermal im Jahr für jeweils zehn bis 12 Teilnehmer angeboten.

Nach Auskunft der JVA gehören überwiegend männliche Jugendliche und Heranwachsende, in Einzelfällen auch junge Erwachsene, die ein- oder mehrmals straffällig geworden sind und *„denen in geeigneter Weise die Konsequenzen ihres Handels verdeutlicht werden sollen“* zur Zielgruppe des Gefängnisbesuchsprogramms. Ausgewählte Langzeitinhaftierte der JVA Remscheid, die für die Gruppenmitgestaltung geeignet und sich darüber hinaus mit ihren eigenen Taten und den Folgen ihrer Inhaftierung auseinandergesetzt haben, *„schildern die Haftsituation, die eigene kriminelle Karriere in der Vergangenheit, die Ernsthaftigkeit einer Inhaftierung“*. Sie sollen kommunikativ und in der Lage sein, *„ihr Erleben und ihre Gefühle zu versprachlichen“*. Den Teilnehmern sollen im Ergebnis Alternativen zu einem kriminellen Verhalten aufgezeigt werden.

Die JVA äußert sich dahingehend, dass das Projekt sowohl für Häftlinge als auch für die außenstehenden Teilnehmer eine *„Win-Win-Situation“* darstelle. Denn auch die Inhaftierten beschäftigen sich mit ihren Anlassdelik-

---

749 Die Informationen wurden von der JVA erteilt, ein schriftliches Konzept wurde zur Verfügung gestellt.

ten, so dass durch die Teilnahme an dem Projekt der Behandlungsauftrag der JVA erfüllt werden könne.

Ein Projekttag dauert mit Vor- und Nachbereitung ca. zehn bis 12 Stunden. 14 Tage vorab erfolgt ein Vorgespräch in den Räumen des Ambulanten Sozialen Dienstes NRW im LG Wuppertal, Dienstsitz Remscheid. Die Nachbesprechung findet eine Woche nach dem Besuch in ebendiesen Räumlichkeiten statt. Bei der Vorbesprechung lernt sich die Gruppe kennen, das bisherige straffällige bzw. deviante Verhalten der Teilnehmer wird besprochen. Gruppenregeln beim Besuchstag und der Umgang mit den Häftlingen werden thematisiert.

Der Hauptteil des Projektes, der Besuch der JVA, beginnt laut schriftlichem Konzept mit einer Begrüßung an der Außenpforte durch den Ambulanten Sozialen Dienst, dem sich eine Überprüfung der Personalien durch Vollzugsbeamte sowie eine übliche Leibesvisitation anschließt. Im Folgenden findet das Treffen mit den teilnehmenden Häftlingen im Besuchsraum statt, die vom Leiter des AVDs begleitet werden. Es erfolgt eine Vorstellungsrunde, bei der allgemeine Informationen zum „*Alltag im Knast*" vermittelt werden, ein Erfahrungsaustausch soll dabei stattfinden. Es besteht ferner die Möglichkeit gemeinsam einen Haftraum zu besichtigen. In einem „*Face-to-Face-Setting*" finden Gespräche in Kleingruppen statt. Nach einem gemeinsamen Mittagessen in der JVA sollen die nach Möglichkeit in gemischter Reihenfolge sitzenden Jugendlichen bzw. Inhaftierten sodann abwechselnd über ihre Lebenssituationen und Lebensgeschichten und der begangenen Straftaten berichten. „*Gemeinsam wird dann die jeweilige aktuelle Situation in den Blick genommen und über Änderungen auf der Einstellungs- und Verhaltensebene nachgedacht, um weitere Straffälligkeit der jungen Menschen vorzubeugen* (sic)", heißt es abschließend im Konzept. Die Inhaftierten legen den Teilnehmern nahe, Kontakte zu Fachleuten, wie etwa der JGH und dem Ambulanten Sozialen Dienst der Justiz, zu suchen und über Problemlösungen zu sprechen, so die JVA.

Im Rahmen der Nachbesprechung wird die Gruppenarbeit am Besuchstag resümiert und die Ergebnisse verschriftlicht. Wie bereits im Vorfeld des Besuchs erfolgt eine weitere Kosten-Nutzen-Analyse zu den Vor- und Nachteilen einer Straftat. „*Eine positive Bestärkung der Ressourcen der Teilnehmer soll gegeben werden*", so die JVA. Ferner werde dabei sehr deutlich, dass das authentische Treffen mit den Häftlingen die Teilnehmer beeindrucke, so die JVA.

Zwischenzeitlich sei das Projekt aufgrund eines Todesfalls im Besuchsraum im Jahr 2010 unterbrochen gewesen, teilt man seitens der JVA mit. Ein Inhaftierter hatte dort seine Lebensgefährtin getötet. Die Sicherheit der teilnehmenden Jugendlichen sei aufgrund dessen in Frage gestellt worden, sodass zunächst keine Zuweisungen mehr seitens der Gerichte erfolgten. „*Das ist natürlich Quatsch*", äußerte man sich seitens der JVA, die das Programm fortsetzten wollte, was schließlich auch geschah.

Im Übrigen müssten „*Zweifel am Nutzen solcher Projekte [...] immer wieder neu überwunden werden*", so die JVA. Im Rahmen der schriftlichen Befragung wurde die Frage nach einer Kenntnis von Rückfallquoten von der JVA zunächst bejaht; nach telefonischer Rücksprache ergab sich allerdings, dass seitens der JVA keine konkrete Kenntnis besteht und keine Zahlen oder Statistiken bekannt sind. Es erfolge lediglich eine Rückmeldung durch die Bewährungshilfe, der einige Teilnehmer bekannt seien, so die JVA. Da man die Intensivtäter in der Region kenne und der Bereich des Landgerichts- bzw. Amtsgerichtsbezirk Remscheid kein Problembezirk sei, würde bekannt werden, wenn ein Teilnehmer in den nächsten ein bis zwei Jahren nach seiner Teilnahme rückfällig werde. Eine konkrete Kenntnis bestehe jedoch nicht, da bspw. der Wegzug einzelner ehemaliger Teilnehmer aus dem Zuständigkeitsbezirk nicht erfasst werde.

Auch Forschungsergebnisse zu Gefängnisbesuchsprogrammen sind nach eigener Aussage bei der JVA nicht bekannt. Allerdings wisse man, dass es entsprechende Untersuchungen gebe. Die JVA teilte mit, dass aufgrund dieser Forschungsergebnisse auch seitens der StA bereits Zweifel an der Wirksamkeit des Projektes geäußert worden seien, „*nach dem Motto: "Die Prophylaxe ist nicht wirksam", "Das was ihr macht, bringt nichts."*" „*Das war ein "Totschlagargument"*", so die JVA, „*warum etwas tun, wenn man weiß, es bringt nichts*". Es habe dann die Information gegeben, dass es eine Untersuchung geben werde; was untersucht wurde und entsprechende Ergebnisse bzw. die Vergleichbarkeit des Remscheider Projekts mit bereits evaluierten Projekten sei jedoch nicht mitgeteilt worden. „*Keiner hat die Studie genauer betrachtet*". Seitens der JVA ist man sich mithin bewusst, dass der Nutzen des Programms nicht geprüft ist. „*Es ist auch nur eine von vielen Maßnahmen, aber wenn es nur hin und wieder etwas bringt, wird es gemacht*", so die JVA, die das Vorhaben mit dem Versuch vergleicht, ein Feuer mit einem kleinen Eimer Wasser zu löschen: „*Man macht es, auch wenn es nur ein bisschen was bringt und auch wenn man weiß, dass es nicht immer erfolgreich ist*". Seitens des LG Wuppertal sprach man sich letztlich für das Projekt aus, sodass nach Rücksprache mit Bewährungshilfe und StA das Projekt weitergeführt wurde. Es sei dort ein Machtwort gesprochen worden, so die JVA.

Die Bewertung durch die Teilnehmer sei im Übrigen durchweg positiv. Das Erlebte werde als prägend wahrgenommen, so die JVA. „*Wenn ich de-*

nen erzähle, was auf sie zukommen kann, geht das zum einen Ohr rein und zum anderen raus. Wenn sie aber hautnah dran sind und ein Häftling erzählt, ist das meist ein authentischeres Erlebnis", so ein zuständiger Bewährungshelfer.[750]

6.3.1.8.9 JVA Schwerte[751]

Nach Auskunft der JVA Schwerte entstand im Jahr 2001 in Zusammenarbeit mit dem Jugendamt der Stadt Schwerte die Idee, „*Jugendliche, junge Erwachsene, gefährdete Jugendliche und gefährdete junge Erwachsene über den Alltag im Gefängnis und über Brüche in Biographien der Straftäter zu informieren, Brüche, die letztendlich zur Inhaftierung geführt haben*". Teilweise erfolgt die Teilnahme auf richterlicher Anordnung, teilweise freiwillig – z.B. etwa zweimal jährlich für Schulen im Rahmen des Rechtskundeunterrichts. Das Jugendamt schlage die Teilnehmer idR vor und mittlerweile finde zudem eine Zusammenarbeit mit dem Jugendamt Hagen sowie einer Wohngruppe für psychisch erkrankte junge Erwachsene statt, so die JVA. Im Ergebnis finden ca. drei- bis viermal im Jahr Besuche für max. zehn männliche und weibliche Teilnehmer statt. Die JVA teilt mit, dass sie lediglich die Räumlichkeiten zur Verfügung stelle. Dabei gebe es teilweise Führungen und Gespräche, teilweise auch Einschließsituationen für die Jugendlichen, die vom Jugendamt vorgeschlagen werden. Für die Organisation der Gefängnisbesuche sei hingegen das Jugendamt Schwerte in Kooperation mit umliegenden Schulen, bspw. aus Unna, Iserlohn, Hagen oder Menden, federführend zuständig.

Die Präventionsmaßnahme zur Verhinderung von Straftaten solle gleichzeitig auch den Inhaftierten dienen, die so ihre eigenen Geschichten reflektieren können und lernen, sich mit anderen Häftlingen auseinander zu setzen, so die JVA. Voraussetzung für eine Teilnahme sei ein gewisses Reflektionsvermögen, eine abgeschlossene Tataufarbeitung und Empathiefähigkeit. Die Häftlinge, die sich mit ihrer Tat und ihrer Biographie auseinandergesetzt haben, sollen hierüber berichten und „*ihre falschen Wege, die sie in Haft geführt haben, beschreiben*", heißt es weiter.

Seitens der JVA äußert man sich dahingehend, dass das Projekt der Abschreckung diene, „*ob es funktioniert, ist eine andere Sache*". Es bestehe keine Kenntnis über Rückfallquoten oder zu Forschungsergebnissen. Evaluationen werden nicht durchgeführt.

---

750 *Keusch*, Remscheider General-Anzeiger (2014).
751 Die Informationen stammen von der JVA.

6.3.1.9 Rheinland-Pfalz

In Rheinland-Pfalz wurden die ausgefüllten Fragebögen der JVAen sowie etwaige Fehlanzeigen zu Besuchsprogrammen durch das Justizministerium weitergeleitet. In drei von zehn Anstalten finden insgesamt vier Besuchsprojekte statt. Fünf JVAen (Diez, Frankenthal, Wittlich und Zweibrücken sowie die JSA Schifferstadt) beteiligten sich nicht an der Befragung.

6.3.1.9.1 JVA Koblenz[752]

In der JVA Koblenz werden zwei Projekte durchgeführt, das „Projekt AGT“[753] sowie das „Projekt Gitterstunde“.

Beiden Projekten ist nach Auskunft der beteiligten Organisatoren sowie der JVA gemein, dass die Teilnehmer einen Einblick in den Vollzug erhalten, aufgeklärt und abgeschreckt werden sollen. Sie können einem Inhaftierten Fragen stellen und so bspw. erfahren, welche *„weitreichenden Folgen der Freiheitsentzug für den Betroffenen, die Familienangehörigen und Freunde hat“*. Hierbei sind nur Häftlinge des offenen Vollzugs beteiligt, keine Untersuchungsgefangenen. Die JVA teilt mit, dass der jeweils ausgewählte und vorbereitete Inhaftierte *„vom Alter passend* […], *hafterfahren und wenn möglich wegen des gleichen oder ähnlichen Deliktes“* wie die Teilnehmer verurteilt worden sein soll. Ferner sollen die Inhaftierten *„sprachlich und intellektuell in der Lage* [sein], *adäquat auf Fragen der Jugendlichen zu antworten“*.

Schriftliche Konzepte gibt es jeweils nicht.[754] Eine Evaluation findet bei beiden Projekten nur intern statt. Hierfür sollen die Teilnehmer nach dem Besuchstag einen anonymen Fragebogen ausfüllen – im ersten Projekt im Rahmen des AGT, im zweiten Projekt im Rahmen einer Nachbesprechung im Haus des Jugendrechts wenige Wochen nach dem Besuch. Kenntnisse von Rückfallquoten bestehen seitens der JVA sowie der Projektverantwortlichen nicht oder werden allenfalls zufällig erlangt – beim Projekt „Gitterstunde“ etwa durch Rückmeldungen der StA bei einer erneuten Anklage. Forschungsergebnisse zu Gefängnisbesuchsprogrammen sind nicht be-

---

752 Die Informationen wurden jeweils über die JVA sowie die Caritas Koblenz und die StA Koblenz erlangt.

753 AGT = Anti-Gewalt-Training.

754 Das „Projekt AGT“ hat lediglich ein Gesamtkonzept.

kannt. Man sei sich jedoch durchaus bewusst, dass „*Auflagen manchmal erfolgreich sind und manchmal nicht*“, so die Aussage der StA Koblenz.

6.3.1.9.1.1 „Projekt AGT“

Das „Projekt AGT“ wird seit über zehn Jahren ein- bis zweimal im Jahr von der Caritas Koblenz durchgeführt. Nach dortiger Auskunft ist der ca. zweistündige Gefängnisbesuch ein Teil des aus 12 – 15 Sitzungen bestehenden Anti-Gewalt-Trainings. Die Teilnahme erfolgt aufgrund richterlicher Weisungen[755], meist handelt es sich um Intensivtäter, die zuvor Straftaten wie Diebstahl und gefährliche oder schwere Körperverletzungen begangen haben. Bis zu zehn, überwiegend männliche Jugendliche und Heranwachsende zwischen 15 und 21 Jahren nehmen am AGT und damit auch am Besuchsprojekt teil. Auch wenn sich die Teilnehmer durch die einzelnen Sitzungen kennen, soll es nach Darstellung der Caritas keine Probleme mit Cliquenbildung geben. Nach der Eingangskontrolle erfolgt demnach ein Rundgang im geschlossenen Vollzug (Kammer mit Gefangenenausstattung, besonders gesicherter Haftraum, Freistundenhof, „normaler“ Haftraum). Einige Teilnehmer werden kurz eingeschlossen. Anschließend findet eine Gesprächsrunde im Teil des offenen Vollzugs statt, bei der einem dortigen Häftling Fragen gestellt werden können. Die Trainer des AGT bereiten die Jugendlichen auf den Besuch vor und erstellen gemeinsam einen Fragebogen. Im Nachgang zu dem Gefängnisbesuch sollen eine Nachbesprechung sowie die interne Evaluation durch die Ambulante Jugendhilfe erfolgen.

6.3.1.9.1.2 „Projekt Gitterstunde“

Ferner wird in der JVA Koblenz seit 2016 das von der StA und dem Haus des Jugendrechts organisierte „Projekt Gitterstunde“[756] durchgeführt.[757] Eine Teilnahme ist als Diversionsmaßnahme oder als Auflage im Jugendstrafverfahren vorgesehen. Im Vergleich zum „Projekt AGT“ handele es sich nach Auskunft der StA Koblenz um eine niedrigschwellige Maßnahme nach der Begehung von Bagatelldelikten durch Ersttäter. Hierdurch

755 Theoretisch möglich sei auch eine freiwillige Teilnahme.
756 Angelehnt an das Projekt „Gitterstunde“ in der JVA Trier.
757 Geplant sind ca. vier Besuche im Jahr.

solle von der Auflage „Sozialstunden“ abgerückt werden. Der Erziehungsgedanke stehe dabei im Vordergrund. Man wolle durch das Projekt eine Vielfalt an Maßnahmen erhalten bzw. schaffen.

Etwa vier bis fünf Teilnehmer und ein Inhaftierter des offenen Vollzugs nehmen an dem ca. anderthalbstündigen Besuch teil, so die StA Koblenz. Nach einer Eingangskontrolle wird der Gefängnisbesuch mit Gesprächsrunde im Bereich des offenen Vollzugs fortgesetzt. Untersuchungshäftlinge sind aufgrund der Unschuldsvermutung nicht beteiligt. Ein Einschluss sowie ein Rundgang durch die Einrichtung erfolgen nicht („*keine Zooveranstaltung*“), dafür wird per Power-Point-Präsentation ein Eindruck von der Haftanstalt (z.B. „*Haftraum, Gefangenenkleidung, Gefangenentransportfahrzeug u.a.*“) vermittelt. Laut StA laufe das Projekt in einem pädagogischen Rahmen ab. Die Teilnehmer sollen sich dabei mit ihren Taten auseinandersetzen. Es erfolge, anders als beim „Projekt AGT“, keine besondere Vorbereitung auf den Besuch. Eine Nachbereitung solle hingegen wenige Wochen nach dem Besuch im Haus des Jugendrechts stattfinden.

6.3.1.9.2 JVA Trier[758]

In der JVA Trier wird das seit Dezember 1999 bestehende Gefängnisbesuchsprojekt namens „Gitterstunde – "Knast Live"“ von der Starthilfe Trier e.V. organisiert und durchgeführt. Der ca. vierstündige Gefängnisbesuch solle nach Darstellung der Starthilfe das Spektrum richterlicher Weisungen erweitern. Neben einer Reflexion und Auseinandersetzung mit der eigenen Tat sowie der Zukunftsplanung solle den Teilnehmern vermittelt werden, „*was in Haft tatsächlich geschieht*“. Das Projekt solle dabei „*den Gedanken der Abschreckung durch die Konfrontation mit der Umwelt "Strafvollzug" und der Bewusstwerdung der eigenen Lebenssituation erzwecken* (sic)“.

Früher noch in der JSA Wittlich durchgeführt, finden die Besuchstage seit 2012 je nach Zuweisung der Gerichte mehrmals im Jahr im Freigängerhaus (offener Vollzug) der JVA Trier, Außenstelle Saarburg, statt. Nach Auskunft der Starthilfe Trier e.V. erfolgt eine Teilnahme fast ausschließlich auf Vorschlag der JGH nach entsprechender Verurteilung durch das Jugendgericht, in seltenen Fällen auch freiwillig aufgrund eines Vorschlags

758 Die Informationen gehen auf ein persönliches Telefonat sowie das Konzept der Starthilfe Trier e.V. zurück. Siehe auch http://www.starthilfe-trier.de/tatigkeit5.html. Beim Justizministerium war vorab keine Rückmeldung der JVA auf den Fragebogen eingegangen.

des Jugendamts. Es nehmen demnach jeweils max. vier Teilnehmer[759], überwiegend männlich, im Alter zwischen 14 und 21 Jahren teil, die zuvor als Erst- oder auch Wiederholungstäter mit Bagatelldelikten (z.B. *„ein erster Diebstahl“* oder eine *„kleinere Sachbeschädigung“*) und niedrigschwelliger Kriminalität in Erscheinung getreten sind und bei denen das Entstehen einer kriminellen Karriere befürchtet wird. In seltenen Einzelfällen nehmen auch Jugendliche bzw. Heranwachsende teil, deren Jugendstrafe zur Bewährung ausgesetzt wurde, vorausgesetzt sie hatten vorab noch keinen Jugendarrest verbüßt. Wer zum Besuchstermin nicht erscheine, werde nochmals geladen, erhalte einen negativen Bericht sowie Beugearrest und müsse erneut teilnehmen, so die Starthilfe Trier e.V. Auch bei Nicht-Einhaltung der geltenden Regeln, *„bestehe“* man die Teilnahme nicht.

Aus dem schriftlichen Konzept bzw. der Darstellungen des Starthilfe Trier e.V. ergibt sich folgender Ablauf des Besuchstages: Vor dem Besuch erfolgt eine Vorbesprechung, bei der die Verhaltensregeln – bspw. das Verbot von Handys und Zigaretten oder das Verbot des Lösens von der Gruppe sowie ein vernünftiger Umgangston ohne Beleidigungen und Gewalt – von den begleitenden Betreuern der Starthilfe Trier e.V. erläutert werden. Vor Ort werden die Teilnehmer sodann zunächst durchsucht und abgetastet, persönliche Gegenstände werden verwahrt. Sie erhalten einen *„Haftkorb“* u.a. mit Haftkleidung, die während des Besuches zu tragen ist. Nach einem 20- bis 30-minütigen Einschluss[760] in Einzelzellen erfolgt ein gemeinsames Gespräch mit zumeist einem Inhaftierten, der von seinem Haftalltag berichtet. Die Auswahl von *„pädagogisch geeigneten“* Inhaftierten, die sich vorab zum Gespräch bereit erklären, erfolgt durch die Sozialarbeiterin der JVA. Die Häftlinge berichten dabei von ihren Erfahrungen, vom *„Knast-Alltag“* und *„was in der Haft abgeht“*, so die Starthilfe Trier e.V. Daneben erzählen die Jugendlichen und Heranwachsenden von sich, ihrem Leben und dem weiteren Lebensplan. Ein gruppenpädagogisches Gespräch schließt sich an. Hierbei werden auch die Besonderheiten des offenen im Vergleich zum geschlossenen Vollzug verdeutlicht.

Eine Evaluation des Programms findet nach Angabe der Starthilfe Trier e.V. nur intern statt. Die Teilnehmer füllen vor und nach dem Besuch einen Fragebogen aus, der auf die Erwartungen und Erlebnisse abzielt und danach fragt, *„was die Teilnehmer am meisten beeindruckt hat“*. Über die Rückfallquote besteht keine Kenntnis. Dies könne nicht überprüft werden,

759 Früher im Freigängerhaus der JSA Wittlich noch bis zu 12 Teilnehmer.

760 Bei minderjährigen Teilnehmern nur mit schriftlichem Einverständnis der Eltern bzw. Erziehungsberechtigten.

da es kein deutschlandweites System zur Erfassung gebe und auch datenschutzrechtliche Probleme bestünden, so die Starthilfe Trier e.V. Bei einem Wegzug aus dem Zuständigkeitsgebiet verliere man die Jugendlichen und Heranwachsenden aus dem Blick und habe keinen Zugriff mehr auf deren Daten. Wenn Teilnehmer im Zuständigkeitsbereich blieben, könne es bspw. sein, dass man diese bei einer anderen Maßnahme wiedersehe. Kenntnis von Forschungsarbeiten zu Gefängnisbesuchsprogrammen besteht nicht.

Die Reaktion der Teilnehmer ist nach Darstellung der Starthilfe Trier e.V. individuell verschieden. In der Regel seien die Besucher vor allem vom Einschluss, den Erzählungen der Inhaftierten und der Fremdbestimmtheit beeindruckt. Weibliche Teilnehmer werden oft emotional. „*Die meisten nehmen auf jeden Fall etwas mit*", so die Starthilfe Trier e.V. Als problematisch sehe man dort jedoch, dass die gewonnenen Erfahrungen und die Erinnerung an den Gefängnisbesuch im Nachhinein nicht lange genug anhalten und nach dem Besuch zu schnell in Vergessenheit geraten. Die Jugendlichen würden bei den Besuchen oft viel versprechen, aber die eigene Erfahrung zeige, dass das Gefühl, wie man sich in der Situation gefühlt habe – ganz unabhängig von der Art der Maßnahme – schnell wieder verfliege, nach dem Motto: „*Ach, so schlimm war's ja doch nicht*". Im Ergebnis sieht die Starthilfe Trier e.V. das Projekt allerdings als sinnvoll an.

6.3.1.9.3 JSA Wittlich[761]

Das Schulprojekt „Mit der Klasse in den Knast" wird von der Polizei, den Schulen in Cochem-Zell und deren Schulsozialarbeiter sowie der JGH der Kreisverwaltung Cochem-Zell organisiert. Die beteiligten Stellen bereiten die jugendlichen Schülerinnen und Schüler im Unterricht auf den Besuch des Freigängerhauses der JSA Wittlich vor und begleiten diesen. Da jeweils eine ganze Schulklasse teilnehme, seien neben Schülern, die noch kein abweichendes Verhalten zeigten, auch solche beteiligt, die bereits deviant handelten und möglicherweise gefährdet seien, (weitere) Straftaten zu begehen, so die JGH.

Das Ziel von „Mit der Klasse in den Knast" liegt laut Auskunft der JSA Wittlich in der Delinquenz-Prävention. „*Die Realisierung erfolgt über einen konfrontativen Ansatz und unter realistischen Bedingungen vor Ort in einer Jugendstrafanstalt.*" Man sei der Ansicht, dass sich Jugendliche am ehesten

761 Die Informationen stammen von der JSA sowie der JGH.

von Gleichaltrigen statt von Erwachsenen beeinflussen lassen. Bei dem Besuch finde demnach ein Austausch mit ein oder zwei Jugendstrafgefangenen, die sich freiwillig für den Termin melden und geeignet für Vollzugslockerungen sind, statt. In der Regel zeigten sich die Teilnehmer von dem Besuch beeindruckt und schienen durch den Austausch mit den Jugendstrafgefangenen (*„Peer-to-Peer“*) positive Denkanreize zu erhalten, so die JSA. Die Rückmeldungen seitens der Schule und der teilnehmenden Schüler sind positiv. Die Nachfrage sei dabei größer als die vorhandenen Kapazitäten der JSA zur Durchführung des Projekts. Wissenschaftliche Erhebungen über Rückfälle werden nach Auskunft der JSA sowie der JGH nicht erhoben; Kenntnisse über Forschungsergebnisse bestehen nicht.

6.3.1.10 Sachsen

In Sachsen finden in zwei der zehn JVAen Besuchsprojekte mit Kontakt zu Gefangenen statt. Zwei JVAen (Leipzig und Zeithain) gaben keine Rückmeldung zur Anfrage. In Dresden finden lediglich Informationsveranstaltungen statt.

6.3.1.10.1 JVA Dresden[762]

In der JVA Dresden wird ein Gefängnisbesuchsprogramm in Kooperation mit dem Sächsischen Jugendweiheverband sowie den verschiedenen Regionalbüros angeboten. Die Veranstaltung erfolge auf freiwilliger Basis durch *„Anwerbung“* durch den Verband, so die JVA. Die Zielgruppe selbst werde demnach nicht von der JVA ausgewählt, Kenntnis über bisherige Straftaten der Teilnehmer bestehe daher dort nicht, dies sei auch kein Auswahlkriterium. Es finden dabei kriminalpräventive Informationsveranstaltungen im Rahmen eines Videovortrages über die Anstalt statt. Ca. 20 Veranstaltungen mit einer jeweiligen Dauer von ca. zwei Stunden werden jährlich gemeinsam mit einem Rechtsanwalt durchgeführt. Eine Führung durch die JVA findet dabei aus organisatorischen Gründen nicht statt. Auch kommen die Teilnehmer nicht in Kontakt zu Gefangenen. Dies deshalb, da sich eine Auswahl geeigneter Gefangenen für solche Maßnahmen sehr schwer gestalten würde, so die Aussage der JVA. Viele Gefangene seien nicht geeignet, um vor der teilnehmenden Altersgruppe zu sprechen.

762 Die Informationen stammen von der JVA.

„Zudem sehen wir die Gefahr einer möglichen Identifikation der Besucher mit dem oder den Gefangenen, in Abhängigkeit der jeweiligen Deutung von Straftaten im Kontext von Jugend- oder Subkulturen.“ Wissenschaftliche Untersuchungen zur Wirksamkeit entsprechender Programme sind in der JVA nicht bekannt.

6.3.1.10.2 JSA Regis-Breitingen[763]

In der Jugendstrafvollzugsanstalt Regis-Breitingen werden ebenfalls Gefängnisbesuche durchgeführt. Allerdings handelt es sich nach Aussage der JSA nicht um Gefängnisbesuchsprogramme *„im eigentlichen Sinn“*, sondern um viele Einzelvorstellungen, bspw. Besuche von Schulklassen, Besuche in Vorbereitung der Jugendweihe oder Jugendgruppen mit *„in Konflikt mit dem Gesetz gekommenen“* Mitgliedern. Organisiert werden die Besuche laut der JSA Regis-Breitingen von Polizei, Schulen, Vereinen oder der JSA selbst. Die Teilnahme findet auf freiwilliger Basis statt. Es erfolgt keine Zuweisung etwa durch Jugendgerichte.

Pro Jahr werden ca. 20 bis 30 Gespräche unter Begleitung von Fachdiensten bzw. Führungskräften der JSA durchgeführt. Für eine Besuchergruppe sind maximal 25 männliche und/oder weibliche Teilnehmer vorgesehen. In der Regel besteht keine Kenntnis über die strafrechtliche Vorgeschichte der Teilnehmer.

Die Besuche laufen je nach Bedarf ab. So findet bspw. ein Rundgang statt, die JSA wird vorgestellt, Fragen können gestellt werden und Gesprächsrunden mit Gefangenen werden durchgeführt. *„Die Gefangenengruppe bewegt sich in der Größenordnung von drei bis 15 Gefangene“*, äußert man sich seitens der JSA. Die Teilnahme der Häftlinge ist freiwillig. Diese müssen für das Projekt geeignet, gesprächsbereit und in der Lage sein, sich zu artikulieren, heißt es weiter.

Ziel des Besuchs sei es, den Teilnehmern Normen und Werte zu vermitteln und über den Strafvollzug aufzuklären. Es soll eine *„Prävention auf Augenhöhe, von Jugendlichen für Jugendliche“* und *„von Gleichaltrigen für Gleichaltrige“* stattfinden. Ferner spiele die Vermittlung von Rechtskunde, Inklusion und sozialen Kompetenzen eine Rolle, so die JSA.

Problematisch sei jedoch, dass manchmal möglicherweise der Gedanke aufkomme, dass es *„so schlimm schon nicht sei in Haft“*, da *„ja Schule, Sport etc. angeboten würden“*. Dem werde nach Aussage der JSA insofern begeg-

763 Die Informationen wurden seitens der JVA erteilt.

net, als dass Besuche langfristig vorbereitet und eine Interaktion beim Besuch selbst vorgesehen ist. Fragenkataloge werden hierzu vorab ausgearbeitet. Es solle keinen *„Tourismus“* geben. Die Vorbereitung der Besuche erfolge durch Mitarbeiter der Schulen und der JSA. Vor- und Nachbesprechungen finden über die Schulen in Zusammenarbeit mit Mitarbeitern der JSA statt, aber auch über Rechtsanwälte oder Ehrenamtliche.

Kenntnis über Rückfallquoten der Besucher liege nach Auskunft der JSA *„nicht vor dem Hintergrund der Teilnahme, sondern im Rahmen der Evaluation des gesamten Jugendvollzugs“* vor. Auf Nachfrage äußert man sich dahingehend, dass *„bezüglich der Besucher“* keine Erkenntnisse vorlägen, da diese nicht Bestandteil von Erhebungen des Kriminologischen Dienstes seien. Evaluiert werde nur der gesamte Jugendvollzug. Zur Rückfallquote der Teilnehmer gebe es hingegen keine Untersuchungen – was aber auch nicht möglich sei. Die Rückfallquoten werden *„nicht so dezidiert erfasst“*. Demgegenüber wird die Frage nach der Kenntnis von Forschungsergebnissen zu Gefängnisbesuchsprogrammen seitens der JSA bejaht. *„Wir richten unsere Arbeit qualitativ an entsprechende Standards und den belegten wissenschaftlichen Erkenntnissen aus* (sic). *Diese Erkenntnisse geben wir in geeigneter Form an die Besucher weiter“*, so die JSA. Auf Nachfrage ergab sich, dass sich die Kenntnis von „Forschungsergebnissen“ bspw. auf entwicklungspsychologische Untersuchungen der kriminologischen Dienste bezieht und keine Studien zu „Scared Straight!“-Programmen umfasst. Allerdings lägen beim hiesigen Projekt *„völlig verschiedene Herangehensweisen im Vergleich zu US-amerikanischen Programmen“* vor. Letztere seien der Anstaltsleitung von Besuchen in den USA bekannt. Konkrete Unterschiede wurden jedoch nicht weiter erläutert.

6.3.1.10.3 JVA Torgau[764]

In der JVA Torgau wird seit ca. zehn Jahren ein Besuchsprojekt angeboten, das sich – so teilte man seitens der JVA mit – an alle regionalen Schulen ab den Klassenstufen 9 und 10 richtet. Es bestehe ein entsprechendes Netzwerk mit der JVA. Ziel des Projekts ist es, im Rahmen von Drogenprävention durch eine Anstaltsführung zu den Auswirkungen von Drogenkonsum auf das gesamte soziale Leben sowie über die tatsächlichen Verhältnisse im Strafvollzug aufzuklären. Der Besuch solle über die *„wirklichen Zusammenhänge von Lebensführung, Gestaltung des Umfeldes, familien-soziale*

764 Die Informationen wurden von der JVA erlangt.

Umstände auf die Gefahr des Zugriffs auf Drogen" informieren. Je nachdem ob und wie ausführlich das Thema „Drogen" in den Schulen behandelt werde, würden diese am Projekt teilnehmen – manche Schulen reagierten jedoch auch skeptisch auf entsprechende Anfragen bzw. Angebote. Allerdings sei das Problem „*Crystal*" auf Schulhöfen ernst zu nehmen, teilt man seitens der JVA mit. Im Übrigen zeigten manche Teilnehmer ggf. bereits im Vorfeld abweichendes Verhalten, Straftaten lagen idR eher nicht vor. Beim Besuch nehmen jeweils ganze Schulklassen mit ca. 25 Schülerinnen und Schülern im Alter von 14 – 17 Jahren in Begleitung ihrer Lehrer teil. Die mögliche bisherige Delinquenz der teilnehmenden Schüler ist bei der JVA nicht bekannt bzw. steht nicht im Vordergrund.

Der ca. zwei- bis dreistündige Besuch wird von Bediensteten der Anstalt sowie einem Gefangenen begleitet. Nach einem Rundgang durch die JVA findet ein gemeinsames Gespräch mit einem Gefangenen statt. „*Schwerpunkt der Aussprache ist die Drogenproblematik, gestützt auf den Lebensweg des Inhaftierten*", so die JVA. „*In offener Gesprächsrunde teilt sich der Inhaftierte den Jugedlichen mit, diese können ihre Fragen stellen* (sic)." Eine Reflektion darüber, wie es zum jeweiligen Drogenkonsum kam, soll stattfinden.

Die beteiligten Häftlinge werden nach den Kriterien „*Freiwilligkeit, Offenheit, Sicherheit*" ausgewählt. Sie sollen empathisch sein, eine soziale Ader haben und zum Projekt beitragen wollen. Die Inhaftierten wirken deshalb authentisch, da sie selbst das gleiche erlebt haben und nun mithelfen wollen, dass die Schüler den Absprung schaffen bzw. es besser machen. Für die Vor- und Nachbereitung des Projektes seien die Schulen verantwortlich, die das Thema bspw. im Rahmen des Rechtskundeunterrichts behandeln, so die JVA.

Nach eigener Aussage der JVA habe man Kenntnis von konfrontativen Programmen aus den USA. Dies hatte jedoch keine Auswirkungen auf das Projekt. Bei dessen Umsetzung sei man an die baulichen und räumlichen Gegebenheiten gebunden. Es besteht keine Kenntnis über etwaige Rückfallquoten oder sonstige Auswirkungen des Programms, eine Evaluation findet nicht statt. Die JVA teilt jedoch mit, dass die Teilnehmer „*stark beeindruckt über die Offenheit des Gefangenen und der Anstalt*" seien und insbesondere auch „*über die Schilderungen des Gefangenen zu seinem Leben, den Ursächlichkeiten, die zum Drogenkonsum geführt haben*".

6.3.1.11 Schleswig-Holstein

Über das Justizministerium des Landes Schleswig-Holstein wurden von allen fünf JVAen sowie der Jugendstrafanstalt Informationen zur Durchführung von Besuchsprogrammen weitergeleitet. In zwei JVAen werden Gefängnisbesuchsprogramme durchgeführt:

6.3.1.11.1 JVA Lübeck[765]

Das seit 2015 in der JVA Lübeck durchgeführte, freiwillige Projekt „Gefangene helfen Schülern" kooperiert mit Schulen in der Region Lübeck und ist an das Projekt „GhJ" aus Hamburg[766] angelehnt. Das schriftliche Konzept entspricht vom Wortlaut zum Teil dem Konzept des „Warnschusstages" der JVA Iserlohn[767] sowie dem Konzept des Projekts „GhJ". Ob tatsächlich eine Zusammenarbeit stattfindet, ist nicht bekannt bzw. wurde nicht mitgeteilt.

Nach Auskunft des Anstaltspastors, der intern für die Durchführung des Projektes verantwortlich ist, richte sich dieses an Schülerinnen und Schüler der 8. und 9. Klassenstufen[768] von Gemeinschaftsschulen, insbesondere „*Problemschüler*", sowie an klassenübergreifende Wahlpflichtkurse „Berufs- und Lebensweltorientierung"[769]. Die gefährdeten Jugendlichen innerhalb der Klasse[770] sollen angesprochen, aber nicht explizit aus der Gruppe der anderen Schüler herausgehoben werden. Auf Initiative der Schulen besucht jeweils eine Klasse mit ca. 25 Schülern die JVA in Begleitung des Anstaltspastors und eines Beamten des AVD. Dem schriftlichen Konzept ist zu entnehmen, dass die Jugendlichen zunächst den üblichen Routinekontrollen und Sicherheitsanweisungen unterzogen werden und persönliche

765 Die Informationen stammen von verschiedenen Mitarbeitern der JVA sowie dem Kurzkonzept des Programms.

766 Siehe oben unter Ziff. 6.3.1.1.1.

767 Zu dem Projekt siehe oben unter Ziff. 6.3.1.8.7.

768 Die Teilnehmer sind ca. zwischen 14 und 16 Jahre alt.

769 Diese Kurse werden von Schülerinnen und Schülern besucht, die nach der 9. Klasse die Schule ohne Abschluss oder mit dem Hauptschulabschluss verlassen werden. Manche haben die Perspektive auf einen Ausbildungsplatz oder einen Berufsfachschulbesuch.

770 Die Teilnehmer waren teilweise bereits zuvor auffällig, zeigten abweichendes Verhalten, sind teilweise drogenabhängig und/oder gefährdet, Straftaten zu begehen.

Gegenstände abgeben müssen. Sodann werden die Teilnehmer von einem Bediensteten der JVA sowie dem Pastor durch die JVA in den späteren Gesprächsraum geführt. Schwerpunkt des Besuchs stellt die hier stattfindende Gesprächs- und Fragerunde mit einem langstrafigen, verantwortungsvollen Inhaftierten dar. Es nehmen lediglich Häftlinge teil, *„die im Verlauf ihrer Inhaftierung bereits entscheidende Schritte der Tataufarbeitung absolviert haben und in der Lage sind, Fragen zu ihrer Biographie und zur Tat hinreichend reflektiert zu beantworten.“* Es wird betont, dass diese weder Vor- noch Nachteile durch ihre Teilnahme und hierbei getroffene Aussagen haben.

Die Jugendlichen sollen nach Auskunft der JVA Informationen über den Alltag in Haft erhalten. Durch die persönlichen Begegnungen mit Gefangenen sollen Vorurteile über Kriminalität, Gefängnis und Gewalt hinterfragt und Klischees abgebaut werden. Ziel sei es, die Schülerinnen und Schüler mit den negativen und schwerwiegenden Auswirkungen von Gewalt und Kriminalität zu konfrontieren sowie Denkanstöße für eine weitere Lebensplanung zu geben. In der Regel seien die Teilnehmer von der Begegnung mit dem Gefangenen und von dessen Lebensgeschichte menschlich berührt, so die JVA. Es würden bspw. Äußerungen wie: *„So "krass" habe ich mir das Leben in der JVA nicht vorgestellt, so viele Gitter und Einschränkungen“*, fallen.

Laut Konzept des Projektes sollen neben den Jugendlichen auch die Inhaftierten selbst von dem Projekt profitieren. Es wird ihnen dabei ermöglicht, ihren Alltag und ihre Biographie darzustellen und hierzu ein Feedback zu erhalten. Ihre Verantwortungsbereitschaft für die Gesellschaft soll gestärkt werden und die Reflexion der begangenen Straftaten und ihren Entstehungsgeschichten die Abkehr von Kriminalität verfestigen. Durch die Aufmerksamkeit der Jugendlichen wird bestenfalls die eigene Persönlichkeit aufgewertet und das Selbstbewusstsein gestärkt.

Vorab werden die Jugendlichen in den Schulen über die JVA informiert und bereiten Fragen vor. Der Pastor oder ein Vollzugsbeamter führen regelmäßig Nachbesuche in den Schulen durch, um offen gebliebene Fragen zu besprechen. Eventuell auftretende psychische Belastungen sollen verarbeitet werden. Daneben kann dem jeweils beteiligten Gefangenen per Brief ein Feed-Back gegeben werden. Auch die Inhaftierten führen regelmäßig Vor- und Nachgespräche mit dem Seelsorger, in denen ihnen die Möglichkeit gegeben wird, die Begegnungen mit den Jugendlichen zu reflektieren.

Kenntnis über spätere Delinquenz bzw. Rückfallquoten besteht nach Auskunft der JVA ebenso wenig wie zu Forschungsergebnissen über Gefängnisbesuchsprogramme.

6.3.1.11.2 JVA Neumünster

Wie bereits unter Ziff. 6.3.1.1.2 dargestellt, wird in der JVA Neumünster das Projekt „GhJ e.V.“ aus Hamburg“ speziell für Mädchengruppen angeboten. Zwar werden diese in der Justizvollzugsschule durchgeführt, Zielgruppen und Zielsetzungen entsprechen jedoch denen des Hamburger Projekts. Das bis ins Jahr 2015 durch den „Förderverein gegen Jugendgewalt e.V.“, Flensburg, in Kooperation mit dem „GhJ e.V.“, Hamburg, in der JVA Neumünster durchgeführte Besuchsprojekt wurde aus finanziellen Gründen eingestellt. Laut Auskunft der JVA hätten sich, jedenfalls beim ursprünglichen Projekt, entsprechende Forschungsergebnisse auf die Konzeptgestaltung des Projektes ausgewirkt. Konkretes ist hierzu nicht bekannt.

6.3.2 Frühere Durchführung von Gefängnisbesuchsprogrammen

Einige Anstalten gaben bei der Befragung an, zu einem früheren Zeitpunkt Gefängnisbesuchsprogramme durchgeführt zu haben. Aus unterschiedlichen Gründen seien diese jedoch wieder abgesetzt oder unterbrochen worden. Die nachfolgend bundeslandübergreifend in alphabetischer Reihenfolge dargestellten Informationen stammen jeweils von der entsprechenden JVA.

6.3.2.1 JVA Attendorn

Nach Auskunft der JVA Attendorn wurden bis etwa ins Jahr 2012 *„sporadisch noch Besuchergruppen von jugendlichen im Rahmen des Besuchsprogrammes in der Anstalt "betreut"* (sic)“. Es sei jedoch festgestellt worden, *„dass der Besuch einer offenen JVA in Verbindung mit Gesprächen von Inhaftierten des offenen Vollzuges eher den Eindruck vermittelt, dass der "Knast" ja gar nicht so schlimm ist*“. Aus Sicht der JVA erscheint es ferner sinnvoller, *„diese Programme im „Jugendvollzug“ anzusiedeln*“. Auch nach einem Neubau der Einrichtung für den geschlossenen Vollzug werde daher aufgrund der sachlichen Zuständigkeit für die Vollstreckung von Erwachsenenvollzug mit einer Vollzugsdauer von bis zu 24 Monaten sowie Untersuchungshaft nicht beabsichtigt, an einem Besuchsprogramm teilzunehmen.

6.3.2.2 JVA Brandenburg an der Havel

Die JVA Brandenburg a.d. Havel teilt mit, dass in der dortigen Anstalt in den Jahren 2001 und 2014 das Projekt „Gitterfenster“ als *„Baustein im gesamten vielfältigen Angebot der Jugendhilfe“* durchgeführt worden sei. Hierbei habe es sich um ein Besuchsprogramm im Rahmen von Weisungen oder Auflagen des Gerichtes bzw. auf Anregung der StA gehandelt, das vom kommunalen sozialen Dienst überwacht wurde. Laut Aussage der JVA konnte das Projekt aus personellen Gründen nicht mehr weiter begleitet werden. Eine *„Konzentration auf* [die] *Kernaufgaben“* des Vollzugs habe *„keine Zeitfenster für die Betreuung übrig“* gelassen.

Das Brandenburger Projekt sei damals in Anlehnung an das Hamburger Projekt „GhJ e.V.“ in Zusammenarbeit mit der VHS-Bildungswerk für Brandenburg und Berlin GmbH als Freier Träger der Jugendhilfe entstanden. Vom Sozialdienst der JVA war ein ausführliches, schriftliches Konzept erarbeitet worden. Demzufolge erfolgte die Umsetzung des Projektes in der Stadt Brandenburg sowie im dortigen Umland in Zusammenarbeit mit unterschiedlichen Trägern der Jugendarbeit bzw. der JGH, den Ambulanten Sozialen Diensten der Justiz und der Kriminalpolizei.

Von 2002 bis 2013 wurden nach Angaben der JVA 53 Termine mit insgesamt 269 Teilnehmern durchgeführt. Es handelte sich ausschließlich um männliche Teilnehmer, da in der JVA selbst nur erwachsene Männer untergebracht sind. Ein Besuch fand idR von 9:00 – 13:00 Uhr mit max. sechs Teilnehmern und vier Gefangenen statt und wurde von zwei Mitarbeitern des Sozialdienstes der JVA sowie einem Mitarbeiter des jeweiligen externen Trägers begleitet.

Die Zielgruppe umfasste entsprechend dem Konzept straffällige und gefährdete Jugendliche und Heranwachsende im Alter von 14 bis 21 Jahren, *„die bereits erste Erfahrungen mit strafrechtlichen Sanktionen, wie z.B. Erbringung von Arbeitsleistungen, Aussprache einer Geld- oder Bewährungsstrafe bzw. Arrest haben.“* Bei minderjährigen Teilnehmern bedurfte es der Einwilligung der Eltern.

Das zentrale Ziel der *„Konfrontation mit der schwersten Konsequenz kriminellen Handelns“* bestand in der *„Vermeidung bzw. Minderung der jeweiligen delinquenten Entwicklung“*. Die *„Lebensbedingungen von Gefangenen der JVA“* sollten den Teilnehmern näher gebracht werden. Den Jugendlichen selbst sei es der JVA zufolge um einen Wissenserwerb über das Leben und den Alltag in Haft und den delinquenzgeprägten Biographien gegangen. *„Die Jugendlichen sollen erkennen, dass kriminelles Handeln, sei es im Kontext einer gruppenbedingten, situativen Motivation oder einer subjektiven, auf spontane*

Bedürfnisbefriedigung gerichteten Lebenseinstellung, Konsequenzen nach sich zieht, die in alle Bereiche des gesellschaftlichen und privaten Lebens hinein reichen (z. B. Abwendung des sozialen Umfeldes, Verlust von Wohnung und Arbeit, Beginn einer "Knastkarriere")", ist dem schriftlichen Konzept zu entnehmen. „*Durch eine gezielte Vororterfahrung im Vollzug sollen existierende Positivvorstellungen zum "Abenteuer Knast" durch ungefilterte authentische Berichte Gefangener in Frage gestellt werden.*" Im Ergebnis sollte dabei eine Eigenmotivation der Teilenehmer entwickelt werden, delinquentes Verhalten in Zukunft zu vermeiden. Dabei sollte „*nicht die Methode der "schwarzen Pädagogik", sondern vielmehr Beeindruckung durch die "nackte Authentizität"*" zum Hinterfragen des aktuellen Lebenswandels, zur Reflektion eigener Verhaltensmuster und zur Entwicklung von Handlungsalternativen beitragen.

Beim Besuch selbst wurden die Teilnehmer über die Schleuse zur Bekleidungskammer geführt, in der sie zunächst Anstaltskleidung anlegten. „*Mit diesem Schritt sollen die Jugendlichen ihre äußerliche Identität abgeben und persönliche Eindrücke in der Begegnung mit Gefangenen im Hafthaus, die diese nicht unmittelbar als "Besucher" wahrnehmen, authentischer aufnehmen*", so die Auskunft der JVA. Bei einem ca. 45-minütigen Rundgang durch die Räumlichkeiten einer geschlossenen Abteilung der JVA sollte der Lebensraum der Gefangenen kennengelernt werden. Nach Möglichkeit wurde der Haftraum eines teilnehmenden Inhaftierten besichtigt. Sodann fanden die im Mittelpunkt des Besuches stehenden Gespräche mit den Gefangenen statt, „*die von ihren Eindrücken und Erlebnissen, Biografien und Vorstellungen für die Zukunft berichten*". In einem Austausch sollte sowohl den Teilnehmern als auch den Häftlingen die Möglichkeit gegeben werden, das Erlebte zu reflektieren. Vorbereitete Fragen konnten gestellt werden. „*Je authentischer die Begegnung der Jugendlichen mit der Institution Strafvollzug und den persönlichen Erfahrungen der Inhaftierten, umso eindrücklicher ist ihre Wirkung als Multiplikatoren*", so die JVA.

Kriterien zur Auswahl der beteiligten Inhaftierten seien unter anderem eine „*Delinquenzkarriere beginnend im Jugendalter*" mit „*typisch jugendlich-delinquenter Straftaten wie etwa Diebstahl, Fahren ohne Führerschein, Verstöße gegen das BtmG, Raub, Körperverletzung* (sic)" etc. gewesen. Hierbei sollten die „*Jugendlichen [...] bzgl. der eigenen Delinquenz Parallelen zu den Karrieren der Gefangenen herstellen*". Ferner wurde auf eine gute verbale Ausdrucksmöglichkeit, Offenheit bzgl. eigener Erfahrungen, ein gutes Reflektionsvermögen und eine positive Entwicklung im Vollzug geachtet. Gefangene mit Sexual-, Betrugs- und Morddelikten wurden nicht zugelassen.

Um der Gefahr gruppendynamischer Prozesse während des Rundgangs zu begegnen, sollten Teilnehmer und Häftlinge sich nicht vorab kennen.

In einem Vorgespräch wurden die Teilnehmer durch Mitarbeiter der JVA auf den Besuch vorbereitet und über den Ablauf sowie einzuhaltende Verhaltensregeln informiert. Eine Nachbereitung bei den Trägern der Jugendhilfe erfolgte zeitnah im Anschluss des Besuchstermins. Dabei konnten gewonnene Eindrücke und Empfindungen im Gruppengespräch reflektiert werden und die Haltung zu Haft und Delinquenz zu den Aussagen aus dem Vorgespräch in Beziehung gesetzt werden. Als Rückmeldungen an die Häftlinge wurden Briefe verfasst.

Laut Auskunft der JVA war das Feedback der Jugendlichen zu 90 % positiv. Ansonsten hätten Evaluationen „*nur in sehr begrenztem Maße durchgeführt werden*" können und hätten sich „*vorrangig auf den Austausch mit den Trägern bei Folgeterminen*" beschränkt, so die JVA. Die Rückfallquoten seien dort angeblich bekannt gewesen, konkrete Zahlen wurden jedoch nicht genannt. Kenntnis von Forschungsergebnissen besteht nicht. Dem Konzept zufolge bestand durchaus das Bewusstsein seitens der JVA, dass „*der präventive Charakter* [...] *in seiner Nachhaltigkeit nur schwer messbar sein*" wird und es „*vielmehr* [wichtig ist], *eine weitere Chance zu etablieren, gefährdeten Jugendlichen durch eine authentische Begegnung mit Inhaftierten die möglichen Konsequenzen eigenen Handelns aufzuzeigen.*"

6.3.2.3 JVA Ebrach

Die JVA Ebrach teilt mit, dass Arrestanten der JAA Würzburg im Rahmen eines dortigen sozialen Trainings einige Male zu einem Besuchstag in die JVA gekommen seien. Dies jedoch ohne Rundgang: „*...es sollen keine "Besichtigungstouren" stattfinden*". Das Programm pausiere derzeit, da eine Durchführung nicht ständig möglich sei. Ferner habe es sich teilweise als sehr schwierig herausgestellt, geeignete Gefangene zu finden, die über die Bedeutung des Strafvollzuges im Vergleich zum Arrest berichten sollten. Hier gab es nach Aussage der JVA immer wieder „*wahrnehmbare Tendenzen bei diesen, sich ein wenig als "Held" zu präsentieren, weil man das ja durchsteht. (Die Umstände sind mies aber ich halte das aus...)* (sic)".

Die JVA teilt mit, dass das Projekt kein Abschreckungsprogramm sein sollte: „*...wir wollen den Arrestanten ja auch nicht Angst einjagen und wir haben auch keine Bereiche, die völlig abschreckend wirken (sollen).*"

6.3.2.4 JVA Heinsberg

In der JVA Heinsberg wurde im Jahr 2015 ein entsprechendes Projekt mit jugendlichen Probanden der Bewährungshilfe durchgeführt. Die Teilnehmer hätten ihr Verhalten im Anschluss geändert und seien Bewährungsauflagen (z.B. regelmäßige Meldungen oder Schulbesuche) eher nachgekommen, so die JVA. Konkrete Daten liegen jedoch nicht vor. Allerdings sei wegen des hohen Zeit- und Personalaufwandes einer Fortführung seitens der Anstaltsleitung nicht zugestimmt worden.

6.3.2.5 JVA Karlsruhe

Bei der JVA Karlsruhe wurden seit Anfang der 2000er Jahre mehrfach Anfragen von Jugendhilfeeinrichtungen zur Durchführung von Gefängnisbesuchsprogrammen gestellt. „*Trotz gewisser Bedenken*" wurden daraufhin unter der Betreuung des seelsorgerischen Dienstes zweimal entsprechende Projekttage durchgeführt, so die Aussage der damaligen Anstaltsleitung. Bei den teilnehmenden Jugendeinrichtungen wurden jeweils Evaluationen erbeten, allerdings seien keine Rückmeldungen an die Anstalt erfolgt. Betreuende Seelsorger hatten zudem berichtet, dass insbesondere die weiblichen Teilnehmer für die ausgewählten Gefangenen von hoher Attraktivität waren. Von teilnehmenden Jugendlichen habe es keine Rückmeldungen gegeben. Dies habe im Ergebnis dazu geführt, dass keine weiteren Programme durchgeführt wurden und entsprechende Anfragen abschlägig beschieden wurden. Da zudem die wissenschaftlichen Forschungsergebnisse „*insbesondere aus Kanada zu im angloamerikanischen Raum durchgeführten Scare Straight Projekten bekannt und ausgewertet* (sic)" wurden, werden entsprechende Programme auch aktuell weder genehmigt noch durchgeführt. „*Aufgrund der negativen Ergebnisse dieser Forschungen und den damit verbundenen negativen Effekten wird die Durchführung solcher Gefängnisbesuchsprogramme als kontraproduktiv angesehen*", äußert sich die Anstaltsleitung.

6.3.2.6 JVA Lübeck

In der sozialtherapeutischen Abteilung der JVA Lübeck wurde von 2004 bis 2008 ein weiteres Besuchsprojekt namens „Wir für Euch" angeboten. Das Programm wurde beendet, weil die Projektleiterin „*das sehr aufwändige Projekt zeitlich nicht mehr schaffen konnte*". Die ehemalige Inhaftierte der

JVA Hamburg hatte dort selbst am Projekt „GhJ" teilgenommen und nach ihrer Entlassung mit der JVA Lübeck ein eigenes Besuchsprogramm initiiert und realisiert. Die Projektleiterin habe dabei ein Netzwerk mit Jugendhilfeträgern, Jugendclubs, Schulen und Polizei in Schleswig-Holstein und Mecklenburg-Vorpommern aufgebaut, so die JVA. Über diese Kontakte besuchten mehrmals jährlich ausschließlich männliche Jugendliche die JVA in Begleitung von Mitarbeitern der JVA. Gruppen- und Einzelgespräche mit Häftlingen fanden statt.

Die Vorbereitung des Besuchstages führten die Projektleiterin sowie Sozialarbeiter, Lehrer und Polizisten durch. Nachbereitet wurde der Besuch ebenfalls in Gesprächen mit der Projektleiterin. „*Die kontinuierlichen Betreuer (Sozialarbeiter, Lehrer) nahmen in allen Phasen des Projektes teil und standen so auch langfristig als Gesprächspartner zur Verfügung*", so die JVA.

Die Rückmeldungen der Jugendlichen und der Begleitpersonen seien nach dortiger Auskunft durchweg positiv gewesen: „*Die Jugendlichen waren beeindruckt, oft lange still nach den Gesprächen.*" Auch die teilnehmenden Bewohner seien mit hohem Engagement involviert gewesen. „*Sie gingen achtsam mit den Gästen um und gewannen (schon bei der Vorbereitung) selbst viele Erkenntnisse aus dem Projekt. Sie fanden schnell einen Draht zu den Jugendlichen, arbeiteten nur mit der Realität, nicht mit Übertreibungen oder Abschreckung und sahen, wie schon die Realität aus Einsamkeit, Angst und fehlender Zukunftsperspektive im Gefängnis beeindruckte*", so die JVA weiter. An dem Projekt teilnehmen konnten interessierte, motivierte Gefangene. „*Zu vermeiden war, Gefangene in das Projekt zu nehmen, die vorrangig "Heldengeschichten" erzählen wollten.*" Habe es an der „*richtigen Haltung zur Zielrichtung des Projektes*" gefehlt, stellte dies einen Ausschlussgrund dar. Wegen sexuellen Missbrauchs verurteilte Häftlinge seien nicht zum Projekt zugelassen worden, „*um eine Gefährdung der z. T. noch sehr jungen Jugendlichen auszuschließen*".

Eine „*Langzeitrückmeldung*" zur Wirksamkeit des Projekts gab es laut JVA insofern, als dass immer wieder Gruppen aus den gleichen Einrichtungen am Projekt teilnahmen. „*Hieraus war zu entnehmen, dass insofern auch langfristige Wirkungen festzustellen waren, als dass mehr Jugendliche als zuvor Hilfeangebote in Anspruch nahmen, sich schneller den Betreuern mit persönlichen und familiären Problemen anvertrauten. Inwiefern dadurch die eigene Gefährdung gemindert wurde, kann nicht ausgesagt werden.*" Konkrete Daten sind nicht bekannt.

Momentan findet nach Auskunft der JVA nur noch die Zusammenarbeit mit einer Berufsfachschule innerhalb einer jährlichen Projektwoche

„Sucht- und Gewaltpräventionswoche“ statt. Hierbei besuchen (ehemalige) Häftlinge die Schule, ein JVA-Besuch findet nicht statt.

6.3.2.7 JVA Rottenburg

In der JVA Rottenburg wurde in den Jahren 2006 – 2011 das „Projekt Wegweiser“ für Schulklassen und andere Jugendgruppen angeboten. Das Präventionsprojekt entstand nach Angaben der JVA auf *„Initiative einiger motivierter Gefangener“*. Die Gefängnisbesuche selbst fanden in den Jahren 2007 – 2010 statt und beinhalteten einen Rundgang durch die JVA sowie Gespräche bzw. Diskussionen mit wechselnden, langstrafigen Gefangenen. Aus personellen Gründen wurde das Projekt nicht fortgesetzt, u.a. auch aufgrund der Entlassung beteiligter Gefangener. Aus organisatorischen Gründen werden Führungen durch die Anstalt für Schulklassen und Jugendgruppen auch weiterhin nicht (mehr) angeboten, so die JVA: *„aufgrund unserer baulichen Struktur lassen sich Begegnungen mit sehr vielen Gefangenen nicht vermeiden - von Gefangenen werden Führungen nach unseren Erfahrungen aber oftmals als sehr belastend empfunden ("ausgestellt wie im Zoo")“*. Seit dem Jahr 2016 finden in der JVA lediglich Schulbesuche in der Besuchsabteilung ohne Rundgang und ohne Gesprachsangebote mit Häftlingen statt.

Ein Besuch fand zuvor ca. alle sechs bis acht Wochen mit Schulklassen statt; dabei sollten auch potentielle Straftäter angesprochen werden. Die Gespräche fanden jeweils mit drei ausgewählten, motivierten und selbstreflektierten Gefangenen statt, bei denen keine Sicherheitsrisiken bestanden. Diese hatte keine weiteren Vorkenntnisse, sondern überzeugten bei den Projekttagen durch ihre *„Authentizität“*, so die JVA. Die Häftlinge selbst hätten die Veranstaltungen als positiv und bereichernd empfunden.

Laut der schriftlichen Konzeption des ehemaligen Projektes sollten die Teilnehmer zum Um- und Nachdenken angeregt werden: *„Der Knastalltag soll ungefiltert, hautnah und realistisch dargestellt werden.“ „Konsequenzen und Auswirkungen, die eine Verurteilung/Inhaftierung/Entlassung zur Folge haben“*, sollten aufgezeigt werden. *„Der Knastalltag steht im krassen Gegensatz zu Texten aus Hardcore-Rap! Knast ist uncool!“ „Wir wollen nicht belehren, sondern informieren und aufklären“*, so das Konzept.

Eine Vor- bzw. Nachbereitung des Besuches fand größtenteils in den Schulen statt. Evaluationen wurden nicht durchgeführt. Diese waren nach Aussage der JVA zu zeitaufwendig, entsprechendes Personal fehlte. Rückmeldungen aus den Schulen zeigten, dass die Schüler vom Leben im Vollzug oftmals beeindruckt waren und sich im Anschluss Gedanken über die Folgen von Delinquenz machten. Forschungsergebnisse zu Gefängnisbesuchsprojekten sind in der JVA nicht bekannt.

6.3.2.8 JVA Rottweil

Die Anstaltsleitung der JVA Stuttgart, die in früheren Jahren in der JVA Rottweil tätig war, teilte mit, dass es in Rottweil bereits Kooperationen mit einem Freien Träger der Jugendhilfe gegeben habe. Gefängnisbesuchsprogramme hätten dort bereits stattgefunden, seien jedoch später wieder beendet worden. Seitens der JVA Rottweil wurde dies allerdings nicht bestätigt – die vormalige Durchführung eines Gefängnisbesuchsprogramms in Rottweil war bei der jetzigen Anstaltsleitung unbekannt. Es würden auch aktuell keine Anfragen eingehen, teilt man dort mit.

6.3.2.9 JVA Saarbrücken

In der JVA Saarbrücken wurde bis Ende 2013 *„über viele Jahre hinweg"* das monatliche Projekt „Schüler hinter Gittern" durchgeführt. Beendet worden sei das Programm zum einen aufgrund des erheblichen organisatorischen und personellen Aufwandes, so die JVA. *„Zum anderen war – insbesondere im Verhältnis zu diesem Aufwand – durchaus zweifelhaft, ob sich die pädagogischen Effekte so eingestellt haben wie erhofft* (sic). *Insbesondere die schulische Begleitung gestaltete sich in ihrer Sorgfalt sehr unterschiedlich. Mitunter hatte man den Eindruck eines Klassenausflugs mit besonderem Kitzel."*

Im Rahmen des Projektes besichtigten jugendliche Schüler die Anstalt und kamen anschließend ins Gespräch mit einem Inhaftierten. Man erhoffte sich hiervon, ergänzt durch die pädagogische Betreuung der jeweils teilnehmenden Schulen, eine kriminalpräventive Wirkung.

Seitens der JVA sieht man *„diese Gefängnisbesuchsprogramme auch eher kritisch; die Überlegung, dass sich Jugendliche durch den Besuch einer Haftanstalt künftig von der Begehung von Straftaten abhalten lassen"*, greife zu kurz. Es sei zu beachten, dass *„gerade Jugendliche* [...] *bei der Begehung von Straftaten eher impulsiv und wenig planvoll"* handeln und *„nicht selten ein besonderer Gruppenkontext und / oder der Einfluss von Drogen im Spiel"* ist. *„Einmal die besondere Atmosphäre eines Gefängnisses an einem Vormittag erlebt zu haben, verursacht eher ein Gribbeln für diesen Tag und verpufft als Lerneffekt schnell* (sic)", ist die JVA überzeugt.

6.3.2.10 JVA Siegburg

Die JVA Siegburg teilt mit, dass in den Jahren vor 2012, als in der JVA jugendliche Strafgefangene untergebracht waren, *„derartige Veranstaltungen"* gelegentlich stattgefunden hätten. Diese Besuche wurden durch den ansässigen Sozialdienst organisiert, so die Auskunft, und finden derzeit nicht mehr statt.

Nach Aussage der Anstaltsleitung sei dieses Vorhaben stets kritisch gesehen worden, da offenbar auf Seiten der Besucher das *„wohlige Gruseln deutlich im Vordergrund stand und seitens der Inhaftierten häufig der "Zooeffekt" beklagt wurde (O-Ton: "Wir sind doch hier keine Affen")"*. Der Versuch, die Gruppen miteinander ins Gespräch zu bringen, sei nach Aussage und Empfinden der Anstaltsleitung *„nicht recht geglückt, da alle Beteiligten natürlich "total cool" sind und sich so etwas wie Betroffenheit – sollte es sie denn gegeben haben – ohnehin niemals anmerken lassen, weil bei Jugendlichen damit Gesichtsverlust verbunden ist"*. Erwachsene Gefangene reagierten ferner *„noch ungehaltener auf Besuche (O-Ton: "Knasttourismus")"* und seien *„regelmäßig kaum bereit, über ihre Delikte und Ursachen der Strafbarkeit zu sprechen"*.

Insofern überwogen aus Sicht der Anstaltsleitung die Nachteile des Projekts etwaige Vorteile deutlich. *„Derartige"* Besuchsprojekte werden für *„pseudo-pädagogisch"* gehalten. Über andere Programme bestehe keine Kenntnis.

6.3.2.11 Fazit: Gründe für die Einstellung von Gefängnisbesuchsprogrammen

Die Einstellung von Gefängnisbesuchsprogrammen basiert auf unterschiedlichen Gründen. Teilweise waren auch mehrere Umstände für eine Beendigung ursächlich.

Überwiegend wurde eine Fortsetzung aufgrund des jeweiligen hohen organisatorischen und zeitlichen Aufwandes bzw. aus personellen Gründen abgelehnt.[771]

Teilweise wurden Zweifel an der Wirksamkeit geäußert, die dazu führten, dass die Programme nicht weiter durchgeführt wurden.[772] Der Gedanke fehlender präventiver Wirkung war dabei jedoch nicht auf eine beste-

771 JVAen in Rottenburg, Rottweil (aufgrund personellen Wechsels), Heinsberg, Brandenburg a.d. Havel, Saarbrücken, Lübeck.

772 JVAen Saarbrücken und Attendorn.

hende Kenntnis von Forschungsergebnissen zu Gefängnisbesuchsprogrammen zurückzuführen, sondern beruhte auf eigenen Überzeugungen der JVA ohne wissenschaftliche Grundlage. Lediglich die JVA in Karlsruhe gab an, die Durchführung von Gefängnisbesuchsprogrammen aufgrund der Kenntnis von Forschungsergebnissen und möglichen negativen Effekten für die Programmteilnehmer beendet zu haben.

Ferner spielten ein negativer „Zooeffekt" und die hierdurch bedingte geringe Mitwirkungsbereitschaft der Häftlinge für die Beendigung der Programme eine Rolle.[773] Eine fehlende Zuständigkeit für den Jugendvollzug wurde ebenfalls genannt.[774]

6.3.3 Keine Durchführung von Besuchsprogrammen

117 der 149 JVAen, von denen eine Rückmeldung auf den Fragebogen erlangt wurde, führen keine Gefängnisbesuchsprogramme durch. Einige JVAen bieten Besuche als Informationsveranstaltungen bspw. für Schulen oder justiznahe Berufe an, ohne dass dies konkret als Präventionsmaßnahme verstanden wird, idR auch ohne Mitwirkung von Häftlingen.[775]

Begründet wurde meist nicht, weshalb Gefängnisbesuchsprogramme nicht durchgeführt werden. Die Mehrzahl der Anstalten, die die Frage nach der Durchführung verneinten, gab an, **keine Kenntnis** von derartigen Präventionsprojekten zu haben.[776] Es ist daher anzunehmen, dass dort bislang schlicht keine Auseinandersetzung mit den Besuchsprogrammen erfolgte, sodass keine konkreten Beweggründe für eine Ablehnung ge-

---

773 JVA Siegburg, JVA Rottenburg.

774 JVA Attendorn.

775 So in den JVAen Castrop-Rauxel, Chemnitz, Cottbus-Dissenchen, Hamm, Herford, Hof, Kempten, Offenburg, Schwäbisch Gmünd, Zwickau, JSA Arnstadt.

776 So explizit in den JVAen in Ansbach, Bad Reichenhall, Bautzen, Bernau, Bielefeld-Senne, Bruchsal, Celle, Cottbus-Dissenchen, Essen, Euskirchen, Hamm, Heimsheim, Kempten, Mannheim, Meppen, Moers-Kapellen, Neuruppin-Wulkow, Nürnberg, Oldenburg, Regensburg, Rheinbach, Schwäbisch Hall, Sehnde, Suhl, Tonna, Ulm, Untermaßfeld, Vechta, Waldheim, Weiden in der Oberpfalz, Würzburg (Nach Aussage der JVA Würzburg kämen *„aus hiesiger Sicht insbesondere Jugendliche in Betracht, die schon in der Vergangenheit gegen das Gesetz verstoßen haben, wie etwa Jugendarrestanten"*, „Jugendliche" als vorgesehener Teilnehmerkreis erscheine zu weit gefasst.), Zeithain, JSA Arnstadt.
Großteils waren in diesen JVAen bislang auch keine Anfragen von externer Seite eingegangen.

nannt werden konnten. Die Nichtdurchführung beruht vermutlich auf der fehlenden Kenntnis bzw. Nachfrage.

Einige JVAen, die ausführten, die untersuchten Programme nicht zu kennen, gaben gleichwohl Gründe für eine Nichtdurchführung an. Da Gefängnisbesuchsprogramme jedoch vorab nicht bekannt waren, sind die Anführungen eher als allgemeine Überlegungen und Hinweise zu werten. Geschildert wurden Bedenken und Zweifel, die nach Ansicht der JVAen gegen die Durchführung solcher Programme sprechen. Es ist insofern davon auszugehen, dass die genannten Argumente eher gegen eine künftige Implementierung dieser Besuchsprojekte sprechen, als dass diese ausschlaggebend für eine Ablehnung der Programme waren.

Zum Teil wurde seitens der JVAen mitgeteilt, dass entsprechende Besuchsprogramme bekannt seien – etwa, weil bereits explizite Anfragen gestellt wurden[777] und/oder Projekte aus anderen Einrichtungen bekannt seien[778] – vor Ort durchgeführt werden jedoch keine. Ob allerdings tatsächlich eine hinreichende Kenntnis über Inhalte und Ablauf derartiger Besuchsprojekte bekannt waren, konnte im Einzelnen nicht nachvollzogen werden.

Die Argumente der JVAen, die eine Ablehnung begründeten, werden im Folgenden dargestellt. Bei der Auswertung der Fragebögen zeigte sich, dass oft mehrere Gründe eine Rolle für die Nichtdurchführung spielten,

777 JVAen in Duisburg-Hamborn (hier hatten die Besucher allerdings keinen Kontakt mit Gefangenen), Heilbronn, Hövelhof, Karlsruhe, Schwäbisch Gmünd, Wolfenbüttel (hier sollte eine Zusammenarbeit mit dem Jugendamt Braunschweig stattfinden, nach einem personellen Wechsel im Jugendamt kam es dann jedoch nicht zur Umsetzung), Wuppertal-Vohwinkel (die JVA teilt mit, dass es vor 2012, als dort noch junge Gefangene untergebracht waren, wohl Besuche von Schulklassen und jugendlichen Straftätern im Jugendhaus gegeben habe, Verwaltungsvorgänge hierzu wurden jedoch nicht angelegt).

778 JVAen in Bremervörde, Dortmund, Freiburg, Hameln, Hövelhof, Ingolstadt, Karlsruhe, Ludwigshafen, Münster, Roßdorf, Justizvollzugskrankenhaus Fröndenberg.
In der Regel handelte es sich hierbei um das Projekt „GhJ, Hamburg“ (bei den JVAen in Bremervörde, Dortmund, Freiburg, Roßdorf). Bekannt waren auch die Programme in der JVA Kaisheim (JVA Ingolstadt), das (ehemalige) Projekt „Knast ist nicht cool“, JVA Bremen (JVAen in Dortmund, Hameln, Ludwigshafen, Roßdorf), Projekt in der JVA Schwerte (Justizvollzugskrankenhaus Fröndenberg), „Scared Straight!“ (JVAen in Karlsruhe, Hameln), „Cool or Fool“ in der JVA Gelsenkirchen (JVA Münster).
Teilweise besteht lediglich die grundsätzliche Kenntnis über entsprechende Projekte, ohne dass eines namentlich benannt werden konnte (so in den JVAen Chemnitz, Heilbronn, Traunstein, Werl).

sodass einige JVAen mehrfach genannt werden. Die nicht näher aufgeführten JVAen verneinten die Durchführung entsprechender Programme ohne weitergehende Begründung.

6.3.3.1 Ablehnung aufgrund der Anstaltsart bzw. Zuständigkeit

Einige Anstalten – hierunter auch solche, die eine Kenntnis von Gefängnisbesuchsprogrammen verneinten – begründeten die Nichtdurchführung primär mit der **Anstaltsart** bzw. ihren **Vollstreckungszuständigkeiten**.[779]

Zunächst bestätigte sich hierbei die ursprüngliche Vermutung bei der Erstellung des Fragebogens, dass Sozialtherapeutische Anstalten oder Justizvollzugskrankenhäuser[780], die auch zur Gesamtzahl der Anstalten gerechnet werden, keine Gefängnisbesuchsprogramme anbieten. Ferner wurde eine Durchführung (auch) aufgrund des ausschließlichen bzw. überwiegenden Vollzuges von Untersuchungshaft[781], des offenen Vollzugs[782] oder der Unterbringung von lediglich kurzstrafigen Gefangenen[783] verneint.

Die Ablehnung von Gefängnisbesuchsprogrammen wurde mehrfach damit begründet, dass in der jeweiligen JVA keine Zuständigkeit für den Jugendstrafvollzug bestehe bzw. die Durchführung der Programme in diesem Rahmen geeigneter erscheine.[784]

---

779 Hierbei hatten keine Kenntnis über Gefängnisbesuchsprogramme: JVAen in Augsburg-Gablingen, Aschaffenburg, Bielefeld-Senne, Euskirchen, Gera (zwischenzeitlich geschlossen), Meppen, Neuburg an der Donau; Kenntnis: JVAen in Attendorn, Fröndenberg, Hövelhof, Ingolstadt, Ludwigshafen, Wuppertal-Vohwinkel, Zwickau; Kenntnis unbekannt: JVAen in Amberg, Berlin, Eichstätt, Essen, Flensburg, Itzehoe, Kiel, Schleswig.

780 Bspw. Justizvollzugskrankenhaus Fröndenberg, Sozialtherapeutische Anstalt Ludwigshafen.

781 JVAen in Augsburg-Gablingen, Flensburg, Gera (zwischenzeitlich geschlossen), Itzehoe, Neuburg an der Donau, Wuppertal-Vohwinkel, Zwickau.

782 JVAen in Bielefeld-Senne, Euskirchen, Hövelhof, Ingolstadt. (Die JVA Hövelhof äußerte sich zudem folgendermaßen: *„Sowohl diese Rahmenbedingungen als auch die häufig entspannte Grundhaltung der jungen Gefangenen hinsichtlich des Aufenthaltes im offenen Vollzug lässt eine deutliche Wirkung bei gefährdeten jungen Menschen nach Auffassung der JVA nicht ausreichend erfolgreich erscheinen. Kooperationsversuche in der Vergangenheit gingen über den Wunsch einer Führung durch die JVA nicht hinaus. Es fehlte nach Auffassung der JVA an zielführender inhaltlicher Ausgestaltung.“*).

783 JVAen in Eichstätt, Kiel.

784 JVAen in Amberg, Aschaffenburg, Attendorn, Bielefeld-Senne, Essen, Meppen, Werl, Wuppertal-Vohwinkel, Zwickau. Seitens der JVA Aschaffenburg teilt man

Der Kriminologische Dienst Berlin teilte lediglich mit, dass in den Berliner JVAen keine gesonderten Führungen für delinquente und/oder delinquenzgefährdete Jugendliche angeboten werden und entsprechende Anfragen nach dortiger Kenntnis bisher nicht eingegangen seien.

6.3.3.2 Ablehnung aufgrund anderer, interner Gründe

Abgelehnt wurden Besuchsprogramme auch mit **mangelnden personellen Kapazitäten** oder **organisatorischen Möglichkeiten** (**bspw. fehlende Räumlichkeiten oder Belange des Datenschutzes**) für die Durchführung entsprechender Programme[785] und/oder dem **fehlenden Bedarf** an entsprechenden Projekten[786]. Die Ansichten über die Programme variieren dabei:

Die JVA Bremervörde teilte mit, dass *„derartige innovative Projekte - denen wir grds. positiv gegenüber stehen"* bislang nicht angegangen werden konnten, da die *„Inbetriebnahme und die ersten drei Betriebsjahre"* der Anstalt *„bislang keinen Raum gelassen"* hätten.[787]

Seitens der JVA Zwickau teilt man mit, dass entsprechende Programme bekannt sind aus *„Fachliteratur, diversen Fernsehsendungen und Zeitungsartikeln"* und es aus Sicht des Anstaltsleiters außer Zweifel stehe, *„dass in Straf- und insbesondere Jugendstrafvollzugsanstalten so etwas Sinn macht"*. Die JVA Zwickau als Untersuchungshaftanstalt sei hierfür jedoch nicht geeignet.

---

mit, dass der Jugendvollzug sich für solche Besuchsprogramme besonders eignen würde und Erfahrungen bei Anstaltsführungen mit Jugendlichen gezeigt hätten, dass diese Altersgruppe die Dimension des Strafvollzugs noch nicht realitätsnah erfassen könne. Seitens der JVA Zwickau teilt man mit, dass entsprechende Programme bekannt seien aus *„Fachliteratur, diversen Fernsehsendungen und Zeitungsartikeln"* und es aus Sicht des Anstaltsleiters außer Zweifel stehe, *„dass in Straf- und insbesondere Jugendstrafvollzugsanstalten so etwas Sinn macht"*. Die JVA Schleswig verneinte hingegen die Durchführung von Besuchsprogrammen gerade mit der Begründung, dass man derartige Besuche im Jugendvollzug nicht für sinnvoll erachte.

785 JVAen in Adelsheim, Aichach, Ansbach, Bremervörde, Garmisch-Partenkirchen, Hamm (dort werden lediglich Besuche für verschiedene berufsbezogene Gruppen wie Anwälte, Staatsanwälte, Richter oder Polizisten angeboten), Hohenleuben, Ingolstadt, Köln, Lübeck, Münster, Neuburg an der Donau, Nürnberg, Regensburg, Rohrbach, Roßdorf, Schwäbisch Gmünd, Wolfenbüttel, JSA Arnstadt.

786 JVAen in Adelsheim, Chemnitz, Willich I.

787 Laut Homepage des Vereins „GhJ" sollen die dortigen Projekttage zukünftig auch in der JVA Bremervörde stattfinden.

In der JVA Uelzen wurden nach eigener Aussage vor mehr als acht Jahren Vorerfahrungen in einem Projekt mit Jugendlichen gesammelt, die *„nicht für eine Fortführung sprachen"*. Im damaligen Projekt war die Teilnahme zur Bewährungsauflage für jugendliche Straftäter gemacht worden. *„Der Aufwand war für die Beteiligten innerhalb und außerhalb der JVA enorm, der Effekt relativ schwach."* Konkreteres ist nicht bekannt bzw. wurde nicht mitgeteilt.

Ferner wurde auf **Sicherheitsbedenken** verwiesen, weswegen Besuchsprogramme mit Anstaltsführungen nicht in Erwägung gezogen wurden.[788] Auch wurden **ethische Bedenken** geäußert: Nach der Anstaltsleitung der JVA Werl sollen langstrafige Erwachsene nicht dafür instrumentalisiert werden, *„bei Jugendlichen die Einsicht zu wecken, dass sich Straffälligkeit und der drohende Gefängnisaufenthalt* [...] *nicht "lohnen"."* Die JVA Ottweiler teilt mit, dass *„Gründe der Wahrung von Persönlichkeitsrechten der Gefangenen gegen das "Vorführen der Häftlinge""* sprechen.

6.3.3.3 Ablehnung aufgrund von Zweifeln an der Wirksamkeit

Einzelne JVAen lehnten eine Durchführung der Programme interessanterweise aufgrund **negativer Forschungsergebnisse** zu Gefängnisbesuchsprogrammen ab.[789] Die JVA Hameln verweist explizit auf die negativen Forschungsergebnisse der Studie von *Petrosino et. al* (2003) bzw. deren Update.[790]

Teilweise wurde die **kriminalpräventive Wirkung** solcher Besuchsprogramme bzw. von Abschreckung an sich, in Unkenntnis entsprechender Studien **angezweifelt**[791] und/oder mögliche negative, belastende Effekte für Teilnehmer[792] oder Häftlinge (*„Zooeffekt"*)[793] als Ablehnungsgründe ge-

788 JVAen in Heilbronn, Hohenleuben, Oldenburg, Regensburg, Rohrbach.

789 JVAen in Hameln, Ludwigshafen, Willich II (*„nur scheinbar plausible Programme"*). Die JVA Karlsruhe beendete die Durchführung eines Programms gerade aufgrund der negativen Ergebnisse von wissenschaftlichen Forschungen, siehe oben Ziff. 6.3.2.5.

790 Siehe unter Ziff. 4.2.3.

791 JVAen in Aichach, Ebrach, Freiburg, Ottweiler (weil *„"Schockerlebnisse" keinen kriminalpräventiven Effekt zeigen"*), Schwäbisch Gmünd, Vechta.

792 JVAen in Freiburg, Offenburg, Siegburg.

793 JVAen in Castrop-Rauxel, Ebrach, Ottweiler (*„Zudem sprechen Gründe der Wahrung von Persönlichkeitsrechten der Gefangenen gegen das "Vorführen" der Häftlinge"*); Schwäbisch Gmünd (*„Voyeurismus"*).

nannt. „*Man hatte manchmal den Eindruck die Jugendlichen empfanden das was sie sahen mehr cool als schlimm. Die einzige wirkliche Abschreckung war das Einsammeln der Handys an der Torwache und die Vorstellung diese erst in ein paar Monaten wieder zu erhalten!* (sic)“, so die JVA Heilbronn.

Die JVA Offenburg teilte mit, dass man dort der Überzeugung sei, dass kriminalitätsgefährdete Jugendliche zwar möglicherweise, wie beabsichtigt, aufgerüttelt und im Ergebnis abgeschreckt werden können. Mit ähnlicher Wahrscheinlichkeit bestehe allerdings die Gefahr, „*dass sie es "cool" finden*“, nach dem Motto „*ist doch gar nicht so schlimm*“, und die Jugendlichen „*die gar nicht so abschreckenden äußeren Bedingungen wahrnehmen und aufgrund mangelnder Reife nicht verstehen, was Eingesperrtsein wirklich bedeutet.*“

Die JVA Cottbus-Dissenchen verweist explizit darauf, dass nach dort „*bekannten kriminologischen Erhebungen der Strafvollzug keine abschreckende Wirkung auf potentielle Straftäter erziele, da diese Überlegung bei der Planung der Straftat regelmäßig nicht in Erwägung gezogen wird.*“ „*Ein generalpräventiver Effekt sei kriminologisch nicht nachgewiesen*“, hierauf sei das Brandenburgische Justizvollzugsgesetz auch nicht ausgelegt. „*Die Absicht des Gesetzes zielt auf die Wiedereingliederung und nicht auf eine mit Abschreckung verbundene Traumatisierung der Straftäter ab. Demzufolge ist ein solches Ziel bei jugendlichen Besuchern erst recht unvertretbar.*“

Seitens der JVA Hohenleuben zeigt man sich ebenfalls kritisch und teilt mit: „*Letztlich muss es auch noch erlaubt sein, den tatsächlichen kriminalpräventiven Effekt der "Gefängnisbesuchsprogramme" zu hinterfragen. Die Erzeugung von konfrontativen Schockerlebnissen und Abschreckungseffekten ist mit einem am Behandlungsziel ausgerichteten modernen Strafvollzug ohnehin nicht in Einklang zu bringen. Auch das Darstellen von inhaftierten Verurteilten als "Negativbeispiel" ist meines Erachtens nicht unproblematisch und wird straffällig gewordenen Jugendlichen nicht unbedingt von der Begehung weiterer Straftaten abhalten. Insgesamt sehe ich die Etablierung von "Gefängnisbesuchsprogrammen" als kriminalpräventive Maßnahme eher kritisch. Die damit erhoffte positive Wirkung auf die betroffenen Jugendlichen dürfte in keinem Verhältnis zu dem in Kauf zu nehmenden Aufwand stehen.*“

Die JVA Vechta teilt mit, dass Gefängnisbesuchsprogramme auch deshalb nicht durchgeführt würden, da die dort „*inhaftierten jungen Gefangenen und deren Wiedereingliederung den Schwerpunkt*“ der Arbeit darstellen, was auch dem gesetzlich festgelegten Auftrag der Vollzugsanstalt entspräche. Darüber hinaus wird es als problematisch bzw. diskussionswürdig angesehen, „*ob derartige Programme auf externe Jugendliche tatsächlich kriminalpräventiv wirken können*“.

In der JVA Castrop-Rauxel finden im Rahmen der Öffentlichkeitsarbeit mehrmals jährlich Besuchsmöglichkeiten für unterschiedliche Gruppen und Altersklassen statt. „*Wir bieten Gefängnisbesuchsprogramme nicht an oder nennen es zumindest nicht so, da der kriminalpräventive Aspekt dabei nicht im Vordergrund steht. Ich halte das, insbesondere mit Blick auf die von Ihnen geschilderte amerikanische Methodik, für zweifelhaft*“, so die Anstaltsleitung. „*Im Verborgenen mag dies sicher auch präventive Wirkung haben, das wäre dann aber ein Nebeneffekt*“, heißt es weiter. Zudem sollen die Besuche keinen „*Zoo-Gang*“ darstellen.

6.4 Zusammenfassung und Vergleich der verschiedenen Projekte

Im Folgenden werden die verschiedenen, in Deutschland durchgeführten Programme systematisiert und verglichen. Insbesondere werden die verschiedenen Programmarten und damit einhergehend die rechtlichen Grundlagen zur Teilnahme, Zielgruppen und Ausgestaltungen dargestellt sowie eine Einordnung anhand der in Kapitel 1.3.1 aufgeführten Präventionsebenen vorgenommen und die wenigen, existierenden Evaluationsergebnisse zusammengefasst.

6.4.1 Anstaltsarten

Die anfängliche Vermutung, dass die Programme, deren Zielgruppe grds. Jugendliche und Heranwachsende sind, in Jugendstrafanstalten durchgeführt werden, hat sich nur teilweise bestätigt. Großteils werden die Projekte im Erwachsenenvollzug durchgeführt und die Teilnehmer mit langstrafigen, oft erheblich älteren Häftlingen konfrontiert. Lediglich in sechs Jugendstrafanstalten[794] werden Besuchstage für Schüler oder andere Jugendgruppen bzw. im Rahmen von richterlichen Weisungen durchgeführt. Hier stehen gerade die mögliche Identifikation mit den Lebensumständen und das ähnliche Alter von Teilnehmern und Häftlingen im Vordergrund.

794 „Warnschusstage“ in der JVA Iserlohn, „Ich und Gewalt“ in der JVA Wriezen, „Konfrontativer Sozialer Trainingskurs“ in der JVA Neuburg-Herrenwörth, „Mit der Klasse in den Knast“ in der JSA Wittlich, soziale Trainingskurse in der JVA Laufen-Lebenau sowie das Projekt in der JSA Regis-Breitingen. Im Übrigen gibt es zwar eine Beteiligung der JAA München, die Arrestanten selbst nehmen jedoch an einem Programm in der JVA Kaisheim teil.

Teils werden auch im Erwachsenenvollzug solche Häftlinge als Gesprächspartner ausgewählt, die noch jünger sind oder „jugendtypische Delikte" begangen hatten. Im Gegensatz dazu finden einige Projekte gerade in besonders gesicherten Haftanstalten für langstrafige, erwachsene Gefangene statt.[795]

Überwiegend werden die Programme im geschlossenen Strafvollzug durchgeführt. Lediglich in der JVA Trier finden die Programme im offenen Vollzug/Freigängerhaus statt, ebenso in der JVA Koblenz, die nach dem Vollstreckungsplan Rheinland-Pfalz nur für die Unterbringung im offenen Vollzug sowie den Vollzug von Untersuchungshaft zuständig ist. Auch in der JVA Stuttgart erfolgt der Besuch im Bereich der U-Haft. Während in der JVA Koblenz ausdrücklich nur Freigänger und keine Untersuchungsgefangenen mit Verweis auf die Unschuldsvermutung beteiligt werden, finden in der JVA Stuttgart gleichwohl auch Gespräche mit Untersuchungsgefangenen statt. Die Unschuldsvermutung oder eine mögliche Einflussnahme auf den Prozess wird hier auf Nachfrage nicht als problematisch erachtet. In der JVA Aachen sind ebenfalls u.a. Untersuchungshäftlinge beteiligt – ein Problembewusstsein ist nicht ersichtlich.

6.4.2 Anbieter

Die Initiative für die Durchführung der Besuchsprojekte geht idR nicht unmittelbar von den JVAen selbst aus. Dem überwiegenden Anteil der in Deutschland angebotenen Programme ist gemein, dass sie von Externen angeboten und organisiert werden. Dies sind bspw. Schulen, Freie Träger der Jugendhilfe, Bewährungshilfe oder JGH, die mit den einzelnen JVAen kooperieren. Die Vermittlung der Projektteilnehmer erfolgt bspw. über Staatsanwaltschaften und Gerichte, Polizei oder auch durch Jugendsozialarbeit an Schulen.

Folgende Ausnahmen hierzu konnten in der vorliegenden Untersuchung ausgemacht werden: Die JVA Torgau ist nach eigener Aussage „Initiator" der dortigen Besuchsprogramme. Auch in der JVA Aachen wird das Besuchsprojekt vom dortigen Sozialdienst und der Seelsorge angeboten. Das in der JVA Kaisheim angebotene Besuchsprogramm wird von der JAA München für deren Arrestanten organisiert, die dann die JVA besu-

795 JVAen in Bremen, Butzbach (vorübergehend ausgesetzt), Hamburg-Fuhlsbüttel, Hannover, Landsberg am Lech, Lingen (hier findet jedoch kein Kontakt mit Inhaftierten statt), Lübeck, Schwalmstadt, Torgau, Vechta (Frauen).

chen. Das Hannoveraner Projekt „GhJ“ wird nach dortigen Angaben bislang primär von der JVA selbst organisiert und ist lediglich an das Hamburger Projekt „GhJ e.V.“ angelehnt. Eine Zusammenarbeit befinde sich im Aufbau, so die JVA Hannover.

6.4.3 Vernetzung

Im Rahmen der Untersuchung zeigte sich, dass – bis auf die Präventionsprojekte der Organisation „GhJ e.V.“ sowie des Programms der Brücke e.V. Augsburg – keine Zusammenarbeit der Programmanbieter stattfindet. Das Projekt „GhJ“ in Hamburg war einzelnen Anbietern oder JVAen bekannt. Ansonsten bestand keine Kenntnis über andere Projekte in Deutschland. Oft zeigte man sich überrascht, dass auch an anderen Standorten ähnliche Programme angeboten werden. So behauptete etwa „GhJ“ auf Nachfrage gar ein Alleinstellungsmerkmal für sich. Andere Projekte in Deutschland würden *„nicht so ablaufen“* wie das Projekt in der JVA Hamburg-Fuhlsbüttel. Eine wirkliche Kenntnis von anderen Projekten in Deutschland war dort jedoch nicht vorhanden, man zeigte sich erstaunt, dass tatsächlich noch weitere, ähnliche Programme angeboten werden.

Ein Austausch über Inhalte und Abläufe findet mithin – zumindest bislang – nicht statt. Gleichwohl ähneln sich einige schriftliche Programmkonzeptionen. Es ist also zu vermuten, dass diese übernommen wurden, ohne dass vorab konkrete Kontakte zwischen den Anbietern geknüpft wurden.

6.4.4 Programmarten und rechtliche Grundlagen

Unterscheiden lassen sich die Präventionsprogramme sodann nach ihrer Art bzw. der konkreten Ausgestaltung und Durchführung. Dies geht unmittelbar mit den jeweiligen Zielgruppen, Präventionsebenen und Rechtsgrundlagen einher. Insgesamt soll die Teilnahme in erster Linie präventiv und weniger repressiv wirken. Konsequenzen einer anhaltenden Delinquenz, das „Eingesperrt-Sein“, die Fremdbestimmtheit und Perspektivlosigkeit sollen verdeutlicht werden. Insbesondere im Gespräch mit Häftlingen soll zum Nachdenken über die derzeitige Lebensführung angeregt und Alternativen hierzu aufgezeigt werden sowie eine Auseinandersetzung mit der eigenen Schuld stattfinden.

6.4.4.1 Freiwillige, rein präventive Angebote

Primäre bzw. universelle Prävention: Zunächst werden Gefängnisbesuchsprogramme als freiwillige Projekte bspw. für Schulklassen im Rahmen des Unterrichts oder für kirchliche Jugendgruppen angeboten. Oft sollen dabei „Problemschüler“ oder „Problemklassen“ angesprochen werden.

Ein Gefängnisbesuch ist dann z.B. als Aufklärungs- und Bildungsprojekt ausgestaltet, bei dem die Informationsvermittlung über die Institution „Justizvollzugsanstalt“ und über die Folgen von strafbarem Handeln im Vordergrund steht. Gleichzeitig sollen soziale Kompetenzen und damit Bedingungen geschaffen oder verstärkt werden, die bestenfalls die Entstehung von Kriminalität verhindern. Insofern lassen sich entsprechende Projekte auf der primären bzw. universellen Präventionsebene einstufen. Bevor abweichende Handlungen erkennbar sind bzw. eintreten, sollen im Rahmen einer gesamtgesellschaftlichen Aufgabe Werte und Normen vermittelt werden.

Die Zielgruppen sind dabei idR Jugendliche unter 18 Jahren, die strafrechtlich bisher nicht auffällig wurden bzw. abweichendes Verhalten zeigten, das strafrechtlich nicht relevant war. Vorstellbar ist dabei zwar gleichwohl, dass bei einem Besuchstag auch solche Schüler oder Gruppenteilnehmer erfasst werden, die bereits strafrechtlich in Erscheinung traten. Die Teilnahme an dem Programm weist hierzu allerdings keinen Bezug auf – mögliche strafrechtliche Vorgeschichten sind nicht bekannt. Da sich die Maßnahme nicht konkret, sondern eher zufällig auch an Risikogruppen wendet, erscheint eine Einstufung in die primäre Präventionsebene sinnvoll.

In einigen JVAen werden ausschließlich entsprechende Präventionsprojekte für ganze Schulklassen aus der jeweiligen regionalen Umgebung angeboten, die bspw. im Rahmen eines Projekt- bzw. Präventionsunterrichtes stattfinden.[796] In weiteren Einrichtungen werden unter anderem, jedoch nicht ausschließlich, Besuche von Schulen durchgeführt.[797]

Sekundäre bzw. selektive Prävention: Des Weiteren gibt es die Möglichkeit zur (freiwilligen) Teilnahme an einem Gefängnisbesuchsprogramm etwa im Rahmen von Betreuungsangeboten oder in stationären

796 Dies ist der Fall in Lingen (Schulprojekt), Gelsenkirchen, Torgau, Lübeck, Hannover („GhJ“), Wittlich.

797 So in den JVAen Bielefeld-Brackwede, Lübeck, Hamburg, Bremen, für Frauen Vechta, Iserlohn, Schwerte, Regis-Breitingen.

oder ambulanten Therapien für gefährdete Jugendliche und Heranwachsende. Auch Selbstanmeldungen sind denkbar. Empfehlungen einer Teilnahme durch Jugendämter[798] an dort betreute Jugendliche kommen ebenso in Betracht wie eine Teilnahme im Rahmen von Jugendhilfemaßnahmen wie etwa bei sog. „Hilfen zur Erziehung" nach §§ 27 ff. SGB VIII und dabei bspw. als „Soziale Gruppenarbeit" iSd § 29 SGB VIII.[799] Erziehungsbeistand und Betreuungshelfer[800] oder Jugendsozialarbeiter[801] können eine Teilnahme an einem Gefängnisbesuchsprogramm organisieren. Eine frühere Delinquenz der Teilnehmer hat hierbei nur einen mittelbaren Bezug zu einer Teilnahme – im Vordergrund steht die Vorbeugung weiterer Straftaten. Potentiell gefährdete Personen werden angesprochen. Insofern handelt es sich um Projekte im Rahmen der Sekundärprävention.

Zwar konnte bei der Recherche ein Programm für Schulklassen ausgemacht werden, das nach eigenen Angaben auch unter 14-jährige Teilnehmer betreut.[802] Über sonstige Programme für Kinder, die abweichendes Verhalten zeigen, ist allerdings nichts bekannt und entsprechende Erkenntnisse konnten durch die Studie auch nicht erzielt werden. Möglich wäre eine Teilnahme von strafunmündigen Kindern (< 14 Jahre) nach gravierenden Verhaltensauffälligkeiten bzw. deliktischem Verhalten ansonsten auch im Rahmen der Möglichkeiten nach SGB VIII. Im Vordergrund stehen hier weniger kriminalpräventive Zwecke, sondern nach § 1 Abs. 1 SGB VIII die Förderung der Entwicklung und Erziehung zu einer eigenverantwortlichen und gemeinschaftsfähigen Persönlichkeit. Entsprechende Programme wären insofern als „Hilfen zur Erziehung" oder im Rahmen von „sozialer Gruppenarbeit" denkbar.

6.4.4.2 Teilnahme als Reaktion auf strafrechtlich relevantes Verhalten

Ferner werden als Teilnehmer für Gefängnisbesuchsprogramme solche Jugendlichen und Heranwachsenden, teils auch junge Erwachsene, angespro-

---

798 Vgl. §§ 69 ff. SGB VIII.

799 Vgl. § 2 Abs. 2 iVm §§ 11, 13, 27 ff., 29, 41 SGB VIII. In § 27 Abs. 2 S. 1 SGB VIII ist geregelt, dass die Hilfe zur Erziehung *insbesondere* nach Maßgabe der §§ 28 – 35 SGB VIII gewährt wird. Insofern sind auch andere Teilnahmemöglichkeiten an Gefängnisbesuchsprogrammen als im Rahmen der „sozialen Gruppenarbeit" denkbar.

800 § 30 SGB VIII.

801 § 13 SGB VIII.

802 JVA Gelsenkirchen, Schüler ab 13 Jahren.

chen, für die der Besuch unmittelbare Folge eines strafrechtlich relevanten Verhaltens ist. Teilweise werden eher Erst- und Wiederholungstäter mit Delikten im Bagatellbereich angesprochen, teilweise hingegen Intensivtäter mit zum Teil gravierenden (Gewalt-)Taten. Neben einer repressiven Komponente des Programms soll dieses gleichwohl präventiv wirken. Die Teilnahme als Folgeentscheidung hat hierbei einen konkreten Bezug zur kriminellen Vorgeschichte des Teilnehmers. Diese soll aufgearbeitet werden und zu einem zukünftig straffreien Leben führen. Zugleich soll die Projektteilnahme die „letzte Chance" vor einer Haftstrafe darstellen. Entsprechende Programme zur Vermeidung erneuter Straffälligkeit sind insofern auf der **tertiären Präventionsebene** einzuordnen. Die Maßnahmen richten sich oftmals an Intensivtäter. Teilnehmer, die bereits Hafterfahrungen hatten, fallen jedoch idR nicht in die Zielgruppe der Programmanbieter. Dies deshalb, da sich deren Intention gerade darauf bezieht, durch erste Eindrücke eines Gefängnisses die direkten Folgen weiterer Delinquenz aufzuzeigen und so von der Begehung von Straftaten abzuhalten.

Die rechtlichen Möglichkeiten für die Teilnahme als Folge einer Straftat richten sich bei der o.g. Zielgruppe nach dem Jugendgerichtsgesetz.[803] Grundsätzlich findet das JGG persönliche Anwendung für Jugendliche im Alter von 14 bis 17 Jahren und unter bestimmten Voraussetzungen für Heranwachsende zwischen 18 und 20 Jahren, §§ 1 Abs. 2, 105 JGG.[804] Junge Erwachsene könnten potentiell auch als Teilnehmer von Gefängnisbesuchsprogrammen in Betracht kommen, wenn sie bei der Tat selbst jünger als 21 Jahre alt waren.[805] Liegt die erforderliche Reife und Einsichtsfähig-

803 Da die Anwendung des Jugendstrafrechts nach § 2 Abs. 1 S. 1 JGG gerade die Verbesserung der Legalbewährung bzw. Resozialisierung eines Täters bezweckt, ist die Teilnahme an einem Gefängnisbesuchsprogramm als Präventionsmaßnahme vom Zweck des Gesetzes gedeckt.

804 Im JGG findet sich ein zum Strafgesetzbuch eigenständiges Rechtsfolgensystem, das ein individuelles Eingehen auf die unterschiedlich ausgeprägte Entwicklung der jugendlichen und ggf. heranwachsenden Täter im konkreten Einzelfall ermöglicht, vgl. Meier/Rössner/Trüg/Wulf-*Rössner*, JGG (2014), § 5 Rn. 1. Die Anwendung des Jugendstrafrechts auf Heranwachsende gilt unter der Einschränkung des § 105 Abs. 1 JGG, der voraussetzt, dass diese vom Reifegrad ihrer Persönlichkeit einem Jugendlichen gleichzusetzen sind oder die Tat eine typische Jugendverfehlung war.

805 Abgesehen von dieser theoretischen Möglichkeit ist fraglich, ob eine Teilnahme in diesem Alter angesichts der möglicherweise vorhandenen kriminellen Vorgeschichte und den bereits erlebten Erfahrungen noch sinnvoll ist.

keit des (jugendlichen) Täters vor (§ 3 JGG[806]), kommen als Folgen einer Straftat Erziehungsmaßregeln, Zuchtmittel und Jugendstrafe in Betracht, § 5 Abs. 1 und 2 JGG.

Im Rahmen einer förmlichen Sanktionierung[807] kommt die Teilnahme an einem Gefängnisbesuchsprogramm insbesondere durch Verurteilung und Anordnung einer Erziehungsmaßregel und dabei durch Erteilung einer Weisung in Betracht, vgl. §§ 5 Abs. 1, 9 Nr. 1, 10 JGG (ggf. bei Heranwachsenden iVm § 105 Abs. 1 JGG).[808] Konkret ist ein Gefängnisbesuchsprogramm als ambulante Maßnahme etwa im Rahmen eines sozialen Trainingskurses oder Anti-Gewalt-Trainings/Anti-Aggressions-Trainings nach § 10 Abs. 1 S. 3 Nr. 6 JGG möglich oder kann im Rahmen einer Betreuungsweisung nach § 10 Abs. 1 S. 3 Nr. 5 JGG angeregt werden. Ein Gefängnisbesuchsprogramm kann allerdings auch unabhängig von einem sozialen Trainingskurs durchgeführt werden. Da die Auflistung möglicher Weisungen in § 10 JGG nicht abschließend ist, können Jugendliche und Heranwachsende direkt seitens des Jugendgerichts bzw. nach entsprechender Empfehlung von der JGH zur Teilnahme an einem konkreten Programm verurteilt und zugewiesen werden. Denkbar erscheint auch eine Teilnahme im Rahmen der Betreuung nach Verurteilung zu einer Hilfe zur Erziehung gem. § 12 JGG (ggf. iVm § 105 Abs. 1 JGG).

Daneben besteht die Möglichkeit zur richterlichen Anordnung der Teilnahme an einem Gefängnisbesuchsprogramm im Rahmen einer Weisung bei der Aussetzung einer Strafe zur Bewährung, vgl. §§ 21, 23, 27, 29 S. 2 iVm § 10 JGG (ggf. bei Heranwachsenden iVm § 105 Abs. 1 JGG).

---

806 Bei fehlender strafrechtlicher Verantwortlichkeit kann der Jugendrichter bei gravierenden Straftaten dennoch nach § 3 S. 2 JGG familiengerichtliche Maßnahmen „zur Erziehung eines Jugendlichen“ treffen, etwa die Anordnung einer Hilfe zur Erziehung nach §§ 27 – 40 SGB VIII; vgl. Meier/Rössner/Trüg/Wulf-*Remschmidt/Rössner* JGG (2014), § 3 Rn. 41, 43; *Eisenberg*, JGG (2018), § 3 Rn. 42.

807 Sanktionen nach dem JGG kommen dann nach § 1 Abs. 1 JGG in Betracht, wenn Jugendliche oder Heranwachsende Verfehlungen begehen, die nach den allgemeinen Vorschriften mit Strafe bedroht sind. Verfehlung iSd § 1 JGG bedeutet eine rechtswidrige Tat iSd § 12 StGB; *Eisenberg*, JGG (2018), § 1 Rn. 21.

808 Zu beachten ist, dass eine Erziehungsmaßregel und damit eine Weisung nur aus erzieherischen Gründen angeordnet werden darf und nicht zur Ahndung einer Straftat, § 5 Abs. 2 JGG. Der Tatbezug wird jedoch nach § 5 Abs. 1 S. 2 JGG hergestellt, wonach Erziehungsmaßregeln nur „aus Anlass der Straftat eines Jugendlichen“ angeordnet werden dürfen. In der Straftat müssen also Erziehungsmängel zum Ausdruck gekommen sein; vgl. Meier/Bannenberg/Höffler-*Schöch/Höffler* (2019), § 8 Rn. 1.

Erscheint eine Anklage und/oder förmliche Verurteilung aufgrund des Erziehungs- oder Sanktionsbedarfs nicht notwendig, kann das Verfahren gegen den Jugendlichen oder Heranwachsenden auch eingestellt werden. Erfolgt die Teilnahme an einem kriminalpräventiven Gefängnisbesuchsprogramm bereits unmittelbar nach der Tat vor Erhebung der Anklage oder vor Verurteilung, möglicherweise initiiert vom Jugendamt oder den Eltern, kann dies zu einer informellen Erledigung des Verfahrens führen: Im Rahmen der Diversion[809] kann bspw. die StA von einer Verfolgung absehen, vgl. § 45 Abs. 2 JGG, oder das Jugendgericht das Verfahren einstellen, vgl. § 47 Abs. 1 Nr. 2 JGG, wenn außerstrafrechtlich bereits erzieherische Maßnahmen, wie etwa die Teilnahme an einem Gefängnisbesuchsprogramm, eingeleitet worden sind (ggf. bei Heranwachsenden iVm § 109 Abs. 2 JGG).

6.4.5 Durchführung

Die Durchführung der Projekte läuft in den meisten Fällen ähnlich ab. Es finden zumeist Vor- und Nachbereitungen statt, in aller Regel außerhalb der Anstalten. Vor den Besuchstagen werden mit den Teilnehmern die eigenen Erwartungen besprochen, um im Nachhinein zu überprüfen, ob diese erfüllt wurden. Die JVAen selbst sind an diesen Besprechungen nicht beteiligt. Diese bereiten lediglich die beteiligten Häftlinge auf die Besuche vor bzw. bieten für diese Nachbereitungen an.

In der Regel finden sich die Programmteilnehmer am Tag selbst mit ihren Betreuern bzw. Lehrern in der JVA ein und werden nach Routinekontrollen am Eingang sodann bei einem Rundgang durch die JVA geführt. Anschließend finden Gespräche mit einem oder mehreren Häftlingen statt.[810] Die Gruppengrößen sind unterschiedlich, teilweise nehmen ganze Schulklassen teil, teilweise nur wenige Teilnehmer. Auch die Anzahl der teilnehmenden Häftlinge differiert. Teilweise wird darauf geachtet, dass die Häftlinge „ähnliche Biografien“ haben und die Jugendlichen sich somit (auch nach Geschlecht und Alter) mit diesen identifizieren können.

---

809 Diversion bedeutet das Absehen von der Strafverfolgung, es erfolgt eine informelle Erledigung statt der förmlichen Sanktionierung, siehe *Creifelds* (2019) „Diversion“, S. 355; Meier/Bannenberg/Höffler-*Meier* (2019), § 7 Rn. 2.

810 Außer in der JVA Lingen sowie bei dem Projekt „Knast kommt krass“, JVA Stuttgart. Bei letzterem finden Gespräche außerhalb der JVA statt.

Bei anderen Programmen werden gerade die langstrafigen, „*besonders gefährlichen*" Häftlinge ausgewählt.

Im Gespräch werden die Lebensläufe der Häftlinge sowie der Besucher thematisiert und über ein Leben im Gefängnis und daraus resultierende Auswirkungen informiert. Teilweise finden Einschlusssituationen statt, teilweise werden die Besucher mit Anstaltskleidung ausgestattet.

Einige Projekte basieren auf mehr oder weniger ausführlichen schriftlichen Konzepten, die für diese Untersuchung zur Verfügung gestellt wurden. Teilweise wurden diese passagenweise wortgleich von anderen Programmen übernommen, wie sich bei der Durchsicht zeigte. Manche Programme haben kein schriftliches Konzept, manche lediglich Ablaufpläne.

6.4.6 Zielgruppen

Vordergründig handelt es sich bei den Gefängnisbesuchsprogrammen um Präventionsmaßnahmen für die teilnehmenden Besucher.

Einige Programmanbieter äußerten allerdings explizit, dass gerade auch die Häftlinge, die in allen bekannten Gefängnisbesuchsprogrammen freiwillig teilnehmen, angesprochen und gefördert werden sollen. In der JVA Aachen sollen die Inhaftierten ihre eigene Lebensgeschichte aufarbeiten und sich durch die Teilnahme mit ihrer Tat auseinandersetzen. Sie sollen die Teilnehmer „*vor gleichen Fehlern [...] bewahren*". Auch in der JVA Bielefeld-Brackwede wird betont, dass es sich bei dem Projekt gerade auch um eine Präventionsmaßnahme für Häftlinge handelt. Durch die Teilnahme am Programm in der JVA Gelsenkirchen sollen sich die Gefangenen intensiv mit ihrer momentanen Situation auseinandersetzen. Zugleich sollen dadurch ihre fachlichen, sozialen und methodischen Kompetenzen gefördert werden. In der JVA Lübeck soll den Gefangenen die Möglichkeit gegeben werden, ihren Gefängnisalltag und ihre Biographie, inklusive der begangenen Delikte, darzustellen und ein Feedback zu bekommen. Ziel ist es ebenso, die Abkehr von einem Leben mit Straftaten zu verfestigen. Bei der JVA Wriezen unterstreicht man, dass für die inhaftierten Jugendlichen und Heranwachsenden durch die Gesprächsrunde bei den Besuchsterminen eine Möglichkeit besteht, ihre eigenen Straftaten und ihren gegenwärtigen Aufenthalt in der JVA zu reflektieren und aufzuarbeiten. Die JVA Iserlohn will erreichen, dass die Häftlinge ihre Verantwortungsbereitschaft für die Gesellschaft stärken und die eigenen Straftaten reflektieren. Auch hier ist eine Abkehr von einem Leben mit Straftaten erklärtes Ziel.

6.4.7 Angestrebte präventive Wirkung

Wie die Programme im Hinblick auf die teilnehmenden Besucher konkret präventiv wirken sollen, sehen die JVAen bzw. Programmanbieter unterschiedlich.

Bei einzelnen Programmen wurde auf die Frage nach der Wirkung explizit (auch) „**Abschreckung**" genannt:[811]

„Den Worten sollen Bilder folgen", so ein Anbieter eines Programms in der JVA Stuttgart. Weiter heißt es, durch den *„Schock des Gefängnisbesuchs"* könnten die Teilnehmer für sich ihr Leben neu überdenken. Seitens der JVA Aachen äußert man wörtlich, dass *„Prävention durch Realität (Abschreckung)"* stattfinden solle. In Schwerte soll die Präventionsmaßnahme zur Verhinderung von Straftaten der Abschreckung dienen; ob dies funktioniere, sei jedoch nicht klar. Die JVA Trier teilt mit, dass der Besuch ebenfalls abschrecken und einen Eindruck davon vermitteln solle, *„was in Haft abgeht"*. In Wittlich soll die Kriminalprävention über einen konfrontativen Ansatz unter realistischen Bedingungen erfolgen; die Zielsetzung ist Abschreckung, aber auch Aufklärung und Lebenshilfe. Das Projekt in der JVA Detmold solle eine *„kleine Schocktherapie"* darstellen.

In Iserlohn soll die Bedeutung von Freiheitsentziehung aufgezeigt werden und die Teilnehmer mit den negativen Konsequenzen und der Perspektivlosigkeit von Gewalt und Kriminalität konfrontiert werden. Dabei soll der die Teilnehmer in Empfang nehmende Sozialdienstmitarbeiter laut Konzept über die Durchführung des Warnschusstages explizit eine Rolle einnehmen, die *„an einen Drill – oder Staff- Sergeant der US-Army erinnert* (sic)".

In einigen JVAen wird als Zielsetzung Abschreckung genannt – daneben sind aber auch andere Aspekte relevant. **Neben der Abschreckung** stehen bspw. die sachliche Aufklärung über ein Leben im Gefängnis als Folge (weiterer) Straftaten und die Auswirkungen einer Inhaftierung im Vordergrund sowie die Erziehung der Teilnehmer.

In Regis-Breitingen etwa sollen auch eine Vermittlung von Normen und Werten und eine Prävention auf Augenhöhe erfolgen. In Lübeck sollen durch die persönliche Begegnung mit Häftlingen Klischees abgebaut werden, gleichzeitig sollen die Schüler mit den negativen Auswirkungen von Gewalt und Kriminalität konfrontiert werden; auch Abschreckung, Auf-

811 So etwa bei Projekten in den JVAen in Ravensburg, Stuttgart, Laufen-Lebenau, Aachen, Trier, Koblenz, Butzbach, Schwalmstadt, Lingen, Iserlohn, Schwerte, Wittlich, Lübeck.

klärung und allgemeine Lebenshilfe werden als Ziel genannt. In Lingen versucht man, die Teilnehmer bei der Anstaltsbesichtigung *„zur Einsicht zu verhelfen“* und objektiv aufzuklären. Abschreckung sei kein primäres Ziel, die abschreckende Wirkung der Einrichtung werde allerdings als „Nebeneffekt“ der Führungen genutzt. Man sei sich bewusst, dass ein Besuch, insbesondere im Rahmen der Schulgruppen auf manche Schüler abschreckend wirken könne.

Andere JVAen und Programmanbieter **lehnen Abschreckung explizit ab:**[812]

Stattdessen soll in der JVA Bielefeld-Brackwede eine Konfrontation mit den Insassen erfolgen. Hierbei will man Konsequenzen und Auswirkungen eines Haftaufenthaltes verdeutlichen. Seitens der JVA Neuburg-Herrenwörth äußert man sich insofern, als dass „Abschreckung“ ausdrücklich nicht erfolgen solle. Eher sollen Informationen über die Folgen einer Inhaftierung und Einblicke in die Realität des Strafvollzuges gegeben werden sowie ein Austausch stattfinden. Auch die JVA Hannover betont, dass Prävention gerade nicht durch Abschreckung erfolgen soll. Man distanziert sich ausdrücklich von abschreckenden amerikanischen Programmen und setzt eher auf einen Dialog und die Sensibilisierung der teilnehmenden Jugendlichen, einmalige Veranstaltungen werden abgelehnt. Die JVA Kaisheim lehnt Abschreckung explizit mit Blick auf negative Forschungsergebnisse ab. Auch das Projekt „GhJ“ in Hamburg soll nicht abschreckend wirken, man will sich klar von US-Programmen wie „Scared Straight!“ distanzieren: Es handele sich um eine *„angenehme Atmosphäre“* und eher um einen *„Realitätsabgleich“* als um Abschreckung.

Widersprüchlich äußert man sich bei der JVA Bochum, die einerseits mit Blick auf Forschungsergebnisse eine abschreckende Wirkung des Programms verneint. Die Teilnehmer sollen aufgeklärt und über „Einsicht“ erreicht werden. Andererseits verweist man in dem zugrunde liegenden schriftlichen Konzept darauf, dass ein echter Einblick hinter die Mauern gegeben werden solle, der als Abschreckung diene.

Fazit:

Festzuhalten ist im Ergebnis, dass einige Projekte abschreckend wirken bzw. wirken sollen, wohingegen andere Anbieter bzw. JVAen sich hiervon explizit distanzieren. Dabei wurde im Rahmen dieser Untersuchung jedoch nicht ersichtlich, inwiefern sich dies konkret auswirkte. Nicht geklärt

812 So auch in den JVAen Landsberg am Lech, Bremen, Wriezen, Bielefeld-Brackwede, Torgau, Regis-Breitingen.

werden konnte, wie sich Programme, die (auch) abschreckend wirken sollen, von solchen, die dies ausdrücklich ablehnen, in ihrer Durchführung tatsächlich unterscheiden. Zwar sind die Intentionen der Anbieter verschieden. Aus den mitgeteilten Abläufen, die mit Rundgängen und Gesprächsrunden vom Prinzip her ähnlich gestaltet sind, lässt sich dies jedenfalls nicht erkennen. Möglicherweise ist allein der verfolgte Zweck der Programmanbieter verschieden. Auch muss dabei beachtet werden, dass die verfolgte Wirkungsweise der Projektanbieter nicht mit den tatsächlichen Auswirkungen sowie den subjektiven Wahrnehmungen der Teilnehmer übereinstimmen muss.

Überwiegend soll bei den meisten Anbietern nach deren Darstellungen – statt oder neben einer Abschreckungswirkung – eine Informationsvermittlung „aus erster Hand" mit sachlicher Aufklärung über den Strafvollzug als Konsequenz von anhaltender Delinquenz stattfinden. Handlungsalternativen sollen erläutert und Hilfsangebote für die weitere Lebensplanung der Teilnehmer bereitgestellt werden. Auch soll eine kritische Auseinandersetzung mit sich selbst und dem eigenen Handeln gefördert werden. Vor dem Hintergrund dieser allein erzieherischen bzw. pädagogischen Programmausrichtung ohne Abschreckungseffekt drängt sich jedoch die Frage auf, weshalb die Durchführung der Programme stets im Strafvollzug stattfindet. Denkbar wäre ebenfalls, dass die zu vermittelnden Inhalte den Teilnehmern außerhalb einer Haftanstalt nahegebracht werden und dabei bspw. falsche Vorstellungen über den Strafvollzug richtig gestellt werden. Dies wäre sicherlich auch mit geringerem personellen und wirtschaftlichen Aufwand verbunden. Offenbar ist aber gerade gewollt, dass die zu vermittelnden Inhalte mit dem „Ort des Geschehens" bildlich und emotional verknüpft werden und die Teilnehmer durch die dabei aufkommenden negativen Empfindungen schließlich davon abgehalten werden, zukünftig (erneut) straffällig zu werden. Das wiederum deutet jedoch gerade darauf hin, dass der Vollzug an sich Eindruck machen soll – und dies von den an der Durchführung der Projekte Beteiligten auch gewollt ist. Schwer vorstellbar ist, dass hierbei abschreckende Elemente nicht im Hinterkopf der Projektverantwortlichen stehen und – darüber hinaus –, dass ein Besuchsprogramm gänzlich ohne diese abschreckende Wirkung ablaufen könnte.[813] Dem liegt scheinbar die Vorstellung der Verantwortlichen zugrunde, dass andere Maßnahmen bei den Jugendlichen nicht effek-

813 So im Ergebnis auch *Graebsch*, NK (2006), S. 51, die von einem „angstauslösenden Setting" spricht.

tiv wirken, was nicht den Ergebnissen der Wirkungsforschung entspricht.[814]

6.4.8 Kenntnis von Forschungsergebnissen/Abgrenzung zu Abschreckung

Forschungsergebnisse zur Wirksamkeit von Gefängnisbesuchsprojekten, insbesondere von US-amerikanischen Programmen sind in einigen JVAen bzw. bei Programmanbietern bekannt, jedoch längst nicht flächendeckend. Die Kenntnis sowie die Auswirkungen auf die Projekte gestalten sich, wie nachfolgend dargestellt, unterschiedlich; die übrigen JVAen bzw. Projektanbieter haben keine entsprechende Kenntnis.

Auswirkung auf Projektgestaltung: Einigen JVAen bzw. Programmanbieter betonten, dass sich wissenschaftliche Erkenntnisse zu abschreckenden Programmen auf die jeweilige Projektgestaltung ausgewirkt hätten. In Regis-Breitingen wird betont, dass eine zu US-amerikanischen Programmen völlig verschiedene Herangehensweise erfolge. Diese seien dem Anstaltsleiter von Besuchen in den USA bekannt. Im Übrigen teilt man mit: „*Wir richten unsere Arbeit qualitativ an entsprechende Standards und den belegten wissenschaftlichen Erkenntnissen aus. Diese Erkenntnisse geben wir in geeigneter Form an die Besucher weiter.*" Auf Nachfrage stellte sich heraus, dass es sich hierbei jedoch nicht Forschungsergebnisse zu „Scared Straight!" handelte, sondern um etwaige Erkenntnisse der kriminologischen Dienste. Was darunter konkret zu verstehen sein sollte, blieb offen, ebenso, wie bei der Programmdurchführung eine Weitergabe von wissenschaftlichen Erkenntnissen erfolgen soll.

In der JVA Hannover wird betont, dass Forschungsergebnisse bekannt seien und diese sich auf die Programmgestaltung ausgewirkt hätten. Der Umgang mit Jugendlichen solle auf Augenhöhe stattfinden und Gefangene würden eigene Straftaten und das Gefängnisleben nicht glorifizieren, sondern deren Auswirkungen bilanzierend darstellen. Einmalige Veranstaltungen seien nicht gewünscht, ebenso wenig wie eine „*Prävention durch Abschreckung*".

Seitens des „GhJ e.V." Hamburg distanziert man sich ebenfalls deutlich von dort bekannten US-Programmen wie „Scared Straight!". Die Durchführung des Hamburger Projektes verliefe „*völlig anders*". In der JVA Kaisheim sind nach dortiger Auskunft Forschungsergebnisse bekannt, weshalb

814 Zu wirksamen Maßnahmen der Kriminalprävention siehe oben ausführlich unter Ziff. 3.4.

die Besuche nicht nur rein abschreckend erfolgen sollen. Auch in Schwalmstadt grenzt man sich von konfrontativen Programmen ab. Die Durchführung sei dort *„nicht so krass"*, es erfolge ein wertschätzenderer Umgang mit den Teilnehmern.

Wie sich die Wirkungsforschung zu „Scared Straight!"-Programmen im Einzelfall tatsächlich ausgewirkt hat, ist – ebenso wie bei der Verneinung von Abschreckung an sich – nicht geklärt.

Keine Auswirkungen: In Einzelfällen spielte die Kenntnis über entsprechende Projekte erstaunlicherweise keine Rolle. In Lingen kenne man Forschungsergebnisse, die jedoch keine Auswirkung auf die Projektegestaltung hatten: *„Es ist kein primäres Ziel von uns, Jugendliche unter Bezugnahme der neuesten wissenschaftlichen Ergebnisse auf den Weg eines straffreien Lebens zu führen. Vielmehr wollen wir die Bevölkerung über unsere Arbeit aufklären. Quasi als Nebeneffekt unserer Führungen nutzt das SKM für die Erreichung ihrer Ziele, die abschreckende Wirkung unserer Einrichtung und unseren in diesem Sinne geführten Erklärungen rund um die Inhaftierung* (sic)", so die JVA.

In der JVA Landsberg am Lech äußert man sich insofern, als dass dort bekannt sei, dass kriminalpräventive Effekte von „Scared Straight!"-Programmen generell umstritten seien. Ein kriminalpräventiver Nutzen sei *„aufgrund der Kenntnis der bisherigen Forschungsliteratur wohl eher gering"*. Die Programme werden dennoch durchgeführt und seien *„einen Versuch"* wert, da sie in einen sozialen Trainingskurs eingebettet seien.

Auswirkungen ungeklärt: Einige JVAen äußerten sich im Rahmen dieser Untersuchung kritisch bzgl. abschreckender Maßnahmen. Ob und welche Auswirkungen dies auf die Projekte hatte, blieb jedoch offen. Auch war teilweise aufgrund unterschiedlicher Angaben unklar, ob Forschungsergebnisse zu Gefängnisbesuchsprogrammen tatsächlich bekannt waren oder nicht.

Seitens der JVA Iserlohn besteht nach eigener Aussage selbst keine Kenntnis von Forschungsergebnissen, im zugehörigen Konzept heißt es jedoch mit Verweis auf *Petrosino*, dass eine *„Konfrontationspädagogik"* in der Fachliteratur umstritten sei.

In der JVA Bochum soll aufgrund der Forschungsergebnisse keine Abschreckung der Teilnehmer erfolgen; gleichzeitig soll laut schriftlichem Konzept ein echter Einblick hinter die Mauern als Abschreckung dienen.

Bei der JVA Remscheid besteht nach dortiger Aussage zwar Kenntnis zu Forschungsarbeiten über Gefängnisprogramme an sich, aber nicht von konkreten Forschungsergebnissen.

In Torgau besteht nach eigener Aussage Kenntnis von konfrontativen Programmen aus den USA, dies habe sich aber nicht auf das eigene Projekt ausgewirkt. Gleiches gilt für die JVA Detmold. Ob auch Kenntnisse über entsprechende Forschungsergebnisse bestehen, blieb offen.

In Butzbach sieht man den Nutzen des Projektes kritisch, ansonsten besteht demnach keine Kenntnis über Forschungsergebnisse.

6.4.9 Wirksamkeit: Evaluationsforschung

Zu den 32 Gefängnisbesuchsprogrammen in Deutschland, die im Rahmen dieser Arbeit näher untersucht wurden, werden bzw. wurden in den meisten Fällen keine Evaluationen durchgeführt – weder prozess- noch wirkungsbezogen. Nur 11 Anstalten berichteten über entsprechende Untersuchungen, Befragungen oder ähnliche wissenschaftliche Begleitungen. Zwar wurden Evaluationen auch von den übrigen JVAen und Anbietern zum Großteil als wünschenswert und erforderlich erachtet. Diese seien jedoch zu zeitaufwändig oder es fehlten personelle und insbesondere finanzielle Mittel, so die Begründungen. Ferner wurden datenschutzrechtliche Schwierigkeiten und Hürden für eine fehlende Wirkungsforschung genannt: Sobald ein Jugendlicher den Zuständigkeitsbereich der JVA bzw. der beteiligten Behörden z.B. durch einen Wegzug verlasse, würde man keine Kenntnis über den weiteren Lebensweg und mögliche weitere Straffälligkeiten erhalten. Auch wenn ein Teilnehmer aufgrund seines Alters aus dem sachlichen Zuständigkeitsbereich der beteiligten Behörde, z.B. der JGH oder dem Jugendgericht, falle, könne er nicht mehr erfasst werden. Solche Aussagen offenbaren jedoch eine Unkenntnis über den Ablauf von externen Wirkungsuntersuchungen – Projektverantwortliche müssten den weiteren Lebensweg ehemaliger Programmteilnehmer hierbei nicht selbst nachverfolgen.

6.4.9.1 Prozessevaluation

Nur einzelne Programmanbieter teilten mit, dass sie interne, standardisierte, schriftliche Befragungen durchführen. Diese beziehen sich auf Erwartungen, Empfindungen sowie Zufriedenheit der Teilnehmer und/oder auf die Programmausgestaltung an sich: In der JVA Aachen werden entsprechende Erhebungen mittels Teilnehmerbögen durchgeführt, auch das Projekt in Bremen sowie das in Landsberg am Lech werden im Anschluss an den Gefängnisbesuch von den Teilnehmern bewertet. Beide in der JVA Koblenz angebotenen Projekte werden von den jeweiligen Anbietern mittels eines anonymen Fragebogens an die Teilnehmer evaluiert. Das Programm in der JVA Trier wird nach Angaben des Projektanbieters ebenfalls durch eine interne Evaluation mit Fragebögen an die Teilnehmer bewertet. In den JVAen Bremen und Hannover werden Fragebögen zu Verhaltensänderungen der Teilnehmer ausgegeben.

Nach Angabe der Anbieter zeigten sich die Teilnehmer bei solchen Feedbacks im Ergebnis oft von dem Besuchstag beeindruckt und bewerten diesen idR positiv und wirkungsvoll. Bestenfalls ist davon auszugehen, dass sich die Rückmeldungen – insbesondere kritische – positiv im Sinne einer Verbesserung der Programmgestaltung auswirken. Ob und wie dies tatsächlich im Einzelfall erfolgt, ist jedoch nicht bekannt. Fremdevaluationen finden für diese Programme nicht statt.

6.4.9.2 Wirkungsevaluation

Zur Wirksamkeit der Gefängnisbesuchsprogramme hinsichtlich der Vermeidung von (weiterer) Straffälligkeit konnten im Rahmen der Recherche zu dieser Arbeit vereinzelte externe und interne Untersuchungen ausfindig gemacht werden.

6.4.9.2.1 Externe Untersuchungen

Zu dem wohl bekanntesten Projekt in Deutschland, „GhJ", Hamburg, gibt es mehrere, unveröffentlichte Untersuchungen; insbesondere im Rahmen von Bachelor-, Diplom- oder Masterarbeiten[815].

815 *Thimm* (o.J.); *Wiebcke* (2010); *Klauck* (2011); *Ehrke* (2012).
Im Übrigen sei das Programm auch deshalb wirkungsvoll, so der „GhJ e.V.", da im Rahmen einer eigenen Evaluation festgestellt wurde, dass von den am Projekt beteiligten Inhaftierten lediglich ein Drittel erneut rückfällig wurden im Vergleich zur sonstigen Rückfallquote der Inhaftierten. Konkrete Zahlen sind jedoch nicht bekannt und nicht veröffentlicht.
„*Um die Wirkung einzelner Projekte nachzuvollziehen, will GhJ e.V. nun ein langfristiges Studiendesign einführen, das die unterschiedlichen Anspruchsgruppen und die spezifischen Wirkelemente der untersuchten Projekte aufzeigen kann. Daher hat sich der Verein mit der Universität Lübeck in Verbindung gesetzt, die angeboten hat, gemeinsam eine wissenschaftlich korrekte Evaluation durchzuführen. Dafür muss der Verein 2017 jedoch drei neue Fragebögen entwickeln*", so der „GhJ e.V." noch im Jahr 2016 (Jahresbericht 2016, S. 7).

Im Jahr 2007 führte die Polizei Elmshorn eine Untersuchung zur Wirksamkeit des Projektes „GhJ“ in der JVA Hamburg-Fuhlsbüttel durch. Eine Kooperation von „GhJ“ mit dem Elmshorner Projekt *„Reden statt Schlagen“* – *„Freiheit ohne Gitterstäbe“* ermöglichte 65 männlichen Jugendlichen verschiedener Nationalitäten die Teilnahme an einem Gefängnisbesuch. „Nur“ 13 Jugendliche sollten im Anschluss erneut strafrechtlich auffällig geworden sein, das Projekt also eine 80 %ige Erfolgsquote haben.[816] *„Lediglich zwei bis drei der jeweils acht bis 13 Teilnehmer der bisherigen sieben Santa-Fu-Besucher wurden wieder rückfällig.“*[817] Die Evaluationsergebnisse sind jedoch nicht veröffentlicht und werden – nach Kenntnis der Verfasserin – nicht zur Verfügung gestellt. „GhJ e.V.“ konstatiert in seiner Projektkonzeption, dass diese *„Evaluation zeigt, dass Jugendliche, die den Santa-Fu-Besuch mitmachten, deutlich seltener rückfällig wurden als andere“*.[818] Allerdings bezog sich die Evaluation der Polizei Elmshorn nicht allein auf das Projekt „GhJ“. Näheres zu dieser Evaluation, wie etwa die Auswahl der Teilnehmer oder die Messung einer Rückfälligkeit, ist nicht bekannt und nicht veröffentlicht.

Die Diplomarbeit von *Thimm* (o.J.)[819] umfasst eine weitere externe Evaluation zum Projekt „GhJ“ in der JVA Hamburg. Hierbei wurde die Wirksamkeit des Projekts mittels einer teilstandardisierten Befragung von 72 jugendlichen Teilnehmern vor und nach dem Gefängnisbesuch sowie bei einem Nachbetreuungstermin „einige Wochen“ später untersucht. Eine Vergleichsgruppe wurde nicht einbezogen. Ein positiver Effekt des Gefängnisbesuchsprogramms sei dann anzunehmen, wenn die Jugendlichen nach dem Besuch eine andere Sichtweise bspw. zu ihren Empfindungen zum Gefängnis, zur Wahrscheinlichkeit des Begehens von Straftaten oder zur Furcht vor einem Gefängnisaufenthalt entwickeln, so *Thimm*.[820] Im Ergebnis kommt die Autorin zu dem Schluss, dass die gewünschte Wirkung der Verhinderung zukünftiger Straftaten *„zumindest langfristig nicht erzielt wird“*.[821] Es scheine, als dass die Jugendlichen sich durch das Projekt nur

816 *Fuchs*, Hamburger Abendblatt, 08.11.2007; *Ruhe/Vogt* (2012), S. 14.

817 *Fuchs*, Hamburger Abendblatt, 08.11.2007.

818 *Gefangene helfen Jugendlichen e.V.*, Gesamtkonzept, S. 19.

819 Diplomarbeit mit dem Titel „Das „Gefangene helfen Jugendlichen“- Projekt in Hamburg. Eine Evaluation. Eine empirische Untersuchung der Wirksamkeit der Gefängnisbesuchsprogramme für Jugendliche anhand des Hamburger Modells.“

820 Vgl. *Thimm* (o.J.), S. 32.

821 *Thimm* (o.J.), S. 92. Die Jugendlichen selbst bewerteten das Projekt jedoch eher positiv, so *Thimm* (o.J.), S. 92 ff.

kurzfristig beeindrucken lassen.[822] Bei der Befragung unter anderem zur selbstberichteten Delinquenz gab ein Drittel der 72 Jugendlichen an, nach dem Besuch erneut straffällig geworden zu sein. „*Der Fakt, dass das Programm bei den Jugendlichen großen Anklang fand, sagt jedoch noch nichts über seine kriminalpräventive Bedeutung aus.* [...] *Für eine langfristige und nachhaltige Veränderung in den Köpfen der Jugendlichen bedarf es somit einer Begleitung des Projekts durch weitere Maßnahmen*", so das Fazit der Autorin.[823]

Die Masterarbeit von *Ehrke* (2012)[824] befasst sich mit dem Thema, „*inwiefern sich der Besuch in einer Justizvollzugsanstalt auf die Änderung der aggressiven Einstellung der Jugendlichen auswirkt*". 23 Teilnehmer[825] des Projektes „GhJ" in der JVA Hamburg wurden vor und nach der Teilnahme zu Alter und Herkunft, Häufigkeit von kriminellem Verhalten, begangenen Delikten und den Gründen hierfür schriftlich befragt, um dann festzustellen, ob sich eine Veränderung der Einstellung zur Kriminalität nach dem Gefängnisbesuch abzeichnete. Zudem wurden Aggressionsfaktoren untersucht.[826] *Ehrke* kommt in ihrer Arbeit zu dem Schluss, dass „*die hier vorgestellte Maßnahme* [präventiv] *als sehr wertvoll einzuschätzen*" sei.[827] „*Die sekundäre Präventionsarbeit des Vereins zeigt Wirkung, zumindest geben die Jugendlichen an über das Erlebte nachgedacht zu haben und schätzen sich nach dem Besuch in der JVA als zukünftig weniger kriminell ein als noch vor der Intervention. Somit können dem Projekt "Santa Fu für Jugendliche" Erfolge zugesprochen werden, auch wenn diese nicht bei jedem einzelnen Jugendlichen Früchte tragen. In Verbindung mit den anderen Projekten, wie den Präventionsunterrichten und dem Anti - Gewalt - Training "Eiskalt gegen Gewalt" kann der Verein einen entscheidenden Beitrag zur Eindämmung der Jugenddelinquenz in Hamburg beitragen*", schlussfolgert *Ehrke*.[828]

Auch in der Bachelorarbeit von *Wiebcke* (2010)[829] wurde der Frage nachgegangen, ob das Hamburger „*Projekt wirklich eine kriminalpräventive Wir-*

---

822 *Thimm* (o.J.), S. 93.

823 *Thimm* (o.J.), S. 95, 97.

824 Masterarbeit mit dem Titel „Risikophase Jugend: Präventive Interventionen zur Eindämmung von delinquentem und kriminellem Verhalten Jugendlicher".

825 13 männliche Teilnehmer zwischen 15 und 21 Jahren und sechs weibliche Teilnehmerinnen zwischen 15 und 18 Jahren.

826 *Hampel, Rainer / Selg, Herbert* – FAF - Fragebogen zu Erfassung von Aggressivitätsfaktoren, 1. Auflage, Hogrefe, Göttingen, 1975.

827 *Ehrke* (2012), S. 81.

828 *Ehrke* (2012), S. 82.

829 Bachelorarbeit mit dem Titel „"Gefangene helfen Jugendlichen e.V." Kriminalprävention durch Konfrontation".

kung auf jugendliche Straftäter“ hat.[830] Zum einen wurde ein Fragebogen entwickelt, zum anderen Strafakten der Polizei Stade von zehn Jugendlichen vor und nach dem Besuch der JVA Hamburg-Fuhlsbüttel ausgewertet. Lediglich sieben Probanden nahmen allerdings an der Befragung teil. Der Autorin zufolge habe die Befragung ergeben, dass die Jugendlichen nach dem Besuch anders über das Thema Inhaftierung nachdenken und Straftaten vermeiden wollen.[831] Überwiegend gaben diese an, dass der Gefängnisbesuch sie von der Begehung weiterer Straftaten abhalte; andererseits gaben sie auch mehrheitlich an, kaum oder gar nicht an den Gefängnisbesuch zurückzudenken.[832] Die Auswertung der polizeilichen Akten dieser Jugendlichen habe ferner ergeben, dass insgesamt tendenziell weniger Straftaten verübt wurden – näheres hierzu ist nicht bekannt. Bei einigen lag der Besuch bei Auswertung der Akten jedoch schon zwei Jahre zurück, bei anderen lediglich einige Monate, sodass ein Zusammenhang mit dem Rückgang von Straftaten auch deshalb fraglich ist. Manche Teilnehmer wurden nachträglich hingegen häufiger straffällig.[833] Im Ergebnis lasse sich eine kriminalpräventive Wirkung des Projektes nicht zweifelsfrei nachweisen, jedoch sei eine „*positive Tendenz deutlich*“ erkennbar, so *Wiebcke*.[834] Es sei zu einer Verhaltensänderung gekommen und es sei als Erfolg zu werten, dass jedenfalls einige Jugendliche nicht mehr straffällig wurden.[835] Die Autorin kommt zu dem Schluss, dass eine Evaluation mit Vergleichsgruppendesign notwendig sei, um nachzuweisen, dass Verhaltensänderungen auf der Projektteilnahme beruhen.[836]

In ihrer Diplomarbeit begleitete *Klauck* (2011)[837] sieben Gruppen Jugendlicher bei ihrem Besuch in der Hamburger JVA im Rahmen der Teilnahme an „GhJ“. Anhand der Beobachtungen während des Besuches zum Verhalten der Teilnehmer und der geführten Gespräche führte die Autorin eine Bewertung des Projektes durch und traf Aussagen zur Wirkung des Gefängnisbesuches.[838] *Klauck* kommt hierbei zu dem Schluss, „*dass der Gefängnisbesuch auf die Jugendlichen eine kurzfristige präventive Wirkung zeigte*“,

830 *Wiebcke* (2010), S. 2.
831 Vgl. *Wiebcke* (2010), S. 25.
832 *Wiebcke* (2010), S. 19.
833 *Wiebcke* (2010), S. 21 f.
834 *Wiebcke* (2010), S. 25.
835 Vgl. *Wiebcke* (2010), S. 25.
836 *Wiebcke* (2010), S. 22.
837 Diplomarbeit mit dem Titel „Prävention im Rahmen von Jugenddelinquenz aus pädagogischer Sicht“.
838 *Klauck* (2011), S. 101 ff.

jedoch über langfristige Wirkungen keine Aussage getroffen werden könne.[839] *„Bei einigen Jugendlichen hatte ich den Eindruck, dass der Besuch von Santa Fu sie in ihrem Beschluss, sich von der Kriminalität abzuwenden, endgültig bekräftigte.“*[840] Insgesamt sei das Projekt ein *„sehr gutes präventives Angebot für delinquente Jugendliche und ein gutes Beispiel für pädagogische Präventionsarbeit“*, da es die Konsequenzen kriminellen Verhaltens anschaulich und lebensnah aufzeige, so *Klauck*.[841] Gleichwohl hält die Autorin eine repräsentative Evaluation des Projektes mit Vergleichsgruppen für sinnvoll.

6.4.9.2.2 Interne Untersuchungen

Interne Wirksamkeitsuntersuchungen werden bzw. wurden bezüglich folgender Gefängnisbesuchsprogramme durchgeführt:

In der JVA Schwalmstadt finden nach eigenen Angaben alle zwei Jahre interne Evaluationen statt. Eine erste Untersuchung im Jahr 2016 ergab, dass über 60 % der 79 Teilnehmer in den Jahren 2013 – 2015 nicht mehr rückfällig wurden. Die Zahlen stammen aus internen Berechnungen ohne Hinzuziehung von offiziellen Zahlen und Kenntnis über Strafakten. Die konkrete Datenerhebung, welche Grundlage der Berechnung der Rückfallquote war, sowie das Vorliegen weiterer Untersuchungen sind nicht bekannt bzw. wurden nicht zur Verfügung gestellt.

Die am Projekt der JVA Wriezen beteiligte JGH teilte mit, dass nach einer internen Hochrechnung im Jahr 2016 von den bisherigen ca. 912 Teilnehmern in 19 Jahren ca. 10 % rückfällig wurden. Die Rückfallquote wurde schlicht danach berechnet, von wie vielen Wiederholungstätern, die erneut in den Zuständigkeitsbereich der JGH fielen, Kenntnis erlangt wurde. Eine weitere Datenerhebung fand nicht statt.

Die JVA Iserlohn teilte mit, dass eine externe Evaluation durch das LKA NRW gewünscht ist, aber bislang nicht realisiert werden konnte. Insofern liegen nur eigene Berechnungen zur Wirksamkeit des dortigen Gefängnisbesuchsprogramms vor. Hierbei gelangte man zu dem Ergebnis, dass die Projektteilnahme einen *„nachhaltigen Eindruck“* bei den Jugendlichen hinterlassen habe: Von 62 Teilnehmern an bis dato sechs durchgeführten „Warnschusstagen“ traten nach dortiger Kenntnis nur fünf nachträglich

839 *Klauck* (2011), S. 115.
840 *Klauck* (2011), S. 115.
841 *Klauck* (2011), S. 117.

kriminalpolizeilich in Erscheinung. Dies entspreche einer Rückfallquote von 9,68 %.[842]

Ferner werden Evaluationen zu Einstellungsänderungen der Teilnehmer aufgrund der Projektteilnahme durchgeführt. Zum Projekt „GhJ“ in der JVA Hannover läuft nach eigenen Angaben eine solche gerade an. Positive Veränderungen waren laut Betreuer der Teilnehmer (Lehrer und Sozialarbeiter) noch ein halbes Jahr nach der jeweiligen Teilnahme wahrnehmbar. Die Teilnehmer von „GhJ“ Hamburg nehmen sowohl vor als auch nach dem Besuch der JVA an der Befragung FEPAA (Fragebogen zur Erfassung von Empathie, Prosozialität, Aggressionsbereitschaft und aggressivem Verhalten) teil. Kenntnisse über Rückfallquoten werden hierdurch nicht erlangt.

6.4.9.3 Schlussfolgerungen

Die zuvor dargestellten Untersuchungen sind ein erster Anfang zur Evaluation der Programme, weisen jedoch diverse Probleme auf und sind daher nicht ausreichend, um eine kriminalpräventive Wirksamkeit der in Deutschland angebotenen Gefängnisbesuchsprogramme nachzuweisen. Insbesondere die Aussagekraft der vorhandenen Studien zur Kausalität zwischen Programmteilnahme und Rückfallquote ist beschränkt. Im Folgenden werden die wesentlichen Kritikpunkte zusammenfassend angeführt:

- Wirkungsevaluationen mit Vergleichsgruppen sind in Deutschland bislang nicht erfolgt. Die Evaluationen umfassten allenfalls eine Vorher-Nachher-Messung ohne Vergleichsgruppe.[843] Zusätzliche Einflussfaktoren auf die Entwicklung der Teilnehmer bleiben hierbei unberücksichtigt. Die Frage der Kausalität der Projektteilnahme für ausbleibende Rückfälle kann also nicht geklärt werden. Es bleibt ebenfalls unklar, ob die Teilnahme an einem Gefängnisbesuch, auch wenn sie ggf. einzelnen Jugendlichen und Heranwachsenden helfen mag, anderen möglicherweise schadet oder allenfalls keine Wirkung zeigt.

---

842 Rechnerisch korrekte Zahlen sind nicht bekannt.

843 Stufe 2 der Maryland Scale of Scientific Methods, *Farrington et al.* (2002), S. 16. Bspw. *Thimm* (o.J.). Hierbei werden Vergleiche zwischen den Daten vor und nach der Teilnahme an einem Präventionsprogramm durchgeführt, jedoch ohne die Ergebnisse mit denen einer Kontrollgruppe zu vergleichen.

- Es ist nicht konkret bekannt, über welchen Zeitraum die einzelnen, vorhandenen Evaluationen – insbesondere bspw. die der Polizei Elmshorn[844] – durchgeführt wurden, welche Daten hierfür ausgewertet wurden oder wie eine Rückfälligkeit definiert wurde.
- Ergebnisverzerrungen bzw. Zufallsergebnisse sind durch eine zu geringe Stichprobengröße oder eine hohe Ausfallsrate möglich. Auch bei den vorliegenden Untersuchungen kann dies aufgrund der teilweise geringen Anzahl an Probanden nicht ausgeschlossen werden. Zur Auswahl und dem Vergleich der Probanden ist zudem wenig bekannt.
- Zu kurz greifen Wirkungsmessungen anhand selbstberichteter Delinquenz der Teilnehmer. Solche Untersuchungen sind aus verschiedenen Gründen problematisch: Neben schlichten Verständnisproblemen können subjektive Wahrnehmungen zu begangenen Straftaten von der registrierten bzw. tatsächlichen Delinquenz abweichen oder bewusst falsche Angaben Ergebnisse falsch negativ sowie falsch positiv verfälschen.
- Auch die Durchführung von Verhaltens- bzw. Persönlichkeitstests ist nicht ausreichend, da hier lediglich eigene Wahrnehmungen, bspw. zur eigenen Aggressivität, gemessen werden.[845] Ob darüber hinaus tatsächlich Verhaltensveränderungen stattfinden, bleibt unklar und wurde jedenfalls in den hier berücksichtigten Untersuchungen nicht geprüft.
- Andere, interne „Rückfallstatistiken“ der JVAen bzw. Programmanbieter beinhalten keine offiziellen Zahlen, sondern lediglich eigene Statistiken mit „überschlagenen Zahlen“. Ausbleibende Rückfälle wurden bspw. daran festgemacht, dass die ehemaligen Teilnehmer nicht erneut im entsprechenden Gerichtsbezirk strafrechtlich in Erscheinung traten oder mit der Bewährungshilfe in Kontakt kamen. Es konnten demnach nur Rückfälle gezählt werden, die den JVAen oder Programmanbietern persönlich oder über Dritte, auch inoffizielle Quellen durch Kontakte in den Gefängnissen[846], bekannt wurden. Solche Berechnungen werden aber bspw. positiv verfälscht, wenn ehemalige Teilnehmer aus dem Zuständigkeitsbereich wegziehen oder diese aufgrund ihres Alters nicht mehr in die Zuständigkeit der jeweiligen JVA bzw. der Programmanbieter fallen und etwaigen Rückfälle damit unerkannt bleiben.

844 Siehe oben unter Ziff. 6.4.9.2.1.

845 Siehe hierzu *Heinz*, INFO (2014), S. 113 Fn. 91; *Walsh* (2017), S. 30.

846 So bei „GhJ“, JVA Hamburg.

- Im Übrigen werden seitens der Projektanbieter allenfalls Prozessevaluationen über die Umsetzung des jeweiligen Projektes sowie Evaluationen zur Zufriedenheit der Teilnehmer durchgeführt. Dabei werden die Projekte lediglich nach korrelativen Designs evaluiert.[847] Bei einem Messzeitpunkt nach der Teilnahme werden die Programme anhand von Daten z.B. über ein Verhalten nach der Teilnahme, selbst eingeschätzte Verhaltensänderungen bzw. Verbesserungen durch die Intervention sowie Daten zur Zufriedenheit der Teilnehmer mit dem Programm untersucht. Es handelt sich dabei vorwiegend um (anonyme) Angaben von Programmteilnehmern nach der Maßnahme.[848] Mangels Vergleichsmaßstäben und Erfolgskriterien können dabei keine fundierten Aussagen zur Wirksamkeit einer Maßnahme getroffen werden.
- Positive Bewertungen von Außenstehenden, bspw. erlangt durch bloße Beobachtungen während der Programmdurchführung, oder positive Rückmeldungen der JVAen, der Programmanbieter sowie der Teilnehmer und ihrer Betreuer oder Lehrer sind kein Kriterium zur Beurteilung der kriminalpräventiven Wirksamkeit eines Projekts. Entsprechende Fragen könnten nach eigenen Wunschvorstellungen oder bewusst falsch beantwortet werden bzw. vor dem Hintergrund vermeintlich sozial erwünschter Antworten.
- Zu beachten ist schließlich, dass *einzelne* Untersuchungen nicht als Wirksamkeitsnachweis für die Vielzahl an Programmen in Deutschland gelten können. Selbst wenn einzelne Projekte als kriminalpräventiv wirksam angesehen werden könnten, kann aufgrund der unterschiedlichen Organisation und Durchführung der deutschen Programme nicht davon ausgegangen werden, dass andere Projekte auch wirksam sind. Auch bei der Implementierung evidenzbasierter Projekte sind stets Prozessevaluationen zur Prüfung, ob angestrebte Effekte eintreten, durchzuführen.

Im Ergebnis ist mithin festzustellen, dass projektübergreifend in den meisten Fällen seitens der JVAen bzw. der Projektanbieter eine Überzeugtheit vom kriminalpräventiven Nutzen zu beobachten ist, obwohl keine konkrete Kenntnis von offiziellen Zahlen über Rückfallquoten besteht. Sowohl bei Projekten, die Gegenstand der vorgenannten Untersuchungen waren, als auch bei solchen, bei denen weder Wirkungs- noch sonstige Evaluationen durchgeführt werden, ist man zuversichtlich, dass die Programme – je-

847 Stufe 1 der Maryland Scale of Scientific Methods, *Farrington et al.* (2002), S. 16.
848 Siehe hierzu *Beelmann/Hercher* (2016), S. 103.

denfalls überwiegend – präventiv wirken. Kritisch zur Wirksamkeit von Gefängnisbesuchsprogrammen äußerte man sich seitens der JVAen Butzbach und Landsberg am Lech. Die Programme werden gleichwohl durchgeführt.

Positive (Selbst-)Einschätzungen der Programmteilnehmer und -organisatoren sind kein wissenschaftlicher Beleg für eine kriminalpräventive Wirkungsweise der Projekte. Auch wenn einige Jugendliche nach der Programmteilnahme nicht mehr rückfällig geworden sein mögen – mangels Evaluationsforschungen mit Vergleichsgruppen kann eine kausale spezialpräventive Wirkung nicht belegt werden. Zu prüfen bzw. zu unterscheiden ist hierbei im Übrigen auch, ob ein Programmtyp an sich nicht erfolgversprechend oder aufgrund seiner Implementierung im Ergebnis wirkungslos ist.[849]

Als eine zentrale Erkenntnis dieser Arbeit ist festzustellen, dass es – trotz Fortschritten in der Forschung – für die vorliegend untersuchten Gefängnisbesuchsprogramme in Deutschland bislang keine wissenschaftlichen Erkenntnisse und Beurteilungen zur Implementation bzw. (Wirkungs-)Evaluationen gibt. Mangels methodisch durchdachter Studien mit Rückfallüberprüfung existieren nicht einmal primäre Studien über Gefängnisbesuchsprojekte. Insoweit ist auf den internationalen Forschungsstand zu verweisen und mit Blick auf die amerikanischen Meta-Analysen vor der weiteren Durchführung von Gefängnisbesuchsprojekten zu warnen (siehe unten, 6.5). Nicht zuletzt durch diese Analyse und die Einführung des NZK mit deren Hinweisen zur Umsetzung von Programmen in der Praxis ist eine diesbezügliche Verbesserung jedoch zu erhoffen.

6.5 *Fazit und Kritik zu Gefängnisbesuchsprogrammen in Deutschland*

Im Rahmen dieser Untersuchung wurde deutlich, wie unterschiedlich Gefängnisbesuchsprogramme in Deutschland ausgestaltet sind und ebenso, welche verschiedenen Intentionen und Erwartungen Organisatoren und JVAen haben. Kern aller Programme ist aber stets, die Teilnehmer durch den Einblick in den Haftalltag mit all seinen Konsequenzen vor der Begehung von Straftaten abzuhalten. Eine Auseinandersetzung mit der Realität und den Folgen des Strafvollzuges sowie der eigenen strafrechtlichen Vergangenheit soll ermöglicht werden. Den Teilnehmern soll durch die Konfrontation mit dem Gefängnis sowie den Häftlingen und deren negativer

849 Vgl. *Weisburd et al.* (2016), S. 321.

Geschichte unmittelbar und ggf. auch drastisch vor Augen geführt werden, welche Konsequenz die Begehung von Straftaten letztlich haben kann. Idealerweise, so die Idee der Veranstalter, finden die Jugendlichen durch den Kontakt mit den Häftlingen Parallelen zur eigenen Biographie. Sie sollen so erkennen, dass eine Inhaftierung auch ihnen droht, wenn sich ihre Verhaltensweisen und Einstellungen nicht verändern. Dabei sollen auch Hilfsangebote vermittelt und im Ergebnis einer künftigen Straffälligkeit entgegengewirkt werden. Einige Programme richten sich als Resozialisierungsmaßnahme explizit auch an die beteiligten Häftlinge.

Die Durchführung *in* den Anstalten soll die während des Projektes vermittelten Inhalte verdeutlichen. Hierin unterscheiden sich die Projekte von solchen, bei denen Jugendliche und Heranwachsende außerhalb von Vollzugsanstalten, ggf. durch Häftlinge, über den Strafvollzug unterrichtet und aufgeklärt werden.

Im Rahmen der Untersuchung ergaben sich einige **Kritikpunkte und Bedenken**, die nachfolgend zusammenfassend dargestellt werden und vor deren Hintergrund die Programme überdacht, eventuell eingestellt bzw. verbessert werden sollten. Da die Projekte differieren, verbieten sich jedoch pauschale Aussagen.

- **Abschreckung**: Drill- und Abschreckungsprogramme sind kriminalpräventiv wenig erfolgversprechend. Zwar ist hier zu berücksichtigen, dass die einzelnen Programme in Deutschland in unterschiedlichem Maße konfrontativ ausgestaltet sind und der Ablauf der Gefängnisbesuchsprogramme größtenteils nicht bewusst in abschreckender, beängstigender Weise erfolgen soll. Dass Abschreckung gezielt im Vordergrund steht, bleibt mithin die Ausnahme.[850] Viele Projektanbieter bzw. JVAen sind entsprechend sensibilisiert. Abseits verbaler Abschreckung und Einschüchterungen können allerdings ebenso optische Eindrücke

850 Die meisten Anbieter geben an, dass abschreckende Elemente zwar vorliegen, aber nicht im Vordergrund stehen sollen. Durch das bewusste Erleben des Gefängnisalltags soll vielmehr ein Realitätsabgleich stattfinden und Informationen vermittelt werden. In eher pädagogischem Rahmen sollen Fragen vor Ort beantwortet und ggf. falsche Vorstellungen über den Haftalltag beseitigt werden. Einige Anbieter setzen hingegen bewusst und zielgerichtet auch auf einen abschreckenden Effekt der Anstalten; viele hierunter haben darüber hinaus weitere, unterschiedliche Intentionen. Im Gegensatz dazu wollen andere Veranstalter Abschreckung durch die individuelle Ausgestaltung ihres Projektes gerade vermeiden. Wieder andere Projekte äußern sich zum Thema Abschreckung nicht oder sehen hierin jedenfalls kein Problem. Siehe zu den einzelnen Programmen unter Ziff. 6.3.1.

einer Haftanstalt mit der hautnahen Wahrnehmung der Häftlinge abschreckend wirken.[851] Selbst wenn dies nicht unmittelbar beabsichtigt ist oder im Vordergrund steht, bleibt ungeklärt, welche mittelbaren Folgen dies haben kann. Wie die Teilnehmer die „Hafterfahrung" subjektiv empfinden – bspw. abschreckend oder beängstigend – kann nur in jeweils völlig unterschiedlichem Maße und ggf. nicht adäquat behandelt werden. *Thimm* (o.J.) kommt im Übrigen in ihrer Untersuchung zu dem Ergebnis, dass die Teilnehmer vor ihrem Gefängnisbesuch ein negativeres Bild vom Strafvollzug gehabt hätten als es der Realität entspricht. Sie konstatiert: „*[...] der gewünschte "Schock" bleibt aus.*"[852] Inwiefern Abschreckung im Einzelfall vorliegt, wäre damit jeweils zu prüfen.

Dass die Örtlichkeit an sich bereits abschreckend wirke, sei bewusst, da sich dies jedoch nicht vermeiden lasse, werde es in Kauf genommen, so „GhJ e.V." Hamburg auf Rückfrage. Ähnlich äußern sich auch andere Projektanbieter.[853] Die Einsicht, dass die „eigenen" Programme möglicherweise auch abschreckende Bestandteile beinhalten und eine Wirksamkeit solcher Präventionsangebote bislang gerade nicht nachgewiesen ist, scheint also oftmals zu fehlen.

- **Zielgruppen**: Betrachtet man die Zielgruppen der einzelnen Programme, ist sowohl die Einbeziehung von Kindern unter 14 Jahren als auch von jungen Erwachsenen über 21 Jahren als Teilnehmer bedenklich. Dies deshalb, da unter 14-Jährige nicht strafmündig und die dargestellten Strafen in einer JVA daher (noch) wenig realistisch sind. Zudem ist fraglich, wie sich ein Gefängnisbesuch auf diese Teilnehmer, je nach Entwicklungsreife, auswirkt und eine Identifikation bzw. Selbstreflexion reifebedingt überhaupt stattfinden kann. Bei jungen Erwachsenen stellt sich ebenfalls die Frage nach der rechtlichen Grundlage für eine „nicht-freiwillige" Teilnahme. Kinder und junge Erwachsene sind allerdings auch nur in Einzelfällen als Teilnehmer zugelassen.
- **Verschiedene Tätertypen**: Die Teilnahme von verschiedenen Tätertypen an ein und demselben Projekt erscheint unbedacht und zu oberflächlich. Die jeweiligen Auswirkungen sind möglicherweise problematisch. Jedenfalls ist bei Gruppenmaßnahmen kriminell erheblich ge-

851 Siehe hierzu bereits unter Ziff. 5.1 und insbesondere 6.4.7 am Ende.

852 *Thimm* (o.J.), S. 92. Siehe auch *Wiebcke* (2010), S. 19, die berichtet, dass die Probanden angaben, bei einer nachfolgenden Straftat nicht an den Gefängnisbesuch gedacht zu haben.

853 Z.B. JVA Lingen.

fährdeter Jugendlicher mit anderen Jugendlichen immer an eine „Ansteckungsgefahr“, und damit an eine unbeabsichtigte negative Nebenfolge des Projekts, zu denken. Entwicklungsbedingte Kriminalität ist anders zu behandeln als eine absehbare kontinuierliche Hinentwicklung zur Kriminalität bedingt durch den Lebensstil.[854] Insofern ist es vielmehr notwendig, dass jugendtypische Bagatellkriminalität auf der einen und Mehrfach- und Intensivtäterschaft auf der anderen Seite jeweils zielgruppenorientiert behandelt werden. Es empfiehlt sich daher, die inhaltliche Ausgestaltung der Programme tätertypenorientiert auszurichten. Richtet man die Maßnahme aber an eine Gruppe gefährdeter Jugendlicher (also an Mehrfachtäter), ist unbedingt eine adäquate Betreuung und Kontrolle sicherzustellen, um kontraproduktive Wirkungen zu vermeiden. Je gefährdeter eine Person ist, umso individueller müsste die Maßnahme ausgerichtet sein.

- **Ort der Durchführung**: Problematisch sind ferner Programme, die im Bereich der Untersuchungshaft und/oder mit Beteiligung von Untersuchungshäftlingen durchgeführt werden. Zu beachten ist hierbei der vorrangige Grundsatz der Unschuldsvermutung und die Gefahr von Einflussnahmen auf Strafprozesse. Im Übrigen ist eine Unterbringung in der Untersuchungshaft nur eingeschränkt mit Strafhaft zu vergleichen, die den Teilnehmern eigentlich nahegebracht werden soll. Auch der Besuch von Haftanstalten für Erwachsene ist deshalb kritisch zu sehen, da die Jugendlichen im Falle einer Verurteilung in Jugendstrafanstalten verwiesen werden und gerade nicht in Anstalten für langstrafige Erwachsene. Es darf bezweifelt werden, ob somit überhaupt ein realistisches Bild vom Leben in Haft erzeugt werden kann, welches Grundlage der Selbstreflexion der Teilnehmer sein soll.
- **Durchführung**: Unabhängig von Straf- oder Untersuchungshaft drängt sich die Assoziation eines „Zoobesuches“ auf, wenn Besucher an den hinter Gittertüren oder Fenstern verweilenden Häftlingen vorbeigeführt werden. Das „Zur-Schau-Stellen“ kann für den einzelnen Häftling als demütigend und belastend empfunden werden und ist somit ethisch und moralisch bedenklich.
- **Programmarten und rechtliche Grundlagen**: Die Ausgestaltung einiger Gefängnisbesuchsprogramme ist auch vor folgendem Hintergrund kritisch zu betrachten: Der Gesetzgeber hat im Hinblick auf das soziale Phänomen der Jugendkriminalität der informellen Erledigung (Diver-

854 Siehe oben unter Ziff. 5.2; *Bannenberg*, DfK (2003), S. 58; *Bannenberg/Rössner*, ZJJ (2003), S. 116.

sion) Vorrang vor einer erzieherischen Maßnahme durch Strafurteil eingeräumt. Eine Einstellung nach § 45 Abs. 1 JGG ohne Auflagen ist dabei sachgerecht, „...*wenn es sich um eine jugendtypische Verfehlung mit geringerem Schuldgehalt und geringen Auswirkungen der Straftat handelt, die über die bereits von der Tatentdeckung und dem Ermittlungsverfahren ausgehenden Wirkungen hinaus keine weiteren erzieherischen Maßnahmen erfordert. Hierbei ist zu bedenken, daß die Konfrontation mit Polizei und Staatsanwaltschaft von dem Jugendlichen als Sanktion empfunden und zumeist auch weitere Reaktionen von seiten der Eltern, Lehrer, Ausbilder oder anderer Bezugspersonen auslösen wird.*“[855] Schon die Entdeckung einer Straftat und mögliche Folgen im sozialen Nahraum werden oft so unangenehm empfunden, dass nicht zwangsläufig weitere Maßnahmen beim Absehen von der Verfolgung gem. § 153 Abs. 1 StPO, § 45 Abs. 1 JGG erforderlich sind.[856] Im Rahmen der formellen Erledigung werden sodann erzieherisch ausgestaltete, ambulante Maßnahmen vorrangig gesehen.[857] Die gesetzgeberische Intention des Subsidiaritätsgebotes bei Bagatelldelikten steht jedoch im Widerspruch zu solchen Gefängnisbesuchsprogrammen, bei denen eine Teilnahme im Rahmen des Jugendstrafrechts gerade (nur) bei Bagatelldelikten und erstmaliger strafrechtlicher Auffälligkeiten vorgesehen ist.[858] Hier wären also eher Einstellungen ohne Auflage angezeigt. Dass alles andere gerade bei Ersttätern sogar kontraproduktiv sein kann, tritt in diesen Fällen in den Hintergrund.[859] Entsprechende Weisungen zur Teilnahme an einem sozialen Trainingskurs mit Gefängnisbesuch kommt hingegen eher dann in Be-

855 Gesetzentwurf der Bundesregierung - Entwurf eines Ersten Gesetzes zur Änderung des Jugendgerichtsgesetzes (1. JGGÄndG), BT-Drs. 11/5829 v. 27.11.1989, S. 23.

856 *Spiess*, DVJJ (2015), S. 431; siehe auch *Spiess*, Soziale Probleme (2013), S. 102 f.

857 Vgl. Gesetzentwurf der Bundesregierung - Entwurf eines Ersten Gesetzes zur Änderung des Jugendgerichtsgesetzes (1. JGGÄndG), BT-Drs. 11/5829 v. 27.11.1989, S. 23 ff.

858 So explizit bei den Besuchsprogrammen in der JVA Wriezen, JVA Koblenz („Projekt Gitterstunde“), JVA Trier (wo der Teilnahme in aller Regel sogar eine Verurteilung vorausgeht).

859 Vgl. *Spiess*, DVJJ (2015), S. 431; siehe auch *Spiess*, Soziale Probleme (2013), S. 102 f. Wie *Spiess* feststellt, ist zu beobachten, dass „selbst auf ausgesprochen bagatellhafte, entwicklungsgebundene (und erfahrungsgemäß in aller Regel auch entwicklungsgebunden bleibende) jugendtypische Verfehlungen mit unverhältnismäßig eingriffsintensiven Maßnahmen“ reagiert wird. „Obwohl die Straftaten junger Menschen überwiegend von geringerer Schwere als die der Erwachsenen sind, und obwohl ihre Vorbelastung wesentlich geringer ist als die der nach allgemeinem Strafrecht Sanktionierten, wird (auf der einen Seite) nach

tracht, wenn bei leichter oder mittlerer Delinquenz oder bei wiederholten Verfehlungen gleicher Art eine gesteigerte erzieherische Einwirkung auf den Jugendlichen oder Heranwachsenden erforderlich erscheint.[860] Insofern ist es ebenfalls kritisch zu sehen, wenn Programme voraussetzen, dass die Teilnehmer durch schwere Kriminalität auffällig wurden.[861] Auch dies scheint im Einzelfall nicht sachgerecht – etwa vor dem Hintergrund, dass ein sozialer Trainingskurs die Bereitschaft zur Mitarbeit der jeweiligen Teilnehmer voraussetzt.[862] Liegt diese nicht vor, erscheint auch eine entsprechende Verurteilung nicht zielführend. Dass die rechtlichen Voraussetzungen zur Teilnahme an einem Gefängnisbesuchsprojekt in jedem Einzelfall vorliegen, ist mithin zu bezweifeln.

- **Gruppenzusammensetzung**: Bei Gruppenmaßnahmen wie den Gefängnisbesuchsprogrammen besteht die Gefahr, dass diese unstrukturiert verlaufen und hier Jugendliche aus gleichen Problemlagen zusammenkommen.[863] Zu verhindern ist, dass mögliche positive Wirkungen der Programme durch den Kontakt mit Gleichgesinnten wieder zunichte gemacht werden. Negative Gruppeneffekte sind zu minimieren. Je nach Charakter der Teilnehmer kann es sich sowohl positiv als auch negativ auswirken, wenn sich die Teilnehmer bereits kennen bzw. nicht kennen und wie homogen die Gruppe ist. Die Auswahl der Teilnehmer sowie die Gruppenzusammensetzungen werden jedoch größtenteils dem Zufall überlassen.

  Deutlich sichtbar wurden negative Gruppeneffekte im Rahmen der Begleitung eines Besuchstags des Projekts „Knast kommt krass“ in der JVA Stuttgart. Die Jugendlichen als „eingeschweißte Gruppe“ fanden den Besuchstag eher „cool“ und aufregend. Es entwickelte sich eine ne-

---

JGG seltener ohne Auflagen von der Verfolgung abgesehen, zugleich (auf der anderen Seite des Sanktionsspektrums) häufiger zu stationären Sanktionen verurteilt.“; *Spiess*, DVJJ (2015), S. 438 f.

860 Vgl. Meier/Rössner/Trüg/Wulf-*Buhr*, JGG (2014), § 10 Rn. 35. Die Weisung soll nach der Vorstellung des Gesetzgebers einer problem- und handlungsorientierten Aufarbeitung der zur Straftat führenden Schwierigkeiten im Rahmen der Gruppenarbeit dienen und Lösungsmöglichkeiten sichtbar machen sowie Hilfestellungen geben, so der Gesetzentwurf der Bundesregierung - Entwurf eines Ersten Gesetzes zur Änderung des Jugendgerichtsgesetzes (1. JGGÄndG), BT-Drs. 11/5829 v. 27.11.1989, S. 11.

861 Z.B. „Konfrontativer Sozialer Trainingskurs“ in der JVA Neuburg-Herrenwörth, auch bei „GhJ“, Hamburg.

862 Ostendorf-*Ostendorf*, JGG (2016), § 10 Rn. 18.

863 Dazu schon oben, verschiedene Tätertypen, *Bannenberg* (2009), S. 41.

gative Gruppendynamik. Die Realisierung des eigenen Risikos, inhaftiert werden zu können, war für die Verfasserin als Außenstehende bei den Teilnehmern nicht wahrnehmbar. Auch wenn die begleitende Betreuerin berichtete, dass die Teilnehmer sich im Anschluss an den Besuch ruhig, in sich gekehrt und beeindruckt zeigten, ist eine präventive Wirkung – zumindest bei einem solchen Ablauf – doch in Frage zu stellen. Insofern erscheint es sinnvoll, dass die Auswahl von professionell geschulten Personen getroffen wird, denen alle Teilnehmer persönlich bekannt sind – dies ist bei den JVAen wohl nicht der Fall, die nach bisheriger Kenntnis jedoch auch keine eigene Auswahl treffen. Bei gerichtlichen Weisungen ist eher von einer willkürlichen Zusammensetzung der Besuchsgruppen auszugehen. Auch bei Schulklassen besteht wenig Entscheidungsfreiheit. Hier müsste eine bessere Vernetzung der einzelnen Akteure und Verantwortlichen der Programme, ggf. auch mit psychologischer und sozialpädagogischer Unterstützung, stattfinden.

- **Punktuelle Intervention**: Ebenfalls ist zu beachten, dass bei punktuellen Interventionen möglicherweise keine nachhaltigen Wirkungen erzielt werden können. Da Jugendkriminalität keine eindimensionalen Ursachen hat und oft durch multiple Risikofaktoren bedingt ist, sind Einzelmaßnahmen weniger erfolgversprechend als Mehr-Ebenen-Projekte. Durch den einmaligen Gefängnisbesuch – selbst wenn begleitende Therapien bzw. Vor- und Nachbereitungen erfolgen – ist eine Neuausrichtung nur schwer vorstellbar, wenn die Teilnehmer im Anschluss in ihr bisheriges Leben „zurückkehren“. Durch solche Einzelaktionen können nur schwer Bindungen bzw. längerfristige Beziehungen aufgebaut werden.[864] Da kriminelle Einstellungen und Verhaltensweisen von Jugendlichen stark durch Familie und Schule, aber auch durch nahestehende peer-groups bestimmt werden, können im Rahmen von kriminalpräventiven Gruppenprojekten mögliche positive Integrationseffekte durch peer-group-Effekte verhindert oder gar negativ überlagert werden, wenn Peers als negative Vorbilder wirken und einen devianten Lebensstil bekräftigen.[865] Diese Gefahr besteht insbesondere für strafrechtlich weniger Auffällige, wenn sie mit stärker Devianten zusam-

864 *Bannenberg* (2009), S. 41.

865 Siehe hierzu mit weiteren Nachweisen *Rössner*, INFO (2004), S. 24; *Bannenberg*, DfK (2003), S. 65; zur Bedeutung von Cliquen auch *Schumann* (2003), S. 212; *Hawkins et al.* (1998), S. 193 f.

mengebracht werden.[866] Ferner ist zu befürchten, dass das intendierte „Lernen“ am Beispiel der Gefangenen sich nicht nur auf den letzten Abschnitt der Lebensgeschichte – der Abkehr von der Delinquenz – beschränken könnte, sondern auf die gesamte (delinquente) Lebensgeschichte.[867]

- **Vor- und Nachbereitung**: Derzeit finden Vor- und Nachbereitungen je nach Projekt mehr oder weniger intensiv und in kleinerem oder größerem zeitlichen Abstand zum JVA-Besuch statt. Bei einigen Projekten erfolgt keinerlei Nachbereitung. Es kann nicht beurteilt werden, ob und wie das Erlebte im Einzelfall verarbeitet und eine Auseinandersetzung mit sich und der individuellen Schuld angestoßen werden kann sowie eine Zukunftsplanung ermöglicht wird. Sorgfältige Vor- und Nachbereitungen der Besuchstage sowie eine längerfristige Begleitung der Jugendlichen erscheinen allerdings nachdrücklich sinnvoll und notwendig, um Ursachen delinquenten Verhaltens auf verschiedenen Ebenen entgegenzuwirken.
- **Messung von Rückfallquoten**: Zu beachten ist, dass Rückfallquoten und damit die Beurteilung der Wirksamkeit der Programme auch von der „Eingruppierung“ der Programme im Rahmen der jugendstrafrechtlichen (Sanktions-)Möglichkeiten sowie der Festlegung der Zielgruppen abhängen können. So laufen manche Programme im Rahmen der Diversion ab, die Teilnahme an anderen Programmen erfolgt hingegen nach entsprechender Verurteilung. Es ist zu vermuten, dass die Rückfallquote bei Diversionsprogrammen geringer ist, da die Jugendlichen dort mutmaßlich eine bessere Legalprognose haben. Anklagen werden aus kriminologischer Sicht hingegen vor allem bei solchen Jugendlichen erhoben, bei denen die Rückfallwahrscheinlichkeit von vornherein höher eingeschätzt wird – ein späterer Rückfall würde insofern eine anfängliche, ungünstige Prognose der StA bestätigen.[868]
- **Evaluationen**: Besonders kritisch ist zu sehen, dass keine methodisch anspruchsvollen Evaluationen der Programme stattfinden. Darüber hinaus war oftmals auch kein Problembewusstsein darüber zu erkennen, dass eine kriminalpräventive Wirkung des jeweiligen Projekts nicht selbstverständlich vorliegt und möglicherweise auch ausbleiben kann. Dass sogar negative Folgen eintreten können, ist ebenfalls oft nicht bewusst. In Einzelfällen könnte man sogar von „blinder Überzeugung“

866 Siehe hierzu *Schumann* (2001), S. 442 f.
867 So *Graebsch*, NK (2006), S. 52.
868 *Meier* (2008), S. 58.

sprechen, wenn ein Projekt auch für den Fall negativer Evaluationsergebnisse fortgesetzt werden soll bzw. kein Interesse an den tatsächlichen Rückfallquoten besteht.

6.6 Vergleich zwischen US-amerikanischen und deutschen Programmen und die Frage nach der Übertragbarkeit von Forschungsergebnissen

Zur kriminalpräventiven Wirksamkeit deutscher Programme mangelt es bislang an aussagekräftigen Studien. Es stellt sich insofern die Frage, inwieweit deutsche Projekte mit US-amerikanischen Gefängnisbesuchsprogrammen wie „Scared Straight!" oder sog. „non-confrontational"-Programmen[869] vergleichbar sind, sodass sich Ergebnisse von entsprechenden Forschungsarbeiten bestenfalls übertragen ließen.

6.6.1 Vergleichbarkeit der Programme

Betrachtet man allein die brutalen Bilder und Filmausschnitte von „Scared Straight!", haben diese wenig gemein mit deutschen Programmen. Eine Vergleichbarkeit mit **„Scared Straight!"-Programmen** und damit auch Übertragbarkeit entsprechender Forschungsergebnisse erscheint insofern fraglich. Dies sehen auch bspw. die Verantwortlichen von „GhJ" in Hamburg so: *„Das Projekt ist nicht vergleichbar mit den viel kritisierten amerikanischen "Juvenile Awareness Projects", die bereits seit den 1970er Jahren in amerikanischen Hochsicherheitsgefängnissen laufen und denen durch Studien eine gewalt- und kriminalpräventive Wirkung abgesprochen wird.*"[870] Schwerpunkt des Gefängnisbesuches in Hamburg sei das Gespräch zwischen delinquenten Jugendlichen und ausgewählten, verantwortungsvollen Insassen, die ihre Taten bereuen.[871] Auch andere Programmanbieter in Deutschland distanzieren sich von den Methoden dieser US-amerikanischen Programme.[872]

---

869 Z.B. *Cook/Spirrison* (1992), *Greater Egypt Regional Planning and Development Commission* (1979) oder *Locke et al.*, Evaluation Review (1986); *Buckner/Chesney-Lind* (1983).

870 *Gefangene helfen Jugendlichen e.V.*, Gesamtkonzept, S. 2.

871 Vgl. *Gefangene helfen Jugendlichen e.V.*, Gesamtkonzept, S. 2.

872 Siehe hierzu bereits unter Ziff. 6.4.8.

Im Rahmen der vorliegenden Untersuchung hat sich dieser Eindruck bestätigt. Bewusst inszenierte, brutale Darstellungen des Gefängnislebens mit derber Wortwahl und aggressiver Haltung der Häftlinge und Bediensteten den Teilnehmern gegenüber sind bei deutschen Projekten nicht intendiert. Die Jugendlichen werden nicht – wie etwa bei „Scared Straight!" – bewusst von Häftlingen oder Wärtern eingeschüchtert, gedemütigt oder erniedrigt. Es wird auch nicht versucht, durch strenges oder autoritäres Auftreten sowie verbalen Attacken die volle Härte des Gefängnislebens mit mutmaßlich unmenschlichen Haftbedingungen und alltäglicher (auch sexualisierter) Gewalt in Haft darzustellen, um so von der Begehung von Straftaten abzuschrecken. Darüber hinaus ist ohnehin schon fraglich, ob die Haftbedingungen in deutschen Gefängnissen an sich jenen in US-amerikanischen Anstalten gleichkommen.

Vielmehr baut man bei deutschen Projekten auf eine „professionell" ruhige und geregelte Atmosphäre. Der Ablauf hierzulande setzt weniger auf Konfrontation als auf eine sachliche Überzeugung der Teilnehmer. Diese kommen in gewaltfreien und respektvollen Gruppengesprächen mit Häftlingen in Kontakt, die die eigenen Taten reflektieren und die Jugendlichen dementsprechend zur Umkehr mahnen. Lebensläufe und Situationen werden sachlich analysiert und Lösungsansätze gesucht. Auch die Zielgruppe der Teilnehmer divergiert. In Deutschland nehmen sowohl strafrechtlich mehrfach auffällige Jugendliche und Heranwachsende als auch weniger gefährdete Schülergruppen teil.

Im Gesamteindruck, der durch die Befragung der deutschen JVAen entstanden ist, scheint der erzieherische und informative Aspekt der deutschen Programme zu überwiegen. Ein bewusstes Abschrecken der Teilnehmer soll vornehmlich vermieden werden.

Da insofern bereits die Programme und Untersuchungssituationen nicht äquivalent sind, können auch Evaluationsergebnisse von entsprechenden, abschreckenden „Scared Straight!"-Programmen nicht unmittelbar auf deutsche Programme generalisiert werden.

Daher ist die Vergleichbarkeit von US-amerikanischen Evaluationen zu sog. **„non-confrontational programs"** zu prüfen.

Ähnlich wie bei den meisten deutschen Besuchsprogrammen sollten die Inhaftierten des Gefängnisbesuchsprojekts „Menard Prison Tours" im Menard Correctional Center, Illinois, – im Vergleich zu „Scared Straight!" – statt „*"scaring" youths straight*" explizit eher in den Dialog mit den Teilnehmern treten und diese über den Strafvollzug aufklären.[873] Allerdings

873 *Greater Egypt Regional Planning and Development Commission* (1979), S. 3.

ist zum konkreten Programmablauf in Menard ansonsten wenig bekannt, so dass eine uneingeschränkte Vergleichbarkeit bereits deshalb nicht angenommen werden kann. Zu beachten ist zudem, dass die Besuche in einem Hochsicherheitsgefängnis stattfanden, was bei den deutschen Programmen nicht ausschließlich der Fall ist. Zudem verliefen die ersten Besuchstouren im Rahmen der Evaluation des Projekts in Menard durchaus noch konfrontativ ab. Auch die Teilnehmerzahlen variieren: In den Experimentalgruppen waren jeweils zwischen 10 und 20 Probanden.[874] Die meisten Projekte in Deutschland nehmen nur max. 10 Teilnehmer auf, einige deutlich weniger.[875]

Das von *Buckner/Chesney-Lind* (1983) untersuchte Programm „Stay Straight" aus Hawaii sollte ebenfalls nicht bewusst einschüchternd sein: *„no scare tactics or intimidation is used"*. Auch wenn es sich vom abschreckenden Ansatz von den konfrontativen „Scared Straight!"-Programmen distanzierte, scheinen sich die Abläufe doch sehr geähnelt zu haben. Auf anfängliche Durchsuchungen folgten sog. „rap sessions". Da nicht im Detail bekannt ist, wie diese abliefen, kann eine Vergleichbarkeit mit den deutschen Gesprächsrunden bzw. mit den deutschen Programmen insgesamt nicht abschließend beurteilt werden.

Gleiches gilt für das „Kansas Juvenile Education Program", das im Vergleich zu „Scared Straight!" *„more educational and less confrontative"* ausgestaltet sein sollte, oder das von *Cook & Spirrison* (1992) evaluierte „Mississippi Departement of Corrections' Project Aware Program". Auch bei letzterem wurde bewusst ein nicht-konfrontativen Ansatz verfolgt, wobei gleichwohl Abschreckung im Vordergrund stehen sollte. Zu den konkreten Programmabläufen ist in den Studien jedoch zu wenig veröffentlicht, um fundierte Aussagen zur Vergleichbarkeit zu treffen.

Dies gilt für sämtliche, vorliegend betrachtete Studien über US-amerikanische Gefängnisbesuchsprogramme. Die konkreten Abläufe der Projekte sind in den einzelnen Studien nicht detailliert beschrieben. Auch wenn einige als „nicht konfrontativ" bezeichnet werden und damit wohl eher den deutschen Projekten ähneln als „Scared Straight!", ist eine Vergleichbarkeit und damit Übertragbarkeit der Projekte nicht gesichert.

Zu berücksichtigen ist ferner, dass der Gefängnisbesuch bei zahlreichen Programmen in Deutschland nur Teil eines umfassenden Angebots darstellt. Oftmals werden Vor- und Nachbesprechungen sowohl mit den Teilnehmern als auch mit den Gefangenen durchgeführt. Dies entweder durch

874 Durchschnittlich knapp 15 Probanden.

875 Bei Besuchen durch Schulklassen nehmen bis zu ca. 25 Teilnehmer teil.

die Programmanbieter selbst oder bspw. im Rahmen des Schulunterrichts. Zum Teil besuchen die Häftlinge unter Aufsicht die späteren Teilnehmer vorab in deren Schulunterricht, um diese in der jeweils eigenen Umgebung, Schule und Gefängnis, kennenzulernen und sodann positiv beeinflussen zu können.

Ob und inwiefern US-amerikanische Projekte vor- und nachbereitet bzw. die Teilnehmer betreut werden, ist nicht bekannt. Zu bedenken ist auch, dass die Rahmenbedingungen in Deutschland differieren und der vermittelte Haftalltag nicht unmittelbar vergleichbar ist.

6.6.2 Übertragbarkeit der Studienergebnisse

Aufgrund der unterschiedlichen Programmabläufe können Forschungsergebnisse über Programme mit einmaligem Gefängnisbesuch – abschreckend oder nicht – nicht uneingeschränkt übertragen werden.

Dabei ist zu beachten, dass die einzelnen Untersuchungen zu US-amerikanischen Projekten größtenteils viele Jahre oder gar Jahrzehnte zurückliegen. Befürworter der US-Projekte äußerten, dass die ursprüngliche Dokumentation „Scared Straight!“ und das dahinterstehende Programm heute so nicht mehr praktiziert würde. Stattdessen seien die Programme mehr erzieherisch und beratend und weniger konfrontativ – alte Evaluationen seien auf neuere Programme nicht mehr übertragbar.[876] Es ist also bereits hinsichtlich der (untersuchten) US-amerikanischen Projekte durchaus fraglich, ob ältere Studien zur Wirksamkeit auf heute noch durchgeführte bzw. ggf. modifizierte Programme und deren Wirksamkeit übertragen werden können. Aber selbst wenn die Programme an sich unverändert fortgeführt worden wären, ist von veränderten Lebensumständen und -bedingungen auszugehen. Nach Abkehr von der „nothing works“-Doktrin und Aufkommen des Resozialisierungsgedankens können sich durchaus auch Rahmenbedingungen – etwa durch verbesserte Betreuungen der Teilnehmer im Vorfeld oder Nachgang zu einer Programmteilnahme – so verändert haben, dass sich dies auf die Präventionswirkungen der Projekte auswirkt.

Insofern können Evaluationsergebnisse auch nicht unmittelbar auf deutsche Projekte übertragen werden. Die den evaluierten US-Programmen zugrunde liegenden Rahmenbedingungen sind nicht unmittelbar mit jenen in Deutschland vergleichbar: Es bestehen erhebliche Unterschiede in den

876 So *Shapiro*, vgl. *Dehnart*, The Daily Beast, 23.02.2011.

Rechtssystemen, (kriminal-)politische, gesellschaftliche und kulturelle Strukturen weichen ab, gleiches gilt für Haftbedingungen und jugendstrafrechtliche Maßnahmen an sich. Lebensbedingungen und Betreuungsangebote, die sich vor und nach einer Programmteilnahme auf das (straffällige) Verhalten auswirken können, sind nicht pauschal vergleichbar. Wenn also bereits die US-amerikanischen Studien nicht (mehr) verallgemeinernd auf die dortigen Projekte übertragbar sind, dann muss dies wohl erst recht für die Übertragbarkeit auf deutsche Projekte gelten. Zudem ist zu beachten, dass deutsche Programme an sich teils erhebliche Unterschiede aufweisen. Eine pauschale Übertragbarkeit von internationalen Forschungsergebnissen verbietet sich auch deshalb.

Selbst wenn Forschungsergebnisse doch übertragbar wären, würde dies eine Wirksamkeit der deutschen Programme jedenfalls nicht bestätigen. Weder konnten Studien zu abschreckenden Programmen eine umfassende kriminalpräventive Wirkung nachweisen, noch zeigten Wirkungsevaluationen zu „non confrontational programs“ eine entsprechende Überlegenheit. Auch bei nicht auf Abschreckung zielenden Programmen schnitten Experimentalgruppen hinsichtlich der Rückfallquote nicht besser ab als die Kontrollgruppen (vgl. *Greater Egypt Regional Planning and Development Commission, Buckner/Chesney-Lind*). Auch *Locke et al.* (1986) konnten im Ergebnis keine „Abschreckung“ im Sinne einer Rückfallverringerung der jugendlichen Straftäter nachweisen. So auch bei dem von *Cook & Spirrison* (1992) evaluierten „Mississippi Departement of Corrections‘ Project Aware Programm“ – eine Teilnahme am „Project Aware“ hätte keinen signifikanten Effekt auf die Häufigkeit oder Schwere eines Rückfalls bzw. der Rückfallquote gehabt, so die Autoren. Allerdings hätten die Teilnehmer des Besuchsprojekts im Anschluss wesentlich seltener die Schule abgebrochen als Probanden der Kontrollgruppen. Eine schlüssige Erklärung hierzu konnten die Autoren nicht liefern.

7. Schlussbetrachtung

> *„Well-meaning programs can be harmful, and rigorous evaluation is often the only way to find this out and correct it."*[877]

Bei der Auswertung der Erhebungsbögen entstand vielmals der Eindruck, als würde im Hinblick auf die Geeignetheit von kriminalpräventiven Programmen auf „Intuition" und „praktische Erfahrung" gesetzt.[878] Das Behaupten eines angeblichen Erfahrungswissens, ohne tatsächliche empirische Prüfung der Geeignetheit von kriminalpräventiven Maßnahmen, lässt sich über Jahrhunderte zurückverfolgen.[879] Solange jedoch keine verlässlichen und abgesicherten Erkenntnisse darüber vorliegen, welche Sanktion für welches Problem und unter welchen Bedingungen die besten kriminalpräventiven Ergebnisse erzielt, ist eine rationale Entscheidung zwischen Alternativen nicht möglich.[880] Unter rechtsstaatlichen Gesichtspunkten, insbesondere dem Prinzip der Verhältnismäßigkeit, ist dies bei der Frage der präventiven Wirkung von (jugendstrafrechtlichen) Sanktionen jedoch essentiell.[881] Es genügt auch bspw. nicht, von einer eingriffsintensiveren Sanktion günstigere Effekte bloß zu erwarten oder diese zu behaupten – es bedarf vielmehr empirisch überprüfbarer und hinreichend gesicherter Anhaltspunkte darüber, ob eine Maßnahme geeignet und erforderlich, also wirksam und einer weniger eingriffsintensiven Alternative in der Wirkung überlegen ist.[882] Hierbei sei auch nochmals auf die unzureichende Aussagekraft selbstberichteter Delinquenz und subjektiver Einschätzungen hingewiesen. Diese können eine Wirkungsforschung nicht ersetzen.[883]

---

877 *Petrosino et al.*, Crime & Delinquency (2000), S. 355.

878 So auch die grundsätzliche Einschätzung von *Heinz*, INFO (2014), S. 70 ff.

879 Vgl. *Heinz*, INFO (2014), S. 70 ff.

880 *Heinz*, INFO (2014), S. 72.

881 *Heinz*, INFO (2014), S. 72; *Heinz* (2007), S. 495.

882 *Heinz*, INFO (2014), S. 72; *Heinz* (2007), S. 495 f.

883 Dies wird auch an folgendem drastischen Beispiel deutlich: Der „Scared Straight!"-Teilnehmer *Angelo Speziale* berichtete beim follow-up „Scared Straight 20 Years Later", wie sehr das Programm sein Leben und Verhalten verändert hätte. Bereits kurz nach der Teilnahme hatte er jedoch eine Jugendliche sexuell angegriffen und ermordet und wurde schließlich im Jahr 2010, fast 30 Jahre nach der Tat, zu einer 25-jährigen Haftstrafe verurteilt; *Schill*, JJIE (2011b).

Auch wenn die Abläufe und Ausgestaltungen der deutschen Programme untereinander sowie im Vergleich zu US-amerikanischen Projekten – die im Rahmen von Wirkungsevaluationen nicht überzeugten – sehr unterschiedlich erscheinen, geht es im Kern letztlich um die gleiche Idee, von der man sich einen kriminalpräventiven Effekt erhofft.[884] Widersprüchlich mutet es dabei an, wenn von den Veranstaltern zwar eine pädagogische bzw. psychologische, gewaltfreie Ausgestaltung und Wirkungsweise der Projekte intendiert wird – teils grenzt man sich bewusst von abschreckenden Programmen ab – und dabei offenbar in den Hintergrund tritt, dass die Konfrontation mit dem Strafvollzug als schärfste gesellschaftliche Sanktion an sich bereits rein faktisch abschreckend sein muss.[885] Dies scheint bei den Veranstaltern und JVAen bislang teilweise zu verharmlosend und unreflektiert zu sein, was kritisch zu sehen ist. Wenn die jugendlichen und heranwachsenden Teilnehmer mit einer Inhaftierung als mögliche Konsequenz ihres Handelns konfrontiert werden, kann dies nicht allein als freundliche, erzieherische Aufklärung abgetan werden, auch wenn dies so intendiert ist. Man fühlt sich bei den Aussagen der Programmdurchführenden insofern auch immer wieder an die amerikanischen Protagonisten erinnert. Ob und wie sich dies alles vor dem Hintergrund kriminologischer Erkenntnisse zum Thema Abschreckung vermeiden oder bestenfalls positiv nutzen lässt, ist nicht geklärt und wäre zu prüfen.

Im Übrigen ist unter ethischen Gesichtspunkten fragwürdig, wenn Gefängnisbesuche zum spannenden Ausflug werden und ein entsprechender Gefängnistourismus entsteht. Klar abzulehnen sind daher solche Programme, bei denen Gefangene, die sich ggf. noch verbal präsentieren, hinter Gittern vorgeführt werden und Gefängnistouren zu „Zoobesuchen“ verkommen. Vor dem Hintergrund des Vergleichens, Prahlens und Konkurrierens und damit auch der Gefahr der Abstumpfung oder der kriminellen Ansteckung ist ferner zwingend zu vermeiden, dass Häftlinge zu negativen Vorbildern werden.

Ob die vorliegenden Aversionsprogramme allein deshalb fortgeführt werden sollten, wenn sie „bereits *einem* Jugendlichen helfen“, so wie es teilweise von den Programmanbietern geäußert wurde, ist mehr als kritisch zu hinterfragen. Solche Aussagen sprechen eher für vorgeschobene

884 Vgl. auch *Graebsch*, INFO 4 (2005), S. 34.

885 Hierbei sei nochmals auf die Untersuchung von *Thimm* (o.J.) hingewiesen. Demnach äußerten die Teilnehmer mehrheitlich, dass sie vor dem Gefängnisbesuch ein negativeres Bild vom Strafvollzug gehabt hätten. Der gewünschte „*Schock*“ blieb aus, resumiert *Thimm* (o.J.), S. 92.

Selbstrechtfertigungen. Dabei scheint oft kein Bewusstsein für die Notwendigkeit von Evaluationen zu bestehen und ein entsprechender Mangel nicht kritisch hinterfragt zu werden. Negative Evaluationen zu „Scared Straight!“-Programmen sind häufig nicht bekannt oder werden als nicht relevant für hiesige Projekte abgetan. Selbst wenn Programmteilnehmer im Nachgang möglicherweise nicht mehr rückfällig werden, ist damit noch kein Nachweis für eine positive Wirkung erbracht. Erfolgsraten sind jedenfalls derzeit mangels entsprechender Forschungsergebnisse nicht nachprüfbar. Einer Programmdurchführung stehen dann jedoch auch unbeabsichtigte, aber mögliche negative Auswirkungen auf die (übrigen) Teilnehmer entgegen. Zwar ist zu berücksichtigen, dass die meisten in Deutschland angebotenen Programme nicht lediglich „one shot efforts“ darstellen, sondern bspw. Teil eines sozialen Trainingskurses sind oder auch ansonsten intensive Vor- und Nachbesprechungen beinhalten. Dennoch muss die Frage aufgeworfen werden, ob „simple“ Gefängnisbesuche – gerade als jugendstrafrechtliche Folgemaßnahme – unter Berücksichtigung der Komplexität jugendkriminellen Verhaltens probate, kriminalpräventive Mittel darstellen. Auch wenn bei den Besuchen ggf. ein bleibender Eindruck hinterlassen wird, vermag ein einmaliges Programm – auch mit Vor- und Nachbereitung – über einen längeren Zeitraum erworbene Risikofaktoren für kriminelles Verhalten des Einzelnen nur schwer zu korrigieren. Dies auch vor dem Hintergrund der vielen Bedingungsfaktoren für kriminelles Verhalten. Die Wirkung bestimmter Maßnahmen hängt von zahlreichen, schwer fassbaren sozialen Einflüssen und der inhaltlichen Qualität eines Projekts sowie dessen Umsetzung ab. Zudem ist die Wirksamkeit von präventiven Maßnahmen ohnehin begrenzt – auch von denjenigen, die aus spezialpräventiver Sicht günstiger abschneiden. Eine Gewissheit des spezialpräventiven Nutzens kann es jedoch nicht geben, da das Strafrecht mit seinen Normen und Sanktionen lediglich neben einer Vielzahl anderer Entwicklungsfaktoren wirkt, die die Werte, Interessen und das Handeln der Jugendlichen beeinflussen.[886]

Allein subjektive Einschätzungen können kein belastbares Wissen über die Wirksamkeit von präventiven Maßnahmen begründen. Auch wenn die Umsetzung und Durchführung von Evaluationen Schwierigkeiten berei-

886 *Meier*, INFO (2005), S. 97, der unter anderem auf die Folgen von problematischen Familienverhältnissen aufgrund von Vernachlässigung, inkonsistenten Erziehungsstilen und fehlenden Vorbildern, den Einflüssen von Medien und Peers sowie mangelnden Chancen auf dem Arbeitsmarkt aufgrund fehlender Bildung und Qualifikationen verweist.

ten kann – so kann es bereits problematisch sein, aufgrund der bisherigen Forschungsergebnisse noch weitere Forschungsgelder zu akquirieren – darf dies letztlich nicht dazu führen, dass auf Evaluationen verzichtet wird. Diese sind essentiell. Insbesondere muss vermieden werden, dass die Teilnahme an den Maßnahmen ggf. sogar negative Folgen, wie eine erhöhte Rückfallquote, hat.

Um alternative Erklärungen für sowohl positive als auch negative Wirkungen eines Programms ausschließen zu können, sollten fundierte Evaluationsmethoden gewählt werden. Hierbei sind randomisierte Studien mit Kontrollgruppendesign zu wählen. Bei einer Vergleichbarkeit von Experimental- und Kontrollgruppen mit dem einzigen Unterschied der Programmteilnahme könnte so im Ergebnis festgestellt werden, ob und wie sich die Teilnahme auf eine spätere Rückfallquote auswirkt.[887] Reine Vorher-Nachher-Vergleiche bei einer Teilnehmergruppe genügen hingegen nicht, denn hierbei bleibt unklar, ob nicht andere Einflussfaktoren für einen Rückgang oder eine Zunahme der Straffälligkeit sorgen. Im Übrigen sind auch Prozessevaluationen notwendig, um ein bereits etabliertes Projekt in seiner Durchführung zu optimieren und Fehlentwicklungen zu vermeiden. Dabei ist nicht zu vernachlässigen, dass in Abhängigkeit davon, wer die Evaluationen durchführt bzw. deren Ergebnisse veröffentlicht, durchaus auch Diskrepanzen zu den tatsächlichen Programmwirkungen denkbar sind. So fallen Eigenevaluationen eher positiv aus als Fremdevaluationen. Auch das Übergehen von negativen bzw. das Hervorheben von positiven Ergebnissen kann zu verzerrten Schlüssen führen. Letztendlich gilt daher: „Je überzeugender und aussagekräftiger die Forschungsergebnisse […] sind, desto schwerer können sie auf Dauer übergangen werden“.[888]

Positiv anzumerken ist, dass der Verein „GhJ e.V.“ in Zusammenarbeit mit der Universität Lübeck ein *„langfristiges Studiendesign“* einführen will, das die Wirkungen des Projektes anhand einer *„wissenschaftlich korrekten Evaluation“* untersuchen soll.[889] Erkannt wurde dort, dass die Ergebnisse der FEPAA-Tests, die nur selbst berichtete Verhaltensänderungen messen, hierzu nicht ausreichen, auch wenn diese nach Angabe des Projektanbie-

887 Hierbei stellt sich dann im Folgenden jedoch insbesondere die Frage, wie Teilnehmer der Vergleichsgruppen ausgewählt werden sollten, siehe hierzu ausführlich *Meier* (2008), S. 58.

888 *Kury*, INFO (2005), S. 57.

889 *Gefangene helfen Jugendlichen e.V.*, Jahresbericht 2016, S. 7.

ters *„sehr positiv ausgefallen“* sind.[890] Weitergehende Untersuchungen sind dringend geboten, da laut „GhJ e.V.“ neben einer *„Festigung der bisherigen Standorte“ „die Ausbreitung der Projekte in andere Bundesländer im Fokus steht“*.[891] Es bleibt jedoch abzuwarten, ob und wann die geplante Evaluation durchgeführt wird und wie deren Ergebnisse ausfallen.

Bei Fortführung von Gefängnisbesuchsprojekten ist die Etablierung von Standards in der Ausgestaltung der Programme zu empfehlen, die auf wissenschaftlich fundierten Erkenntnissen beruhen. Überregionale Datenbanken zu evaluierten Präventionsprogrammen sind zu befürworten, etwa nach dem Vorbild der *Blueprints for Violence Prevention*. Zu nennen sind bspw. die „Grüne Liste Prävention“, der „Wegweiser Prävention“ oder das Tool WESPE (Wissenschaftliche Erkenntnisse zu Sicherheits- und Präventionsmaßnahmen durch Evaluation) des NZK.[892] Auf den Ausbau der Datenbanken sowie ein konsequentes Zurückgreifen der Praxis auf das bestehende Wissen ist hinzuarbeiten. Im Übrigen wäre in jedem Fall eine bundesweite Vernetzung der einzelnen Programmanbieter untereinander notwendig. Dies findet bislang bedauerlicherweise nicht statt. Durch eine Vernetzung und Kooperation der verschiedenen Programmanbieter könnten sowohl positive als auch negative Erfahrungen ausgetauscht und für Verbesserungen genutzt werden. Auf Nachfrage bei Organisationen wie dem DBH e.V. - Fachverband für Soziale Arbeit, Strafrecht und Kriminalpolitik, dem Deutschen Präventionstag, der Deutsche Vereinigung für Jugendgerichte und Jugendgerichtshilfen e.V. oder der Bundesvereinigung der Anstaltsleiter stellte sich heraus, dass keine Übersichten zum Bestand der in Deutschland durchgeführten Gefängnisbesuchsprojekte existieren – weder innerhalb der Bundesländer noch länderübergreifend. Dies wäre jedoch wesentlich zur Vernetzung, um Erfahrungen auszutauschen und Lernprozesse anzustoßen.

Gleichwohl spricht vieles dafür, die Idee der Gefängnisbesuchsprogramme vor dem Hintergrund angloamerikanischer Wirkungsforschung gänzlich zu verwerfen. Das Jugendstrafrecht in Deutschland bietet zahlreiche spezialpräventiv und erzieherisch ausgestaltete Maßnahmen zur Inhalts-

---

890 *Gefangene helfen Jugendlichen e.V.*, Jahresbericht 2016, S. 7.

891 *Gefangene helfen Jugendlichen e.V.*, Jahresbericht 2016, S. 7.

892 Siehe unter Ziff. 3.4.6. Das Tool WESPE soll Informationen über die Wirksamkeit kriminalpräventiver Maßnahmen in Deutschland vermitteln und darstellen, mit welchen Mitteln Kriminalität reduziert werden kann und wie belastbar die jeweiligen Forschungsergebnisse sind; https://www.nzkrim.de/wespe/.

und Wertevermittlung[893], die im Einzelfall zu präferieren sind, sodass auf entsprechende Projekte verzichten werden könnte und sollte. Denn ob und inwieweit Veränderungen zu den jetzigen Gefängnisbesuchsprogrammen möglich und sinnvoll sind, damit die intendierten kriminalpräventiven Ziele erreichen werden, ist fraglich. Der Kern der Projekte, die nach US-amerikanischen Studien sogar negative Effekte haben können – der Besuch der Haftanstalt – würde dabei zwangsläufig bestehen bleiben. Ob auf dieser Grundlage kriminalpräventive Effekte tatsächlich möglich sind, wäre kritisch zu prüfen.

Sollten die Projekte aus Gründen der subjektiven Überzeugung gleichwohl weiter betrieben oder neue Projekte aufgenommen werden, sollten sie zwingend evaluiert werden.[894] Unter diesen Bedingungen lassen sich vorläufig folgende Handlungsempfehlungen nennen:

- Datenerhebung, Programm- und Wirkungsevaluationen sowie ggf. entsprechende Modifikationen der Projekte; Qualitätskontrollen
- Prüfung der Implementationsqualität der Programme
- Ausbau und Förderung von Sekundärforschung
- Erstellen bzw. Ausarbeiten von Konzepten anhand nationaler sowie internationaler kriminologischer Erkenntnisse bzw. Anwendung wissenschaftlicher Standards
  Sicherstellung notwendiger Qualifikationen aller beteiligten Akteure sowie Fort- und Weiterbildungen ausgerichtet an kriminologischen Erkenntnissen und Forschungsergebnissen
- Individuelle Prüfung, ob die Teilnahme an einem Gefängnisbesuchsprogramm sinnvoll ist, bessere Ausrichtung an Zielgruppen sowie Optimierung der Gruppenzusammenstellungen
- Sensibilisierung der Anbieter und JVAen zur Reflektion der Programme
- Bundesweite Vernetzung der Programmanbieter und JVAen und Erfahrungsaustausch
- Zusammenarbeit von Wissenschaft, Praxis und Politik sowie Bereitstellung von notwendigen Ressourcen

Jugendkriminalität ist im Bagatellbereich in gewissem Maße normal, ubiquitär und episodenhaft. Zu vermeiden ist die Hinentwicklung zu Delinquenz-Karrieren. Die gesellschaftliche Verantwortung für die Jugend erfor-

---

893 Eine Liste von empfohlenen Programmen findet sich bspw. unter https://www.gruene-liste-praevention.de/nano.cms/datenbank/alle.

894 Siehe Kriterien unter Ziff. 3.3.

dert dabei trotz knapper Ressourcen eine Sozial- und Kriminalpolitik, die sich nicht zu sehr dem Druck der öffentlichen Meinung beugt, sondern sich am Verhältnismäßigkeitsprinzip orientiert und wirksame Maßnahmen nach aktuellen, bestmöglichen wissenschaftlichen Standards durchsetzt. Allein die Tatsache, dass ein Projekt bei Teilnehmern und Öffentlichkeit „gut ankommt“, sagt noch nichts über dessen kriminalpräventive Wirksamkeit aus. Bedenklich ist es, wenn eine rationale, an kriminologischen Erkenntnissen orientierte Kriminalpolitik wenige Chancen auf Umsetzung hat, weil sie konträr zu den Ansichten der Betreiber und einer oft unzureichend informierten Öffentlichkeit steht.[895] Ob Gefängnisbesuchsprogramme eine wirksame Präventionsmaßnahme darstellen, ist sehr zweifelhaft und schon theoretisch wenig erfolgversprechend. Werden die Projekte jedoch weiterbetrieben, müssen sie durch entsprechende wissenschaftliche Untersuchungen überprüft werden. Empfehlungen seitens der Wissenschaft und Praxis, die seit langem vorgebracht werden, gilt es umzusetzen und grundsätzlich die Zusammenarbeit zwischen Wissenschaft, Politik und Praxis zu verbessern.[896] Dabei ist anzumerken, dass bereits umfangreiches Wissen über wirksame Präventionsstrategien vorhanden ist.[897]

Trotz negativer Forschungsergebnisse zu den amerikanischen „Scared Straight!“-Programmen kann man ohne Vergleichsgruppendesigns nicht genau wissen, ob auch in Deutschland jede kriminalpräventive Wirkung ausbleibt. Nicht ausreichend ist, dass eine Wirksamkeit allein aufgrund subjektiver Überzeugung der Betreiber und überwiegend positiver Rückmeldungen der Teilnehmer behauptet wird. Ohne Wirkungsevaluationen über die existierenden Gefängnisbesuchsprogramme, die sich teilweise erheblich unterscheiden, lässt sich nicht feststellen, welches Projekt kriminalpräventiv wirkt und welches nicht. Denkbar sind insofern auch Unterschiede zwischen den verschiedenen Zielgruppen bzw. Präventionsebenen. Auch wäre zu prüfen, wie die Teilnehmer sowie die mitwirkenden Häftlinge das Besuchsprogramm hinsichtlich Merkmalen wie Abschreckung, Einschüchterung oder auch Demütigung empfinden, um eine ethische und gesellschaftspolitische Vertretbarkeit der Programmdurchführung zu gewährleisten. Vor dem Hintergrund der möglichen unterschwel-

895 Vgl. auch *Kury*, INFO (2005), S. 54, 57.

896 Umfangreiche Handlungsempfehlungen bei *Walsh/Pniewski/Kober/Armborst* (2018), S. 923 ff. *Meyer* sieht eine noch nicht überbrückte Kluft zwischen Wissenschaft und Praxis, sodass die Gestaltung des Wissenstransfers nach wie vor eine zentrale Herausforderung darstelle, *Meyer* (2016), S. 24.

897 Siehe hierzu unter Ziff. 3.3 bis 3.5 sowie 5.

ligen Abschreckung der Teilnehmer, deren Ausmaß nicht per se festgestellt werden kann, wäre es notwendig, dass diese ihre Erfahrungen bei der Programmteilnahme im Nachhinein reflektieren und gut verarbeiten können. So können Abschreckungsmerkmale erzieherisch aufgearbeitet werden. Dabei ist eine längerfristige Betreuung unabkömmlich, bei der eine individuelle Verantwortungsübernahme der teilnehmenden Jugendlichen und Heranwachsenden erreicht werden muss und positive Entwicklungen sowie eine soziale Integration gefördert werden. Daneben müssen jedoch auch individuelle Hilfsangebote gestellt werden, um den Jugendlichen und Heranwachsenden nicht nur die möglichen Konsequenzen einer Rückfälligkeit aufzuzeigen, sondern diese auch bei deren Vermeidung zu unterstützen. Dies muss auch politisch gewollt bzw. unterstützt und finanziert werden. Die Idee einer einfachen präventiven Maßnahme als Wendepunkt, die schnell, kostengünstig und zuverlässig wirkt, als Hoffnung der Politik und Gesellschaft, ist dagegen illusorisch.

Bei alldem ist auch zu bedenken, dass Gefängnisbesuchsprogramme sehr aufwändig für alle Beteiligten sind. Um ohnehin nicht kriminell gefährdete Episodentäter abzuschrecken, braucht man sie also nicht. Um die gefährdeten Mehrfachtäter nicht umgekehrt der Gefahr der erhöhten Rückfälligkeit auszusetzen, sollte man besser andere – bereits als wirksam erkannte – Maßnahmen der Spezialprävention und Verhaltensänderung einsetzen. Hierzu braucht es kein Gefängnis für junge Menschen, um sie davon abzuhalten, eines Tages genau dort zu landen.

Anhang: Fragebogen

Sehr geehrte Damen und Herren,

im Rahmen meiner Dissertation mit dem Arbeitstitel „Gefängnisbesuchsprogramme in Deutschland. Eine kriminologische Untersuchung." möchte ich unter anderem die Ausgestaltung von bestimmten kriminalpräventiven Programmen, bei denen organisierte Besuche von Jugendlichen in Justizvollzugsanstalten durchgeführt werden, untersuchen.

Dabei geht es insbesondere um den Vergleich von deutschen zu US-amerikanischen Programmen, die von der Idee her ähnlich sind, in der Ausgestaltung wohl aber signifikante Unterschiede aufweisen.

Vom Prinzip her sind die sog. „Gefängnisbesuchsprogramme" kriminalpräventive Projekte für jugendliche Straftäter bzw. delinquenzgefährdete Jugendliche.

Die Jugendlichen nehmen dabei an organisierten Besuchen in Justizvollzugsanstalten teil und sollen den Alltag im Gefängnis erleben. Beispielsweise Rundgänge durch die Einrichtungen und Gespräche mit Gefangenen sollen auf verschiedene Art und Weise kriminalpräventiv wirken.

Die ursprüngliche Idee der kriminalpräventiven Programme mit Besuchen in Justizvollzugsanstalten stammt aus den USA. Die dortigen Programme sind als konfrontative Schockerlebnisse aufgebaut. Der entstehende Abschreckungseffekt soll die Jugendlichen und sogar teilweise Kinder vor (weiteren) Straftaten abhalten.

In Deutschland gibt es beispielweise in den JVA Hamburg-Fuhlsbüttel und Hamburg-Hahnöfersand („Gefangene helfen Jugendlichen") oder in der JVA Bremen („Knast ist nicht cool") ähnliche Programme.

Mit dem folgenden Fragebogen soll ein Überblick über die inhaltliche Ausgestaltung, den Teilnehmerkreis und die Organisation der deutschen Programme geschaffen werden. Insbesondere gilt es herauszufinden, worauf die kriminalpräventive Wirkung abzielt. Dadurch wird ein Vergleich zwischen den deutschen Programmen untereinander sowie zwischen deutschen und US-amerikanischen Programmen ermöglicht.

Herzlichen Dank für Ihre Teilnahme!

Die Teilnahme an der wissenschaftlichen Untersuchung ist freiwillig. Bei der Verweigerung der Teilnahme entstehen keine Nachteile.

Fragebogen zu „Gefängnisbesuchsprogrammen“

Zutreffendes bitte ankreuzen. Bitte beachten Sie, dass bei vielen Fragen auch Mehrfachnennungen möglich sind!

1. **Nimmt die JVA** Klicken Sie hier, um Text einzugeben. **an einem sog. „Gefängnisbesuchsprogramm“ teil, bei dem Jugendliche zu Kriminalpräventionszwecken eine Justizvollzugsanstalt besuchen und in Kontakt mit Häftlingen kommen?**

   Wenn Sie mit JA antworten, bitte mit Frage 2 fortfahren.

   ☐ Ja
   ☐ Nein, weil

Klicken Sie hier, um Text einzugeben.

   Wenn nicht, haben Sie von entsprechenden Programmen gehört?

   ☐ Ja, und zwar von folgendem/n Programm/en

Klicken Sie hier, um Text einzugeben.

   ☐ Nein

   Falls kein „Gefängnisbesuchsprogramm“ angeboten bzw. durchgeführt wird, ist der Fragebogen hiermit zu Ende. Vielen Dank für die Teilnahme!

2. **Gibt es ein schriftliches Konzept von den in der JVA durchgeführten Programmen, dass Sie zur Verfügung stellen können?**

Klicken Sie hier, um Text einzugeben.

3. **Wer vermittelt und/oder organisiert die Teilnahme an dem/den Programm/en?**

   ☐ Gericht
   ☐ Staatsanwaltschaft
   ☐ Polizei
   ☐ Eltern

- ☐ Freier Träger der Jugendhilfe: Klicken Sie hier, um Text einzugeben.
- ☐ Bewährungshilfe: Klicken Sie hier, um Text einzugeben.
- ☐ Schulen: Klicken Sie hier, um Text einzugeben.
- ☐ Sonstige: Klicken Sie hier, um Text einzugeben.

Bitte teilen Sie uns die Kontaktdaten der Programmanbieter mit, damit diese ggf. für weitere Informationen kontaktiert werden können (bspw. wenn einzelne Fragen von der Justizvollzugsanstalt nicht beantwortet werden können).

Klicken Sie hier, um Text einzugeben.

4. **Welche Zielsetzung verbinden Sie mit dem/den Projekt/en und wie schätzen Sie deren Realisierung ein?**

Klicken Sie hier, um Text einzugeben.

5. **Ablauf der durchgeführten Projekte**
   a. **Bitte beschreiben Sie die angebotenen Projekte kurz.**

Klicken Sie hier, um Text einzugeben.

   b. **Bitte beantworten Sie im Übrigen folgende Fragen:**
   - Wie häufig finden „Besuche" statt?
   - In welchem Zeitraum finden die entsprechenden Projekte statt? Handelt es sich um einmalige oder um regelmäßig stattfindende Projekte?
   - Wie lange dauern die einzelnen Besuche? Wie laufen diese ab?
   - Wie viele Jugendliche/Gefangene nehmen jeweils teil?
   - Wie oft nimmt der einzelne Jugendliche teil?
   - Gibt es Vor-/Nachbesprechungen bzw. Evaluationen?
   - Wer begleitet die Teilnehmer bei den Besuchen?

Klicken Sie hier, um Text einzugeben.

6. An welche Personen richten sich die Projekte?

a. Alter der Teilnehmer

- ☐ Kinder (jünger als 14 Jahre und damit noch strafunmündig)
- ☐ Jugendliche (zwischen 14 - 17 Jahren)
- ☐ Heranwachsende (zwischen 18 - 20 Jahren)
- ☐ Heranwachsende und junge Erwachsene (≥ 21 Jahre)

b. Geschlecht der Teilnehmer

männlich	und/oder	weiblich
☐ Ausschließlich		☐ Ausschließlich
☐ Überwiegend		☐ Überwiegend
☐ Gemischt		☐ Gemischt
☐ Wenig		☐ Wenig
☐ Keine		☐ Keine

c. Verhalten der Teilnehmer

- ☐ Teilnehmer haben noch kein abweichendes Verhalten gezeigt
- ☐ Teilnehmer zeigten abweichendes Verhalten, welches keine Straftat darstellte, sind aber gefährdet, Straftaten zu begehen
- ☐ Teilnehmer wurden bereits straffällig

7. Mit welchen Delikten traten die Teilnehmer gegebenenfalls in Erscheinung?

- ☐ Diebstahl
- ☐ Einbruchsdiebstahl
- ☐ Körperverletzung
- ☐ Sachbeschädigung
- ☐ gefährliche/schwere Körperverletzung
- ☐ Raub/räuberische Erpressung
- ☐ Sexualdelikte
- ☐ Betrug
- ☐ BtM-Delikte
- ☐ Klicken Sie hier, um Text einzugeben.

8. Die Teilnahme an den Projekten erfolgt

- ☐ auf freiwilliger Basis/Eigeninitiative der Teilnehmer
- ☐ auf Initiative von Dritten; zum Beispiel ist die Teilnahme
  - ☐ eine von der Schule organisierte Präventionsmaßnahme
  - ☐ vom Kommunalen Sozialen Dienst initiiert/überwacht
  - ☐ eine von der Polizei veranlasste Reaktion auf eine Straftat
  - ☐ eine Weisung (Diversionsmaßnahme der Staatsanwaltschaft)
  - ☐ eine Auflage/Weisung eines Gerichts
  - ☐ die Verurteilung eines Gerichts
  - ☐ Klicken Sie hier, um Text einzugeben.

9. Soll die Teilnahme an den Projekten dazu beitragen, Kriminalität vorzubeugen?

- ☐ Ja
- ☐ Nein

Falls ja, wie sollen die Projekte kriminalpräventiv wirken?

Klicken Sie hier, um Text einzugeben.

10. Wird von Ihnen untersucht, was die Teilnehmer von den Projekten erwarten bzw. was sie erreichen wollen?

- ☐ Ja
- ☐ Nein

Falls ja, welche Erwartungen, Ziele und/oder Vorstellungen haben die Teilnehmer?

Klicken Sie hier, um Text einzugeben.

11. Bewerten die Teilnehmer die Besuchsprojekte?

- ☐ Ja
- ☐ Nein

Falls ja, wie fallen diese Bewertungen aus?

Klicken Sie hier, um Text einzugeben.

12. Nehmen die Teilnehmer parallel noch an anderen kriminalpräventiven Maßnahmen teil?

☐ Ja, und zwar

Klicken Sie hier, um Text einzugeben.

☐ Nein, es handelt sich um eine Einzelmaßnahme

13. Nach welchen Kriterien werden die mitwirkenden Häftlinge ausgesucht?

Klicken Sie hier, um Text einzugeben.

14. Wie ist die Reaktion der Häftlinge?

☐ positiv
☐ überwiegend positiv
☐ eher negativ
☐ schlecht

15. Wie ist die Reaktion der Beschäftigten in der JVA?

☐ positiv
☐ überwiegend positiv
☐ eher negativ
☐ schlecht

16. Gibt es Rückmeldungen an Staatsanwaltschaft, Polizei, Schulen etc. im Anschluss?

☐ Ja
☐ Nein, weil

Klicken Sie hier, um Text einzugeben.

17. Bei straffälligen Teilnehmern: Erhalten Sie Kenntnis über die Rückfallquote/Legalbewährung der Teilnehmer?

☐ Ja
☐ Nein

18. Haben Sie von Forschungsergebnissen zu sog. „Gefängnisbesuchsprogrammen" gehört?

☐ Nein
☐ Ja und diese haben sich auf die Ausgestaltung des Programmes in der JVA Klicken Sie hier, um Text einzugeben.
  ☐ nicht ausgewirkt
  ☐ ausgewirkt und zwar folgendermaßen:

Klicken Sie hier, um Text einzugeben.

Weitere Anmerkungen:

Klicken Sie hier, um Text einzugeben.

Herzlichen Dank für Ihre Teilnahme!

Literaturverzeichnis

Albrecht, Peter-Alexis – Kriminologie, Eine Grundlegung zum Strafrecht, 4. Auflage, C.H. Beck, München, 2010.

Ansahl, Inge – „Ein Tag im Knast“. In: Der Westen vom 21.10.2011, abrufbar unter: http://www.derwesten.de/staedte/gelsenkirchen/ein-tag-im-knast-id5185617.html, zuletzt abgerufen am 19.12.2019.

Armborst, Andreas – Einführung: Merkmale und Abläufe evidenzbasierter Kriminalprävention. In: Walsh, Maria / Pniewski, Benjamin / Kober, Marcus / Armborst, Andreas (Hrsg.) - Evidenzorientierte Kriminalprävention in Deutschland. Ein Leitfaden für Politik und Praxis, Springer VS, Wiesbaden, 2018, S. 3 – 19.

Atteslander, Peter – Methoden der empirischen Sozialforschung, 13. Auflage, Erich Schmidt Verlag, Berlin, 2010.

Baier, Dirk / Kemme, Stefanie / Hanslmaier, Michael / Doering, Bettina / Rehbein, Florian / Pfeiffer Christian – Kriminalitätsfurcht, Strafbedürfnisse und wahrgenommene Kriminalitätsentwicklung. Ergebnisse von bevölkerungsrepräsentativen Befragungen aus den Jahren 2004, 2006 und 2010, Kriminologisches Forschungsinstitut Niedersachsen e.V. (KFN), Hannover, Forschungsbericht Nr. 117, 2011, abrufbar unter: http://kfn.de/wp-content/uploads/Forschungsberichte/FB_117.pdf, zuletzt abgerufen am 19.12.2019.

Baier, Dirk / Pfeiffer, Christian / Rabold, Susann / Simonson, Julia / Kappes, Cathleen – Kinder und Jugendliche in Deutschland: Gewalterfahrungen, Integration, Medienkonsum: Zweiter Bericht zum gemeinsamen Forschungsprojekt des Bundesministeriums des Innern und des KFN, Kriminologisches Forschungsinstitut Niedersachsen e.V. (KFN), Hannover, Forschungsbericht Nr. 109, 2010, abrufbar unter: http://kfn.de/wp-content/uploads/Forschungsberichte/FB_109.pdf, zuletzt abgerufen am 19.12.2019.

Bannenberg, Britta – Gewaltphänomene bei Kindern und Jugendlichen – kriminalpräventive Konsequenzen aus kriminologischer Sicht. In: Landeskommission Berlin gegen Gewalt (Hrsg.) - Berliner Forum Gewaltprävention, Nr. 36, Dokumentation des 9. Berliner Präventionstages am 14. Oktober 2008, Schwerpunkt: Kinder- und Jugenddelinquenz, 2009, S. 22 – 46.

dies. – Strategien wirkungsorientierter Kriminalprävention. In: Deutsche Zeitschrift für Kommunalwissenschaften, 42. Jahrgang, 2003/I, S. 53 – 68.

Bannenberg, Britta / Rössner, Dieter – Evidenzbasierte Kriminalprävention. Was wirkt und zahlt sich auf Dauer für die Gemeinschaft aus? In: Görgen, Thomas / Hoffmann-Holland, Klaus / Schneider, Hans / Stock, Jürgen (Hrsg.) - Interdisziplinäre Kriminologie, Festschrift für Arthur Kreuzer zum 70. Geburtstag, Erster Band, 2. Auflage, Verlag für Polizeiwissenschaft, Frankfurt, 2009, S. 38 – 61.

dies. – Kriminalität in Deutschland, C.H. Beck, München, 2005.

dies. – Preventing Crime: What works, what doesn't, what's promising? Der „Sherman-Report" und seine Bedeutung für die deutsche Kriminalprävention. In: ZJJ, Zeitschrift für Jugendkriminalrecht und Jugendhilfe, 2/2003, S. 111 – 119.

dies. – Wirkungsforschung bei der Kriminalprävention. In: forum kriminalprävention, 1/2002, S. 5 – 8.

Baumann, Jürgen / Weber, Ulrich / Mitsch, Wolfgang / Eisele, Jörg – Strafrecht – Allgemeiner Teil, Lehrbuch, 12. Auflage, Gieseking, Bielefeld, 2016.

Beccaria, Cesare – Über Verbrechen und Strafen. Nach der Ausgabe von 1766 (Dei delitti e delle pene) übersetzt und herausgegeben von Wilhelm Alff, Insel Verlag, Frankfurt am Main, 1966.

Beelmann, Andreas – Evaluation und Qualitätssicherung: Aktuelle Lage der Gewaltprävention. In: Voß, Stephan / Marks, Erich (Hrsg.) - Internetdokumentation des Symposions „25 Jahre Gewaltprävention im vereinten Deutschland – Bestandsaufnahme und Perspektiven", Berlin, 2016, abrufbar unter: http://www.gewalt-praevention.info/html/download.cms?id=66&datei=Beelmann+II.pdf, zuletzt abgerufen am 19.12.2019.

ders. – Zur Konstruktion, Entwicklung und Überprüfung von Interventionsmaßnahmen: Ein Modell zur Evidenzbasierung präventiver Handlungsstrategien. In: Marks, Erich / Steffen, Wiebke (Hrsg.) - Mehr Prävention – weniger Opfer, Ausgewählte Beiträge des 18. Deutschen Präventionstages, 22. und 23. April 2013 in Bielefeld, Forum Verlag Godesberg GmbH, Mönchengladbach, 2014, S. 357 – 366.

ders. – Wirksamkeit von Präventionsmaßnahmen bei Kindern und Jugendlichen: Ergebnisse und Implikationen der integrativen Erfolgsforschung. In: Zeitschrift für Klinische Psychologie und Psychotherapie, 35 (2), 2006, S. 151 – 162.

Beelmann, Andreas / Hercher, Judith – Methodische Beurteilung von Evaluationsstudien im Bereich der Gewalt- und Kriminalitätsprävention. Beschreibung und Begründung eines Methodenprofils. In: Stiftung Deutsches Forum für Kriminalprävention (Hrsg.) - Entwicklungsförderung & Gewaltprävention, Aktuelle Beiträge aus Wissenschaft und Praxis 2015/2016, Bonn, 2016, S. 97 – 116.

Beelmann, Andreas / Raabe, Tobias – Dissoziales Verhalten von Kindern und Jugendlichen. Erscheinungsformen, Entwicklung, Prävention und Intervention, Hogrefe, Göttingen, 2007.

Bexte, Bernd – Knast auf Probe. Zur Abschreckung gehen gefährdete Jugendliche ins Gefängnis. In: Westfalen-Blatt vom 28.03.2013, Bielefeld.

Blankenship Grant / Alva, Vanessa – Can Kids Be Scared Straight? In: GPB News npr, Georgia Public Broadcasting Home, June 08, 2016, abrufbar unter: http://gpbnews.org/post/can-kids-be-scared-straight, zuletzt abgerufen am 19.12.2019.

Bock, Michael – Kriminologie, 5. Auflage, Verlag Vahlen, München, 2019.

Böhm, Bernhard – Hauptverhandlung und Legalbewährung. Eine rechtstatsächliche Untersuchung zur Legalbewährung nach Verfahrensexperimenten, Dissertation, Wilhelm Fink Verlag, München, 1998.

Braga, Anthony A. / Weisburd, David L. – The Effects of "Pulling Levers" Focused Deterrence Strategies on Crime, Campbell Systematic Reviews 2012:6, 2012, abrufbar unter: https://onlinelibrary.wiley.com/doi/pdf/10.4073/csr.2012.6, zuletzt abgerufen am 19.12.2019.

Bremische Bürgerschaft (Landtag) – Anfrage der Abgeordneten Köhler und Linnert und der Fraktion Bündnis 90/Die Grünen und Antwort des Bremer Senats, 53. Sitzung am 25.01.2006, abrufbar unter: https://www.bremische-buergerschaft.de/dokumente/wp16/land/protokoll/P16L0053.pdf, zuletzt abgerufen am 19.01.2020.

Brodsky, Stanley L. – The prisoner as Agent of Attitude Change: A Study of Prison Profiles` Effect. In: The British Journal of Criminology, Volume 10, 1970, S. 280 – 285.

BRÜCKE e.V. Augsburg (Hrsg.) – Jahresbericht 2017, abrufbar unter: https://www.bruecke-augsburg.de/wp-content/uploads/BR%C3%9CCKE_JB2017_www.pdf, zuletzt abgerufen am 27.12.2019.

Buckner, John C. / Chesney-Lind, Meda – Dramatic Cures for Juvenile Crime. An Evaluation of a Prisoner-Run Delinquency Prevention Program. In: Criminal Justice and Behavior, Vol. 10, No. 2, June 1983, S. 227 – 247.

Bundeskriminalamt (Hrsg.) – Polizeiliche Kriminalstatistik, Bundesrepublik Deutschland, Jahrbuch 2017, Band 3 – Tatverdächtige, 65. Ausgabe, Wiesbaden.

dass. – Polizeiliche Kriminalstatistik, Bundesrepublik Deutschland, Jahrbuch 2016, Band 3 – Tatverdächtige, 64. Ausgabe, Wiesbaden.

dass. – Polizeiliche Kriminalstatistik, Bundesrepublik Deutschland, Jahrbuch 2015, 63. Ausgabe, Version 6.0, Wiesbaden.

dass. – Polizeiliche Kriminalstatistik, PKS - Zeitreihen 1987 - 2017, Tabelle 20, Tatverdächtige insgesamt nach Alter ab 1987, Wiesbaden, 2018.

dass. – Polizeiliche Kriminalstatistik, PKS - Zeitreihen 1987 - 2017, Tabelle 40, Deutsche Tatverdächtige insgesamt nach Alter ab 1987, Wiesbaden, 2018.

dass. – Polizeiliche Kriminalstatistik, Bundesrepublik Deutschland, Übersicht Summenschlüssel 2017.

dass. – Richtlinien für die Führung der Polizeilichen Kriminalstatistik in der Fassung vom 01.01.2017, Stand: 21.12.2016.

Bundesministerium des Innern (Hrsg.) – Bericht zur Polizeilichen Kriminalstatistik 2016, Berlin, Stand April 2017.

dass. – Polizeiliche Kriminalstatistik 2015, Berlin, Stand Mai 2016.

Bundesministerium des Innern, für Bau und Heimat (Hrsg.) – Bericht zur Polizeilichen Kriminalstatistik 2017, Berlin, Stand April 2018.

Bundesministerium des Innern, Bundesministerium der Justiz (Hrsg.) – 2. Periodischer Sicherheitsbericht, Berlin, 2006.

Bürgerschaft der Freien und Hansestadt Hamburg – Schriftliche Kleine Anfrage des Abgeordneten Dr. Andreas Dressel (SPD) vom 20.01.09 und Antwort des Senats, Betreff: Handlungskonzept gegen Jugendgewalt – Einzelmaßnahmen, Drucksache 19/2025, 19. Wahlperiode, 27.01.09, S. 1 – 3, abrufbar unter: http://www.buergerschaft-hh.de/ParlDok/dokument/24888/handlungskonzept-gegen-jugendgewalt---einzelmaßnahmen.pdf, zuletzt abgerufen am 27.12.2019.

Coester, Mark / Bannenberg, Britta / Rössner, Dieter – Die deutsche kriminologische Evaluationsforschung im internationalen Vergleich. In: Lösel, Friedrich / Bender, Doris / Jehle, Jörg-Martin (Hrsg.): Kriminologie und wissensbasierte Kriminalpolitik - Entwicklungs- und Evaluationsforschung, Forum Verlag Godesberg GmbH, Mönchengladbach, 2007, S. 93 – 112.

Coester, Marc / Gossner, Uwe / Rössner, Dieter / Bannenberg, Britta / Fasholz, Susanne – Kriminologische Analyse empirisch untersuchter Präventionsmodelle aus aller Welt: 61 Studien im Überblick (Teil I des Gutachtens). In: Rössner, Dieter / Bannenberg, Britta / Sommerfeld, Michael / Fasholz, Susanne et al. - Düsseldorfer Gutachten: Empirisch gesicherte Erkenntnisse über kriminalpräventive Wirkungen - Eine Sekundäranalyse der kriminalpräventiven Wirkungsforschung, Gutachten für die Landeshauptstadt Düsseldorf (Hrsg.), Düsseldorf, 2002, S. 1 – 193.

Cook, David Dykes / Spirrison, Charles L. – Effects of a Prisoner-operated Delinquency Deterrence Program: Mississippi's Project Aware. In: Journal of Offender Rehabilitation, Philadelphia, Vol.17:3-4, 1992, S. 89 – 100.

Cook, Thomas D. / Campbell, Donald T. – Quasi-Experimentation. Design & Analysis Issues for Field Settings, Rand McNally College Publishing Company, Chicago, 1979.

Cornel, Heinz – Evaluation in der Kriminalprävention. In: Sportjugend Berlin im Landessportbund Berlin e.V. (Hrsg.) - Evaluation von Kriminalprävention und Jugendarbeit, Dokumentation einer Fachtagung der Sportjugend Berlin am 29. August 2003, Berlin, 2003, S. 35 – 45.

Creifelds, Carl / Weber, Claus – Rechtswörterbuch, 23. Auflage, C.H. Beck, München, 2019.

Dehnart, Andy – Beyond Scared Straight's Real-Life Controversy. In: The Daily Beast vom 23.02.2011, Update: 13.07.2017, abrufbar unter: http://www.thedailybeast.com/articles/2011/02/23/beyond-scared-straights-real-life-controversy.html, zuletzt abgerufen am 27.12.2019.

Dollinger, Bernd / Schabdach, Michael – Jugendkriminalität, Springer VS, Wiesbaden, 2013.

Dölling, Dieter – 3.3 Kinder- und Jugenddelinquenz. In: Schneider, Hans Joachim (Hrsg.) - Internationales Handbuch der Kriminologie, Band 1: Grundlagen der Kriminologie, Walter de Gruyter, Berlin, 2007, S. 469 – 507.

ders. – Zur Qualität und Evaluation von Kriminalprävention. In: forum kriminalprävention, 1/2005, S. 21 – 24.

ders. – Strafeinschätzungen und Delinquenz bei Jugendlichen und Heranwachsenden - Ein Beitrag zur empirischen Analyse der generalpräventiven Wirkungen der Strafe. In: Kerner, Hans-Jürgen / Kury, Helmut / Sessar, Klaus (Hrsg.) - Deutsche Forschungen zur Kriminalitätsentstehung und Kriminalitätskontrolle, Carl Heymanns Verlag, Köln, Band 6/1. Teilband, 1983, S. 51 – 85.

Dölling, Dieter / Entorf, Horst / Hermann, Dieter / Rupp, Thomas – Is Deterrence Effective? Results of a Meta-Analysis of Punishment. In: European Journal on Criminal Policy and Research, Volume 15, 2009, S. 201 – 224.

Dölling, Dieter / Entorf, Horst / Hermann, Dieter / Rupp, Thomas / Woll, Andreas – Metaanalyse empirischer Abschreckungsstudien - Untersuchungsansatz und erste empirische Befunde. In: Lösel, Friedrich / Bender, Doris / Jehle, Jörg-Martin (Hrsg.) - Kriminologie und wissensbasierte Kriminalpolitik - Entwicklungs- und Evaluationsforschung, Forum Verlag Godesberg GmbH, Mönchengladbach, 2007, S. 633 – 648.

Dölling, Dieter / Entorf, Horst / Hermann, Dieter / Häring, Armando / Rupp, Thomas / Woll, Andreas – Zur generalpräventiven Abschreckungswirkung des Strafrechts – Befunde einer Metaanalyse. In: Soziale Probleme, 17. Jahrgang, Heft 2, 2006, S. 193 - 209.

Döring, Nicola / Bortz, Jürgen – Forschungsmethoden und Evaluation in den Sozial- und Humanwissenschaften, 5. Auflage, Springer, Berlin, 2016.

Ehrke, Katja – „Risikophase Jugend: Präventive Interventionen zur Eindämmung von delinquentem und kriminellem Verhalten Jugendlicher“, Masterarbeit, Helmut-Schmidt-Universität Hamburg, 2012.

Eimermacher, Martin / Pfaffenzeller, Martin – Körperverletzung, Vergewaltigung, Mord. Die Mär von der steigenden Jugendkriminalität. In: Spiegel Online vom 07.11.2016, abrufbar unter: http://www.spiegel.de/panorama/justiz/kriminalitaet-die-maer-von-der-steigenden-jugendkriminalitaet-a-1119162.html, zuletzt abgerufen am 27.12.2019.

Eisenberg, Ulrich – Jugendgerichtsgesetz, 20. Auflage, C.H. Beck, München, 2018.

ders. - Kriminologie, 6. Auflage, C.H. Beck, München, 2005.

Eisenberg, Ulrich / Kölbel, Ralf – Kriminologie, 7. Auflage, Mohr Siebeck, Tübingen, 2017.

Eisner, Manuel – Interessenkonflikte in der Evaluationsforschung: Gefährden sie die evidenzbasierte Prävention? In: Bannenberg, Britta / Jehle, Jörg-Martin (Hrsg.) - Gewaltdelinquenz - Lange Freiheitsentziehung - Delinquenzverläufe, Forum Verlag Godesberg GmbH, Mönchengladbach, 2011, S. 99 – 128.

Eisner, Manuel / Ribeaud, Denis – Markt, Macht und Wissenschaft; Kritische Überlegungen zur deutschen Präventionsforschung. In: Marks, Erich / Steffen, Wiebke (Hrsg.) - Starke Jugend – Starke Zukunft, Ausgewählte Beiträge des 12. Deutschen Präventionstages, 18. und 19. Juni 2007 in Wiesbaden, Forum Verlag Godesberg GmbH, Mönchengladbach, 2008, S. 173 – 192.

Eisner, Manuel / Ribeaud, Denis / Locher, Rahel – Prävention von Jugendgewalt. In: Beiträge zur Sozialen Sicherheit, Schweizer Eidgenossenschaft, Expertenbericht Nr. 05/09, Bern, 2009.

Farrington, David P. / Gottfredson, Denise C. / Sherman, Lawrence W. / Welsh, Brandon C. – The Maryland Scientific Methods Scale. In: Sherman, Lawrence W. / Farrington, David P. / Welsh, Brandon C. / MacKenzie, Doris L. (Hrsg.) - Evidence-Based Crime Prevention, Routledge, London, New York, 2002, S. 13 – 21.

Feltes, Thomas – Kriminalprävention. In: Lange, Hans-Jürgen (Hrsg.) - Kriminalpolitik, Springer VS, Heidelberg, 2008, S. 251 – 267.

Finckenauer, James O. – Scared Straight! and the Panacea Phenomenon, Prentice Hall, Englewood Cliffs, NJ, 1982.

ders. – JUVENILE AWARENESS PROJECT. Evaluation Report No. 2, Newark School of Criminal Justice, Newark, NJ, 1979.

Finckenauer, James O. / Gavin, Patricia W. with *Hovland, Arild / Storvall, Elisabet* – Scared Straight. The Panacea Phenomenon Revisited, Waveland Press, Prospect Heights, IL, 1999.

Finckenauer, James O. / Storti, Janet R. – JUVENILE AWARENESS PROJECT HELP. Evaluation Report No. 1, Newark School of Criminal Justice, Newark, NJ, 1978.

Fischer, Thomas – Strafgesetzbuch, 66. Auflage, C.H. Beck, München, 2019.

Fischer, Thomas A. / Holthusen, Bernd / Schmoll, Annemarie / Willems, Diana – Prävention von Delinquenz im Kindes- und Jugendalter – ein komplexer Gegenstand für Evaluationen. In: Walsh, Maria / Pniewski, Benjamin / Kober, Marcus / Armborst, Andreas (Hrsg.) - Evidenzorientierte Kriminalprävention in Deutschland. Ein Leitfaden für Politik und Praxis, Springer VS, Wiesbaden, 2018, S. 333 – 348.

Florida Department of Juvenile Justice – Myths vs. Facts: Scared Straight & Jail Tour Programs, Updated: October 2014, abrufbar unter: http://www.djj.state.fl.us/docs/research2/myth-fact-2014-scared-straight-2014_mb-10-22-14.pdf?sfvrsn=0, zuletzt abgerufen am 27.12.2019.

dass. – Florida Guidance Manual for monitoring Adult Jails, Lockups, and Court Holding Facilities under the Juvenile Justice & Delinquency Prevention Act (JJDPA) of 2002, Revised: January 2014, abrufbar unter: http://www.djj.state.fl.us/docs/jjdp-performance-measurement/2014-jjdpa-jail-lockup-manual.pdf?sfvrsn=0, zuletzt abgerufen am 27.12.2019.

Förderverein gegen Jugendliche e.V., "Gefangene helfen Jugendlichen SH" – Konzeption, Stand 13.11.2008.

Friedrichs, Jürgen – Methoden empirischer Sozialforschung, 14. Auflage, Westdeutscher Verlag, Opladen, 1990.

Fuchs, Burkhard – "Reden statt schlagen" - Elmshorner Konzept ausgezeichnet. In: Hamburger Abendblatt vom 08.11.2007, abrufbar unter: https://www.abendblatt.de/region/pinneberg/article107344005/Reden-statt-schlagen-Elmshorner-Konzept-ausgezeichnet.html, zuletzt abgerufen am 27.12.2019.

Fueller, Rike – Knast soll auffällige Jugendliche sensibilisieren. In: Weser Report vom 19.01.2017, abrufbar unter: https://weserreport.de/2017/01/panorama/knast-als-abschreckung-fuer-auffaellige-jugendliche/, zuletzt abgerufen am 27.12.2019.

Freie Hansestadt Bremen, Die Senatorin für Soziales, Jugend, Frauen, Integration und Sport – „Aktionsplan kinderfreundliches Deutschland“, Handlungsfelder für ein kindergerechtes Deutschland, 2006, abrufbar unter: https://www.google.de/url?sa=t&rct=j&q=&esrc=s&source=web&cd=1&ved=0ahUKEwiY5tWOmsPXAhWFJ1AKHSSYBrsQFggmMAA&url=http%3A%2F%2Fwww.soziales.bremen.de%2Fsixcms%2Fmedia.php%2F13%2FAktionsplanKinderfreundlichesDeutschland.pdf&usg=AOvVaw3HhZ9SvrwDu8QpHmqtnaoN, zuletzt abgerufen am 27.12.2019.

Gefangene helfen Jugendlichen e.V. – Gesamtkonzept von Gefangene helfen Jugendlichen e.V., ohne Datum.

ders. – Jahresbericht Gefangene helfen Jugendlichen e.V., 2018.

ders. – Jahresbericht Gefangene helfen Jugendlichen e.V., 2016.

ders. – Gefangene helfen Jugendlichen e.V., Jahres- und Wirkungsbericht, 2015.

Gill, Charlotte – Community Interventions. In: Weisburd, David / Farrington, David P. / Gill, Charlotte (Hrsg.) - What Works in Crime Prevention and Rehabilitation, Lessons from Systematic Reviews, Springer, New York u.a., 2016, S. 77 – 109.

Göppinger, Hans (Hrsg.) – Kriminologie, 6. Auflage, C.H. Beck, München, 2008.

ders. – Der Täter in seinen sozialen Bezügen. Ergebnisse aus der Tübinger Jungtäter-Vergleichsuntersuchung, Springer, Berlin Heidelberg, 1983.

Graebsch, Christine – What works? Who cares? Evidenzorientierte Kriminalprävention und die Realität der Jugendkriminalpolitik. In: Dollinger, Bernd / Schmidt-Semisch, Henning (Hrsg.) - Handbuch Jugendkriminalität. Interdisziplinäre Perspektiven, 3. Auflage, Springer VS, Wiesbaden, 2018, S. 197 – 218.

dies – What works? – Nothing works? – Who cares? „Evidence-based Criminal Policy“ und die Realität der Jugendkriminalpolitik. In: Dollinger, Bernd / Schmidt-Semisch, Henning (Hrsg.) - Handbuch der Jugendkriminalität - Kriminologie und Sozialpädagogik im Dialog, Springer VS, Wiesbaden, 2010, S. 137 – 147.

dies. – Kompatibilitätsprobleme zwischen experimenteller Erkenntnisgewinnung und rechtlichem Entscheidungsprogramm. In: Lösel, Friedrich / Bender, Doris / Jehle, Jörg-Martin (Hrsg.) - Kriminologie und wissensbasierte Kriminalpolitik Entwicklungs- und Evaluationsforschung, Forum Verlag Godesberg GmbH, Mönchengladbach, 2007, S. 193 – 204.

dies. – Gefangene helfen Jugendlichen nicht - wem dann? In: Neue Kriminalpolitik, Baden-Baden, Heft 2, 2006, S. 46 – 52.

dies. – Ist Knast nicht cool? In: Verein für Rechtshilfe im Justizvollzug des Landes Bremen e.V. (Hrsg.) - INFO 4 - Einblicke in die Tätigkeit des Vereins und die bremischen Hafteinrichtungen, Bremen, 2005, S. 33 – 39.

dies. – Legal Issues of Randomized Experiments on Sanctioning. In: Crime & Delinquency, Vol. 46, No. 2, April 2000, S. 271 – 282.

Greater Egypt Regional Planning and Development Commission – Menard Correctional Center: Juvenile tours impact study, Greater Egypt Regional Planning and Development Commission, Carbondale, IL, 1979.

Groeger-Roth, Frederick – Die „Grüne Liste Prävention“ - ein Beitrag zur nachhaltigen Kriminalprävention. In: Schubarth, Wilfried (Hrsg.) - Nachhaltige Prävention von Kriminalität, Gewalt und Rechtsextremismus, Beiträge aus Wissenschaft und Praxis, Universitätsverlag, Potsdam, 2014, S. 127 – 143.

Guder, Petra / Sonnen, Bernd-Rüdeger – Nachhaltige Kriminalprävention: Nationale und Internationale Entwicklung. In: Schubarth, Wilfried (Hrsg.) - Nachhaltige Prävention von Kriminalität, Gewalt und Rechtsextremismus, Beiträge aus Wissenschaft und Praxis, Universitätsverlag, Potsdam, 2014, S. 57 – 96.

Gutsche, Günter / Sommerfeld, Michael – Sherman Report: Preventing Crime: What Works, What Doesn't, What's Promising (Teil II des Gutachtens). In: Rössner, Dieter / Bannenberg, Britta / Sommerfeld, Michael / Fasholz, Susanne et al. - Düsseldorfer Gutachten: Empirisch gesicherte Erkenntnisse über kriminalpräventive Wirkungen - Eine Sekundäranalyse der kriminalpräventiven Wirkungsforschung, Gutachten für die Landeshauptstadt Düsseldorf (Hrsg.), Düsseldorf, 2002, S. 194 – 264.

Hawkins, J. David / Herrenkohl, Todd / Farrington, David P. / Brewer, Devon / Catalano, Richard F. / Harachi, Tracy W. – A Review of Predictors of Youth Violence. In: Loeber, Rolf / Farrington, David P. (Hrsg.) - Serious & Violent Juvenile Offenders, Sage Publications, Thousand Oakes, 1998, S. 106 – 146.

Heinz, Wolfgang – Der Erfolg jugendstrafrechtlicher Sanktionen – was wirkt, was wirkt vielleicht, was wirkt nicht? In: Deutsche Vereinigung für Jugendgerichte und Jugendgerichtshilfen e.V., Landesgruppe Baden-Württemberg (Hrsg.) - Jugendkriminalität – Prävention und Reaktionen, INFO 2014, Heidelberg, S. 67 – 147.

ders. – Jugendstrafrecht: Aktuelle Sanktionierungspraxis und Punitivität, Vortrag auf der Tagung in der Evangelischen Akademie Bad Boll „Wer nicht hören will, muss fühlen?“, 13.01.2012, 2012, abrufbar unter: http://www.uni-konstanz.de/rtf /kis/Heinz_2012_JGG_aktuelle_Sanktionspraxis.pdf, zuletzt abgerufen am 27.12.2019.

ders. – „Bei der Gewaltkriminalität junger Menschen helfen nur härtere Strafen!“ Fakten und Mythen in der gegenwärtigen Jugendkriminalpolitik. In: Neue Kriminalpolitik, Baden-Baden, Heft 2, 2008, S. 50 – 59.

ders. – Bekämpfung der Jugendkriminalität durch Verschärfung des Jugendstrafrechts? In: ZJJ, Zeitschrift für Jugendkriminalrecht und Jugendhilfe, 1/2008, S. 60 – 68.

ders. – Evaluation jugendstrafrechtlicher Sanktionen – Eine Sekundäranalyse deutschsprachiger Untersuchungen. In: Lösel, Friedrich / Bender, Doris / Jehle, Jörg-Martin (Hrsg.) - Kriminologie und wissensbasierte Kriminalpolitik - Entwicklungs- und Evaluationsforschung, Forum Verlag Godesberg GmbH, Mönchengladbach, 2007, S. 495 – 518.

ders. – Was richten Richter an, wenn sie richten? In: Deutsche Vereinigung für Jugendhilfe und Jugendgerichtshilfen e.V. (Hrsg.) - Verantwortung für Jugend - Perspektiven und Qualitätssicherung in der Jugendkriminalrechtspflege, Dokumentation des 26. Deutschen Jugendgerichtstages vom 25. – 28. September 2004 in Leipzig, Band 37, Forum Verlag Godesberg GmbH, Mönchengladbach, 2006, S. 62 – 107.

ders. – Kommunale Kriminalprävention aus wissenschaftlicher Sicht. In: Bannenberg, Britta / Coester, Marc / Marks, Erich (Hrsg.) - Kommunale Kriminalprävention, Ausgewählte Beiträge des 9. Deutschen Präventionstages, 17. und 18. Mai 2004 in Stuttgart, Forum Verlag Godesberg GmbH, Mönchengladbach, 2005, S. 9 – 30.

ders. – Kriminalprävention. Anmerkungen zu einer überfälligen Kurskorrektur der Kriminalpolitik. In: Kerner, Hans-Jürgen / Jehle, Jörg-Martin / Marks, Erich (Hrsg.) - Entwicklung der Kriminalprävention in Deutschland. Allgemeine Trends und bereichsspezifische Perspektiven. Zugleich Dokumentation des 3. Deutschen Präventionstages in Bonn vom 5. – 7. Mai 1997, Deutsche Stiftung für Verbrechensverhütung und Straffälligenhilfe, Forum Verlag Godesberg GmbH, Mönchengladbach, 1998, S. 17 – 59.

Holley, Philip D. / Brewster, Dennis – A Description of Speak Outs in Oklahoma Prisons. In: Journal of the Oklahoma Criminal Justice Research Consortium, Vol. 3, August 1996, S. 123 – 133.

Holthusen, Bernd / Hoops, Sabrina – Kriminalprävention im Kindes- und Jugendalter. Zu Rolle, Beitrag und Bedeutung der Kinder- und Jugendhilfe. In: ZJJ, Zeitschrift für Jugendkriminalrecht und Jugendhilfe, 1/2012, S. 23 – 28.

Holthusen, Bernd / Lüders, Christian – Evaluation von Kriminalitätsprävention – Eine thematische Einleitung. In: Deutsches Jugendinstitut e.V., Arbeitsstelle Kinder- und Jugendkriminalitätsprävention (Hrsg.) - Evaluierte Kriminalitätsprävention in der Kinder- und Jugendhilfe. Erfahrungen und Ergebnisse aus fünf Modellprojekten, Band 7, München, 2003, S. 9 – 30.

Hostert, Martin – 20 Minuten in der Einzelzelle, ohne Datum, unbekannte Quelle.

Izzo, Rhena L. / Ross, Robert R. – Meta-Analysis of Rehabilitation Programs for Juvenile Delinquents, A Brief Report. In: Criminal Justice and Behaviour, Vol. 17, No. 1, March 1990, S. 134 – 142.

Jehle, Jörg-Martin – Methodische Probleme einer Rückfallforschung aufgrund von Bundeszentralregisterdaten. In: Lösel, Friedrich / Bender, Doris / Jehle, Jörg-Martin (Hrsg.) - Kriminologie und wissensbasierte Kriminalpolitik - Entwicklungs- und Evaluationsforschung, Forum Verlag Godesberg GmbH, Mönchengladbach, 2007, S. 227 – 245.

ders. – Möglichkeiten und Grenzen der Kriminalprävention. In: Jehle, Jörg-Martin / Egg, Rudolf (Hrsg.) - Kriminalprävention und Strafjustiz, Kriminologie und Praxis (KUP) - Schriftenreihe der Kriminologischen Zentralstelle e.V. (KrimZ), Band 17, Wiesbaden, 1996, S. 11 – 34.

Jehle, Jörg-Martin / Albrecht, Hans-Jörg / Hohmann-Fricke, Sabine / Tetal, Carina – Legalbewährung nach strafrechtlichen Sanktionen - Eine bundesweite Rückfalluntersuchung, 2010 bis 2013 und 2004 bis 2013, hrsg. vom Bundesministerium der Justiz, Forum Verlag Godesberg GmbH, Mönchengladbach, 2016.

dies. – Legalbewährung nach strafrechtlichen Sanktionen - Eine bundesweite Rückfalluntersuchung, 2007 bis 2010 und 2004 bis 2010, hrsg. vom Bundesministerium der Justiz, Forum Verlag Godesberg GmbH, Mönchengladbach, 2013.

Jehle, Jörg-Martin / Heinz, Wolfgang / Sutterer, Peter – Legalbewährung nach strafrechtlichen Sanktionen. Eine kommentierte Rückfallstatistik, hrsg. vom Bundesministerium der Justiz, Forum Verlag Godesberg GmbH, Mönchengladbach, 2003.

Jescheck, Hans-Heinrich / Weigend, Thomas – Lehrbuch des Strafrechts. Allgemeiner Teil, 5. Auflage, Duncker & Humblot, Berlin, 1996.

Kahl, Wolfgang – Eine gute Sozialpolitik ist die beste Kriminalpolitik - Plädoyer für ein weitreichendes und systemisch angelegtes Präventionsverständnis. In: Stiftung Deutsches Forum für Kriminalprävention (Hrsg.) - Entwicklungsförderung & Gewaltprävention, Aktuelle Beiträge aus Wissenschaft und Praxis 2015/2016, Bonn, 2016, S. 159 – 164.

Kaiser, Günther – Kriminologie - Ein Lehrbuch, 3. Auflage, Verlagsgruppe Hüthig-Jehle-Rehm, Heidelberg, 1996.

Kerner, Hans-Jürgen – Möglichkeiten und Grenzen der Prävention von Jugendkriminalität. In: Dölling, Dieter (Hrsg.) - Das Jugendstrafrecht an der Wende des 21. Jahrhunderts, Symposium zum 80. Geburtstag von Dr. Rudolf Brunner am 17. Juni 2000 in Heidelberg, Walter de Gruyter, Berlin, 2001, S. 99 – 124.

ders. – Jugendkriminalität zwischen Massenerscheinung und krimineller Karriere. Eine Problemskizze anhand neuerer statistischer Ergebnisse. In: Nickolai, Werner / Reindl, Richard (Hrsg.) - Sozialarbeit und Kriminalpolitik, Lambertus, Freiburg im Breisgau, 1993, S. 28 – 62.

Keusch, Roland – Bewährungshelfer: Den "Drehtürklienten" ist auch mit Mühe nicht zu helfen. In: Remscheider General-Anzeiger, 10.10.2014, abrufbar unter: https://www.rga.de/lokales/remscheid/bewaehrungshelfer-drehtuerklienten-auch-muehe-nicht-helfen-4100740.html, zuletzt abgerufen am 27.12.2019.

Killias, Martin / Villettaz, Patrice – Rückfall nach Freiheits- und Alternativstrafen: Lehren aus einer systematischen Literaturübersicht. In: Lösel, Friedrich / Bender, Doris / Jehle, Jörg-Martin (Hrsg.) - Kriminologie und wissensbasierte Kriminalpolitik - Entwicklungs- und Evaluationsforschung, Forum Verlag Godesberg GmbH, Mönchengladbach, 2007, S. 207 – 225.

Klauck, Isabelle – Prävention im Rahmen von Jugenddelinquenz aus pädagogischer Sicht, Wissenschaftliche Hausarbeit zur Erlangung des akademischen Grades einer Diplompädagogin am Fachbereich Erziehungswissenschaft der Universität Hamburg, 2011.

Klenowski, Paul M. / Bell, Keith J. / Dodson, Kimberly D. – An Empirical Evaluation of Juvenile Awareness Programs in the United States: Can Juveniles be “Scared Straight”? In: Journal of Offender Rehabilitation, 49:4, 2010, S. 254 – 272.

Kölling, Volker – Knast ist kein Weg. In: Die Norddeutsche vom 27.01.2017, abrufbar unter: https://www.weser-kurier.de/region/die-norddeutsche_artikel,-Knast-ist-kein-Weg-_arid,1538941.html, zuletzt abgerufen am 29.12.2019.

Kopp, Andrea / Klaus Hinze – Nachhaltige Prävention durch Wirksamkeitsüberprüfung – Beispiele aus Brandenburg. In: Schubarth, Wilfried (Hrsg.) - Nachhaltige Prävention von Kriminalität, Gewalt und Rechtsextremismus, Beiträge aus Wissenschaft und Praxis, Universitätsverlag, Potsdam, 2014, S. 315 – 338.

Kromrey, Helmut / Roose, Jochen / Strübing, Jörg – Empirische Sozialforschung. Modelle und Methoden der standardisierten Datenerhebung und Datenauswertung mit Annotationen aus qualitativ-interpretativer Perspektive, 13. Auflage, UVK Verlagsgesellschaft, Konstanz und München, 2016.

Kube, Edwin – Reaktionen auf Kriminalität, Verbrechensverhütung – die deutsche Situation. In: Schneider, Hans Joachim (Hrsg.) - Internationales Handbuch der Kriminologie, Band 1: Grundlagen der Kriminologie, Walter de Gruyter, Berlin, 2007, S. 833 – 861.

ders. – Systematische Kriminalprävention - Mit praktischen Hinweisen, Sonderband der BKA-Forschungsreihe, Wiesbaden, 1986.

Kunz, Karl-Ludwig / Singelnstein, Tobias – Kriminologie, Eine Grundlegung, 7. Auflage, utb, Haupt Verlag, Bern, 2016.

Kury, Helmut – Jugendgewalt in unserer Gesellschaft – Entwicklung und Folgen. In: Deutsche Vereinigung für Jugendgerichte und Jugendgerichtshilfen e.V., Landesgruppe Baden-Württemberg (Hrsg.) - Jugendliche Gewaltdelinquenz - Beteiligte und Reaktionen, INFO 2010, Heidelberg, S. 7 – 10.

ders. – Präventionskonzepte. In: Lange, Hans-Jürgen / Ohly, H. Peter / Reichertz, Jo (Hrsg.) - Auf der Suche nach neuer Sicherheit. Fakten, Theorien und Folgen, 2. Auflage, VS Verlag, Wiesbaden, 2009, S. 21 – 48.

ders. – Erfolgsmessung von kriminalpräventiven Maßnahmen. In: Deutsche Vereinigung für Jugendgerichte und Jugendgerichtshilfen e.V., Landesgruppe Baden-Württemberg (Hrsg.) - Jugendkriminalität - Prävention und Reaktionen, INFO 2005, Heidelberg, S. 25 – 57.

ders. – Das Dunkelfeld der Kriminalität. Oder: Selektionsmechanismen und andere Verfälschungsstrukturen. In: Kriminalistik, 2/2001, 74 – 84.

Laatz, Wilfried – Empirische Methoden. Ein Lehrbuch für Sozialwissenschaftler, Verlag Harri Deutsch, Thun und Frankfurt am Main, 1993.

Landespräventionsrat Niedersachsen – Qualität in der Kriminalprävention, Beccaria-Standards, 2007, erarbeitet 2005 von Volkhard Schindler, Jörg Bässmann, Anja Meyer, Erich Marks, Ruth Linssen.

Langer, Sidney – Fear in the Deterrence of Delinquency: A Critical Analysis of the Rahway State Prison Lifers` Program. A dissertation submitted to the Graduate Faculty in Sociology in partial fulfillment of the requirements for the degree of Doctor of Philosophy, The City University of New York, 1979/1980.

Lewis, Roy V. – Scared Straight – California Style: Evaluation of the San Quentin Squires Program. In: Criminal Justice and Behavior, Vol. 10, No. 2, June 1983, S. 209 – 226.

Linssen, Ruth / Meyer, Anja – Wie kommt der Berg zum Propheten? Oder: Wie kommt die Qualität in die Präventionspraxis? In: Lösel, Friedrich / Bender, Doris / Jehle, Jörg-Martin (Hrsg.) - Kriminologie und wissensbasierte Kriminalpolitik - Entwicklungs- und Evaluationsforschung, Forum Verlag Godesberg GmbH, Mönchengladbach, 2007, S. 179 – 191.

Lipsey, Mark W. – Juvenile Delinquency Treatment: A Meta-Analytic Inquiry into the Variability of Effects. In: Cook, Thomas D. / Cooper, Harris / Cordray, David S. / Hartmann, Heidi / Hedges, Larry V. / Light, Richard J. / Louis, Thomas. A. / Mosteller, Frederick (Hrsg.) - Meta-analysis for explanation: A Casebook, Russell Sage Foundation, New York, NY, 1992a, S. 83 – 127.

ders. – The Effect of Treatment on Juvenile Delinquents: Results from Meta-Analysis. In: Lösel, Friedrich / Bender, Doris / Bliesener, Thomas (Hrsg.) - Psychology and Law, International Perspectives, Walter de Gruyter, Berlin, New York, 1992b, S. 131 – 143.

Lipton, Douglas / Martinson, Robert / Wilks, Judith – The Effectiveness of Correctional Treatment: A Survey of Treatment Evaluation Studies, Praeger Publishers, New York, 1975.

Liszt, Franz von – Strafrechtliche Aufsätze und Vorträge, Erster Band 1875 bis 1891, Photomechanischer Nachdruck der Ausgabe Berlin 1905, Guttentag, Berlin, 1970.

Lloyd, Charles – To scare or educate? British experience of day visits in prison for young people, Home Office Research Study No. 149, London, 1995.

Locke, Thomas P. / Johnson, Glenn M. / Kirigin-Ramp, Kathryn / Atwater, Jay D. / Gerrard Meg – An Evaluation of a Juvenile Education Program in a State Penitentiary. In: Evaluation Review, A Journal of Applied Social Research, Vol. 10, Issue 3, First published date: July-26-2016, S. 281 – 298.

Lösel, Friedrich – Erziehen - Strafen - Helfen: Kommentar des Autors nach zwanzig Jahren. In: ZJJ, Zeitschrift für Jugendkriminalrecht und Jugendhilfe, 3/2013, S. 267 – 268.

ders. – Frühe Prävention von Gewalt und Delinquenz in der kindlichen Entwicklung. In: ZJJ, Zeitschrift für Jugendkriminalrecht und Jugendhilfe, 1/2012, S. 7 – 16.

Lösel, Friedrich / Bender, Doris – Probleme bei der Replikation von Ergebnissen in der Kriminalprävention und die Notwendigkeit der Differenzierung. In: Walsh, Maria / Pniewski, Benjamin / Kober, Marcus / Armborst, Andreas (Hrsg.) - Evidenzorientierte Kriminalprävention in Deutschland. Ein Leitfaden für Politik und Praxis, Springer VS, Wiesbaden, 2018, S. 269 – 286.

Lösel, Friedrich / Heinrichs, Nina / DFK-Sachverständige – Messung von Wirksamkeit und Umsetzungsqualität (Evaluation). In: forum kriminalprävention, 2/2013, S. 24 – 26.

Lundman, Richard J. – Prevention and Control of Juvenile Delinquency, Second Edition, Oxford University Press, New York, Oxford, 1993.

MacKenzie, Doris Layton – What Works in Corrections. Reducing the Criminal Activities of Offenders and Delinquents, Cambridge University Press, Cambridge, 2006.

dies. – Reducing the criminal activities of known offenders and delinquents. Crime prevention in the courts and corrections. In: Sherman, Lawrence W. / Farrington, David P. / Welsh, Brandon C. / MacKenzie, Doris L. (Hrsg.) - Evidence-Based Crime Prevention, Routledge, London, New York, 2002, S. 330 – 404.

dies. – Criminal Justice and Crime Prevention. In: Sherman, Lawrence W. / Gottfredson, Denise C. / MacKenzie, Doris L. / Eck, John / Reuter, Peter / Bushway, Shawn D. (Hrsg.) - Preventing Crime. What Works, What Doesn't, What's Promising. A Report to the United States Congress, Prepared for the National Institute of Justice, U.S. Department of Justice/Office of Justice Programs, National Institute of Justice Report, Washington, DC, Chapter 9, 1997, abrufbar unter: https://www.ncjrs.gov/works/chapter9.htm, zuletzt abgerufen am 29.12.2019.

Mallender, Jacqueline / Tierney, Rory – Economic Analyses. In: Weisburd, David / Farrington, David P. / Gill, Charlotte (Hrsg.) - What Works in Crime Prevention and Rehabilitation, Lessons from Systematic Reviews, Springer, New York u.a., 2016, S. 291 – 309.

Meier, Bernd-Dieter – Kriminologie, 5. Auflage, C.H. Beck, München, 2016.

ders. – Strafrechtliche Sanktionen, 4. Auflage, Springer, Heidelberg u.a., 2015.

ders. – Was nützt, was schadet, was ist ohne Effekt? – Projekte und Initiativen auf dem Prüfstand, Manuskript Arbeitstagung Landespräventionsrat Sachsen-Anhalt, 11.06.2008. Internetdokumentation, S. 55 – 75, abrufbar unter: http://www.sachsen-anhalt.de/fileadmin/Bibliothek/Politik_und_Verwaltung/MI/LPR/Tagungsbaende_LPR/Tagungsband_110608.pdf, zuletzt abgerufen am 29.12.2019.

ders. – Die präventive Wirkung jugendstrafrechtlicher Sanktionen. In: Deutsche Vereinigung für Jugendgerichte und Jugendgerichtshilfen e.V., Landesgruppe Baden-Württemberg (Hrsg.) - Jugendkriminalität – Prävention und Reaktionen, INFO 2005, Heidelberg, S. 77 – 100.

ders. – Licht ins Dunkel: Die richterliche Strafzumessung. In: Juristische Schulung, C.H. Beck, München, 2005, S. 769 – 773.

Meier, Bernd-Dieter / Bannenberg, Britta / Höffler, Katrin – Jugendstrafrecht, 4. Auflage, C.H. Beck, München, 2019.

Meier, Bernd-Dieter / Rössner, Dieter / Trüg, Gerson / Wulf, Rüdiger (Hrsg.) – Jugendgerichtsgesetz, 2. Auflage, Nomos, Baden-Baden, 2014.

Meyer, Anja – Entwicklung der Evaluation und Qualitätsentwicklung in der Gewaltprävention und -intervention in den letzten 25 Jahren. In: Voß, Stephan / Marks, Erich (Hrsg.) - Internetdokumentation des Symposions „25 Jahre Gewaltprävention im vereinten Deutschland – Bestandsaufnahme und Perspektiven“, Berlin, 2016, abrufbar unter: http://www.gewalt-praevention.info/html/download.cms?id=112&datei=Meyer-I.pdf, zuletzt abgerufen am 04.01.2020.

Meyer, Wolfgang / Höhns, Gabriela – Was ist Evaluation? In: Schriftenreihe des Bundesinstituts für Berufsbildung, Heft 59, BIBB, Bonn, 2002, abrufbar unter: https://www.bibb.de/dokumente/pdf/wd_59_evaluation.pdf, zuletzt abgerufen am 04.01.2020.

Mokwa, Bianca – Ein Tag im Gefängnis: Lernen von Gelderns Häftlingen. In: Rheinische Post, RP Online vom 08.05.2013, abrufbar unter: http://www.rp-online.de/nrw/staedte/geldern/ein-tag-im-gefaengnis-lernen-von-gelderns-haeftlingen-aid-1.3382920, zuletzt abgerufen am 04.01.2020.

Neubacher, Frank – Kriminologie, 3. Auflage, Nomos, Baden-Baden, 2017.

Nolting, Hans-Peter – Psychologie der Aggression - Warum Ursachen und Auswege so vielfältig sind, 1. Auflage, Rowohlt, Reinbek bei Hamburg, 2015.

O'Malley, Pat / Coventry, Garry / Walters, Reece – Victoria's "Day in Prison Program": An Evaluation and Critique. In: The Australian and New Zealand Journal of Criminology, Volume 26, Number 2, 1993, S. 171 – 183

Orchowsky, Stan / Taylor, Keith – The Insiders - Juvenile Crime Prevention Program. An Assessment of a Juvenile Awareness Program, Research and Reporting Unit, Division of Program Development and Evaluation, Virginia Department of Corrections, Richmond, VA, 1981.

Ostendorf, Heribert (Hrsg.) – Jugendgerichtsgesetz, 10. Auflage, Nomos, Baden-Baden, 2016.

Perry, Amanda E. – Sentencing and Deterrence. In: Weisburd, David / Farrington, David P. / Gill, Charlotte (Hrsg.) - What Works in Crime Prevention and Rehabilitation, Lessons from Systematic Reviews, Springer, New York u.a., 2016, S. 169 – 191.

Petrosino, Anthony / Turpin-Petrosino, Carolyn – „Scared Straight" and other prison tour programs for preventing juvenile delinquency, Protocol for a Cochrane Review. In: The Cochrane Library, Issue 4, Update Software, Oxford, 2000.

Petrosino, Anthony / Turpin-Petrosino, Carolyn / Buehler, John – "Scared Straight" and Other Juvenile Awareness Programs for Preventing Juvenile Delinquency, Campbell Systematic Reviews, 2004:2, 2004, abrufbar unter: https://onlinelibrary.wiley.com/doi/pdf/10.4073/csr.2004.2, zuletzt abgerufen am 04.01.2020.

Petrosino, Anthony / Turpin-Petrosino, Carolyn / Hollis-Peel, Meghan E. / Lavenberg, Julia G. – Scared Straight and Other Juvenile Awareness Programs for Preventing Juvenile Delinquency: A Systematic Review, Campbell Systematic Reviews, 2013:5, 2013, abrufbar unter: https://onlinelibrary.wiley.com/doi/pdf/10.4073/csr.2013.5, zuletzt abgerufen am 04.01.2020.

Petrosino, Anthony / Turpin-Petrosino, Carolyn / Finckenauer, James O. – Well-Meaning Programs Can Have Harmful Effects! Lessons From Experiments of Programs Such as Scared Straight. In: Crime & Delinquency, Vol. 46, No. 3, July 2000, S. 354 – 379.

Powers, Edwin / Witmer, Helen (with a Foreword by Allport, Gordon W.) – An Experiment in the Prevention of Delinquency, The Cambridge-Somerville Youth Study, Columbia University Press, New York, 1951.

Robinson, Laurie O. / Slowikowski, Jeff – Scary - and ineffective. Traumatizing at-risk kids is not the way to lead them away from crime and drugs. In: Baltimore Sun, 2011, January 31st, abrufbar unter: http://articles.baltimoresun.com/2011-01-31/news/bs-ed-scared-straight-20110131_1_straight-type-programs-straight-program-youths, zuletzt abgerufen am 23.11.2018.

Rossi, Peter H. / Freeman, Howard E. – Evaluation. A Systematic Approach, Sage Publications, Beverly Hills, Third Edition, 1985.

Rössner, Dieter – Eckpunkte evidenzbasierter Kriminalprävention. In: Boers, Klaus / Feltes, Thomas / Kinzig, Jörg / Sherman, Lawrence, W. / Streng, Franz / Trüg, Gerson (Hrsg.) - Kriminologie – Kriminalpolitik – Strafrecht, Festschrift für Hans-Jürgen Kerner zum 70. Geburtstag, Mohr Siebeck, Tübingen, 2013, S. 457 – 469.

ders. – Was bringt's? Stand und Erkenntnisse der Wirkungsforschung. In: Deutsche Vereinigung für Jugendhilfe und Jugendgerichtshilfen e.V. (Hrsg.) - Verantwortung für Jugend - Perspektiven und Qualitätssicherung in der Jugendkriminalrechtspflege, Dokumentation des 26. Deutschen Jugendgerichtstages vom 25. – 28. September 2004 in Leipzig, Band 37, Forum Verlag Godesberg GmbH, Mönchengladbach, 2006, S. 309 – 319.

ders. – Prävention von Jugendkriminalität - Was wirkt? In: Deutsche Vereinigung für Jugendgerichte und Jugendgerichtshilfen e.V., Landesgruppe Baden-Württemberg (Hrsg.) - Neue Wege im Umgang mit Jugendkriminalität, INFO 2004, Heidelberg, S. 7 – 24.

Rössner, Dieter / Bannenberg, Britta / Sommerfeld, Michael / Fasholz, Susanne et al.– Düsseldorfer Gutachten: Empirisch gesicherte Erkenntnisse über kriminalpräventive Wirkungen - Eine Sekundäranalyse der kriminalpräventiven Wirkungsforschung, Gutachten für die Landeshauptstadt Düsseldorf (Hrsg.), Düsseldorf, 2002.

dies. – Düsseldorfer Gutachten: Leitlinien wirkungsorientierter Kriminalprävention, Gutachten im Auftrag der Landeshauptstadt Düsseldorf (Hrsg.), Düsseldorf, 2002.

Roxin, Claus – Strafrecht - Allgemeiner Teil, Band 1, Grundlagen. Der Aufbau der Verbrechenslehre, 4. Auflage, C.H. Beck, München, 2006.

Ruhe, Volkert / Vogt, Wolfgang – „Stadt und Land - Strategien zur Gewaltprävention - Bündnis für Demokratie und Toleranz (BfDT), Berlin". In: Kerner, Hans-Jürgen / Marks, Erich (Hrsg.) - Internetdokumentation des 17. Deutschen Präventionstages, 16. und 17. April in München, Hannover, 2012, abrufbar unter: http://www.praeventionstag.de/dokumentation/download.cms?id=1137&datei=GhJ_F2040-1137.pdf, zuletzt abgerufen am 04.01.2020.

Schembri, Anthony J. – White Paper: Scared Straight Programs: Jail and Detention Tours, Florida Department of Juvenile Justice, Tallahassee, FL, 2006, abrufbar unter: http://www.cfyj.org/Downloads/KeyResearch/ScaredStraight.pdf, zuletzt abgerufen am 04.01.2020.

Schill, Ryan – Beyond Scared Straight: Experts Alarmed by New Show and Impact on Kids, Juvenile Justice Information Exchange, January 11, 2011a, abrufbar unter: http://jjie.org/2011/01/11/scared-straight-story-2/8693/, zuletzt abgerufen am 04.01.2020.

ders. – Scared Straight! Graduate Plays Starring Role in Cold Case Crime, Juvenile Justice Information Exchange, February 1, 2011b, abrufbar unter http://jjie.org/2011/02/01/scared-straight-graduate-plays-starring-role/9285/, zuletzt abgerufen am 04.01.2020.

Schittelkopp, Claudia – Junge Straftäter zur Abschreckung einen Tag in den Knast. In: Hessische/Niedersächsische Allgemeine (HNA.de) vom 17.04.2013, abrufbar unter: https://www.hna.de/lokales/schwalmstadt/abschreckung-einen-knast-2855294.html, zuletzt abgerufen am 04.01.2020.

Schneider, Hans Joachim – Fortschritte der internationalen, der europäischen und der deutschsprachigen Kriminologie. In: Schneider, Hans-Joachim (Hrsg.) - Internationales Handbuch der Kriminologie, Band 1: Grundlagen der Kriminologie, Walter de Gruyter, Berlin, 2007a, S. 1 – 23.

ders. – Methoden der Kriminologie. In: Schneider, Hans-Joachim (Hrsg.) - Internationales Handbuch der Kriminologie, Band 1: Grundlagen der Kriminologie, Walter de Gruyter, Berlin, 2007b, S. 209 – 254.

ders. – Reaktionen auf Kriminalität: Verbrechensverhütung - Die ausländische Forschung. In: Schneider, Hans-Joachim (Hrsg.) - Internationales Handbuch der Kriminologie, Band 1: Grundlagen der Kriminologie, Walter de Gruyter, Berlin, 2007c, S. 863 – 893.

Schöch, Heinz – Empirische Grundlagen der Generalprävention. In: Vogler, Theo (Hrsg.) - Festschrift für Hans-Heinrich Jescheck zum 70. Geburtstag, 2. Halbband, Duncker & Humblot, Berlin, 1985, S. 1081 – 1105.

Schumann, Karl F. – Bringt´s was? Stand und Erkenntnisse der Wirkungsforschung. In: Deutsche Vereinigung für Jugendhilfe und Jugendgerichtshilfen e.V. (Hrsg.) - Verantwortung für Jugend - Perspektiven und Qualitätssicherung in der Jugendkriminalrechtspflege, Dokumentation des 26. Deutschen Jugendgerichtstages vom 25. – 28. September 2004 in Leipzig, Band 37, Forum Verlag Godesberg GmbH, Mönchengladbach, 2006, S. 320 – 342.

ders. – Delinquenz im Lebenslauf - Ergebnisbilanz und Perspektiven. In: Schumann, Karl F. (Hrsg.) - Delinquenz im Lebenslauf. Bremer Längsschnittstudie zum Übergang von der Schule in den Beruf bei ehemaligen Hauptschülern, Band 2, Juventa, Weinheim, München, 2003, S. 209 – 222.

ders. – Experimente mit Kriminalprävention. In: Albrecht, Günter / Backes, Otto / Kühnel, Wolfgang (Hrsg.) - Gewaltkriminalität zwischen Mythos und Realität, Suhrkamp, Frankfurt a. Main, 2001, S. 435 – 457.

Schumann, Karl F. / Berlitz, Claus / Guth, Hans-Werner / Kaulitzki, Reiner – Jugendkriminalität und die Grenzen der Generalprävention, Luchterhand, Neuwied, Darmstadt, 1987.

Schüler, Judith / Bruns, Ulrich – Präventionsmaßnahme „Ein Blick? – Einblick!". Erfahrungsbericht, Justizvollzugsanstalt Bielefeld-Brackwede, Juni 2015.

Schwind, Hans-Dieter – Kriminologie und Kriminalpolitik, Eine praxisorientierte Einführung mit Beispielen, 23. Auflage, Kriminalistik-Verlag, Heidelberg, 2016.

Serpas, F. / Litton, G. / Ashcroft, J. – A closeout report of the Orleans Parish juvenile awareness program (Unpublished manuscript), Mayor's Criminal Justice Coordinating Council, Orleans Parish, Louisiana, 1979.

Sherman, Lawrence W. – Enlightened Crime Prevention: Evidence on What Works in an Age of Terror. In: Lösel, Friedrich / Bender, Doris / Jehle, Jörg-Martin (Hrsg.): Kriminologie und wissensbasierte Kriminalpolitik - Entwicklungs- und Evaluationsforschung, Forum Verlag Godesberg GmbH, Mönchengladbach, 2007, S. 3 – 18.

ders. – Thinking About Crime Prevention. In: Sherman, Lawrence W. / Gottfredson, Denise C. / MacKenzie, Doris L. / Eck, John / Reuter, Peter / Bushway, Shawn D. (Hrsg.) - Preventing Crime. What Works, What Doesn't, What's Promising. A Report to the United States Congress, Prepared for the National Institute of Justice, U.S. Department of Justice/Office of Justice Programs, National Institute of Justice Report, Washington, DC, Chapter 2, 1997, abrufbar unter: https://www.ncjrs.gov/works/chapter2.htm, zuletzt abgerufen am 04.01.2020.

ders. – Defiance, Deterrence, and Irrelevance: A Theory of the Criminal Sanction. In: Journal of Research in Crime and Delinquency (JRCD), Vol. 30, No. 4, 1993, S. 445 – 473.

Sherman, Lawrence W. / Farrington, David P. / Welsh, Brandon C. / MacKenzie, Doris L. (Hrsg.) – Evidence-Based Crime Prevention, Routledge, London, New York, 2002.

Sherman, Lawrence W. / Gottfredson, Denise – Appendix: Research Methods. In: Sherman, Lawrence W. / Gottfredson, Denise C. / MacKenzie, Doris L. / Eck, John / Reuter, Peter / Bushway, Shawn D. (Hrsg.) - Preventing Crime. What Works, What Doesn't, What's Promising. A Report to the United States Congress, Prepared for the National Institute of Justice, U.S. Department of Justice/Office of Justice Programs, National Institute of Justice Report, Washington, DC, Appendix, 1997, abrufbar unter: https://www.ncjrs.gov/works/appendix.htm, zuletzt abgerufen am 04.01.2020.

Sherman, Lawrence W. / Gottfredson, Denise C. / MacKenzie, Doris L. / Eck, John / Reuter, Peter / Bushway, Shawn D. (Hrsg.) – Preventing Crime: What Works, What Doesn't, What's Promising. In: National Institute of Justice, Research-in-Brief, Washington, DC, July 1998, S. 1 – 20.

dies. – Preventing Crime. What Works, What Doesn't, What's Promising. A Report to the United States Congress, Prepared for the National Institute of Justice, U.S. Department of Justice/Office of Justice Programs, National Institute of Justice Report, Washington, DC, 1997, abrufbar unter: https://www.ncjrs.gov/works/, zuletzt abgerufen am 04.01.2020.

Sigona, Michelle – Intervention program exposes kids to jail, raises questions for some. In: True Crime Daily, 26.05.2016, abrufbar unter: https://truecrimedaily.com/2016/05/26/intervention-program-exposes-kids-to-jail-raises-questions-for-some/, zuletzt abgerufen am 04.01.2020.

Slowikowski, Jeff – Justice Department Discourages the Use of "Scared Straight" Programs. Office of Juvenile Justice and Delinquency Prevention, Acting Administrator, 2011, abrufbar unter: https://www.ncjrs.gov/html/ojjdp/news_at_glance/234084/topstory.html, zuletzt abgerufen am 04.01.2020.

Spiess, Gerhard – Das Jugendstrafrecht und die ambulanten Maßnahmen: Vielfalt der Möglichkeiten – Einfalt der Praxis? In: Deutsche Vereinigung für Jugendgerichte und Jugendgerichtshilfen e.V. (Hrsg.) - Jugend ohne Rettungsschirm - Herausforderungen annehmen! Dokumentation des 29. Deutschen Jugendgerichtstages vom 14. – 17. September 2013 in Nürnberg, Band 43, Forum Verlag Godesberg GmbH, Mönchengladbach, 2015, S. 421 – 445.

ders. – Wenn nicht mehr, wenn nicht härtere Strafen – was dann? Die Modernisierung des deutschen Sanktionensystems und die Befunde der Sanktions- und Rückfallforschung. In: Soziale Probleme, 24, 2013, S. 87 – 117.

Spirgath, Tobias – Zur Abschreckungswirkung des Strafrechts - Eine Metaanalyse kriminalstatistischer Untersuchungen, Inauguraldissertation Ruprecht-Karls-Universität Heidelberg, Kriminalwissenschaftliche Schriften, Band 39, LIT Verlag, Berlin, 2013.

Statistisches Bundesamt Deutschland (Destatis) (Hrsg.) – Statistisches Jahrbuch, Deutschland und Internationales, 2018, erschienen im Oktober 2018, 2018a, abrufbar unter: https://www.destatis.de/DE/Themen/Querschnitt/Jahrbuch/statistisches-jahrbuch-2018-dl.pdf?__blob=publicationFile, zuletzt abgerufen am 04.01.2020.

dass. – Bestand der Gefangenen und Verwahrten in den deutschen Justizvollzugsanstalten nach ihrer Unterbringung auf Haftplätzen des geschlossenen und offenen Vollzugs jeweils zu den Stichtagen 31. März, 31. August und 30. November eines Jahres, Stichtag 31. August 2018, Wiesbaden, 2018b, abrufbar unter: https://www.destatis.de/DE/Publikationen/Thematisch/Rechtspflege/StrafverfolgungVollzug/BestandGefangeneVerwahrtePDF_5243201.pdf?__blob=publicationFile, zuletzt abgerufen am: 16.11.2018.

dass. – Rechtspflege: Strafverfolgung 2016, Fachserie 10, Reihe 3, erschienen am 04.12.2017, Wiesbaden, 2017a, abrufbar unter: https://www.destatis.de/GPStatistik/servlets/MCRFileNodeServlet/DEHeft_derivate_00034869/2100300167004.pdf;jsessionid=873A97460762C1F6C2D18E3942A8D9BD, zuletzt abgerufen am 19.01.2020.

dass. – Rechtspflege: Strafverfolgung 2015, Fachserie 10, Reihe 3, erschienen am 09.02.2017, Wiesbaden, 2017b, abrufbar unter: https://www.destatis.de/GPStatistik/servlets/MCRFileNodeServlet/DEHeft_derivate_00030947/2100300157004.pdf;jsessionid=8346F3029A94B4F19A3603961139F0AA, zuletzt abgerufen am 19.01.2020.

dass. – Lange Reihen zur Strafverfolgungsstatistik: II.2 Verurteilte nach ausgewählten Straftaten, Geschlecht und Altersgruppen (Deutschland), Stand: 29.04.2016, Wiesbaden, 2016, abrufbar unter: https://www.destatis.de/DE/Publikationen/Thematisch/Rechtspflege/StrafverfolgungVollzug/StrafverfolgungsstatistikDeutschlandPDF_5243104.pdf?__blob=publicationFile, zuletzt abgerufen am 16.11.2018.

Steffen, Wiebke – Gutachten für den 19. Deutschen Präventionstag: Kriminalprävention braucht Präventionspraxis, Präventionspolitik und Präventionswissenschaft. In: Marks, Erich / Steffen, Wiebke (Hrsg.) - Prävention braucht Praxis, Politik und Wissenschaft, Ausgewählte Beiträge des 19. Deutschen Präventionstages, 12. und 13. Mai 2014 in Karlsruhe, Forum Verlag Godesberg GmbH, Mönchengladbach, 2015, S. 53 – 148.

dies. – Gutachten für den 17. Deutschen Präventionstag: Sicherheit als Grundbedürfnis der Menschen und staatliche Aufgabe. In: Marks, Erich / Steffen, Wiebke (Hrsg.) - Sicher leben in Stadt und Land, Ausgewählte Beiträge des 17. Deutschen Präventionstages, 16. und 17. April 2012 in München, Forum Verlag Godesberg GmbH, Mönchengladbach, 2013, S. 47 – 120.

Stelly, Wolfgang / Thomas, Jürgen – Kriminalität im Lebenslauf. Eine Reanalyse der Tübinger Jungtäter-Vergleichsuntersuchung, Tübinger Schriften und Materialien zur Kriminolgie, Band 10, 2005.

dies. – Einmal Verbrecher – immer Verbrecher? 1. Auflage, Springer Fachmedien, Wiesbaden, 2001.

Stiftung Deutsches Forum für Kriminalprävention (Hrsg.) c/o Bundesministerium des Innern – Entwicklungsförderung und Gewaltprävention für junge Menschen - Impulse des DFK-Sachverständigenrates für die Auswahl & Durchführung wirksamer Projekte, Ein Leitfaden für die Praxis, Bonn, 2013.

Stockmann, Reinhard – Evaluation in Deutschland. In: Stockmann, Reinhard (Hrsg.) - Evaluationsforschung, Grundlagen und ausgewählte Forschungsfelder, 3. Auflage, Waxmann, Münster, 2006, S. 15 – 46.

Streng, Frank – Ansätze zur Gewaltprävention bei Kindern und Jugendlichen. In: ZIS - Zeitschrift für Internationale Strafrechtsdogmatik, 3/2010, S. 227 – 235.

ders. – Strafrechtliche Sanktionen - Die Strafzumessung und ihre Grundlagen, 3. Auflage, Kohlhammer, Stuttgart, 2012.

Sturm, Lisa – „Scared Straight!"-Programme in Deutschland und internationale Erkenntnisse. In: Walsh, Maria / Pniewski, Benjamin / Kober, Marcus / Armborst, Andreas (Hrsg.) - Evidenzorientierte Kriminalprävention in Deutschland. Ein Leitfaden für Politik und Praxis, Springer VS, Wiesbaden, 2018, S. 803 – 819.

Telep, Cody W. / Weisburd, David – Policing. In: Weisburd, David / Farrington, David P. / Gill, Charlotte (Hrsg.) - What Works in Crime Prevention and Rehabilitation, Lessons from Systematic Reviews, Springer, New York u.a., 2016, S. 137 – 168.

Thimm, Agnes – Das „Gefangene helfen Jugendlichen"-Projekt in Hamburg. Eine Evaluation. Eine empirische Untersuchung der Wirksamkeit der Gefängnisbesuchsprogramme für Jugendliche anhand des Hamburger Modells, Diplomarbeit, o.J.

Tracy, Paul E. / Wolfgang, Marvin E. / Figlio, Robert M. – Delinquency Careers in Two Birth Cohorts, Plenum Press, New York, 1990.

United States Congress, House, Committee on Education and Labor, Subcommittee on Human Resources – Oversight on Scared Straight: Hearing before the Subcommittee on Human Resources of the Committee on Education and Labor, House of Representatives, Ninety-sixth Congress, first session, U.S. Government Printing Office, Washington, DC, June 4, 1979, abrufbar unter: https://babel.hathitrust.org/cgi/pt?id=mdp.39015069611716;view=1up;seq=3, zuletzt abgerufen am 04.01.2020.

U.S. Department of Health and Human Services – Youth Violence: A Report of the Surgeon General, Office of the Surgeon General (US), Rockville, MD, 2001. abrufbar unter: https://www.ncbi.nlm.nih.gov/books/NBK44294/, zuletzt abgerufen am 04.01.2020.

Walsh, Maria – Der Umgang mit jungen „Intensivtätern". Ein Review zu kriminalpräventiven Projekten in Deutschland unter Wirksamkeitsgesichtspunkten. In: ZJJ, Zeitschrift für Jugendkriminalrecht und Jugendhilfe, 1/2017, S. 28 – 46.

Walsh, Maria / Pniewski, Benjamin / Kober, Marcus / Armborst, Andreas (Hrsg.) – Evidenzorientierte Kriminalprävention in Deutschland. Ein Leitfaden für Politik und Praxis, Springer VS, Wiesbaden, 2018.

Walter, Michael / Neubacher, Frank – Jugendkriminalität - Eine systematische Darstellung, 4. Auflage, Boorberg, Stuttgart u.a., 2011.

ders. – Neue kriminalpräventive Strategien - Chancen und Risiken. In: Deutsche Vereinigung für Jugendgerichte und Jugendgerichtshilfen e.V., Landesgruppe Baden-Württemberg (Hrsg.) - Jugendkriminalität – Prävention und Reaktionen, INFO 2005, Heidelberg, S. 7 – 23.

Washington State Institute for Public Policy – Juvenile Justice Benefit-Cost Results, last updated December 2019, abrufbar unter: http://www.wsipp.wa.gov/BenefitCost/ProgramsByTopicPdf/1/Wsipp_BenefitCost_ProgramDetails_Juvenile-Justice, zuletzt abgerufen am 04.01.2020.

Weisburd, David / Farrington, David P. / Gill, Charlotte (Hrsg.) – What Works in Crime Prevention and Rehabilitation, Lessons from Systematic Reviews, Springer, New York u.a., 2016.

dies. – Conclusion: What Works in Crime Prevention Revisited. In: Weisburd, David / Farrington, David P. / Gill, Charlotte (Hrsg.) - What Works in Crime Prevention and Rehabilitation, Lessons from Systematic Reviews, Springer, New York u.a., 2016, S. 311 – 326.

Welsh, Brandon C. / Farrington, David P. – Science, Politics, and Crime Prevention: Toward a New Crime Policy. In: Journal of Criminal Justice 40, 2012, S. 128 – 133.

Wiebcke, Janna – „Gefangene helfen Jugendlichen e.V." Kriminalprävention durch Konfrontation, Bachelorarbeit, Polizeiakademie Niedersachsen, 2010.

Wolfgang, Marvin E. / Figlio, Robert M. / Sellin, Thorsten – Delinquency in a Birth Cohort, University of Chicago Press, Chicago, London, 1972.

Yarborough, James C. – Evaluation of JOLT as a deterrence program, Michigan Department of Corrections, Lansing, MI, 1979.

Ziegler, Holger – Wirkungsevaluation in der sozialen Arbeit mit straffälligen jungen Menschen. In: ZJJ, Zeitschrift für Jugendkriminalrecht und Jugendhilfe, 1/2012, S. 17 - 23.

Quellenverzeichnis

True Crime Daily, 05/26/2016, Warner Brothers Television Distribution, abrufbar unter https://crimewatchdaily.com/2016/05/26/intervention-program-exposes-kids-to-jail-raises-questions-for-some/.

Scared Straight! (USA 1978). Regie: Arnold Shapiro. DVD Docurama 2003, abrufbar unter: https://www.youtube.com/watch?v=p7Zu_0OMC0Y.

Scared Straight! 20 Years Later (USA 1999). Regie: Arnold Shapiro. *DVD* Docurama 2003, abrufbar unter: https://www.youtube.com/watch?v=gXRIR_Svgq4.

ZDF.reportage „Unser Bürgermeister kriegt Hartz IV“ vom 29.06.2017, abrufbar unter: https://www.zdf.de/dokumentation/zdf-reportage/unser-buergermeister-kriegt-hartz-iv-100.html; https://www.youtube.com/watch?v=I9Vic7xzhsg.